U0465425

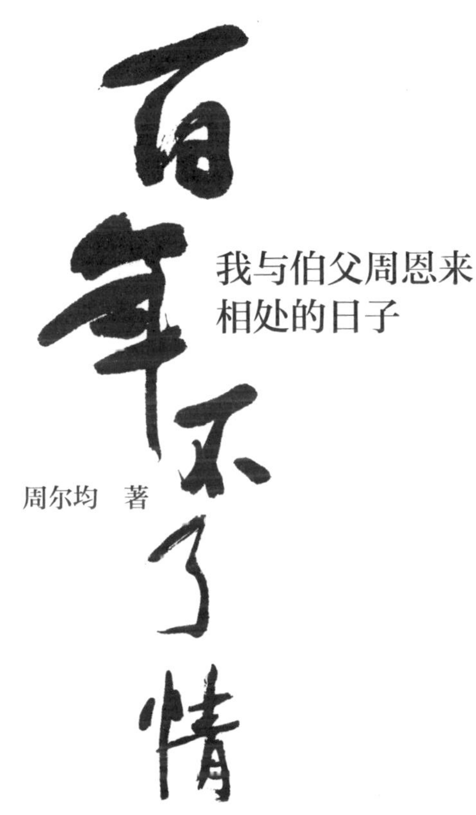

百年不了情

我与伯父周恩来相处的日子

周尔均　著

中信出版集团 | 北京

图书在版编目（CIP）数据

百年不了情：我与伯父周恩来相处的日子 / 周尔均著 . -- 北京：中信出版社，2022.11
ISBN 978-7-5217-4781-2

I. ①百… II. ①周… III. ①周恩来（1898-1976）-生平事迹 IV. ① K827=7

中国版本图书馆 CIP 数据核字（2022）第 176533 号

百年不了情——我与伯父周恩来相处的日子

著者：　周尔均
出版发行：中信出版集团股份有限公司
（北京市朝阳区惠新东街甲 4 号富盛大厦 2 座　邮编　100029）
承印者：　北京盛通印刷股份有限公司

开本：787mm×1092mm 1/16　　印张：27　　字数：365 千字
版次：2022 年 11 月第 1 版　　印次：2022 年 11 月第 1 次印刷
书号：ISBN 978-7-5217-4781-2

定价：98.00 元

《沉思中的周恩来》，意大利著名摄影家焦尔乔·洛迪拍摄于北京人民大会堂（1973 年 1 月）
右上方为洛迪题词：百年恩来——一位世纪伟人

我的修养要则

一、加紧学习，抓住中心，宁精勿杂，宁专勿多。

二、努力工作，要有计划，有重点，有秩序。

三、习作合一，要注意时间、空间和条件，使之配合适当，要注意检讨和整理，要有发现和创造。

四、要与自己的和他人的一切不正确的思想意识作原则上坚决的斗争。

五、适当的发扬自己的长处，具体的纠正自己的短处。

六、永远不与群众隔离，向群众学习，并帮助他们。过集体生活，注意调研，遵守纪律。

七、健全自己身体，保持合理的规律生活，这是自我修养的物质基础。

一九四三、三、一八，于红岩。

周恩来书写的《我的修养要则》

周恩来、邓颖超与侄儿周尔均、侄媳邓在军在中南海西花厅合影（1960年）

周恩来（中）和留日同学在东京合影（1917 年）

20 世纪 20 年代初，赴欧勤工俭学初期，周恩来（左二）和张申府（右一）、刘清扬（右二）、赵光宸（左一）在柏林万塞湖合影

1939年7月，周恩来在延安坠马骨折。8月，由邓颖超陪护赴苏联治疗。图为他们在苏联时的合影

1940年初，周恩来、邓颖超在莫斯科同中共驻共产国际代表团负责人任弼时等人合影（前排左起：孙维世、邓颖超、任弼时、蔡畅；后排左起：周恩来、陈琮英、张梅）

周恩来、邓颖超在西花厅（1952 年）

周恩来、邓颖超在八达岭长城（1955 年 8 月）

周恩来出席日内瓦会议（1954年）

1957 年 12 月 14 日，周恩来观看绍剧《大闹天宫》演出后，怀抱演员小六龄童时的留影

周恩来和少数民族群众在一起（1957 年 5 月）

周恩来和民航工作人员合影（1957 年）

周恩来和开滦煤矿工人在一起（1958 年）

周恩来审定北京十大建筑模型，左一为万里（1959 年）

1966年3月8日，河北邢台地区发生强烈地震，周恩来前往灾区现场慰问群众并指导工作

周恩来、邓颖超在西花厅（1970 年 5 月 20 日）

周恩来总理在机场迎接美国有史以来第一位出访未建交国家的总统尼克松（1972 年 2 月）

在中南海书房，两位伟人最后一次握手（1974 年 5 月）

周恩来总理在第四届全国人大第一次会议上作政府工作报告，重申实现“四个现代化”的目标（1975 年 1 月）

周恩来在医院会见罗马尼亚党政代表团团长伊利耶·维尔德茨，这是他最后一次接见外宾（1975 年 9 月）

联合国安理会开会时，全体起立为周恩来逝世默哀（1976年1月9日）

周尔均参加第二野战军解放西南战役胜利后在重庆留影（1953 年）

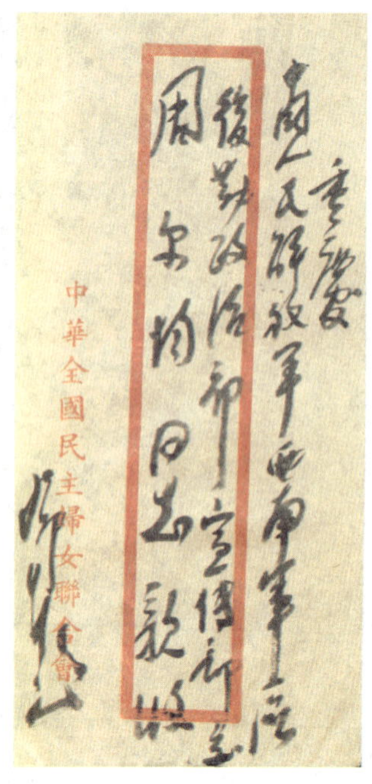

信封

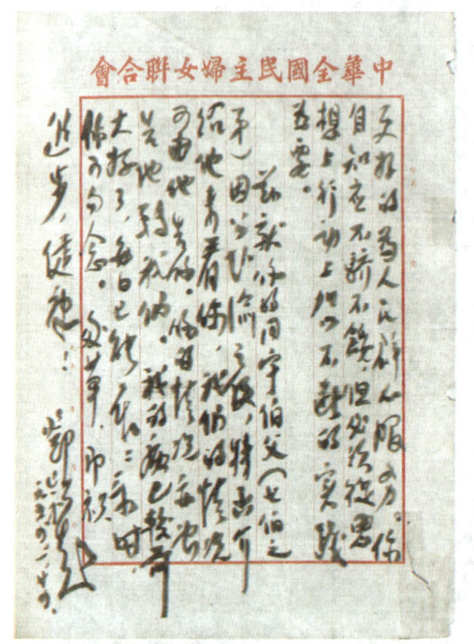

中華全國民主婦女聯合會

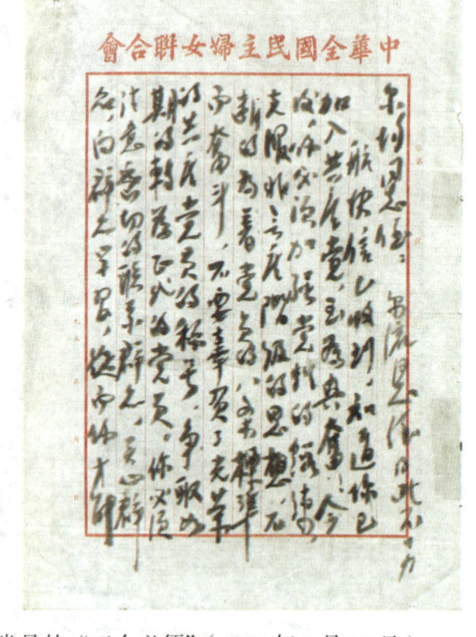

中華全國民主婦女聯合會

邓颖超致信祝贺周尔均入党。信中提出共产党员的“三个必须”（1954 年 1 月 24 日）

周恩来、邓颖超与家人在西花厅合影（1960年，后排左起第二人为邓在军、第三人为周尔均）

周尔均、邓在军的新婚照（1958 年）

邓颖超在西花厅为周尔均、邓在军拍下的照片（1960 年）

邓颖超与邓在军在西花厅合影（1962 年）

邓颖超与周尔均在西花厅合影（1986 年）

国防大学领导成员与教研人员研讨加强党的思想政治建设（左起第一排：周家鼎、陈瑛、张震、李德生、张霖、胡峨亭、周尔均，1990 年）

时任国防大学党委常委、政治部主任的周尔均主持国防大学高级班开学典礼（1992 年）

周尔均、邓在军在西花厅（2013 年）

周尔均与夫人邓在军（2015 年）

周尔均参加国庆七十周年天安门阅兵仪式，在观礼台上的留影（2019 年 10 月 1 日）

亲密的四姐弟（左起：周苓、周萌、周强、周蕾）

与子女们合影（左起：周苓、周萌、周尔均、周强、邓在军、周蕾）

合家欢（前排左起：周萌、邓在军、周尔均、周苓、张纬、张娇；后排左起：周强、郑浩、周蕾、乔良、乔骞）

目　录

自　序

有一种思念，刻骨铭心，不会随着时间的流逝而褪色，即使生命的火光即将熄灭，仍然挥之不去，无穷无尽……

敬爱的恩来伯伯离开我们已经整整四十五年。多年来，他从未离开我们的视线、我们的生活，更从未离开过我们的记忆。随着时光流逝，往昔与伯伯相处时的印象，反而愈加清晰地呈现在记忆之河中，让我时常产生一种把它用文字记述下来的冲动，留给自己，也留给世人一份永久的纪念。于是，就有了这本不算回忆录的回忆录：《百年不了情——我与伯父周恩来相处的日子》。

说它不算回忆录，是指本书既非我的个人自传，亦非关于恩来伯伯的全面传述，只是从一个侄辈的视角，在长达三十年的时间里，多次近距离观察这位世纪伟人时摄入脑海的印象片段。

这些片段当然不足以概括恩来伯伯波澜壮阔的一生，但因所述事实和细节许多都是我个人亲历，按照原中央文献研究室专家的话说，这些事实和细节大多未见于党史、军史等史料，所以弥足珍贵，非常值得记录下来。能得到专门机构的行家这样的评价，则我平生所愿足矣。

这里需要特别说明的是，我的伯父周恩来，在同辈兄弟中大排行第七。他们兄弟十四人，除恩来伯父、恩寿伯父（排序十）和我父亲恩霔（排序十四，最小），其余大多在解放前病故，无缘得见。按照周家传统，我们侄儿女辈无论出自哪家，均尊称恩来伯伯为七伯，邓颖超伯母为七妈，无一例外。因循此例，我在本书行文中一般使用“七伯”“七妈”敬称恩来伯伯与邓颖超伯母，这既是对两位光荣前辈的敬重，也是对历史本原的尊重。

早在1927年大革命失败后，七伯在上海继续领导地下斗争时曾住我家避险，但我见到七伯、七妈，却是迟至1946年的事。当时，七伯、七妈正在南京、上海等地与国民党当局进行紧张激烈的艰苦谈判，百忙之中，仍抽出宝贵的时间，先后三次看望我，并像对待成年人一样与我交谈，激励我“要自强自立，走好自己的人生之路”。

这句看似寻常的励志之言，对于一个十四岁的懵懂少年来说，有如醍醐灌顶，不啻长夜行走时的指路明灯，照亮了我的整个人生。如今，年近九旬的我，回望自己一生走过的道路，那一刻，应是起始点、分水岭。可以毫不夸张地说，没有七伯的那一番教诲，就不会有我戎马生涯七十二载的今天。何况不仅是人生起点，我的就学、参军、入党、恋爱婚姻、工作和经受政治运动的考验等，也无不蒙受他的关爱和教诲。所以，写这本书，既是我对这位伟人有关行迹的记述，更是对在精神上于我有养育之恩的七伯、七妈的一份感恩之情。本书在述及恩来伯伯的光辉行迹时，会不可避免地提到我个人的一些成长经历，盖因其中的许多事情原本就与七伯、七妈的关怀分不开，所以这部分内容与其说是夫子自况，不如说是对前辈的感念。

1998年，在恩来伯伯诞辰一百周年之际，我任总策划，我夫人邓在军任总导演，用三年时间，主持拍摄了十二集电视艺术片《百年恩来》。近四百位各界人士向我们深情倾诉了对周总理的无限敬仰和思念之情。其中有前任党和国家领导人、开国将领、科学家、艺术家等各界人士和多国政要。他们的特殊身份，与周总理亲密交往的切身经历，发自肺腑的真切感言和亲笔题词，使我们的思想受到极大震撼，自身灵魂受到深刻的洗礼。他们中的许多人已经离开人间，所留下的录音、录像和文字成为纪念周总理的绝世珍物，也是最具权威性的第一手材料。我在回忆自身经历和感受的同时，恰当地加以引用，既可免除遗珠之憾，又能收到益彰之效，确保历史的真实性，增强其厚重感。这应是本书的一个重要特色。

2021年，是中国共产党建党一百周年，也是周恩来同志加入中国共产党一百周年。我党百年，恩来百年。此时此刻缅怀恩来伯伯，更深切地感受他崇高的道德情操和他对青年一代的殷切期待。习近平同志说：“周恩来同志是近代以来中华民族的一颗璀璨巨星，是中国共产党人的一面不朽旗帜。”在这个具有重大历史意义的日子里，谨以此书纪念两位敬爱的长辈，同时把它奉献给读者特别是青少年朋友们，希望能为大家提供一份催人上进的励志读物。这就是我写作的初衷，敬请读后给予指正。

周尔均

2021 年 7 月 1 日

第一章　血脉亲情

恩来伯父曾说过："我们周家是一个封建大家庭。"

每当人们问起伯伯的出生地和籍贯时，他常常笑着回答："我乃江浙人也！""江"，指他的出生地江苏淮安；"浙"，指我们的祖籍浙江绍兴。

这个世居江浙的周氏封建大家族，幸运地养育出一代伟人周恩来。伯伯自幼受到家族熏陶，目睹它的衰落，经历幼年苦难，对自己出身的这个封建家族，既持有强烈否定和深刻批判的态度，又站在辩证唯物主义者的高度，对它所承载的优秀传统文化给以足够肯定。他是一个既彻底背叛封建家庭，又堪称在树立优良家风中充分传承宝贵历史遗产的典范。伯伯一生中的所言所行，体现了一般人难以企及的道德情操和唯他特有的人格魅力，这也是中华民族共同的宝贵精神财富。

家族渊源

我们周家是一个具有浓厚文化传统的世家。有史可考，这一脉系的周氏始祖是北宋时期著名文学家、理学家、诗人周敦颐（1017—1073）。敦颐公所著《爱莲说》，以文明志，以物喻人，清雅脱俗，字字珠玑，成为千古传诵的名篇。七伯曾教诲我："小时候读书，就被《爱莲说》中的'出淤泥而不染，濯清涟而不妖'这句诗深深吸引，它用清新美好的形象和简约的语言，教给我们做人处事的道理。希望你常常诵读，自省自律。"

周敦颐画像

水陸草木之花可愛者甚蕃晉陶淵明獨愛菊自李唐来世人盛愛牡丹予獨愛蓮之出淤泥而不染濯清漣而不妖中通外直不蔓不枝香遠益清亭亭靜植可遠觀而不可褻玩焉予謂菊花之隱逸者也牡丹花之富貴者也蓮花之君子者也噫菊之愛陶後鮮有聞蓮之愛同予者何人牡丹之愛宜乎衆矣

周敦颐《爱莲说》

相传宋末元初，周氏家族由江西迁至浙东山阴，就是如今的绍兴市，定居在宝佑桥。因为祖先中有两位年过百岁的老人，祖居取名“百岁堂”。门前现有陈云同志题写的匾额：“周恩来祖居”。老家厅前悬挂一副楹联：“莲

绍兴周恩来祖居

溪绵世泽，沂国振家声。”上联中的“莲溪”，是周敦颐先生别号，又称“濂溪”，历代人称“濂溪先生”。下联中的“沂国”，相传是指周氏高祖周茂，南迁时因功被元朝廷册封为“沂国公”。这些史实是否确凿，有待进一步考证，但我知道的一个细节，倒是很好的佐证。

1996年，我和在军拍摄电视艺术片《百年恩来》期间，采访了著名爱国民主人士、民革中央名誉副主席贾亦斌。贾老曾是蒋经国的副手，与蒋介石和国民党高层人物都很熟悉。他说起这样一件事：

> 周总理在国民党高官中威望很高，许多人不但十分崇敬他的高尚人格，还知道他属名门之后，是著名的《爱莲说》作者周敦颐先生后人。国民党元老于右任先生，晚年思乡心切，通过各种关系捎话给周总理，盼能返回祖国大陆，落叶归根。为了保密，他在传递信息时一直使用“濂溪先生”作为总理的代称。

贾老又说：于右任为表达他的迫切愿望，晚年写下了一首情真意切的诗作《望故乡》。

> 葬我于高山之上兮，望我故乡；故乡不可见兮，永不能忘。
> 葬我于高山之上兮，望我大陆；大陆不可见兮，只有痛哭。
> 天苍苍，野茫茫；山之上，国有殇。

伯伯与于右任素有交往，全国解放之初，就曾设法把他留在大陆。对他的心愿，伯伯非常理解，夸奖他的《望故乡》是“刻骨铭心之作”。可惜由于受到蒋介石的阻挠，右任老的愿望最终没有实现，成为毕生遗憾。

在皇权时代，民众的国家意识比较淡薄，家族观念却很强大，周家族人曾一代代紧密地联系在一起。即使随着近代社会变迁，几百年间，各房弟兄由祖居绍兴迁徙到江苏淮安、天津、沈阳、扬州、上海各地，仍然维持着家族的纽带，名义上并未分家。伯伯就是在淮安出生，在我上一代"恩"字辈中，他排行第七，因此，我们所有侄儿女辈都尊敬和亲昵地称他为"七伯"，称颖超伯母为"七妈"，概无例外。父亲恩霔是同辈中最小的一个，排行十四，七伯称他"十四弟"，但更多的是用"润民"这个父亲的别名。

正因为如此，我在周家的"恩"字辈中虽然有十三位伯父，但我与同辈兄妹们一样，与其中的绝大多数伯叔父都从未谋面，只在族谱中看到过名字。从这个角度讲，我很感激命运的厚爱：我们这房从我祖父起，几代人都和恩来伯伯有过亲密接触。这份特殊的亲缘，使我有机会多次面见七伯和七妈，聆听他们的人生教诲，近距离感受他俩心系苍生的家国情怀和非凡人格。这份"得天独厚"影响并改变了我的一生。

骨肉情深

20世纪初期，随着清帝国皇权崩溃、外敌侵扰、战乱纷起，无数个像周家一样的中国家庭解体了。周家的家族纽带也逐渐瓦解，相互关系的亲近疏远，也只能随着颠沛动荡的生活，听凭命运的摆布了。

七伯的二伯父即我的祖父周贻康，1868年出生在江苏淮安。他是一个勤奋的读书人，是当代周家中举的第一人［光绪二十年（1894年）甲午科］，曾出任晚清保定知府，江苏巡抚陈夔龙总文案，民国时期江苏督军李纯的顾问、秘书。祖父为人正直，淡泊名利，写有《自箴诗》明志：

> 莫以爱憎从俗尚，需知穷达总天生。
> 谋无习巧唯安命，名不求高但近情。

周尔均祖父周贻康和祖母程仪贞

由于祖父少年时过继给没有子女的大伯父，自许在家族中挑起长房长子的担子，因此改名"龢鼐"，取字"调之"，借"和""调"的寓意，企望居中调节各房之间的关系，保持周氏家族的和睦与团结。但囿于宦海浮沉、远离家乡又频繁搬家等客观条件，他未能实现愿望。尽管如此，祖父还是尽心尽力为生计困难的亲属纾困解难，并提携七弟周贻能（七伯生父，族辈排行也是第七，我们称他七爷爷）在自己身边多年。由于这层机缘，他一直都与从孩提到青少年时期的侄儿恩来有亲密的接触，并认定他是一个聪明睿智、必成大器的后生，给以格外的关注和帮助。恩来伯伯不仅随生父多次住在我祖父家中，并在东渡日本求学和赴欧洲勤工俭学前，专程到当时在天津和南京的我祖父处当面请教。祖父每次都同他亲切交谈，对他改革社会的远大志向十分理解和支持，在他临行时都给予资助。（祖父于 1921 年在上海逝世，享年五十三岁。）

1984 年 8 月，我和在军去西花厅看望七妈，她深有感慨地回忆："二伯父是个忠厚长者，对你们七伯多有关照，尤其在他的青年时代给予经济资助，这在当时是难能可贵的。二伯母是个老实人，对我们俩也很好。可惜二伯父身体太弱，五十出头就过世了。"

爱屋及乌，推己及人。正是因为七伯从我祖父那里感受到的这份独特亲情，他对小自己十岁的十四弟即我父亲恩霔，从青年时代起就很疼爱。父亲充满感情地向我回忆当年情景：

我是在华北生长的，和你七伯头一次见面是在天津。他一九一三年考进天津南开中学，我才六岁，还不懂人事，不过看到这位还不到二十岁的哥哥，直觉上感到与别人不同。他显得英姿秀拔，态度凝重安详，可对我这弱小的弟弟，是爱抚亲密的，我对他又怕又爱。他在我家总是和我老父谈心，谈论国家民族大事，我也不懂。我父虽是晚清遗老，可对这个侄子，很是器重。

一九一六年你七伯到北京演出话剧《一元钱》，住在我家，那时我家已搬到北京东直门大街柳树井对面，一所四合院。其后你七伯一九一七年南开毕业，在东渡日本之前，又来北京住了一时。我已九岁，略懂人事，还未进学校，在家读书，请了教读老师，东厢屋做书房，你七伯住西屋。他常纠正我握笔，或考我功课。我看演义小说，他让我背《水浒》上的好汉绰号，我答出来，他便高兴地笑了，并奖我一本商务印书馆出版的《西湖风景画》画册，作为鼓励。

在这期间，我看到他在日常生活上，律己甚严，不饮酒，不抽烟，天明即起。我起床后，他已在大天井中做健身操，还练操步，总得二十几分钟。他很注意体育，为未来参加革命艰苦斗争锻炼身体本钱，不然的话，不可能胜任那二万五千里长征。

说到这里，父亲不无骄傲地说："我这一生虽然没有什么成就，但我是周氏家族中唯一的书法家（父亲很早就是上海中国书法篆刻研究会会员，同当代著名书法家沈尹默、吴青霞、费新我、陆俨少等互有切磋，交往甚深），这与当年你七伯的指点与严格要求是分不开的。"

父亲是独子，生父早逝，祖母难免有所偏爱，七伯在相处中频频嘱咐他勤奋读书，正直做人，切勿沾染社会不良习气。在欧洲勤工俭学时，七伯仍保持书信联系，给予亲切鼓励。

1927年，七伯赴上海领导工人武装起义。在战事激烈、险象环生的百忙之中，特地约父亲秘密会晤。父亲在去世前留赠我的回忆录中，对此有一段生动的记载：

> 那是四·一二反革命叛变以后，反动派悬赏八万大洋购买恩来同志的脑袋。那时我在上海大同大学读书，恩来同志通过他父亲辗转得知我的下落（当时七叔在上海帮助恩来同志做些秘密通讯联系工作），约我到三马路（现汉口路）昼锦里附近一家不大的“上海旅馆”秘密见面。那天我和七叔同去，看到多年未晤的七哥，显得有些苍老，但双目炯炯有神，态度从容镇定，在紧张严肃中谈笑自如，与在国内读书时更自不同。这次会面中，他除和七叔谈论革命工作外，殷切询问我母亲的健康情况和我读书的情况，叮嘱我努力学习，注意锻炼身体，切勿沾染游荡习气。我那时虽长大成人，但更事不多，也不关心政治，可是对恩来同志不计个人得失、一心为大众的革命精神和他所特有的那种临危不惧、坚毅沉着的高贵风度，却留下极其深刻的印象。

领导上海工人第三次武装起义时期的周恩来（1927年）

史料选编

一九八一年第一期

尔均存念：

一九八一年七月

翁叟 时年七十三岁

上海市文史馆·上海市人民政府参事室

文史资料工作委员会编

周恩霆去世前留赠周尔均的回忆录

南昌起义后，七伯到上海主持中共中央

工作，再次同父亲取得联系，并把我们家作为党的秘密联络点。

七七事变后，开始第二次国共合作。七伯受中央委派，调重庆领导中共南方局工作，担任国民政府军事委员会政治部副主任。1938 年，他把当时住在我们家的七爷爷从上海接到武汉，后到贵阳，最后定居重庆。随即召我父亲去他身边，在八路军重庆办事处任秘书，负责文秘和文艺接待工作，在曾家岩与七伯和董必武、陈云、叶剑英等领导同志朝夕相处，父亲获益匪浅。父亲是七伯在大革命时期之后安排在自己身边工作的唯一的亲属。

解放战争时期，父亲同样是在七伯、七妈安排下，调到苏皖边区政府从事司法、文教工作。七伯在戎马倥偬的间隙，仍然关心他的情况，写信给七妈，嘱她打听父亲下落。1947 年 9 月 14 日，七妈在给伯伯的回信中说及：

> 关于润民的消息，据董老告我……，他拟回浙江去，在苏北、山东时参加过司法机关的工作，后转入评剧团，编了一些剧，情绪还好，终以体弱难支不能坚持。

父亲是一个不问政治的知识分子，自幼体弱多病，早年耳聋，又患肺结核，虽然大学毕业，但不屑于经商从政，又不善钻营，幸而在人生的各个关键时期，得到七伯、七妈的关怀与引导，得以投身革命并做了一些有益的工作，成为他终生的幸事。

父亲秉性善良，行事低调，建国后，很少有人知道他是周恩来的弟弟。他热爱京剧艺术，造诣颇深，与京剧大师梅兰芳私交甚笃。在梅先生去世后，他为上海《文汇报》写了一篇纪念文章，其中回忆上海沦陷期间，他遵周恩来之嘱，设法请梅先生离开沦陷区到大后方的往事。这篇文章很有史料价值，发表时，他用自己的别号“翕园”署名。七妈看到这篇文章很高兴，特地告诉我和在军：“你们爸爸的文章我看了，写得很好。他这篇文章署名用的是别号，没有用‘恩霔’，这样做很对。”

周恩霆与梅兰芳（1935 年于上海）

周恩霆别号“翕园”（1962 年于上海）

蓄须明志的一段往事

周翕园

梅兰芳在抗日战争期间，蓄须明志，谢绝舞台，这是大家所知道的。但这件事和周恩来同志有关，知道的人就很少了。

那是一九三九年春，梅先生避居香港。我当时曾由上海取道越南去重庆。抵港之日，就去拜望梅先生。他的住处是山上一所公寓的两间屋子，生活极为清简。叙谈之间，他丝毫不以生活为念，而对国难却极为忧虑。我到重庆后，便和周恩来同志谈起梅先生的情况。周恩来同志对我说，日寇早晚总要侵夺香港的，梅兰芳留在那里有危险，最好早日来到后方。关于交通方面，可以尽量设法，保证安全。叫我如再次碰到梅先生，务将此意告知。此后形势渐紧，我因担心老母安全，由渝回沪。经香港时，就将周恩来同志的话，转告梅先生。他很同意。但我抵沪后不久，太平洋战争爆发，香港沦陷，梅先生已来不及搭船去内地了。后来他回沪隐避，留起胡须。我曾秘密去马斯南路（今思南路）看望梅先生。他向我坚决表示，决不受敌伪威胁利诱，作任何演出或电台广播之类的活动，并且郑重地对我说：“如你见到周先生，可告诉他梅兰芳决不做一日汉奸，决不辜负他对我的厚爱。”果然，梅先生后来说到做到。他当时说话时严肃的神态和流露出来的爱国主义感情，至今仍深刻地印在我心头！

梅兰芳（右）蓄须时和弟子李世芳的合影。

《文汇报》刊登的周翕园（恩霆）回忆文章（1981 年 8 月 16 日）

历史文物和背后的故事

七伯在欧洲勤工俭学和在中共南方局工作时，与我祖父和父亲互有通信，还赠给父亲一些精致的工艺纪念品。父亲一直视若无价之物地珍藏在身边。

20 世纪 70 年代中期，中国历史博物馆不知从何处得知父亲存有这批珍贵历史文物，特派杜魏华、李慧庄两位同志到上海家中看望父亲，希望他把这些珍品捐献给“历博”珍藏，最好是原物，或者由他们复制后归还。本来父亲很舍不得，正巧我出差在沪，特地同我商量。我说，七伯是党的领导人，他的遗物是党的历史的一部分，应该给以支持。父亲接纳了我的意见，同我一起精心挑选了五件文物，包括两封七伯给二伯父即我祖父和我父亲的信、三件在欧洲勤工俭学期间寄赠父亲的工艺品，交给杜、李二同志，请他们复制留馆后将原件退还。

以上文物，特别是七伯的欧洲来信，中国历史博物馆和中央文献研究室一致认为具有很高的历史价值。对此，我逐一做简要诠释并附原件照片，以飨读者。

第一件，七伯在南京辞别二伯父（即我祖父）、在上海乘邮轮抵达欧洲后不久，于 1921 年初从英国写给二伯父并转六伯父的一封长信，行文流畅，字迹秀丽。其中最重要的是这一段话：

> 伦敦为世界最大都城，地大北京四五倍，人口多七倍，交通复杂，人种萃聚，举凡世界之大观，殆无不具备，而世界之政治商业中心，亦唯此地是赖。故居伦敦者并不能周知伦敦，欲知伦敦，非专心致意于研究实验不为功。故伦敦为世界之缩影，在伦敦念书，非仅入课堂听讲而已，市中凡百现象，固皆为所应研究之科目也。

七伯信中这一段话，在中国历史博物馆展出后，引起国内研究党史学者的极大重视。中央文献研究室原副主任、研究周恩来思想生平的专家金冲及，在他的重要著作《周恩来传》中特地全文引用，此后，又为其他多种著作所引用。金冲及认为，七伯去欧洲勤工俭学的初衷，就是到西方资本主义国家进行实地考察学习，英国当时是世界上资本主义最发达的国家，是“世界之缩影”，那里的实际情况，正是七伯所企望的“凡百现象，固皆为所应研究之科目也”。事实上，他在英国和法国，先后写了《英国矿工罢工风潮之始末》《英国矿工罢工风潮之影响》《英国矿工总投票之结果》，约三万五千字。从中得出结论：“资本家无往而不为利，欲罢工事之妥协难矣。

歲月初過海來英倫以交涉入學事未晤亦報
以致現一切事俱已將告竣直俟學校開課已便可赴校就
道恨所願入之大學在英國北部之蘇格蘭首府愛丁堡彼處
生活程度相較低於英倫而空氣天時亦較此為佳宜於
讀書倫敦為世界最大都城地大北京四五倍人口多七
倍交通複雜人種薈萃其中凡世界之大觀殆無不具倫而
世界之商業中心亦唯此地是賴故居倫敦者莫不
稍通知倫敦事知倫敦能專心讀書於研究實驗不為
物故倫敦為世界之縮影在倫敦念書非僅入課堂聽
講而已市中凡百現象固皆為所應研究之科目也
初來此邦人地既生疏語言且多隔膜置身倫敦
則殊不知所何措手足故欲避學業此煩擾之區而之蘇
為清手之所以英國學校中學科多較不如美國之多

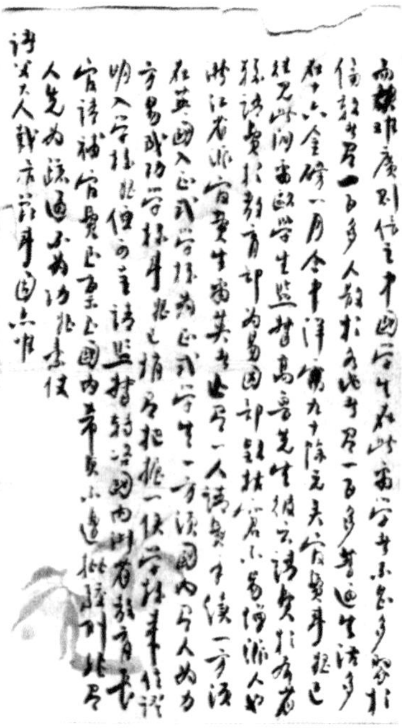

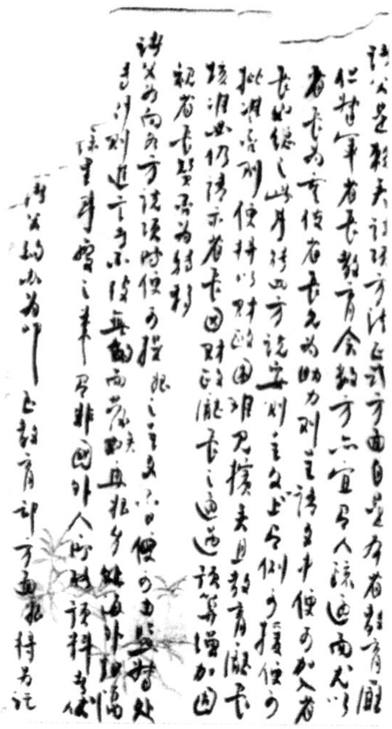

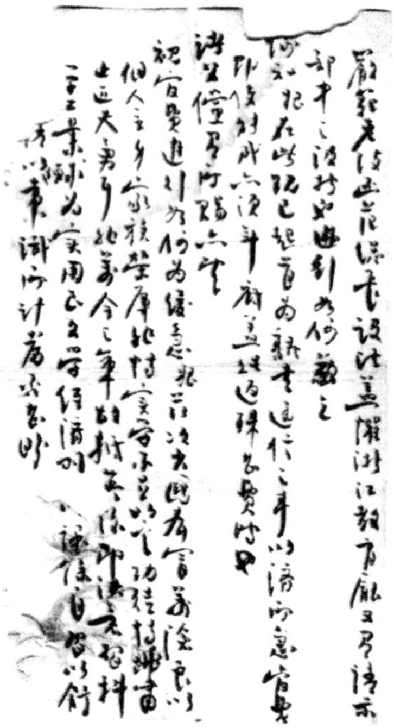

周恩来从英国伦敦寄回的信（1921 年）

劳资战争，舍根本解决外其道无由，观此益信。”正是这种现地考察和研究，帮助七伯对当时社会的各种思潮和“主义”进行推求比较，又通过在欧洲期间从事革命运动的实践，最终认定，只有走俄国十月革命的道路才是正确的，只有马克思主义才能救中国，从而确立了共产主义信念，并在当年加入中国共产党，成为我党重要创建人之一。

这封信之所以重要，正是因为它真实地反映了七伯从早期反帝反封建学生运动的积极参与者和领导者，成为一个自觉的无产阶级革命家的思想演变进程。

这里需要说明一个重要情况：七伯这封给二伯父（我祖父）的信，原本有四页，交给中国历史博物馆的只有其中含有上述文字的一页。这是为什么呢？原来，父亲对把这封信交“历博”陈列一事十分慎重，要我认真阅看后提出意见。其余三页的主要内容是说，七伯已办好入学手续的爱丁堡大学，学费和生活费十分昂贵，不得不吁请父辈特别是与苏皖赣三省巡阅使王士珍素有旧交的六伯父周贻良（字嵩尧）从中斡旋，申请获取江浙地区的官费留学生名额。因此，信中不得不提出“良以个人立身、家庭荣辱，非恃实学不足以定功”的理由。我考虑，当时“四人帮”正气势汹汹地把“批林批孔”的矛头直指七伯，这方面的内容如果公开陈列，有可能被他们利用，当作“批周公”的“反面”材料。父亲听从了我的意见，只把信中最重要的一页提供给“历博”，留下其余三页。

父亲还把这封信的后续处理情况告诉了我：思想守旧、曾认为七伯“离经叛道”的六祖父，并未为七伯筹划办理官费事宜，迫使七伯不得不中断英国的学业，转赴法国和德国寻找生路。这一转折，恰恰促使他走上了共产主义革命的大道。业已赋闲在家的祖父，所能做的是给七伯汇了一笔款项，先解燃眉之急，再谋后策。不过遗憾的是，几个月后祖父就病故了。

1983 年父亲逝世，我请假回上海家中处理丧事，将父亲珍藏的物件包括这三页原信，交给母亲程秀云保存，俟当时身在伦敦我驻英使馆工作的哥哥尔鎏回国后商同办理。母亲去世后此事未能落实。希望有一天，这封信的全部原件能作为完整的历史文献保存在国家博物馆。

第二件，七伯 1939 年 6 月 22 日从重庆曾家岩寄给父亲的家书，全文是：

润弟：

分手两年，居时念弟，今春得来书，甚以为慰。兄自去岁来渝，安居至今，父亲亦自贵阳移来同住乡中，城中房舍久已毁去，今日适逢父亲寿辰，庆幸之余（思）念及弟，不识二妈大人身体精神两康健否？

专此，即颂

双佳！

兄鸾手启

六月廿二日

二伯母大人安！

七嫂附笔

诸侄好！

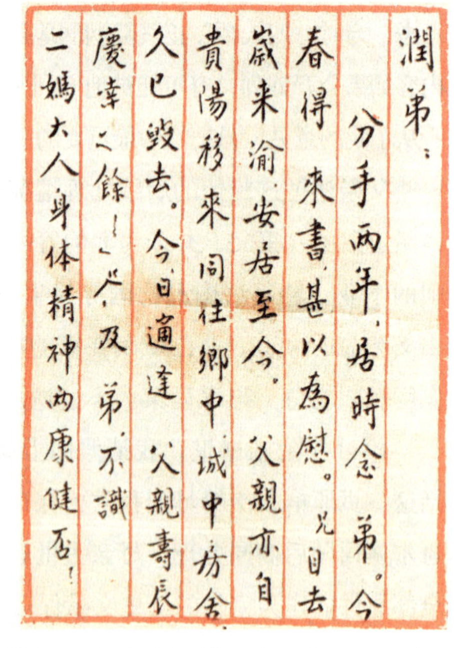

潤弟：

分手兩年，居時念弟。今春得來書，甚以為慰。兄自去歲来渝，安居至今。父親亦自貴陽移來同住鄉中，城中房舍久已毀去。今日適逢父親壽辰，慶幸之餘〻〻念及弟，不識二媽大人身体精神兩康健否！

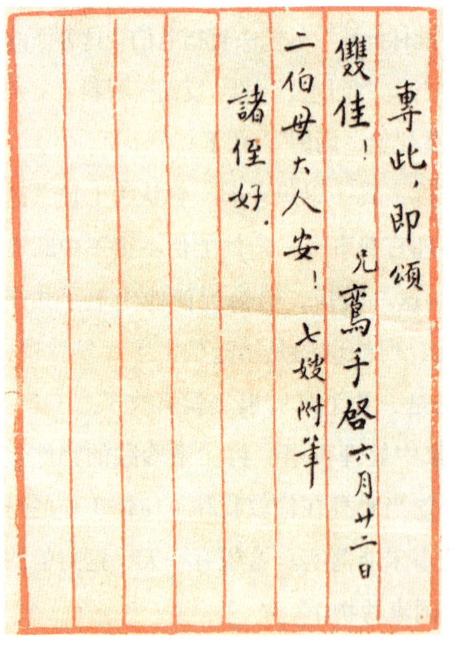

專此，即頌

雙佳！

兄鸞手啓 六月廿二日

二伯母大人安！ 七嫂附筆

諸侄好。

周恩来（小名“大鸾”）给周恩霔的家书，用正楷书写，提及对方时均空格、抬头（1939年）

这封信虽然只有短短百余字，但七伯一改行云流水的书法，都是用端正秀丽的正楷书就，一笔不苟。凡是提及他生父、二伯母（我祖母）包括我父亲的地方，一律空格、抬头；自称“兄”“嫂”时，则列于右侧。在他生父生日的当天，七伯专门致信上海，向我祖母请安，同时表达对我父亲的思念之情，充分展现了七伯对亲情的关注和对传统礼仪的重视。

第三件，七伯 1922 年 12 月 9 日从巴黎寄给我父亲的明信片。这是一张漂亮的新年贺卡，虽因年代久远，纸质变黄，但仍可以清楚地看见贺卡上的文字：

润弟存

　　来兄

　　　九.一二.二二

　　　寄自巴黎

新年大禧！

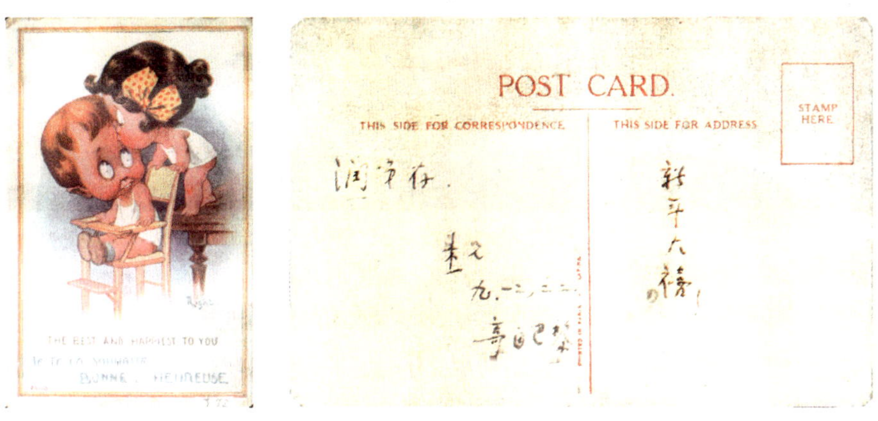

周恩来赴欧洲勤工俭学期间寄给周恩霔的明信片（1922 年）

据《周恩来年谱》记载，1922 年 12 月前后，正是七伯策划旅欧中国少年共产党加入中国社会主义青年团、会见朱德同志并介绍他入党期间。次年夏天，七伯就入住巴黎戈德弗鲁瓦大街 17 号，专门从事党团工作。这个明信片表明，在建党初期的百忙之中，他还惦记着自己的润民弟弟。

第四、五、六件，在欧洲寄给我父亲的工艺礼品。

当时共选择了三件交付“历博”：一件是银色金属质地的折叠式巴黎风景匣，匣内装有著名景点埃菲尔铁塔等几张照片；另一件是仿象牙质地的微型瞭望镜，从视孔中可以看到巴黎风景画；第三件是德文商标的图钉盒。

折叠式巴黎风景匣

微型瞭望镜

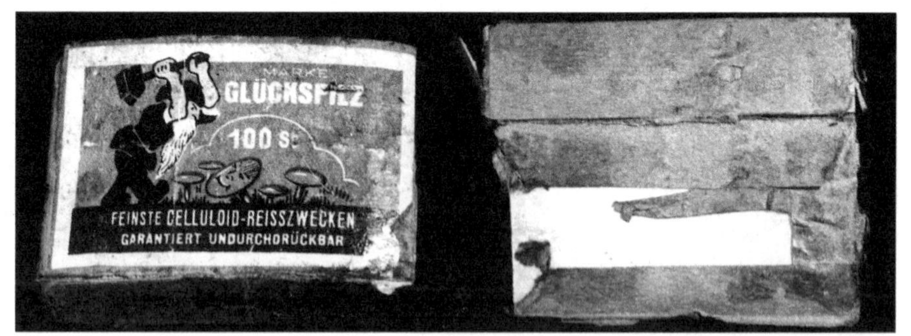

图钉盒

这三件工艺品，虽说是小礼物，但质地精良、制作精细，在20世纪20年代的欧洲，想必价值不低。七伯在给我祖父的信中提到“初来此邦，人地既生疏，语言且多隔膜，置身伦敦则殊不知所何措手足”，他初到陌生的环境，用微薄的收入屡次购置珍品赠给远在大洋彼岸的我父亲，足见他对手足之情的重视！

还要补充说明的是，父亲在晚年病重之际，对曾殷切关照他的七哥思念之情甚殷。为此他多次致信中国历史博物馆，要求他们履行诺言，在文物复制陈列后将原件退给本人，使他在离世前目睹珍贵原物，以解思念之殷。他还曾致信“历博”和我，委托在军负责办理此事。后来“历博”派人送来上述文物的复制品，要求原件留存“历博”，便于长期保管、陈列。这些往来信件至今我仍保存。我同在军商量后，把我俩的想法汇报给父亲：七伯是党和国家重要领导人，他的重要遗物都应作为历史文物由国家保存为宜。父亲接受了我俩的意见。不久他老人家病重去世，此事再未提起。

中国历史博物馆

周恩霆同志：

您好！

二月一日曾去一函，并寄去《纪念周恩来总理》画册一本，想早已收到了吧？

今我馆马增瑜同志去上海，特到您处看望您。关于您去年夏天所赠五件文物的复制工作，至今未能完成，深表抱歉。上次我们给您去信已提到：[illegible]信件复制工作不久完成，[illegible]寄回的[illegible]，由于材料不好找，至今尚无着落，我馆保管部门提出能否将文物送给我馆陈列用？这样就可尽快使全国人民看到这件文物了。希您复一信为盼。

今请马增瑜同志将五件文物的照片给您送去，请查收。

[illegible] 1979.3.12

中国历史博物馆致周恩霆函（1979年3月12日）

家风祖训

据我观察，七伯对周氏这个封建大家庭，如果按照不同的社会历史阶段来区分，采取了两种不同的态度。

一方面，对清朝以前的封建家族，他以历史唯物主义的观点对待，充分肯定祖辈中品行端正、廉洁自好的人士，强调传承优秀的传统文化。即使对属于封建遗老的长辈，同样恪守礼制，尊敬有加。

例如，七伯十分敬仰高祖周元棠（1791—1851）的为人和他的诗作。元棠公于清嘉庆二十二年（1817年）中秀才，后科场失意，以课徒为生。他一生甘守清贫，品行高洁，所著《海巢书屋诗稿》收录有134首诗词，七伯视若珍宝，始终放在床头枕边，时时阅读直到去世。其中的一首《自述》，更受到七伯的高度赞赏：

人情薄如纸，世态淡如水。为人不由人，当作奇男子。我行不入邪，我言不苟訾。言只舒我心，行只安我履。躬耕惟砚田，不须分疆以。舒情惟笔锋，何事执弧矢。欲希倚马才，抛尽雕虫技。功名虽偃蹇，此志无时已。身或作飘萍，门总开桃李。惟冀才学成，不愧一佳士。内动亲心欢，上对天颜喜。

又如，七伯十分重视祖辈的历史沿革。1939 年他去绍兴祭祖时，亲笔续写家谱，全凭记忆写下同辈十三位兄弟的姓名和所在房系。回到重庆曾家岩后，七伯向我父亲详细描述了此行经过和家乡亲友情况，并把带回的一份不完整的家谱交他做系统校订。父亲整理好后，将正本交给七伯，自己留下了副本。建国后，又将《周氏家谱》的副本捐给中国历史博物馆，正本则不知去向。不过，父亲把他在重庆时写下的草稿和随后整理的一份更详细的家谱以及曾祖父周樵水（1819—1851）和夫人樊氏的画像（自樵水公后，周家近代逐渐由绍兴迁居淮安），都交给我妥善保存，作为家传的重要史料。

周恩来曾祖父周樵水与夫人樊氏（清嘉庆年间）

七伯对自己的生父周贻能，更是侍奉唯谨，挚爱至深。在严酷的对敌斗争时期，没有自己的家，没有自己的时间孝欢慈亲、奉承于膝下，但只要有与七爷爷见面的机会，哪怕一时半刻，也要力争当面请安问候，随侍在侧。20 世纪 20 年代以后，我家居上海、南京、扬州、镇江等地，七爷爷大都住我家中。七伯在从事地下斗争时，多次冒着敌人跟踪追捕的风险，秘密来家看望生父。

我六七岁时，在扬州、镇江曾与七爷爷短暂相处，还记得他是一个慈眉善目的忠厚长者，非常和蔼可亲，时常同我聊天，把七伯儿时和青年时代勤奋读书、立志救国、参加学生运动、反对卖国政府、领导地下斗争及尊敬、

周恩来续写的周氏家谱（1939年）

注：自“恩焕”后均为七伯手书。

孝顺父母的情景，当故事讲给我听。我听得入神，印象深刻，至今仍仿佛记得，朦胧地感觉周家出了一个人物。

七七事变后，七伯赴重庆工作，稍稍安定下来，立即把七爷爷和七妈的母亲接到身边，与七妈一起悉心照料。由于重庆气候潮湿，七爷爷身体不是很适应，在 1942 年 7 月下旬不幸病故，终年六十八岁。七伯当时正住院手术，生父去世的消息开始没敢告诉他，三天后他才得知噩耗。当时在场的童小鹏（后任周总理办公室主任）说："从未见过你七伯这样伤心、激动，他听到消息，顿时跌坐在地，痛哭失声，严厉地指责你伯母：'老爷子去世这么大的事为什么瞒着我，你跟我这么多年还不知道我？谁无父母，何从报恩！'"尽管手术后没有痊愈，他仍彻夜未眠为父亲守灵。

我们的这位七爷爷，一生偃蹇不得志，但他为人忠厚善良，任事勤勉，甘守清贫，不事逢迎。在七伯身上，我看到了七爷爷的影子。

再如，即使对当年勤工俭学时未能在申请"官费"一事上给予自己帮助的六伯父周贻良，他仍不计前嫌，恭谨如初。嵩尧公曾任晚清邮传部郎中、袁世凯秘书，是解放后周家尚在世的七伯唯一的伯父辈。七伯特地邀请他来京相见，聘请他为中央文史研究馆首批馆员，向他请教前清和民国时期政府机构沿革情况，供政务院参考。在嵩尧公八十大寿时，七伯还在西花厅为他设家宴庆寿，亲自下厨做了他拿手的两道淮扬菜：霉干菜烧肉和清蒸狮子头。六爷爷感动不已。

七爷爷周贻能

另一方面，七伯对周氏封建大家庭中的阴暗面则十分厌恶和痛恨，始终持否定态度。他不止一次同我们这些侄辈谈家史，要求每个成员过好五关，即“思想关”、“政治关”、“亲属关”、“社会关”和“生活关”。其中的“亲属关”(“家庭关”)，就是要求我们同封建家族彻底划清界限。七伯尖锐地指出，我们周家历代虽然不属于富豪贵族和官僚资产阶级，但也是一个带着深刻印记的封建大家族。近代以来，随着这个家族的衰败破落，出现了一些纨绔子弟、游手好闲的无业游民和种种不良社会关系。我们作为周家后代，要向无产阶级投降，要活到老，学到老，改造到老。

正是从继承家族传统中的优秀成分、摈弃一切封建糟粕和陋习出发，建国初期，七伯、七妈向侄儿女们提出了若干具体要求，我们把它归纳成“十条家规”：

一、晚辈不准丢下工作专程来看望他，只能在假日或出差时顺路去看看；

二、来者一律住国务院招待所，不得住西花厅；

三、一律到食堂排队买饭菜，有工作的自己买饭菜票，没工作的由七妈代付伙食费；

四、看戏以家属身份买票入场，不得用招待券；

五、不许请客送礼；

六、不许动用公家的汽车；

七、凡个人生活上能做的事，不要别人代办；

八、生活要艰苦朴素；

九、在任何场合都不要说出与总理的关系，不要炫耀自己；

十、不谋私利，不搞特殊化。

这十条家规，体现了周家的家风和祖训，周到具体，一目了然，是我们今天传承学习周恩来精神的一个重要依据。

第二章　神秘来客

大上海。

1931 年。

这个当年的亚洲第一大都会，一年前，被国民政府正式定名为“上海市”。她昼间繁华，夜晚惊艳，果然不负“东方不夜城”的盛名。薄暮时分，闪烁多彩的霓虹灯光已经照亮南京路、霞飞路和外滩一带，洋文标志的咖啡馆、中西餐厅、舞厅里，红男绿女舞姿婆娑，钗光鬓影，杯觥交错。这里传出一曲曲流行的歌，其中最流行的，莫过于知名作曲家黎锦晖谱写的歌曲《桃花江是美人窝》，歌中唱道：“桃花江是美人窝，桃花千万朵，比不上美人多！”

在繁华、太平假象的掩盖下，正与邪、红与白两股对立力量正在进行殊死的斗争。黄浦江边，不时闪烁刀光剑影；上海滩上，处处可闻腥风血雨。

中共秘密联络点

“当，当，当……”外滩江边海关大楼高处，钟声接连敲响十二下。这是 5 月的一个子夜，温暖的初春气候夹杂着些许湿润。远离市中心的虹口区北四川路（现名四川北路）永安里 44 号[①]，里弄深处一幢上下三层联排的老式石库房，在夜色笼罩下显得分外幽僻与寂静。这就是 20 世纪二三十年代我们的家。

“咚，咚，咚！”有节奏的敲门声惊醒了熟睡中的父母。

---

① 上海市四川北路永安里 44 号，已被上海市人民政府命名为“周恩来在沪早期革命活动旧址”。

“润民，快开门，快开门！”

别名“润民”的父亲，那一年二十二岁，刚从上海法学院毕业，同我祖母和新婚妻子（我母亲）住在一起。敲门声是事先约定紧急情况下使用的暗号。父亲闻声，赶忙起床打开大门，门外站着一对不同寻常的中年伴侣：男士英俊挺拔，身穿长袍，头戴礼帽，深色围巾紧紧捂住口鼻，帽檐下露出一双炯炯有神的明亮大眼；身旁女士端庄清秀，朴素无华，一袭淡青色旗袍，素净的打扮掩盖不住气质的高雅。

20 世纪 30 年代初期的周恩霆

“原来是七哥、七嫂，怎么这晚才来家？快快请进！”父亲边答

周尔均与邓在军在上海四川北路永安里 44 号前（2018 年）

话边把他俩迎进客厅。

这对神秘来客，正是蒋介石以十万火急严令通缉的我的七伯、中共中央负责人之一、已调任中共苏区中央局书记兼中央军委书记的周恩来，和他一起的是我七妈、中共中央直属支部书记邓颖超。

“党内出了大事，出了叛徒，我俩要在这里暂避些时候。”坐定后，恩来伯伯说明了来意。

“不成问题，这里很安全，七哥、七嫂尽管放心。”起身倒茶的父亲一口允诺。

这戏剧性的一幕，是我长大懂事后，祖母和父母亲绘声绘色地讲给我听的。实际情况，远比他们知道的严重得多、危险得多，也复杂得多。就在七伯、七妈来家几天前，我党情报保卫工作的重要负责人、中央特科行动科科长顾顺章在武汉被捕叛变。这个曾经担任苏联顾问鲍罗廷卫士、上海工人武装纠察队总指挥，被选任中央政治局候补委员的大叛徒，掌握着我党中央最高机密，包括中央所有负责同志的行踪和党在上海各地的重要秘密联络点。毫无疑问，他是我党历史上曾经出现的内部最凶恶、最危险的敌人。

国民党特务机关为“钓”到这条“大鱼”欣喜若狂，武汉特务机关连夜给南京军统特务头子徐恩曾（当时身在上海）拍发六次特级密电，报告这个特大喜讯。军警特务倾巢而出，力图把共产党人一网打尽。

顾顺章叛变的消息，被潜伏在徐恩曾身边任机要秘书的钱壮飞同志截获，并在第一时间以最快速度报告党中央。在我党面临生死存亡的严峻时刻，恩来伯父显示出超人的清醒和冷静。他临危不惧，沉着判断，果断决策，指挥若定，利用顾顺章要求面见蒋介石、徐恩曾，面陈我党核心机密，以谋取更多犒赏的短暂时间窗口，在不到两天时间内，采取了一系列紧急应变措施：（一）立即销毁党的所有机密文件；（二）立即转移党的重要领导人；（三）立即通报共产国际远东局做好防备；（四）立即撤离党的秘密机关、联络点，切断顾顺章可能利用的所有重要关系；（五）通知所有可能成为顾顺章侦察目标的干部，全部暂时停止活动，必要时调离上海；（六）废止顾顺章知道的一切秘密工作方法；（七）全部更换各地与中央的接头地点和暗号。

在恩来伯父亲自部署指挥下，当夜，中共中央、江苏省委和共产国际远东局机关全部迅速安全转移。当徐恩曾亲率大批军警特务赶来上海进行地毯式搜捕时，竟然一无所获，他连连沮丧叹气："这个周恩来也太厉害了！"

郭沫若同志在北伐战争中曾以亲身感受，形象地表述他对初次接触周恩来的深刻印象：行事的果断与敏捷有如电闪雷鸣，思考问题的细心与周密有如水银泻地。这就是恩来伯父在处理顾顺章叛变事件中迥异于常人的行事风格和魄力。仅此一役，伯伯对党和人民功莫大焉！

尽管如此，顾顺章的叛变自首，仍给我党在白区的地下工作造成严重损失。由于顾顺章的指认和出卖，身处南京监狱的恽代英和在香港工作的蔡和森等重要领导人，都遭敌人杀害。由于拒不听从周恩来的忠告与安排，党的总书记向忠发不久也被捕叛变。

此时此刻的蒋介石，一则以喜，一则以忧。他一方面庆幸自己视为"眼中钉"的中共中央"遭到毁灭性的打击"，另一方面，曾与他在黄埔、东征中共事多年，谋略、才能出众的周恩来，竟然从自己眼皮之下金蝉脱壳，逃出生天。更令他气恼的是，这个老对手依旧擘画周密，着着占先，一举粉碎了他全歼中共核心领导层的图谋。这让蒋介石再次明了，周恩来实乃他的心腹大患，一日不除，寝食难安。于是他严令全国首先是上海、南京军警特务，限期缉拿周恩来归案，务必斩草除根，免贻后患。徐恩曾为此专门制订了一整套密捕方案，悬赏八万大洋，用重金收买"周恩来项上人头"。

乱云飞渡仍从容

黑云压城城欲摧，乱云飞渡仍从容。

就在这极其险恶的形势下，恩来伯父和颖超伯母并未马上离开上海，而是以最险恶的地方有时最安全的反常思路，秘密住进了我家。七伯有着超人的智慧和判断力。他对曾有重要功绩和丰富斗争经验的顾顺章既寄予应有的信任，也敏锐地察觉到这个党内重要助手流氓气息颇重，对他持有高度警惕。北四川路永安里44号我们家，是我党一个备用的秘密联络点，七伯、七妈虽然不时来家看望，却从未对外透露，是顾顺章所不知道的两三个秘密联络点之一。永安里住宅地处偏僻，多家相邻，弄内五条支弄并行，长长的胡同两端都有出入口，分别通向北四川路和多伦路，便于在紧急情况下及时撤离。果然，尽管军警宪特在上海布下天罗地网，暗探眼线遍及市区，七伯、七妈却在顾顺章叛变后近八个月时间里多次来家避险，每次住的时间都不短。在处理紧急公务之暇，他陪同七爷爷（七伯的生父周贻能，常住我家）和祖母一道收听留声机以资娱乐，有时还亲自下厨，做他拿手的“狮子头”以飨家人。

七伯是孝子，又是良师、贤兄，对我的父亲、比他小十岁的弟弟恩霔，既是兄弟手足情笃，又如长辈教诲有加，关心和帮助他在政治上进步。不过，父亲早年丧父，是祖母百般宠爱的独子，不怎么过问政治的文人。但他为人诚实正直，明辨是非，为保护兄嫂，中断了同外界一切来往，在敌人层层搜捕、险情万端的每时每刻，尽他所能保护兄嫂的安全，直到七伯、七妈于同年12月上旬离开上海，转赴江西瑞金中央苏区。在此期间没有出过一次闪失。

20世纪80年代，邓颖超伯母在同我和在军的一次长谈中动情地回忆了这段往事，她说：“那年顾顺章叛变，我同你伯伯在上海家中避险，那段时间里你父母亲可是帮了不少忙。二伯母（指我祖母）也为我们处处操心，可难为了她老人家！”

当然，短暂的避险只是保存有生力量的需要，严酷的对敌斗争一刻也没有中止。七伯在生死一线之间，仍然游刃有余地周旋在屠刀边缘，领导地下党人给予敌人以强有力的回击。

顾顺章叛变后，继任中央特科行动科（三科）科长、“锄奸队”队长谭忠余同志的家，也是顾顺章所不知道的另一个党的秘密联络点。20世纪90

年代，我和在军有幸结识了谭忠余的夫人周惠年，并在她八十五岁生日的当天，送上蛋糕为她庆祝。

为周惠年老人庆祝生日（1996 年）

那天，高龄的惠年同志，亲切而又兴奋地向我俩回忆起当年的情况：

恩来同志去中央苏区之前曾经在我家住过一段时间。他是晚上来的，他进房间我都不知道。他和我丈夫谭忠余睡在我家的大床上，我睡在小床上。组织上交给我的任务就是驻机关，具体做什么事情，只有直接参加的同志才知道。我那时不知道怕，党让干什么就干什么。

恩来同志晚上出去工作，白天在家里。他化起装来很像日本人，所以他经常化装成日本人外出活动。有一次他紧张中，把两条腿穿进一条裤筒里，我笑他，他也笑。

有一次他们在楼下审问叛徒王世德，我在楼上开收音机掩护，怕外面听见。

惠年老人提到的这个王世德，代号“老先生”，是顾顺章叛党案中的一个重要人物。他在顾顺章叛变几个月后，被顾提供的眼线发现指认、被捕叛变。王世德供出了我党处置顾顺章身边危险人物的详细情况，从而引发出多年后给七伯晚年带来重大伤害的“伍豪事件”[①]。但是，当年敌人用王世德作为诱饵设套抓捕周恩来的阴谋并没有得逞，被敌人重点保护的叛徒王世德没有逃过恩来伯父的周密安排，最终被我地下党抓获处决，得到了一个叛徒应有的可悲下场！

① “伍豪事件”详见第二十五章《悲怆呐喊》。

第三章　伍豪之剑

地下斗争的杰出领导者

实际上，早在 1927 年底，七伯、七妈就曾在上海北四川路永安里 44 号的家中住过。

南昌起义失败后，七伯得了重病，高烧不退，叶挺、聂荣臻同志在海陆丰找了条小艇，护送七伯到香港治病。病愈后，七伯回到上海，同已经从武汉转移来沪的七妈会合，最初一度就住在永安里。当时，七爷爷周贻能一直在家中住。七妈的母亲杨振德奶奶也不时来往。后来，七伯为了秘密工作需要、防止危及家人安全，另外安排了秘密住所，永安里 44 号便成为他一个不为人知的秘密联络点。七爷爷不时承担七伯交给的联络任务。

作为中共中央实际工作主持人、中央政治局常委、中央军委书记，七伯在那段时间的中心工作，是指导各地继续开展对国民党反动派的武装斗争，开辟革命根据地。在恩来伯父直接领导下，参加南昌起义的朱德、陈毅等人率起义余部发动湘南起义，最后汇入井冈山，与毛泽东会师；张太雷、叶挺、聂荣臻与叶剑英组织领导了广州起义；贺龙发动湘鄂西起义，创建了湘鄂西革命根据地和红二军团；刘伯承担任中央军委参谋长、长江局军委书记，成为七伯的重要助手。此外，未及参与南昌起义但在七伯任黄埔军校政治部主任时的一期学员徐向前，参与了开辟鄂豫皖革命根据地的斗争，任红一军副军长，后来成为红四方面军总指挥。

七伯在指导军事方面的卓越才能，在他代表党中央主持起草的致红四军前委的《九月来信》中得到充分展现。这份1928年9月28日的党内文件中，肯定了毛泽东“工农武装割据”的思想：“先有农村红军，后有城市政权，这是中国革命的特征”，对全国工农红军的建设起到了极其重要的指导作用，是一份确定中国只能走“农村包围城市”道路的纲领性的军事、政治文献。

这一时期党中央的领导，在情报、锄奸、文化统一战线等方面取得明显进展，引起敌人的极大惊恐和不安。在他们全力搜捕的共产党首要人物名单中，频频出现了“伍豪”的名字。

“伍豪”，是伯伯在党内的化名。

对于“伍豪”名字的来源，同是在20世纪80年代，七妈在一次谈话中回应我俩的提问时，做过简单的说明。大意是：五四运动时期，她和七伯都在天津参加学生运动，包括他们在内的20位进步同学组成了一个名为“觉悟社”的爱国团体。受反帝反封建的思想影响，大家主张不用自己的姓名，用抓阄的方式另起一个代号。当时做了50多个号码，七伯抓到的是“5号”，因此取谐音为“伍豪”，七妈抓的是“1号”，取别名为“逸豪”。后来

觉悟社部分成员合影（后排右一为周恩来，右三为郭隆真，右五为马骏；前排右二为刘清扬，右三为邓颖超）

七伯到欧洲从事建党的工作，就用“伍豪”作为代号。蒋介石发动四一二反革命政变后，七伯转入地下工作，继续沿用“伍豪”的代号。

“伍豪”的英名，从20世纪20年代起逐渐在党内流传。每当提起“伍豪同志”，知道内情的共产党人无不肃然起敬，心中顿感温暖亲切，犹如在严寒中燃起一团火焰。身处残酷的对敌斗争环境中，“伍豪”是共产主义崇高信念的象征，是在绝境中坚持斗争、无惧死亡的力量源泉。“伍豪”又是高悬于敌人头上的一把无比锋利的宝剑，敌特、叛徒闻之丧胆却无计可施。

永不消逝的红色电波

为纪念恩来伯父诞辰一百周年，我与夫人邓在军摄制了十二集电视艺术片《百年恩来》，有幸结识了当年同七伯、七妈一起进行地下斗争的许多老同志，他们绘声绘色地描述了当年在伍豪领导下英勇战斗的生动情景。其中，给我们留下最深刻印象的，是七伯为我党创建机要情报工作所展现的英明才智和立下的不朽功勋。

曾任我党情报工作的负责人、周总理办公室副主任、中央调查部部长罗青长说：

> 隐蔽战线是看不见的战线，包括双方的通信斗争、密码的保密斗争、侦察情报工作、保卫工作的斗争。这四项是周恩来1928年期间开始创建和领导的，许多是鲜为人知的。
>
> 我们党的第一个密码是豪密，就是周恩来发明的，用他在党内的代号“伍豪”中的“豪”字命名。可以说周恩来是密码专家。他发明的密码，有数字在里面，是数学和文字构成的。我党在密码通信斗争中的胜利，是打败国民党的重要因素之一。同在其他战场的较量一样，蒋介石在秘密战线上也打了败仗。

20 世纪 30 年代我党使用的发报机

我军解放南京后，缴获档案中有国民党对我军侦察、测向的报告。报告的结论是：普通密码搞到一些，共产党的核心机密没有得到。

原周总理办公室主任、长期在七伯身边从事机要工作的童小鹏说：

周恩来亲自发明了密码，亲自培养机要人员，建立了一套严格的制度，严格的作风，所以从没有出什么大事情。我们在国统区公开的电台，国民党来了给他们看，都是假的。有些故意让他们破译。真正的机要密码，他们最终也没有破译出来。

战争年代长期担任中央军委机要工作、总参三部老部长戴镜元说：

我党最早的密码是周恩来发明的，最早使用这个密码的是任弼时。第一份电报是周恩来从上海发给苏区中央局的，内容是问任弼时是否到了苏区。

“豪密”的保密性很强，现在看也很强，是一个伟大的创举。

伍豪同志说过，我们党的机要工作，科学技术是正50分，政治也是正50分，因为我们的事业是正义的，两者相加是100分；敌人方面，科学技术也是正50分，但政治上是腐败没落的，是负50分，两者相加等于零。所以我们一定胜利，敌人一定失败。

任弼时夫人陈琮英（我党译电员）和徐向前夫人黄杰（我党地下交通员）也向我俩回忆了那时的艰苦斗争和一些有趣的事情。

陈琮英同志说：

在中央苏区的时候，我是译电员，还有邓大姐和任弼时。周总理这个人好，他经常帮助我们。在瑞金时，有时候我们译电报顾不上吃饭，他就喊我们先去吃饭，吃完了再来译。怕我们吃不上，给我们留饭，还留菜。

徐向前夫人黄杰同志说：

对伍豪同志，那些反革命恨之入骨又无可奈何。他来无踪去无影，有时身穿长袍，有时一身短打，连我们都认不出来。

1930年，恩来同志要送封急信给刘伯承。我把信装在茶叶桶里，下面放信，上面装茶叶。到了那里，发现房间外面的信号一根红线没有了，我不敢贸然进去。回到机关，恩来同志问我送到没有，我说信号没有了。他很生气，说：“小鬼，你一定是到哪里玩去了！”我感到受了冤枉，我说：“我不怕死，被捕也不会叛变，但如果暴露了，我负不了责。”正好伯承来了，问恩来同志干吗生那么大气。恩来说：“你看他没有事嘛，我没有得到消息说他出事。”伯承说：“莫慌莫慌，我家那一位今天买了一只鸡，可能把那根线拿去拴鸡了。”大家都笑了。恩来同志马上说："对不起啊，我冤枉你了。"

在我党情报通信工作上，七伯的贡献是传奇性的、无可估量的。如果说"豪密"是铜墙铁壁的"伍豪之盾"，那么对国民党军队从上到下无线电通信的成功破译，无疑是真正无坚不摧的"伍豪之剑"。有了如此神奇的"盾"与"剑"，这支军队怎么能不如虎添翼、无坚不摧、无往不胜。

七伯喜爱音乐，他常常同我们一起哼唱他最喜欢的歌曲，如《洪湖水浪打浪》《革命熔炉火最红》《长征组歌》等，唱得兴浓时还跟着节奏在沙发扶手上打拍子。他对《长征组歌》中的"毛主席用兵真如神"这句尤为钟情，每唱到这里必定是一顿一挫、心驰神往，仿佛回到了战争年代。毛主席确实是位伟大的军事家、战略家，遵义会议后他与七伯在军事指挥上可谓珠联璧合。而在毛泽东如神的用兵之中，何尝又能离开"伍豪之剑"和"伍豪之盾"所起的重大作用呢？试想，如果没有精确无误的情报，对敌人的一举一动了然于胸，我军怎能在四渡赤水战役中着着占敌先机，在延安保卫战中，党中央又怎能决然坚守陕北，与胡宗南二十五万大军周旋于山梁沟壑上下，进退自如，最终把胜利一揽怀中。

历史表明，在中国革命的伟大斗争中，先烈们以生命为代价发出的"永不消逝的红色电波"，永远回响着"伍豪"——恩来伯父谱写的音符，它与时空同步，永存人间！

就在七伯离开上海的第二年——1932 年 11 月 16 日，我出生在上海北四川路永安里 44 号家中。这年 2 月，上海发生了一件大事，就是所谓的"伍豪事件"。"文化大革命"中，这一事件被"四人帮"用作恶意中伤、陷害忠良、对七伯发起突然袭击、妄图置他于死地的一支罪恶毒箭，七伯为此遭受巨大的精神压力和心灵创伤，严重损害了身心健康，以至被病魔过早地夺去了宝贵的生命。这是恩来伯父晚年的悲剧，也是我们国家和人民的悲剧。我将在随后的篇章中，用自己获得的材料，进一步澄清事件的真相，还原历史的本来面目。

第四章　少年的我

童少年时代

我的童年和少年时代，是在抗战时期沦陷区的上海和江苏高邮度过的。童年时留下碎片般的记忆，几乎都同日本占领者的残暴统治连接在一起。

父亲年轻时，患肺结核找不到工作，经济上的困境，迫使我家从上海北四川路旧宅搬到拉都路（今襄阳南路）一所同他人合租的房间里。我在住家

一岁的周尔均

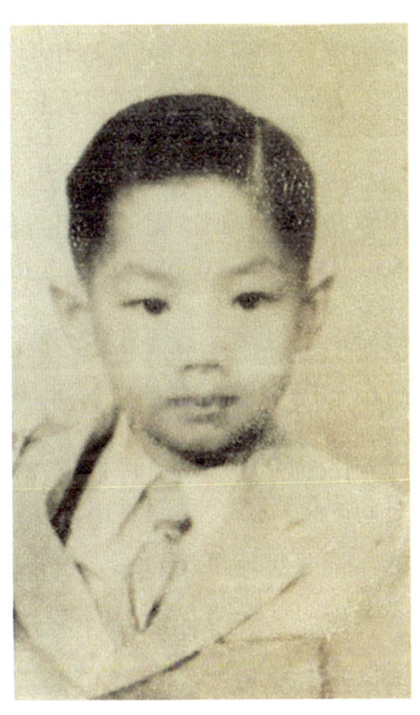

儿时的周尔均

附近的振英模范小学就读，这是一所不错的学校，我也是一名品学优良的学生。

在上学的路上有座日本军营，沦陷初期，过往行人都得向站岗士兵鞠躬敬礼。倔强的我不理这一套，仗着人小灵活，一眨眼就从哨兵跟前溜过去，被发现后没少挨鬼子的皮靴。由于当地生产的物资绝大部分调拨给前线作战的日军，市民的吃、穿、用全靠傀儡当局最低限度的配给，排队抢购生活用品便成了人们日常生活不可或缺的内容。我家的这个任务，常常落在我的头上。马路上一眼望不到头的队伍，推搡打骂的人群，持枪弹压的军警，现场晕倒甚至被挤死的老人孩子……这些悲惨的情景至今历历在目。我常常天不亮就起床赶去排队，无奈人又小又瘦，不是被推出行列就是被挤到队伍最后，不得不丧气地空手而归。有时好不容易抢到一小袋陈米，多半掺着残糠碎土，免不了挨大人责怪：“小孩子就是不会办事！”

说到吃的，当年能有米糠下肚已是万幸，荤腥肉食绝对是难得一见的奢侈品。当年孔夫子“三月不知肉味”，那是迷恋齐国的美妙音乐，连肉的香味也感觉不到了，而我童年时，“五六年不知肉味”则是不折不扣的历史真实。有件事我至今难忘：有次在亲戚家难得地吃到一味肉菜，虽然只有几片肉，觉得鲜美无比。人小不好意思细打听。事过几十年，应朋友之请，在一次宴席上品尝到这道“众里寻他千百度”的佳肴，原来就是普普通通的“肥肠”。朋友说：“这是肉食中最廉价的，难怪你当年偶尔能吃到，现在反倒难得碰上。”我很高兴：这下解开了纠结半个多世纪的心结。

有压迫就会有反抗，即使是无声的反抗。我所在的小学同其他学校一样，都必须执行日本占领军当局的严令，把日文列为必修课程，老师、同学对此都很反感。我的日语课老师，一位留学日本归国、年轻美丽的姑娘，上第一堂课时就严肃宣布：“同学们！我讲我的，你们可以不听不记，也可以不交作业。我给你们都打满分，至少给及格分。”她这样做，是要冒很大政治风险甚至以坐牢为代价的。后来上初中时的日语老师，上课时同样采取这种漫不经心的态度。他们以自己所能采取的方式同日本侵略者抗争。也正因为如此，我从小学到初中学过近十年的日语，至今却只记得“阿利亚多”“撒由那拉”等少数几个词。

上海沦陷后，中国军队的飞机不时飞临城乡上空，投下炸弹和传单。有一次，我空军一架被击伤的战机，为了减轻负载，把一枚炸弹错扔到市中心最繁华地段的“大世界”娱乐场门前，炸死了不少市民。一名缠着包头的印度警察（租界警察多雇用印度人，人称“印度阿三”）被炸飞的脑袋挂在路边树枝上，在市民中引起很大惊慌。此后扔炸弹的次数少了，日军又加强了防空火力，我空军战机多半是夜间才飞过来，撒下一通传单就掉头返航。这些传单包扎成一捆一捆，传单上印着全副戎装的蒋介石侍立在孙中山身旁的大幅照片，以及“抗战必胜”“抗战到底”等口号。捆扎不严的传单在空中散开，像飘飘扬扬的雪片洒遍大街小巷。我和同学们摸索到了规律，每在夜间假装睡觉，听到飞机引擎声，不约而同地溜出家门，分头捡起一摞摞传单，挨家挨户塞进门缝里。做完这件事，大家心里美滋滋的，觉得是为抗日做了一份贡献。

高邮忆旧

到了 1942 年，父亲离家去重庆七伯身边工作，家中生计日见窘迫，常常揭不开锅、无米下炊。母亲不得不带上祖母、哥哥、妹妹和我全家五口，寄居到江苏高邮我外祖父家中。在那里度过了我小学的最后半年和初中三年。

高邮是一个民风淳朴、湖河交错、风景优美但物产并不丰富的城市。当初秦始皇在这里设立了我国第一个邮亭，因此取名高邮，又名秦邮。至今邮亭的遗迹还在，是我国邮政的发源地。秦始皇也真了不起，为了实现国家统一，他灭了六国，修了长城，还没有忘记把他的号令下达到几千里外的苏北小城！

我的外祖父马士杰，曾是高邮首富，民国时期任过江苏省代理省长。据说乾隆时权臣和珅的私产“老高邮当铺”，传至民国初期，外祖父是最大股东。他家有住房九十九间，儿女二十二人。尽管母亲是他比较宠爱的九姑娘，我的舅父、姨妈等对我也不错，但毕竟是外来的“穷困户”，在这个尊卑分明、趋炎附势、处处都像曹雪芹笔下大观园的封建大家庭里，免不了常常遭遇人们的白眼。马家几百口人，吃饭分“三、六、九等”，我们属于最低等级的大锅饭，顿顿稀饭、咸菜，我从童年到少年，没有吃过一顿像样的饭菜。生活使我懂得了什么是人情冷暖、世态炎凉。

在高邮中学读书的三年，日子过得既平淡又贫乏。本来高邮在历史上是人文荟萃的地方，出过秦少游这样的知名文人，到了近代，由于地处偏僻，战乱频仍，传统的文化气息变得很淡薄。学校同上海大城市相比，相同年级的教学质量、师资水平都要低一个档次。这影响了我的学习热情，而且晚自习的条件恶劣，在只准点一两根灯草的小小油灯下，写完作业两眼发黑。几年下来视力受到很大损伤，早早地得了近视，又没钱配眼镜，老师在黑板上写的字尤其是数理化公式，看上去一片模糊。因此，上课成了我沉重的心理负担，幸好还有黑板演示的语文课，才给我带来些许乐趣。

雪上加霜的是，在我初一那年，住我家隔壁的一位姨父患了重伤寒，传染给了我。姨父只有三十来岁，身强力壮，不幸病了没几天就去世了。我同他的住处只隔一道透风的薄墙，这时发着高烧、重度昏迷的我，还能断断续续地听到他临终前痛苦的呻吟声和“给我西瓜吃”的苦苦恳求声（高邮不种西瓜），也能听到给我治病的中医对母亲说：“孩子已经没救，准备后事吧！”随之而来的是祖母、母亲的哭泣声。后来，母亲凭着在上海多年的生活经验和“死马当活马医”的决断，请来县城唯一的西医，凭着打针服药，竟然从鬼门关前把我救了回来。这位西医平日无所事事，因为人们只信中医不信西医。

母亲还认为，我能活过来是她烧香拜佛祈祷上苍的回应，让我在城隍爷生日时礼佛还愿。这一天，是县城一个难得的大节日，人们把泥塑木雕城隍爷和城隍娘娘用八抬大轿抬出庙门，鸣锣开道，鼓乐喧天。轿前轿后簇拥无数手持香烛的善男信女，还有踩高跷的，耍火把的，赤裸着上身扎满长长钢针的壮年汉子（据说是菩萨保佑，既不疼痛也不流血，至今我仍不明白其中究竟），煞是热闹。我和一起还愿的老老少少、男男女女，每人手持插着三炷香的小板凳，三步一拜，走遍全城。刚刚病好的我，累得几乎晕死过去。此情此景，深深刻印在我早年的心灵里。

封建和愚昧，使这个荒诞不经的画面，参与在其中的每个人物包括我，就像是戏剧中的一个场景，千百年来一遍又一遍地在高邮古城的舞台上演。多年后，我在参观古罗马庞贝古城时有一种强烈的感受：两千年前的历史在瞬间被凝固，一切都原封不动。它使我联想起 20 世纪 40 年代初期的高邮，正是这样的一潭死水。

革命的改朝换代

即使是八年全面抗战取得胜利这样的大事，也没有在这个古城掀起些许涟漪。既没有喜庆的爆竹烟花，也没有欢呼跳跃的人群，古老的高邮还是原来的那个高邮，因为当地的日伪政权和军队，按照国民党蒋介石的命令，只接受国民党军收编，拒绝向就在附近的共产党新四军缴械投降。

1945 年 12 月 19 日深夜，猛烈的枪炮声和爆炸声骤然打破了古城的宁静。这是我少年时代第二次听到枪炮的声音。前一次是 1937 年八一三淞沪抗战，战火一度燃烧到我家附近，但当时不满五岁的我，被父母关在屋里不准外出，对发生在周边的一切只觉得新鲜好奇，既不明就里，也不感到害怕。这回不同了：仗打得最激烈的地方就在离外祖父家两二里的东城，流弹不停地从门前飞过，炮弹就在几百米外爆炸。好在马家的大门本来就格外沉重结实，临时又加上一道道铁皮紧裹的门闩，感到还安全。从早到晚，我不停地从门缝里张望门前街道的情况：狭窄的石板路上，除了不断闪现的流弹火光、炸药烟雾，就是三三两两或成群结队从战场后撤的伤员，有的衣不遮体、血流满身，有的缺胳膊断腿，有的用双肘支撑着在地上爬行。给我留下特别深刻印象的是：一个日军士兵脸肿得像笆斗，五官被鲜血糊满，竟然还能拄根木棍，东倒西歪地走过门前。还有些伤兵就倒在门前无人过问。可见战斗是多么惨烈！枪炮声和士兵交战的呐喊声持续了七天七夜才平息下来。

很少有人知道，这一仗就是抗日战争的最后一次战役：高邮战役——虽然早在四个月前，日军就已宣布投降。这次战役是由新四军组编的华中野战军发起的，由粟裕司令员亲自部署，八纵司令员陶勇率部主攻，全歼日军一千多人、伪军五千多人。在童年期间经历了八年全面抗战的第一场大型会战和最后一次战役，也算是我难得的人生际遇吧。

20 世纪 90 年代，我担任解放军国防大学政治部主任，校长兼政委张震上将是我的老领导，他是从红军时期起我军唯一一位历任营、团、师、军、兵团、野战军各级参谋长，直到担任副总参谋长、中央军委副主席的高级将领。同这样一位身经百战的传奇将领在一个领导班子里共事，是我的荣幸。

张震（右）与周尔均（1990 年）

张震校长有次同我闲聊，听说抗战末期我在高邮读书，他惊讶地说：“那时我就在那一带指挥作战呢！抗战胜利后新四军整编，陶勇任八纵司令，我在九纵任司令，1946 年我还在淮阴治疗过肩部枪伤。听陶勇说：高邮那一仗打得很艰苦，战前我们把俘获的一个伪军军长派去传话劝降，被鬼子砍了头挂在城墙上。我们把日本天皇投降诏书印成传单，用炮弹撒到城里，也不管用。结果打了个硬仗，消灭了上千鬼子、几千伪军。日军城防司令是个大佐，战后把祖藏的宝刀献给我们，竖起大拇指说：‘原来低估了你们，新四军果然名不虚传！’”

1945 年 12 月 26 日，太阳从古城上空升起：天亮了！解放了！古老的高邮第一次获得了新生。

随着枪炮声逐渐平息，我第一个冲出家门，和同学一起跑向硝烟刚刚散去的东城门。城墙上空悬起了一面鲜艳夺目的红旗，城墙两侧地面上，散布着残损的枪支弹药、新四军攻城留下的竹梯和还没来得及清理的日伪军尸体。一伙日本士兵正忙着把战死的同伴，足有四五十人，堆放在刚挖好的土坑里，洒上汽油就地火化。这是我第一次也是最后一次看到日本人用这样的方式埋葬死者。

面对残酷的战争场面，我年轻的内心里不但没有留下丝毫阴影，还充满胜利的喜悦：多年来残酷镇压中国人民的万恶的侵略者，终于得到了应有的下场!

新四军官兵的到来，给古老的高邮城带来翻身的欢乐和青春的气息。部队分散居住在学校、庙宇和各家各户。马家的房子大，住进十多个干部和个排。干部战士个个精神饱满，年轻挺拔，身着一色淡青色土布军装，朴素而整洁，不同的是，干部佩戴飘着红绸的驳壳枪，战士肩挎同样系有红绸的亮晃晃的大刀，个个威风凛凛又和蔼可亲。每天在训练后的间隙里，帮我们挑水、扫地、捆柴（当地用晒干的芦苇做柴火烧）、煮饭，嘘寒问暖，亲如家人。

我因住房潮湿，腿上长了脓包，疼痛难忍，卫生员看到了，帮我检查、治疗。他说："你得的是'连疮'，俗话说'里连外连，七七四十九连（年）'，这个病很难治，要有耐心。"卫生员忙着照顾伤员，年龄偏大、老实忠厚的炊事员老张，每天主动为我烧水冲洗、上药，连续几个月，一天也没有中断，终于把我的腿治好了。直到今天，每当看到自己腿上的疤痕，就想起老张这份无私的恩情，在他身上，我第一次体会到了新四军与国民党中央军和地方军阀的天壤之别。

革命不是请客吃饭，而是另一种意义上的改朝换代。新四军的到来，对经历几千年封建统治及近代军阀、国民党和日伪统治的高邮古城，无疑是一次巨大的政治冲击。新四军干部在大会、小会上反复宣讲中国共产党的政策，揭露国民党发动内战的阴谋，号召农民群众反对阶级压迫，实行减租减息、土地改革。

阶级斗争的烈火首先烧到了马家大院。一天晚上，马家后花园里被汽灯照得通亮，几百名农民开会斗争我的外祖父马士杰。在斗争会进入高潮时，愤怒的群众把我的小舅父捆绑吊上树顶，逼他交出隐匿的家财。小舅父只比我大两岁，也是个中学生，家中事知道得不多，没法交代，眼看会有更加过激的行为，被在场干部劝阻了。同在后花园参加批斗会的一位女宣传队员，我还记得她的名字叫"雪友"，她把我拉到一旁说："农民批斗你外祖父是应该的，有些过激的行为可以理解。你看，马家住着这样大的宅子，马士杰号称'马半城'，还不是剥削农民劳动果实得来的吗？"我虽然觉得不问情况、捆绑吊人的做法未免过火，但雪友大姐的话倒也在理。

八纵有一批英姿勃勃的宣传队员，他们都是学生出身的男女青年，雪友大姐是其中的一位。她很善于做青少年的思想政治工作，在我们这些学生中威信很高。她到过延安，同我说过这个革命圣地的许多故事：军民同心打日本，开展大生产运动，领导人和人民群众亲如鱼水，扭秧歌、演活报剧，战斗、工作、生活一片热气腾腾……说得我心里热乎乎的，禁不住心向往之。

几天后，古城军民为庆祝高邮解放举行了一次盛大的游行。八纵的部分队伍还有地方游击武装，肩扛轻重机枪，中正式、三八式步枪，系着红绸飘带的大刀，迈着整齐有力的步伐，行进在古城大街上。我挤在旁观的人群中，目睹这钢铁洪流，不禁想起，两年前在这同一条街上，我曾端着插有香火的小板凳，三步一拜向菩萨还愿。同一个城市、同一条街道，过去与现在存在着两个完全不同的世界，提供给你两种不同的选择：愚昧与先进、黑暗与光明，你的抉择将会决定你的一生。

人群中，我的思绪被一阵猛烈的欢呼声打断："毛主席万岁！""中国共产党万岁！"原来，游行行列中出现了中国共产党领导人的巨幅画像。一旁的祖母和母亲赶忙提醒我："快看！快看！这就是你七伯！"果然，继毛主席、朱总司令之后，是周恩来副主席的大幅画像！像中的七伯，正是我仰慕和想象中的那样，浓眉朗目，英气逼人，威严而亲切，睿智而沉稳。我跳起双脚和人群一起高呼口号，为自己拥有这样一位伟大的伯父、革命的领袖感到无比骄傲和激动！

对新四军解放高邮，国民党蒋介石切齿痛恨，不停地派飞机来轰炸，我的一位同学就在高邮湖边被炸死了。汤恩伯开始调集大军，从扬州各地分路合击，大举进犯高邮。新四军着眼于战争的全局，对高邮驻军实行有计划的战略转移，一夜之间全部撤走。我年纪还小，原来计划继续升学，但父亲这时已转移到苏皖边区工作，既没有经济来源，又被告知高邮中学不设高中。在进退难定的关头，我想起了雪友大姐的谆谆嘱咐：年轻人要有志向，要革命就要去延安！对了，自己只有一条路可走，这条路也必须走，就是——找七伯，去延安！

第五章　三聆教诲

抗日战争胜利后，与国民党进行和平谈判的周恩来（1946 年）

1946 年春夏之交，高邮城上空雾气蒙蒙，我的心情也像天气一样阴沉：升学无望，前途渺茫，少年的我陷入了深深的苦闷和彷徨。

这天，母亲突然给我带来一个天大的喜讯："胜宝（我的小名），你知道吗？七伯因公事到了上海、南京，正在同国民党进行和平谈判。"这对我可是个自天而降的福音，来得太及时了！我高兴地蹦了起来，在刹那间做出了最正确的决定："我要去上海，去找七伯！"

尽管我从小没有离开过家，祖母和母亲还是支持我这个大胆的想法。客观因素是，家中境遇每况愈下，都快要揭不开锅了。经过一番商量，我和哥哥尔鎏便揣着母亲为我俩勉强筹划来的少许路费，怀着兴奋和惜别的心情，从此离开了这个曾经生活、学习三年多的古城。

从高邮到上海先要走水路再转乘火车。为了省钱，我俩坐的是只容几个人的小船，行行停停，用了一天多才到镇江。一路上没有吃饭，上岸后饥饿难忍，可是除了买车票的钱，口袋里只剩几个铜板。这时幸遇一个叫卖玉米棒的挑贩，掀开罩布一看，满满一筐热腾腾、金灿灿刚煮熟的玉米，禁不住流下口水。我用剩下的钱买了两根玉米，一人一根，顾不上擦手，连嚼带咽吃了下去。嗨！那滋味又甜、又香、又嫩、又脆，原来世界上竟有这样好吃的东西！难怪孔夫子说“食不厌精”！有了物质力量的支撑，那一刻，心中顿生苦尽甘来的美好感觉，我满怀信心大步走向充满美好憧憬和向往的明天。

初见七伯

上海，对我来说并不陌生。如果说同三年前离开时有什么变化，那就是从大街上咖啡馆传来的音乐声，由《何日君再来》《支那之夜》等换成了西方流行歌曲和爵士乐曲；外白渡桥周边出现了更多的车夫和苦力；柏油马路上不断飞驰过载有摩登女郎的美军吉普。当然，更为重要的政治现实是，国民党政府替代了当年的日伪政权。

当时，中国的局势很微妙，政治斗争复杂而尖锐。内战已经在多地爆发，但国共双方在表面上仍维持着“和谈”的局面。七伯作为中国共产党的首席谈判代表，在南京和上海两地来回奔波。上海的“周公馆”，是我党花钱租下来的房子，它是中共代表团驻沪办事处，也是七伯在上海时的落脚地。

9 月的一个下午，天气很热，我和哥哥按照母亲给的地址，找到了马斯南路（现名思南路）107 号。这是一栋西班牙风格的建筑，在两扇红色大门的一侧，钉有一块铜牌：“周公馆”。下面还有两行英文字母——GEN.

CHOW EN-LAI'S RESIDENCE，直译就是“周恩来将军官邸”。这时还处在国共合作时期，身为国民政府军事委员会政治部副部长的七伯拥有中将军衔，旧上海又是个洋人吃香的地方，中共驻沪办事处打出“将军官邸”的牌号并附署英文，对自身开展工作会带来很多方便：既有利于内部人员和民主人士出入，又有利于同国民党政府和当地方方面面打交道，对付特务机关的挑衅骚扰也很管用。回想起来，七伯思考处理问题之细密与周详，从启用“周公馆”门牌这件事足见一斑。

“周公馆”——上海马斯南路 107 号

“周公馆”所处的这一带，曾经是法租界的高级住宅区，路边栽了许多法国梧桐，看不到店铺，也没有叫卖的摊贩，显得很安静。不过“周公馆”附近，情况就明显不同了：门口很热闹，有三三两两的三轮车停着，有皮鞋修理摊，还有剃头挑子和叫卖香烟的小贩。走进公馆，面对一个小巧的花园，四四方方的草坪中耸立着一棵高高的雪松，三面环绕着藤萝花卉，再往里走，是一栋欧式的四层小楼。和大门外的热闹形成鲜明对比的是，这个小院显得肃穆而幽静。

七伯秘书陈家康已经接到门房通知，在院子里迎接我们。他是一位文雅质朴、热情干练的同志，当时还兼任中共上海发言人，新中国成立后，曾任外交部副部长。他把我俩领进会客室，一边说：“伯伯、伯母正在等你们。”我还没有缓过神来，七伯、七妈已经迎面向我们走来。七伯亲切地打招呼：“是爱宝（尔鎏）、胜宝吧！快快坐下！”七伯居然还知道我的小名！我忽然意识到，七伯、七妈的心情同我们一样，见到了十多年没有见过的侄儿，他俩定然又高兴又激动。当看到我俩衣衫褴褛、落魄受难的样子，七妈叹了口气，痛心地说：“孩子们，你们受苦了！”

这天，我是第一次见到七伯、七妈。不久前，在庆祝新四军解放高邮的游行队伍里，七伯的画像曾给我留下深刻的印象。这次面见真人，我才发现，他比我当时看到、想到的还要英俊、沉稳，浑身透着一股逼人的英气，比画像要俊朗多了。尤其让我难忘的是，当七伯那双炯炯有神的眼睛看我的一瞬间，我感觉到他的眼神是那么专注、那么亲切，除了关怀和温暖，甚至含有一丝悲悯。这远不只是一位敬爱的长辈看待一个十四岁晚辈的眼神，这是一个经历了千锤百炼的智者对所有的人充满挚爱深情的眼神。

从那一刻到今天，我深深体会到，在这个世界上有一个人，只要他看你一眼，你就知道他心中一定有你，这个人就是恩来伯伯！七伯目光中凝聚的，除了真诚、智慧、尊严、自信和难以言喻的魅力，最重要的就是这份独有的专注和爱心。它曾经感动无数中国人民，也征服了许许多多的国际友人甚至持有不同政见的各国政要。

在广为流传的电视艺术片《百年恩来》主题歌《你是这样的人》歌词中，有这样一段：“把所有的爱握在你手中，用你的眼睛诉说，你是这样的人。”在词作者创作这首歌时我当了一回参谋。写下的这一段歌词，正是我一生中的内心感受。我相信，这也是中国人民的共同感受。

第一次见到的七妈，同样对我俩格外亲切。她同七伯一样，穿着朴素的衬衫、长裤，端庄清秀，亲切大方，气质高雅。面对这一对在最险恶的环境里经历了几十年残酷斗争、艰难跋涉二万五千里长征路的挚爱伴侣和敬爱长辈，我是多么幸福和自豪。

七伯首先向我询问祖母的情况，他说："二伯母多年不见，我和七妈都很想念她。"接着，他主动说起我们所不知道的一些情况："前些天你父母先后来南京见过我和七妈。你父亲去了苏北解放区，那里在打仗，最近没有他的消息。"接着，七伯详细地询问我俩的情况和今后的打算，我当即表态，希望有机会继续升学，更希望能去延安跟他们干革命。七伯、七妈听得很认真，首先肯定了我的志向，说："年轻人应该有追求，这件事我们商量一下再做决定。你俩先好好休息几天。"

我这一路风餐露宿，途中感染了疥疮，被细心的七伯发现了。谈话中他突然问起："胜宝，你脸上怎么搞的，是不是长了什么？"说着站了起来，走到我面前细看。七妈跟着过来，仔细察看后说："不要紧，你这是感染了疥疮。"她立即跑回房间，拿来一支膏药，亲自为我涂抹在脸上，一边说："这膏药叫'如意膏'，效果不错，带回去继续抹，用不了几天就能好。"七伯也在一旁细心地问我："痛不痛，有什么感觉？"随着七妈手指的涂抹，我脸上出现凉凉的清爽，心里更有了一种从未有过的暖融融的感受。果然如七妈所说，涂抹后不两天就基本痊愈了。

想不到四十多年后，七妈还记得这个细节。她老人家去世前不久，同我和在军交谈时清楚地回忆起当时的情形："那次初见尔均，你满脸长疮，七伯和我好心痛啊！我给你涂的'如意膏'，是进口的，效果不错。现在市场上没有了，看来还得进口一些。"从这件小事可知，七伯、七妈对当年的那次见面，同样留有深刻的记忆。

谈话时间不短，中间不断有人向七伯汇报请示工作，尽管依依难舍，还是不得不向七伯、七妈告辞了。"周公馆"是个小楼，除了七伯、七妈，还住着许多领导同志和工作人员（后来知道有董必武、李维汉、滕代远、廖承志、乔冠华、龚澎、陈家康多人），有的是几个人共住一间，有的还打地铺。我便请示七伯、七妈，临时住到寓居上海施高塔路（现名山阴路）东照里的舅舅家，哥哥住到同学家。七伯仔细地问了我的住处，让卫士记下。他点头说："这个地方我知道，离当年你家住的北四川路永安里不远，鲁迅先生故居也在那一带。"七伯、七妈同意了我们的意见。

离开"周公馆"的时候，七妈叮嘱说：现在形势有点乱，出了门就快点回去，不要在外面逗留。我们点头答应，并没有意识到七妈叮咛的重要含义。实际上，"周公馆"表面看似幽静平安，周围却杀机四伏。大门外的那些小摊小贩，大多是化了装的国民党特务。七伯、七妈每次外出后回来，都要先看看某个窗台，摆在那里的花盆是不是变了位置，发出暗号。这并非草木皆兵，我们的保卫机关早已查明，"周公馆"周围好几家房子都被特务机关租下，对面的马斯南路 98 号（现思南路 70 号）上海妇孺医院，专门设有秘密监视据点。上海警察局长宣铁吾下达密令，黄浦分局派去的特务每时每刻做详细的监视记录，逐日上报《监视专报》。更有甚者，正对"周公馆"大门的一栋楼里还架设摄影机，拍下进出"周公馆"的每一个人。想必，我的照片也"有幸"存放在他们的档案里。

亲切的看望

七伯的记忆力真好，他对上海的熟悉程度也出乎我的想象。果然，我暂住的施高塔路东照里，就在北四川路底转弯处不远，隔条马路的斜对面就是鲁迅先生生前住所大陆新村。七伯所不知道的是（我也是多年后才知道），他 1931 年离开上海后，瞿秋白同志在赴中央苏区前，也曾在东照里住过一段时间。

周尔均、邓在军在上海山阴路东照里（2018 年）

离开“周公馆”不几天，陈家康同志就打来电话，告诉我一个意想不到的好消息：“七伯、七妈明天要来东照里看你，最好你到路口迎一下。”我满口答应，满怀喜悦和感激的心情等待他俩到来。

这天下午，我按照陈家康约定的时间，早早地在弄堂口迎候。七伯、七妈乘一辆黑色的别克轿车（这辆车至今仍存放在南京中共代表团梅园新村纪念馆，上海“周公馆”也有仿制的一辆），准时来到。七伯下车后，像对待大人似的同我亲切握手问好，七妈则在一旁仔细端详我的脸，高兴地告诉七伯：“你看，‘如意膏’真灵。这才几天，尔均脸上的疮已经治好了！”我在感谢七伯、七妈关心的同时，注意到一个细节：从那天起，七伯、七妈开始改称我的名字，没有再呼小名，他俩似乎把我“升级”成了大人，这让我有受宠若惊的感觉。

当年周尔均眼中的周恩来与邓颖超（系同一时期、同样着装在南京梅园新村所摄，1946 年）

那天，七伯身着合体的西服，显得特别英俊洒脱；七妈穿的是印有格子的深色旗袍，胸襟上别有一朵红花，更显端庄大方。我陪着他俩进客厅坐下后，童言无忌地直夸七伯、七妈今天好漂亮。七妈笑着说：“你还小，不懂这个。七伯今天有涉外活动。再则，这样打扮是为了减少国民党特务的注意，这是在国统区工作的特殊需要，也可以给你舅舅家减少麻烦。我们在延安住的是窑洞，穿的是土布衣服，吃的是小米粗粮，和灯红酒绿的上海根本不一样。你想去延安，就得有吃苦的准备。更重要的是，战争是残酷无情的，参加革命就要随时准备牺牲生命。”我兴奋地回答他俩：“我不怕，我愿意吃苦，也不怕牺牲，我要去延安，跟你们一样。”他俩听了高兴地笑了起来。回想七妈的这番话，当时七伯、七妈还有把我带回延安的打算。

出于可以理解的原因，这一天两个舅舅都外出了，除了我，在家的只有我十姨妈。七伯、七妈也亲切地同她握手，让她代向姻伯（指我外祖父马士杰）问好。然后，七伯以严肃而又亲和的语气同她谈了话，由于涉及的许多情况我还是第一次听到，至今仍留有十分深刻的印象。

七伯说：

最近你九姐（指我母亲）为姻伯在高邮挨斗的事到南京找我，希望我过问一下。你知道，共产党只讲原则、不讲私情。姻伯是前清内阁中书、民国时期江苏省代理省长，作为一个大官僚、大地主，农民造他的反完全应该。另一方面，润民（指我父亲）同你九姐结婚时，我就知道姻伯的一些情况。他是一位开明士绅，早年同黄炎培、张謇等进步人士兴办盐业公司，开荒筑坝，发展民族工业，又与《申报》的爱国人士史量才结为知交，一起创办过进步刊物《人文月刊》。史量才被蒋介石指令特务暗杀后，姻伯在挽联中[①]，痛斥国民党当局，引起中统特务的严重注意。尤其是他曾经担任运河工程局总办，对治理淮河做出重要贡献。淮河是我们国家最难治理的水系，1931 年发大水，受灾人口两千多万，死了好几万人，我出生在淮安，知道当年的情况，姻伯和张謇先生在治淮事业上是立了功的。

这次你九姐来找我，按照原则我原本不应过问，但黄炎培先生也找到了我，力保你父亲是爱国人士。抗战已经胜利，处在当前的特殊时

① 外祖父马士杰致史量才挽联的原文是：“造化几难知，最伤心大局安危，苏人又弱一个；精神终不死，且痛哭‘万恶’社会，先生自有春秋。”

期，对待你父亲这样一位有影响的爱国士绅，理应按照党的统一战线政策办事。要让他向农民认罪，交出土地田契，党和政府也要承认他历史上为人民做的好事，给以适当保护。时间过去多年，我怕自己的记忆有误，特地请黄炎培先生和知情人士一起交换意见，并征得董老等人的赞同，已按以上意见给中共华中二地委书记惠浴宇同志写信，请当地党组织按照党的政策妥善处理这件事。我说的这些情况，你可以酌情告知家中的兄弟姐妹。

在谈话过程中，七伯不时转过脸来对着我，这时谈马士杰就称“你外公”，显然是让我这个少不更事的孩子增添些阶级斗争知识和党的政策观念。

我虽然在马家生活了三年多，度过了童年和少年时期，高邮解放初期也目睹过农民控诉、斗争外公的情况，但对七伯所说的内容一无所知。唯一记得的一件趣事是：外公家有个仓库，存放着大量有关治淮工程的书刊资料，积满了灰尘，从无人过问。小时候嘴馋，表兄弟们相互出主意，悄悄拿出这些废旧书刊，用来同对门商铺的老板交换他们库存的蚕豆——店铺里拿这些废纸包装外卖食品，我们把换来的蚕豆，用大人的暖手炉（冬天取暖的小铜炉，下面堆灰，上层放点燃的糠）烤熟当零食吃。我的牙齿本就先天不足，又在成长期间，被半生不熟的蚕豆硌坏了好几颗牙。想不到这些换蚕豆的书刊竟和七伯讲的外祖父治淮工程有关。

七伯提到我父母亲的婚姻。事后我想，外祖父和祖父是晚清的同科举人，周、马两家联姻，肯定有封建社会“门当户对”“通家之好”的因素，不过七伯当时已是蒋介石严令缉拿的“共党首犯”，外祖父能把他最喜爱的女儿嫁给周家，也可见他“开明”的一面。

七伯给中央地委领导的信，使外祖父的处境得到了短暂的改善。但高邮城是内战双方争夺的一个焦点，激烈的军事和政治斗争及当地政权的反复交替中，外公这个知名人物显然也难以独善其身。1946 年冬天，他就与世长辞了，终年八十一岁。随着外公的故去，马家这个封建大家庭随之分崩离析。我的多位舅舅、姨母，有的走上了革命道路，有的去了国外。我的母亲马顺宜 1948 年同父亲离婚后去了台湾，后定居国外。

1988 年，我和在军应高邮县委、县政府邀请，第一次回高邮探望。当年的马家大宅已经荡然无存，在旧址上改建了县政府招待所。经过仔细寻觅，终于发现当年我住过的那间房屋的门槛还在，“眼看他起朱楼，眼看他宴宾客，眼看他楼塌了”的感慨油然而生。毕竟，一切旧的腐朽的东西必然被新生事物所替代，一个国家、一个城市是这样，一个家庭以至每一个人，也都离不开这一社会发展的铁定规律。

七伯、七妈这次在东照里待的时间很长。当我把他俩送上汽车时，暮色已经笼罩上海的上空，但他俩对侄儿的亲情挚爱，就像凌晨即将升起的太阳，照亮并温暖着我这颗年青的心。

自强自立，走好自己的人生之路

又过了一些天，七伯、七妈再一次把我和哥哥叫到“周公馆”。七伯郑重地对我俩说：“我和你七妈仔细考虑过了，现在形势很紧张，国民党没有谈判诚意，国共和谈估计会破裂。原想带你们去延安，但代表团的许多同志可能被迫紧急撤退，带上你俩有困难。你们还是暂时留在这里读书，充实自己，以后再设法取得联系。社会是个大学校，从中也可以得到锻炼。你们想去延安的愿望是好的，参加革命、参加人民军队的机会总会有的。”

说到这里，他的语气变得严肃起来：“相信不久我们还会见面。青年人应自强不息，自强自立，说到底每个人的路要自己走。”

七妈在一旁叮咛：“七伯刚才讲的话很重要，你们一定要牢牢记住。”又特别提醒我注意个人卫生，把“如意膏”保存好，防止再感染疥疮。

七伯、七妈还给我们留下必要的生活费用和一些衣物，再三嘱咐我们，以后在上海读书时务必提高警惕，严防特务盯梢，确保自身安全。我俩当场表态，一定听七伯、七妈的话，也请他俩务必为革命事业保重身体。

七伯、七妈把我们送出客厅，在门口告别时，我问了一句：“七伯、七妈要回延安吗？”

七妈幽默地回答我：“当然，国民党不喜欢我们待在这里。”

七伯也笑着说：“不过你们可以相信，我和七妈一定还会再来上海的。”

后来的形势发展很快，我离开“周公馆”没几天，国民党军队就在10月11日攻占张家口。和谈正式破裂后，七伯、七妈于11月间回到延安。撤离前，他俩根据不同情况，对每一个人的去留，都做了周密的研究和安排。

比如，为安全起见，他俩没有同意廖梦醒大姐让她的孩子随同去延安，而是安排她们去了香港。

对流落在上海的聂荣臻同志的女儿聂力，七伯、七妈则千方百计打听到她的下落，从茫茫人海中找到她，送到晋察冀军区聂帅夫妇身边。

周尔均与聂力（左一）、邓榕（右一）在八届人大一次会议期间合影（1993 年）

我知道这件事，是多年后与聂力的一次相遇。2008 年 3 月，江苏淮安举办纪念周恩来诞辰 110 周年座谈会，我和在军、其他亲属还有许多朋友都参加了。会上，我俩的好友、聂荣臻元帅的女儿聂力在发言中深情地回忆总理对她的关怀。她说："由于残酷的斗争环境，我出生后便被寄养在上海一户农家，从此和爸爸妈妈失去联系，相互思念甚切，无从相见。1946 年夏天，总理在上海和国民党谈判期间，费尽心思找到了我，把我从上海郊区接出来送到父母身边，圆了我们一家人多年的梦。"聂力大姐流着热泪说："周伯伯、邓妈妈是我们一家的恩人！"

当她说到这里，我猛然忆起：1946 年夏天，不正是我在上海面见七伯、七妈，请求跟他俩去延安参加革命的同一时间吗？

对廖梦醒大姐、聂力大姐和我采取这几种不同的安排，体现出七伯对自身亲属的分外严格。其实，七伯是很重亲情的，早年和抗战期间，他曾把自己的两个弟弟（同宇伯父和恩霔父亲）带到身边锻炼。经过几十年血与火的淬炼，七伯的革命意志与高尚人格更进一步升华，他作为一位无产阶级革命家，对亲属晚辈和革命后代，在关怀照顾的同时又毫无例外地予以严格要求，期待他们自强不息、自强自立，不依赖任何"关系"和"人情"，去走自己的人生之路。这种严，灌注着他对亲人最无私的爱，也是一种最深沉最富有远见的爱。

七伯、七妈此次在南京、上海总共只有五个多月，在上海的时间更屈指可数。在这短短的期间，他俩为和平谈判夜以继日同国民党蒋介石进行了激烈尖锐的斗争，同时还参与指导全国范围强力反击蒋介石发动内战的军事行动，用大量时间做爱国民主人士和"第三方人士"的工作。在这个决定中国未来命运的关键时刻，七伯、七妈挤出他俩的宝贵时间，三次面见侄儿，其中一次还是专程前来看我，每一次都进行了长时间的亲切交谈。"周公馆"三承教诲，成为我一生中最珍贵的记忆。

敬爱的七伯，是您充满智慧和深爱的指引，为我奠定了正确的人生起点！

第六章　烈火淬炼

上海解放

1949年5月，解放军发起上海战役。就在5月初，国民党京沪杭警备总司令汤恩伯还大肆吹嘘上海是中国的“马其诺防线”，至少“坚守六个月，等待第三次世界大战爆发”。军警宪特组织大批地痞流氓、游民妓女，分乘多辆卡车在南京路上“游行”，挥舞标语，高呼口号，表面信心满满，实则色厉内荏，上海人民看在眼里，人人心知肚明。

5月12日，我军打响进攻上海的第一枪，不到半个月，汤恩伯所谓的海陆空立体防御体系就土崩瓦解了，二十多万官兵被歼灭。有着光荣革命传统的上海，终于回到了人民手中。

5月26日下午，虹口一带的枪炮声刚刚平息下来，我和两三个大胆的同学冒着风险，从位于北四川路底的光华大学附中校园内，一路奔跑到苏州河畔外白渡桥一带。我们要亲自迎接心中崇敬已久的解放军的到来，亲身体验上海解放那一刻的喜悦。

这里曾是上海最繁华地段之一，平日里车水马龙，熙熙攘攘，此刻，偌大的空间却不见一个人影，有如幻象般空旷和沉寂。在面对外白渡桥的几座高楼大厦门前，一座座国民党军队用沙袋砌成的临时工事，布满了蜂窝般的弹孔和爆破留下的大洞，足见当时的战况是多么激烈！地面上则洒满了雪白的大米，原来，构筑工事的麻袋都是从商铺里抢来的米袋。工事周围，躺卧着一具具被击毙的蒋军士兵尸体，有的仰面朝天，有的匍匐蜷曲，鲜血流淌一地。战争的残酷场景意味着胜利的来之不易，虽然已看不到解放军的伤亡人员，但也可以想见，这胜利，是我们英勇的战士以鲜血和生命为代价换取来的。

我们没能迎候到仰慕的英雄。这时战斗还在继续，解放军正在英勇地追歼残敌。不远处仍在响起密集的枪声和看到频闪的火光。我们兴奋地跑上桥头，面对苏州河面流淌不息的黄浦江水，不约而同地高声呼唤：“上海解放了！”“解放军万岁！”“毛主席万岁！”大家兴奋地哼唱起早就熟稔的歌：“解放区的天是明朗的天，解放区的人民好喜欢！”一个个心里乐开了花，充满对美好明天的憧憬与期待。

在社会的大学校里读书锻炼

此时此刻，我分外想念七伯、七妈。按照他俩的吩咐，我留在上海读完了三年高中。在这期间不仅增添了文化知识，更重要的是，在社会的大课堂里上了一堂政治大课，实现了从少年时期模糊的进步追求到投身革命迫切愿望的转变。

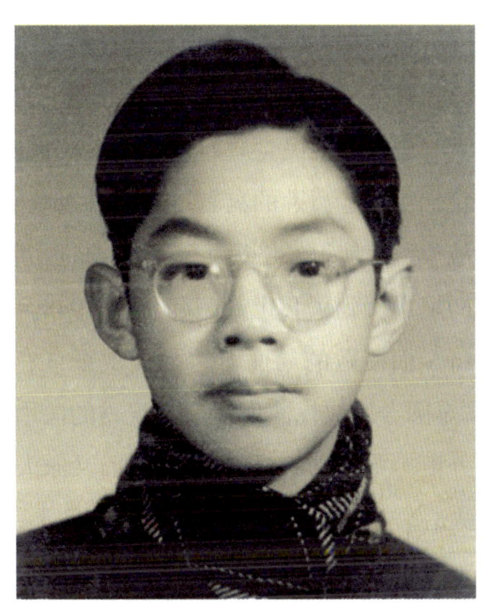
高中时期的周尔均（1947年）

在上海读高中的这三年，我亲眼见证了蒋家王朝从鼎盛到崩溃的全过程。1946年，我上高一，时值抗战胜利后不久，蒋介石被誉为“抗战领袖，民族英雄”，威望一度达到顶峰。他的巨幅画像高高悬在上海也是全亚洲最高建筑国际饭店的顶层。国民党政府的接收大员也在上海受到英雄凯旋般的欢迎。但是好景不长，“接收”很快变成了

"劫收"。国民党的腐败根深蒂固，而抗战的胜利更成了加速腐败的催化剂。全面抗战时期，这些"接收大员"在大后方"苦熬"了八年，突然胜利了，他们乐滋滋下山"跑马圈地"后，首先想到的是要收回"苦熬"的成本。于是，上海成了一块任其宰割的"肥肉"。"接收大员"几乎个个"五子登科"："条子（金条）、房子、女子、车子（汽车）和馆子（高级饭馆）"，"五子"通吃。更恶劣的是敲诈勒索，随意给人安上"汉奸"罪名逮捕法办、查抄家产。一时间，汉奸帽子满天飞，不管是小商人还是大学教授，随时都可能变成"汉奸"，被关进大牢。上海民众哀叹："想中央，盼中央，中央来了更遭殃！"

同样，对出现在上海街头的美国军人，老百姓起初是欢迎的。毕竟在二战期间，中国是抗击法西斯的东方战场，美军是盟军的领头人。可是时过不久，满大街横冲直撞的美军吉普和"吉普女郎"，便给人们留下恶劣印象。在北京发生强奸北大女学生的"沈崇事件"后，美国大兵的形象就完全垮了，加上美国政府用大批军事物资支持蒋介石打内战，上海人民对此举行了万人抗议游行，我和同学们也在游行的行列中振臂高呼："Get away，US fellow！"（美国畜生滚出上海！）

最终把人民群众的愤怒引到爆发点的，是蒋介石置抗战胜利后中国人民急需的休养生息于不顾，悍然撕毁"和平协议"，全面发起内战，向解放区大举进攻。国民党政府为了支撑扩大内战的庞大军费开支，进一步用苛捐杂税加重对老百姓的盘剥压榨，各级政府官员、军官、奸商趁机中饱私囊、发战争财，使得经济民生凋敝，通货膨胀，物价疯狂上涨，整个社会一步步走向坍塌。到了我上高三年级的1948年下半年，蒋介石面对"辽西会战"即将全面溃败的局面，为了挽救军事、经济危机，走出一步险棋，用所谓的"金圆券"取代面值断崖式下跌的法币，勒令民众拿出家存所有黄金、白银、外汇，兑换成"金圆券"。一面又派太子蒋经国到上海"打老虎"，以此安抚人心。企图通过政治、经济双管齐下，挽救国民党的统治。但独裁者蒋介石最终也敌不过资本的力量，向真正的"大老虎"孔祥熙和宋美龄妥协低头。誓言"破釜沉舟在此一举"的蒋经国，不得不铩羽而逃。曾是蒋经国亲信的民革中央名誉副主席贾亦斌先生亲口告诉我，蒋经国在离开上海时曾向他哀叹："我是尽孝不能尽忠，忠孝不能两全啊！"

在极度腐败的环境里，上海经济迅速崩溃，金圆券的贬值速度有如流星坠地。发行初期，金圆券最高面值为100元，不到一年，我快毕业时，出现了500万元的巨额大票，而这笔钱只相当于发行时的1元面值，买不到一个馒头。有人计算，当时一担大米的价格是4.4亿金圆券，每担以300万粒米计算，买一粒米要146元。我上学时路过皮鞋店的门口，上午标价7000元的一双皮鞋，下午加了一个零，成了7万，第二天上午再看，后面又加了一个零，成了70万。报纸上刊登过一幅照片：一辆三轮车上堆满了金圆券，旁边的说明词是"这些钱买不了一双鞋"。还有一则笑话：一位老太太早上去买菜，提了一个竹篮，里面堆满了金圆券。途中内急，把竹篮放在厕所门口就进去了，等她出来，竹篮子被人偷走了，那一堆百万面额金圆券还放在原地不动。公教人员发不出工资，发的钱也买不到东西，人们编成歌谣："大街过三道，物价跳三跳。工资像团雪，放会儿就化掉。"手中仅有的积蓄，又被"政府"强行"收兑"。蒋介石把搜刮来的2亿美元资产用军舰运去台湾，其中上海人民的血汗钱占了64%。

当金圆券成了废纸时，金条、银圆就成了奇货可居的宝贝。当时上海街头出现了这样的奇观：许多"黄牛"手里敲着从清代到民国时期铸造的各式各样的银圆，叮当作响，公开叫卖。一个银圆能换成百上千万金圆券，最吃香的是含银量高的"袁大头"。我曾拿母亲给我的一个银圆，换来半个月的生活费。袁世凯肯定想不到，他倒台几十年后，以他名字俗称的银圆居然还能成为救人命的硬通货！

蒋介石的倒行逆施引起民怨沸腾，工人、市民、公教人员和青年学生纷纷举行抗议游行，高举"反饥饿、反内战、反迫害""教授教瘦、教师教死"的大幅标语，路人在街两旁鼓掌支持。国民党当局则以"共党煽动"为名，进行残酷镇压。反抗—镇压—反抗恶性循环，老百姓的日子实在过不下去了，国民党的统治也难以为继。这时不仅普通市民，就连一些有正义感的资本家和政府官员对蒋政府也开始大为不满，人心倒向了共产党一边。我的同学中，有一些出身于政府官员和富裕家庭，我把自己在高邮时的所见所闻和解放区的歌曲向他们宣传，多数都赞同我的看法。很快校园里流行起《你是灯塔》《解放区的天是明朗的天》《团结就是力量》等进步歌曲，有时还是公开唱，大声唱，校方不管不问，特务也抓不过来。同学们和上海市民中的大多数认为，国民党烂透了，还是共产党好，到该改朝换代的时候了。

正是在上海的高中三年读书生涯中，我目睹了国民党政府贪污腐败、社会道德沦丧、政权分崩离析、八百万大军灰飞烟灭的全过程，懂得了“水能载舟，亦能覆舟”“只有共产党才能救中国”的道理。这是用金钱换不来的极其珍贵的人生经历和政治觉悟。

光明与黑暗，是事物的两极。处在永恒的光明之中不知道光明的可贵，亲身经历了黑暗、在无边黑暗的衬托下，才能更深地体会光明的温暖与灿烂。重温当年七伯对我的教诲，“社会是个大学校，从中也可以得到锻炼”，是何等的英明，多么具有强烈的针对性和预见性！

铁与火的淬炼

在外白渡桥畔迎接上海解放那一刻，我想起了当年先在高邮、后在“周公馆”立下的誓言：投身革命、参加人民军队！更记得七伯对我的谆谆嘱咐和殷切期望：“参加革命、参加人民军队的机会总会有的。”实现我这美好愿望的最好时机终于来到了，见报上刊登有第二野战军军政大学的招生广告，我没有片刻迟疑，立即报名投考。1949 年 6 月上旬被批准入学，从此成为中国人民解放军的一员。掐指算来，到今天，我已是一个有着七十多年军龄的老战士了，真是岁月如白驹过隙啊。

参军、入学第一天，我领到了一套整洁的军装。当时，各个野战军分散在全国各地作战，供给条件不同，军服式样、质地都不一样。我们二野穿的是黄色粗布衣服，上衣衣领两侧缀有用红铝漆片制成的“二野军大”领章，腰扎皮带，裹着绑腿，不久后，军帽上又添加了鲜红的“八一”帽徽[①]。精心穿戴之后，对着镜子一照，看上去很神气、很威风，心想，这不就是半个月前我专去迎候却未能见到的中国人民解放军战士的风采吗？从此以后，再不会有那个斯文秀气的中学生了！内心里充满自豪和神圣感。

二野军大是一座抗大式的革命军校，办校目的是为正在进行的解放战争和新中国建设准备干部。与我原来的想象不同，这里没有“大学”的文化课程，全部是严格的军事、政治训练。军事课的内容主要是队列训练、射击、投弹、拼刺刀。政治课是学校的主要教育课程，也是我最感兴趣的内容。许多高级将领和学术界名人，如李达（中共主要创始人之一）、张际春、邓子恢、宋任穷、李大章、彭涛、施复亮等，都给我们上过大课。二野军大政治部宣教部部长张衍（后任中国人民解放军军事工程学院政治部主任），也是一位“常设”的任课教员，他讲课通俗易懂，水平很高，从猴子变人的历史发展规律，一直讲到马列主义基本原理，大多闻所未闻，使我第一次从理论上懂得了人类历史发展的基本走向。他讲的另一个重点是，先进的革命组织与革命军队为什么有别于旧社会的反动政党与反动军队。这些“教员”全都具有丰富的革命斗争经历，口才也特别好，没人拿稿子，个个讲得头头是道。我们听后都心悦诚服，大大激发了思想改造的自觉性和迫切追求进步的政治热情。

其中给我留下最深印象的，莫过于校长兼政委、第二野战军司令员刘伯承和政委邓小平所作的报告。

刘伯承同志是中外闻名的军事家。早在解放前的上海报纸上常见有关他的报道。那时正是国民党军队在“徐蚌会战”（淮海战役）中屡遭我军毁灭性打击的时候，为了掩饰真相，转移视线，报上屡屡用大字标题报道“国军在某战略要地击毙共军重要头目刘伯承”的消息，头一天刚刊登，隔了两天又发表，不过换了一个地点。我们看报的人都乐了，说这个刘伯承

① 中央军委 1949 年 6 月 15 日颁布由周副主席主持制定的“八一”军徽式样，时间在我入伍之后。

邓小平与刘伯承

神了，能够在不同的时间、地点被国民党“击毙”了两次。确实，国民党将领对刘伯承同志畏之如虎，私下里称他为“战神”。我和许多学员怀着敬仰的心情和极大的兴趣听他的报告。伯承同志的第一句话，就赢得了长时间的热烈掌声：“同学们，我以千百倍的热情，欢迎大家来到军大学习！”他接着说：“学校是军队的缩影，军队是学校的扩大。治军先治校，治校要从严。”勉励大家以后不要做穿军衣的大学生，而要做革命军人的模范。这些经典的名句，触动了我们的心弦。讲话快结束时，伯承同志话锋一转，严肃地告诫大家：“革命不是请客吃饭，革命是要流血牺牲的，是白刀子进去，红刀子出来啊！”他大声问我们：“大家怕不怕？”上万学生齐声回答：“不怕！”会场上的热烈气氛到了沸点。

然而，有些意志薄弱的人嘴上说不怕，心里未必不怕。学员中不少是家庭富裕的大学生，缺少艰苦斗争的思想准备。听报告时还没有开始进行系统的政治教育。所以，当天听报告的一万二千多名学员中，晚上一下子“溜”走了两千多人。留下不足一万学员，在解放西南战役和剿匪、土改斗争中，牺牲了将近三分之一。其余的人在军队和祖国建设中大都起到了骨干作用。大浪淘沙见真金，确是亘古不变的真理。

两个月后，我们聆听了邓小平政委作的题为《过关问题》的报告。小平同志讲话幽默风趣，深入浅出，鞭辟入里又丝丝入扣。针对青年学员的现实心理状态，他强调：每个革命者都要“过好三关：帝国主义关、封建主义关、社会主义关”，“帝国主义关又叫战争关，封建主义关又叫土改关，社会主义关又叫胜利关”，每个大关中又有许多小关，可谓“大关三个，小关无数”，“这一关过去了，还有那一关。倒下去了，再爬起来。要不怕艰难困苦，不怕流血牺牲，一关一关地过去，直到最后胜利”。他的讲话重点放在“过帝国主义关”即“战争关”，因为青年学生中有不少人害怕美帝国主义发动第三次世界大战，害怕原子弹。针对学员在学习过程中反映出来的思想问题，他归纳到“过三关”中，一一予以回答，听后感到很解渴。

那天，小平同志的报告，从下午讲到天黑，广场上临时搭架电线，铄亮的灯光照明会场，他越讲越起劲，大家越听越过瘾。

回顾20世纪90年代初，我在国防大学政治部工作期间，策划建设了一座校史馆，用文字资料、照片、视频等多种形式，系统地介绍我军高级院校的发展历程，对学员进行军史、校史教育，同时作为对外军事宣传的一个窗口。我军高级院校大致经历了红军大学、抗日军政大学、军政大学、军事学院、高等军事学院和国防大学等几个重要时期，在布展设计时，我请画家根据我的回忆，绘制了一幅邓小平政委在二野军大向万名学员作报告的图景，以此作为军政大学这一历史时期的代表作。各届学员和干部，对这幅画都很注意观摩学习，并给予好评。历届中央主要领导同志江泽民、胡锦涛、习近平都曾到校史馆参观、指导。当年，在我陪同江泽民总书记等观看时，刘华清同志在这幅画前伫立了十多分钟，他说：“画得不错，当时就是那个场面。我是军大政治部副主任、党委书记，小平同志讲话由我陪同。这次讲话影响很大，为学校整个教育工作奠定了基础，指明了方向。”刘华清同志还笑着对我说：“要说，我俩还是二野军大的校友呢！”

实际上，小平同志的报告，既是对我们前一阶段政治学习的总结，又是对我们二野进军西南的一次重要的政治动员。报告那天是1949年9月12日，此前的8月19日，刘、邓首长已按中央军委部署，对二野各部队下达了《川黔作战基本命令》。动员学员准备打仗，正是小平同志所说要过的“小关无数”中的一关。

小平同志善于用简短明了的语言，对一些重大事件加以概括。比如在这次报告中，他形象地把我军解放大西南的任务归纳为“三、六、九”三个字。他说：“‘三’，是指我们二野的三十万大军；‘六’，是指西南五省（云南、贵州、四川、西康、西藏，当时还有西康省）六千万人民；‘九’，是指国民党西南地区的九十万军队。我们的任务，就是用二野三十万大军，消灭国民党九十万军队，解放西南五省六千万人民。”短短三个字，抓住要领，易懂易记。

建国后，小平同志任西南军区政委，在反贪污、反浪费、反官僚主义“三反”运动后期，他鲜明地提出“堵后门，开前门”六个字。前者是指，要“堵”住贪污、浪费的后门；后者强调，要同时关心和解决群众的生活福利问题。既全面，又清楚、明白。

我们二野司令员刘伯承和政委邓小平，是我军公认最佳的高层军政搭档。恩来伯伯对他俩评价很高。1996 年，薄一波同志向我和在军谈了这样一个事例：

> 周总理认为，伯承和小平的工作方法各有其特点，小平是“举重若轻”，伯承是“举轻若重”。总理还说，“从愿望上说，我更欣赏小平的‘举重若轻’，但说句实在的话，我做不到。我同伯承同志一样，在工作上是‘举轻若重’”。

就刘邓首长的讲话而言，我只听过刘伯承校长在二野军大的这次报告，而小平同志讲话我听到过多次。确实，他俩讲话的风格各不相同，但共同特点是富有强烈的革命情感，用浅显明白的语言阐明深刻的革命道理。因此，他们当时讲的每句话都说进了青年人的心里。

我和二野军大的其他学员经过短短三个月紧张的军政训练，思想觉悟有了很大提高，基本上完成了由学生到军人的转变，确立了为革命流血牺牲的思想准备。我在很多方面表现出青年人特有的革命激情，很快被任命为班长，评选为二野军大学习模范，也是最早一批被发展的新民主主义青年团员。中国新民主主义青年团成立于 1949 年 4 月，经中央批准，同年 8 月，在部队建立团组织，我就在同一个月被吸收入团。当时入团还带有秘密性质，指导员神秘地找我说，学校有了新青团组织，问我有没有参加的愿望。我说有，他笑着点了点头。过了几天，指导员把我和另外三名同学叫上，来到操场一个僻静的角落，当众宣布，我们已经通过了团组织的考察，他将成

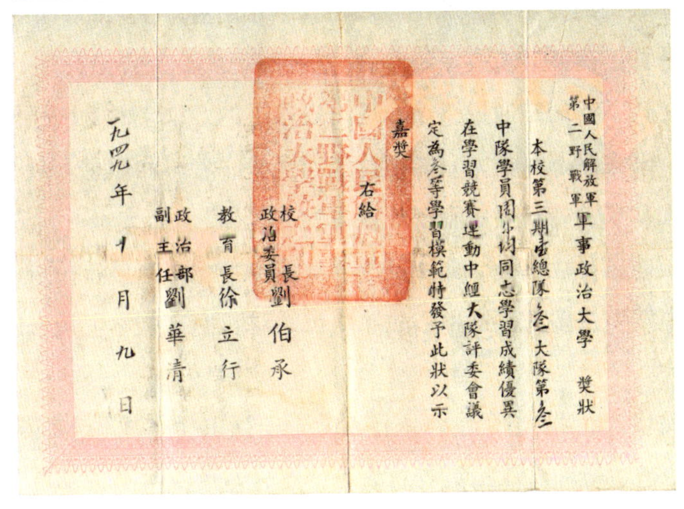
中國人民解放軍第二野戰軍軍事政治大學 獎狀

本校第三期[illegible]總隊叁一大隊第叁中隊學員周爾均同志學習成績優異在學習競賽運動中經大隊評委會議定為叁等學習模範特發予此狀以示嘉獎

右給

校長 劉伯承
政治委員
教育長 徐立行
政治部副主任 劉華清

一九四九年十月九日

周尔均获得的二野军大三期学习模范奖状（1949 年 10 月 9 日）

解放西南战役时的周尔均（1949年）

为我们的入团介绍人。在他的带领下，我们庄严地宣读了入团誓词，我成了一名光荣的新民主主义青年团员。

为了给解放西南战役做好干部补充准备，在邓小平政委来校作报告后不久，军大学员提前毕业。我被组织上选调到二野军大后勤训练大队学习，又经过严格甄选，调入二野后勤政治部，任职政治工作员、见习干事，随同部队，开始向大西南进军。

军队是最好的学校，战争是最好的课堂。我小时候吃过不少苦，在二野军大又经历了严格的军事训练，过了几个月士兵生活，自认为“过”小平同志所说的各种“关”没啥问题，但是只有在后来经过一系列的行军、打仗后，才认识到与一切磨炼比起来，战争才是对一个人的真正考验，体会到什么才是真正意义上的锻炼。

行军之初，我们是通过火车军运出发西进的。乘坐的是四面围着铁板的闷罐子车，没法躺下睡觉，只能把背包当坐垫靠着车厢休息。行军第二天深夜正当进入梦乡，列车突然刹车，重重的“咣当”一下，五六个战友当即被背靠的铁板磕破后脑身亡，还有十多人因脑震荡重伤。类似的非战斗减员，在进军途中发生过多次。这种非战斗减员，对我们这些学生兵来说，也是一种生死考验。

在湖北境内，我们开始了一千多里徒步行军、作战。上级规定，每人携带的衣、被、鞋和洗漱用具等总量不得超过八斤。听上去没有多重，但打成背包，扛上双肩，加上米袋、水壶、干粮、挎包及步枪和子弹袋，就不胜其重了。每天负重行军不少于八十里，有时一百里甚至一百二十里，好容易盼到宿营地，早已双脚打满血泡，体力消耗几乎到了极限。这时还顾不上休息，一大堆事等着你去办：找宿营地，借谷草，打地铺，挖厕所，烧水洗脚、做饭，还要宣传群众，张贴标语，帮助老乡挑水、扫院，夜间还要轮流站岗、巡逻。刚闭上眼不多会儿，睡梦中常被起床号声唤醒，赶紧就着稻田里的水洗脸漱口，打扫房屋、整装出发，继续第二天的行军。经常是走着走着就睡着了。人的意志和韧性真的好奇特，在极度疲劳的状况下，睡着了还可以照常向前走，而且不会掉队，这也是我首次发现的一个奇迹：好像身体里还躲着一个我们没有发现的乐队指挥。当然，自己身旁需有战友的照应和扶持。

越是在艰苦的条件下，越能体会到同志情、战友情的可贵。行军途中，同志们互相照顾、互相帮助，口渴时有人递给你一壶水，饿了时有人送你一块干粮，疲累时大家互相“拉歌”，快到宿营地走不动了，宣传队员打着竹板在路口迎接你，一边说唱：“同志们，加油干，解放军个个是好汉！”“同志们，加劲走，前面就是村子口！”你顿时忘掉疲劳，骤添勇气和力量。

我参军不久，又年轻瘦小，成了队伍里的“重点照顾对象”，步枪、米袋甚至背包常常被身旁战友抢去一路代背。二野后勤政治部主任配有专用的吉普车和马匹，在他乘车时，警卫员便把首长的马牵来给我骑。我第一次骑马，高踞马上既好奇又扬扬得意，不料路遇一条小河，架有木板拼搭的简易便桥，我本应下马牵着走，毫无经验的我，骑着马过河，致使马腿陷入木板缝隙，动弹不得，由好多位战士费了很大力气才把它抬了出来。这匹马是全梯队最好的一匹，饲养员说，可惜马腿已经别断，怕是废了。领导们因我少不更事，没有更多批评指责，但我为此很自责，也从中吸取了深刻教训：自己不懂的事多请教别人，任何时候莽撞不得。

我所在单位是二野后勤政治部的一部分，编为第二梯队，一梯队已随野战军机关和一线部队向前推进。前方不时传来胜利捷报，大量敌军被我歼灭或投降起义。我们在行军途中，不时遇到的是残余敌军和土匪袭扰，都被警卫连消灭或击退，我直接参与战斗的机会不多。比较危险的一次是徒步行军后的乘船军运。

在紧张的行军途中，接到前方来电，重庆已于1949年11月30日解放，让我们提前赶去参加接管。二梯队从宜昌改乘轮船赴渝，我们同另一个单位分乘两轮船。没想到国民党特务在另一艘船上安放了炸药，起航后没有多远，那条船就在江心爆炸，船上一百多人，只救上来几个，其他同志全都牺牲了。我们这艘船行驶在后，经过时只能看到漂流在江面上的轮船残骸和背包、水壶……

当时，我被分配在后勤政治部组织部干部科，负责保管和整理营连以上干部档案，大约有上千份。我在清理时发现，很多档案对不上人，查询结果，这些同志在解放战争时期的上党战役、定陶战役、鲁西南战役、千里跃进大别山，特别是淮海战役、渡江战役中牺牲或失踪了。我心里很难过：这些档案曾记录着一个个鲜活的生命，但他们大都牺牲在胜利的前夜。我认为自己有责任有义务与这些牺牲者的家人取得联系并告知讯息，便按照档案上提供的线索，陆续联系他们的家人，也取得了一些成果，直到我调离档案工作岗位。

1949年12月初，我随二梯队领导和同志们一起到达重庆山城，与一梯队会师，二野后勤部开始合署办公。这时，解放西南战役仍在紧张地进行中。此刻离我当年在上海“周公馆”向七伯、七妈辞别，仅仅三年又一个月，在此过程中，我已经从一个初中毕业的学生，成长为初步经历铁与火淬炼的革命军人。要是我能出现在七伯、七妈面前，他俩该会有多么高兴！

看似无情胜有情

参军初期，我在充满兴奋与喜悦的同时，也曾有过一丝遗憾：如果当初能同七伯、七妈一道去延安，就能早三年参加革命。早三年与晚三年参军还是不一样的。我的这种心态，往往产生在填履历表的那一刻。

那段时间，随着大城市陆续解放，许多青年学生踊跃参军，他们具有较高的文化水平，很快就被提升为干部，从而引起一些工农干部的不满，履历问题就被拿来说事。像我这样的小知识分子，常常被称作“三门干部”，即“出了家门进校门，出了校门进部队门”。会上说，会下也说，不免给我们这批青年人造成一些思想压力，有时还影响到任职和提升。平心而论，有这种想法和说法也无可厚非。军人的荣誉与战斗经历、服役年限有着密切联系。1955 年我军实行军衔制时，党中央、毛主席就曾规定，凡被授予将军军衔，必须具备红军时期入伍的经历。1988 年，全军第二次授衔也本着同样的精神，将官原则上只授予解放战争时期以前入伍的军职以上干部。我也是按照这个要求，被首批授予少将军衔。

但是，冷静下来细想，衡量一个干部，资历仅是诸多因素中的一个方面，思想品德、政治觉悟、业务素养和工作能力才是全面衡量干部的基本要素。同时，干部的成长过程也就是斗争阅历，是形成和判断他的综合素质的重要依据。

我理解，资历与经历，这二者之间既互有联系又有所区别。资历，更多地体现为量的积累；经历，更多体现为质的变化。回过头来看，当年七伯没有让我们跟随他去延安，除了出于对自身亲属的严格要求，坚决摈弃封建社会遗留的“凭关系”“讲人情”的陋习外，更重要的是着眼于侄儿辈“自强自立”“走自己的路”，在社会实践中得到磨炼和充实，从而更好地成长。我这样一个年仅十四岁、各方面都不成熟的少年，只凭热情和一时冲动远远不够，继续升学增长知识，接触社会经受锻炼，进一步提高政治上的自觉

历经千锤百炼的周恩来

性，进一步提升自身素质包括文化知识的积累，则更为现实和重要。七伯曾对我说："延安没有高中，在上海读书条件比较好。"显然，在条件更臻成熟的时候参加革命工作，无论对党的事业还是对我自身的成长都更为有利。事实证明，七伯的决定经过深思熟虑，无比正确。

生活是最好的老师，人生价值的实现始自自己选择的道路和对生活的付出。有的路很平坦但平淡，有的路很艰难但多彩，有的路需要付出代价甚至牺牲。只要是为自己坚信的理想、信念而奋斗，你就只能凭脚下迈出的每一步去接近它。

在这个意义上，晚三年还是早三年参加革命，对我来说，意义没有什么不同，或许，自己的人生因此而更加丰富多彩。

敬爱的七伯是世界上少有的具有如此丰富的生活实践和全方位斗争经历的领导人。他是五四运动时期的学生领袖，是中国共产党最早的党员之一，是人民军队的主要创建人之一，并开创了我军政治工作，是党的隐蔽战线的主要领导人。他是中华人民共和国开国元勋，党和国家主要领导人之一，在我国近现代史上，巴黎戈德弗鲁瓦大街 17 号、广州黄埔军校、上海工人武装起义、八一南昌起义、瑞金红都二万五千里长征、延安、西安事变、重庆红岩、南京梅园新村、上海"周公馆"、西柏坡、中南海西花厅的灯光，这些闪闪发光的大事与简略表称，无一不与周恩来的名字紧紧联系在一起。他连任 26 年国家总理，全面主持内政外交。天降大任，七伯集政治家、军事家、外交家于一身，无数次经历出生入死的严酷斗争考验，都能化险为夷，一个个地闯了过来，这都与他百炼成钢、难以企及的人生历练密切相关。

到现在，我才完全体会到七伯在培养侄辈问题上用心良苦，正因为有深刻又独到的人生体悟，七伯才懂得早年历练对一个人成长的不可替代价值。"会当凌绝顶，一览众山小。"他高瞻远瞩地以自己的亲身实践，关心而又看似严格的方式，为子侄辈们奠定了正确的人生起点。我能得到七伯、七妈的关怀和指引，是人生何等难得的幸福！

第七章 “同志”爱称

萌发入党初心

重庆人都熟悉大坪，这里高楼林立，人头攒动，夜晚霓虹灯流光溢彩，熠熠生辉，是深受山城青年人喜爱的繁华市区。夜色已深，犹有一对对情侣在此流连忘返。

谁能想到，当年第二野战军后勤部进驻时，这里只有国民党军队联勤总部留下的几座破旧仓库和一个简易透风的“小礼堂”。周边都是大块稻田，一片荒芜。山城是丘陵地带，凹凸不平。起初，二野后勤部领导和各部门工作人员，分散借住在山坡不同层面的民房草舍。条件虽然简陋，大家工作、学习的热情却很高。日常生活、训练也井井有条，保持着战争时期的紧张节奏和严整的秩序。队伍里多了一批参军不久的青年知识分子，更显得生机勃勃，热气腾腾。

当时，二野面临的任务仍然十分艰巨：蒋介石亲督胡宗南大军负隅顽抗，解放西南战役仍在激烈进行；扩建和加强十八军进军西藏的准备工作正在如火如荼展开；受台湾策动，大批投降后又“反水”倒算的蒋军人员，以及潜伏敌特，与各路土匪合流，残酷杀害我军派遣的军代表，摧毁我基层政权，渐成心腹大患，一时间闹得人心惶惶。为巩固我新生政权，安定人心，大规模的剿匪战斗势在必行，迫在眉睫。我们后勤部门的保障工作一个接着一个，十分繁忙。

由于我在行军、作战途中表现良好，起草文件领导也还满意，组织上决定调我到政治部宣传部任宣传干事。调动前，组织部副部长白冰[①]找我谈了一次话。白冰是四川人，杨尚昆同志的弟弟，全面抗战初期入伍的中学生。那时干部普遍比较年轻，当时他只有二十九岁，为人热情，爽朗。同我的谈话也是开门见山，推心置腹。他说："组织上调配干部的原则是量才适用。你虽然年轻，文字工作有较好基础，比较适合做宣传工作。我自己呢，性格外向，爱说爱动，原定调我担任首届驻英武官（在西方国家中英国最早提出与新中国建交），'紫石英号事件'发生后作罢了，在这里继续和大家一起工作也很愉快。希望你好好努力，不断进步。下一步要争取入党。"

白冰同志这次谈话让我心有所动，倒不是因为提升了一级职务，而是我喜爱写作，在二野军大时曾是校刊特约通讯员，屡次得奖。按照组织安排，由原来比较枯燥的档案管理改做宣传工作，我很愿意。但提起入党，我却信心不大，自认条件相距还很远，身边有些老同志历经战火考验，至今还没有入党。我是参军刚满一年的学生干部，对加入中国共产党虽然心向往之，实感遥不可及。但无论如何，白冰同志对我的鼓励使我内心里很温暖，也萌发了争取入党的初心。

改做宣传工作后，有两件事对我思想上有很大触动：

一件是，组织上让我承办二野供给部政委谭映月的治丧事宜。我军各大野战军的后勤部，是 1948 年由原来的供给部和卫生部两大部门合并组成的。供给部原本不属后勤部管辖，是一个很重要的部门。谭映月同志是老红军、老党员、老后勤领导，他少年从军，戎马一生，对我军后勤建设多有建树，功勋卓著。他是我们二野抵达西南后逝世的第一位高级干部。我接受这个任务感到诚惶诚恐，因为我在这方面没有一点经验，也没有先例可循，只能凭自己设想草拟了一个方案，领导上居然批准照办。于是，1950 年初在简易的后勤礼堂隆重地举办了谭映月同志追悼会。我们将安放谭映月同志遗体的棺木，庄重地置放舞台中央，两侧摆满鲜花，舞台大幕上悬挂着逝者大幅遗

① 白冰后改名杨白冰，原名杨尚正，20 世纪 90 年代初期任中央军委秘书长、总政治部主任。

照和众多挽联。参加追悼会的上千名干部战士轮流走上舞台，向遗体敬礼告别，随后在大厅列队，听取军区李达副司令员致悼词。李达与谭映月有很深的战斗情谊，他在致辞中回忆了谭政委与他共事多年，战斗中英勇顽强、身先士卒，工作中勤勤恳恳、廉洁奉公的许多动人情节，尤其是进军西南途中身患重病主持工作，直到生命的最后一息。说到动情处，李达副司令员声泪俱下，哽咽难言，全场肃穆无声，无不动容。我扶李达首长到台侧休息室暂歇。他向在座的军区后勤部领导表扬这次悼念活动的组织工作。他说，这既是对谭映月同志的深情悼念，也是对干部战士上一堂现实生动的政治课。在场同志普遍反映，听了李副司令讲话，大家很受教育。

那时，野战军的指挥机构很精干，统率数十万大军的二野首长只有四位：刘伯承司令员、邓小平政委、张际春副政委和李达副司令兼参谋长。

另一件事是，1950 年 5 月 1 日，在我们后勤礼堂举行庆祝五一劳动节大会，从远处赶来参加会议的一辆卡车出了重大事故，在礼堂前的稻田里侧翻，车上载有几十名西南军政大学女学员。当天是我值班，即刻赶赴现场进行善后。只见稻田里遍布学员当天刚换上的新制式大檐帽，翻车时甩出的学员大多数受了伤，幸好由于稻田积水淤泥很深，伤情不算很重，最大的问题是有五六个女学员被压在卡车下动弹不得，这时还能睁着眼睛呻吟求救。受当时条件所限，一时调不来吊车，我只能指挥警卫战士和男学员奋力把卡车抬起，无奈稻田同沼泽地一样，越使劲抬，车越往下陷。在束手无策的情况下，只能让军医就地给她们吸氧，不停地安慰她们不要害怕，不能乱动，调整好自己呼吸，坚持等待救援。最后，众人望眼欲穿的吊车终于开到，吊起卡车，把她们救了出来。可惜因时间过久，虽经尽力抢救，只有两位下肢被压的学员被救活，其余三位女学员不幸停止了呼吸。在场的军大同学尤其是女同学个个痛哭失声，我也跟着流下眼泪。本应是欢乐的节日却变成痛失战友的祭日。

这件事给了我很大情感冲击。就在现场近两个小时的解救过程中，眼睁睁地看着三个满怀革命热情与美好憧憬的鲜活生命、花季少女陨落在自己眼前，万般痛心又无可奈何。这件事也让我明白了一个道理：做好任何一件事，仅凭良好的主观愿望和工作热情远远不够，还需要努力创造客观条件和专业手段，否则只会于事无补甚至事与愿违。

后来，我们把谭映月政委的坟墓和三位女学员的合葬墓安排在后勤礼堂一侧，分别立碑纪念。1959 年，我调离重庆后，只要有机会去当地出差，都会专程到墓前悼念。

七伯、七妈勉励我入党

就在领导上不断给我压担子，我也尽力完成上级交给我的任务、力争提高自身思想政治觉悟的时刻，意外接到了七妈自分别后给我的第一封来信，我喜出望外。

在上海读书和参军初期，我一直想给七伯、七妈去信，但七伯正协助毛主席指挥全国解放战争，戎马倥偬，转战各地，无从递送。在进军西南途中，得知中华人民共和国成立、七伯被任命为政务院总理的喜讯，这时我已调到二野后勤机关，部队开设军邮，可以免费投寄邮件。有了这个条件，我立即写信给七伯、七妈，详细汇报离别后这几年的经历，谈到自己在革命队伍里和枪林弹雨的激烈战斗中，更加理解了伯父辈抛家弃业，舍生忘死，以人民解放事业为己任的意义，也初步树立起为共产主义理想奋斗的信念，正在积极争取加入共产党。

七伯、七妈得知我参军的消息非常高兴，对我争取入党的意愿尤其重视，回信鼓励我：入党是一个人政治生命中的大事，要努力改造思想，不仅要争取早日在组织上入党，还要真正从思想上入党。要自觉接受党组织长期考验，做一个合格的共产党员，并说他俩随时等候我入党的好消息。

七伯是中国共产党八个发起组之一的旅欧共产党早期组织的重要成员，七妈是 1925 年入党的我党最早女党员之一。无限忠诚于自己选择的伟大事业，为之奋斗终生，在临终昏迷前，仍向身边卫士索要《国际歌》歌篇的七伯，当然希望晚辈后代中，能够出现革命事业的接班人。20 世纪 40 年代后期，他和七妈把关注和期待的目光放在了我和其他侄儿女的身上。

在我争取入党的两年期间，七妈连续写来三封信给予亲切鼓励。由于七妈长期患病，当时信多由她的秘书张元代笔，但给我的信则总是亲笔书写。我申请入党时，对父亲在抗战期间和在苏皖边区政府工作的一些情况不甚了解，七妈还亲自写了证明，让我看后转送党组织，这封信至今仍存放在我的档案里。

有了七伯、七妈的勉励和期许，我彻底打消了此前的疑虑。我向党组织正式递交了入党申请书，决心接受党组织的长期考验，争取早日成为一名像七伯、七妈那样的合格的中国共产党人。

牢记共产党员的“三个必须”

有了七伯、七妈的指引和党组织的关怀，我信心倍增，奋发图强，连续两次荣立三等功，被评为学习模范和先进工作者。当时全军正在开展文化教育运动，我被破格任命为西南军区后勤部文教办公室秘书组组长，具体负责组织实施这次全军区后勤的中心工作。通过重重考验，终于在 1953 年 12 月 31 日光荣地被批准加入中国共产党。在入党宣誓后，我立即用航空快信把这个喜讯报告七伯、七妈。七妈也在最短时间（当时交通邮政还不通畅，航空信也不例外）亲笔给我回了一封充满革命情感和勉励期待的信，全文如下：

尔均同志侄：尔鎏同志侄均此不另

航快信已收到，知道你已加入共产党，至为兴奋！今后，你必须加强党性的锻炼，克服非无产阶级的思想，不断的为着党员的八条标准而奋斗，不要辜负了光荣的共产党员的称号，争取如期的转为正式的党员。你必须注意密切的联系群众，关心群众，向群众学习，从而你才能更好的为人民群众服务。你自知应不骄不馁，但必须从思想上行动上加以不断的实践为要。

兹就你的同宁伯父（七伯之弟）因公赴渝之便，特函介绍他来看你，我们的情况可由他告你。你的情况亦望告他转我们。我的病已较前

周尔均参加第二野战军解放西南战役胜利后在重庆留影（1953 年）

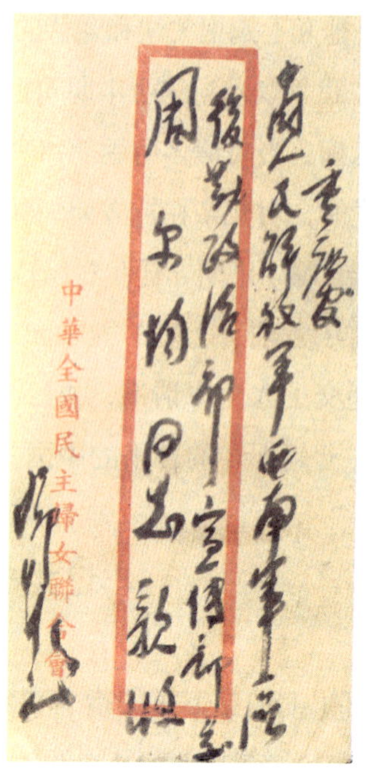

信封

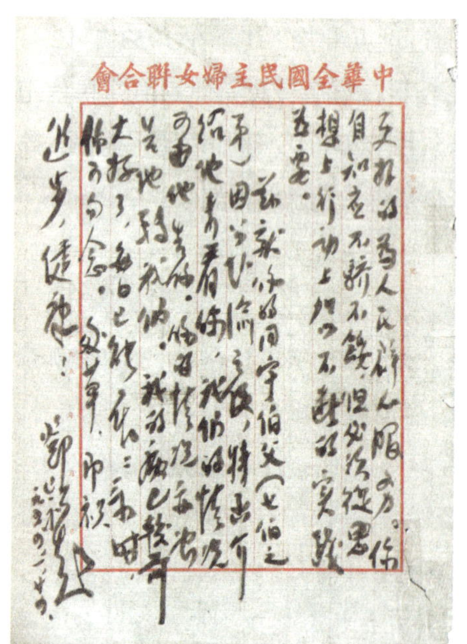

中華全國民主婦女聯合會

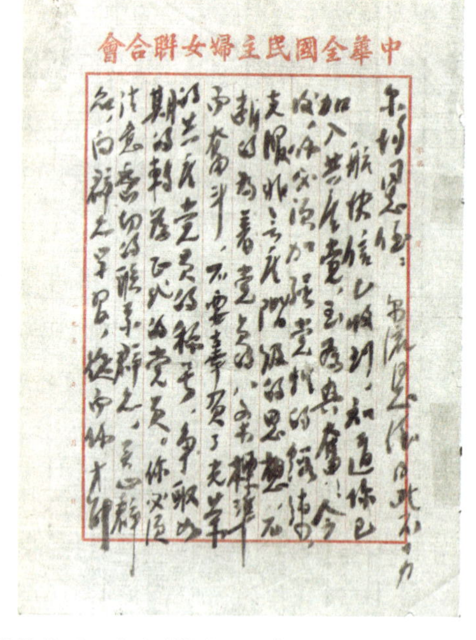

中華全國民主婦女聯合會

邓颖超致信祝贺周尔均入党。信中提出共产党员的“三个必须”（1954 年 1 月 24 日）

大好了，每日已能工作二三小时，你可勿念。

匆草，即祝进步、健康！

邓颖超

一九五四．一．廿四

据原中央文献研究室的同志告诉我，七妈这封信，是迄今所知唯一一封谈及侄儿女辈入党并在政治上提出具体要求的珍贵文献。六十多年来，我时常展信重温，从中汲取营养，砥砺自己，并不断获得新的心得体会。

电话记录单

来电单位、姓名	中央文献研究室刘春秀	电话	
受话人姓名	毕京京	年　月　日　时	

内容摘要

1 月14日，就周主任撰写纪念邓颖超同志文章事与中央文献研究室刘春秀同志进行了联系。我们报告说，周主任的纪念文章初步考虑从周总理侄儿的角度，以自己的亲身经历，回忆邓颖超同志对总理侄儿女辈亲切关怀和严格要求的一些往事，主要内容拟围绕邓颖超同志在周主任入党时给他的一封亲笔信展开，以反映邓颖超同志鼓励总理的后辈独立自强，为党和人民建功立业的革命情感和博大胸怀。题目初步定为《看似“无情”实有情》

刘春秀同志作了四点答复：

1.这个题材很好。据目前了解，邓颖超同志给周总理亲属写信，鼓励他们从思想上入党的信件仅此一封，把她的亲笔信写进文章的也只有这个稿件，这对于启发教育青年一代很有意义。请按目前的考虑写出初稿，篇幅可在五千字左右。

2.邓颖超同志亲笔信的复印件请同时送来。这次出的集子拟在书前收入一些邓颖超同志与各界人士在一起的照片。信件的照片此次不登，但我们要留存。

3.交稿时间已统一改为1993年3 月底以前，周主任的回忆文章能在2 月底或3 月初送来更好，我们看过初稿后，如有问题可进一步商谈。

4.请向周主任问好。

首长批示

呈办意见

国防大学政治部

原中央文献研究室就邓颖超致周尔均信一事的电话记录（1993 年 1 月）

其一，七妈在信的开头称我为“尔均同志侄”。此前，她信中的称谓都是“尔均侄”。二者有什么不同？就是因为七妈写这封信时，自己的侄儿已经是这个伟大组织的光荣一员。由于周家下一辈中，我是最早入党的，这意味着我们家族下一代中，又为党组织增添了新鲜血液（当时全国共产党员总共只有五百多万人）。为共产主义事业已浴血奋斗三十多年的七伯、七妈，自然由衷地为之高兴：“知道你已加入共产党，至为兴奋！”七妈一贯措辞严谨，用“至为兴奋”来表达得知我入党时的感受，两位长辈的喜悦心情跃然纸上。

其二，七妈在信中对我提出了三条重要要求：加强党性锻炼，克服非无产阶级思想；密切联系群众，关心群众，更好地为人民群众服务；不骄不馁，付诸实践。这三点，无论是在当时还是六十多年后的今天，都具有强烈的现实针对性。想一想，如果我们每一个共产党员都能高标准地做到这三点，我们的党、我们的国家将会变得何等强大！还有什么事情能难倒我们或是我们不能做到的？今天，全国共产党员人数已达九千多万，这固然令人振奋、欣喜，但另一个数字：因贪腐变质受到处罚的“共产党员”仅在2017年就有三十八万六千人之多！这不能不引起全党上下的高度警觉。每每看到这些触目惊心的数字，我就不禁把七妈当年的这三点重要指示拿出来，展示给人们，把它与习近平总书记关于加强党风廉政建设的重要指示放在一起，供大家进行学习、对照，深思我们这个党的过去、今天和未来。尤其重要的是，“从思想上行动上加以不断的实践为要”。

其三，七妈信中在“不断的为着党员的八条标准而奋斗，不要辜负了光荣的共产党员的称号”之后，又特别要求我“争取如期的转为正式的党员”。当时，党组织对党员在候补期间的考查非常严格，所有党员和群众对候补党员监督也很严，如果政治上、生活上略有瑕疵，随时会被取消候补党员资格。这样的先例比比皆是。七妈作这一重要提示，体现了她在政治上的格外关心与重视。此后我有机会见到七妈时，她问我的第一句话就是：“尔均，你是否按时转正了？”

其四，七妈委托同宇伯父代表他俩把这封信亲自交到我的手里。同宇伯父告诉我，七伯、七妈对我入党的事一直很关心，对我的情况也很了解，这次特地要他代表他俩来重庆看我。七伯忙于国事，七妈身体一直不好，这封信是她扶病写的，七伯也看了，他俩都为我入党由衷地高兴。

同宇伯父是一位忠厚长者。他全名周恩寿，是黄埔军校四期毕业生，与林彪是同期同学，在北伐攻打武汉时负伤离队。他这次来重庆期间，我们相聚甚欢。我告诉他，早在见面前，我在郭沫若所著《革命春秋》一书中，看到有关他在武昌城下被炮击受伤的情况。同宇伯父颇有感慨地向我叙述了这次经历及许多往事。我俩还一起照了相，留下了当年的美好记忆。

周同宁（恩寿）与周尔均（1954年）

从1946年上海分别后，到收到七妈这封亲笔信，这期间有八年时间我没有见到七伯、七妈，但他俩却一直关注着侄儿的成长。我之所以能有今天，正是由于有这样得天独厚的强大思想动力。这是我作为后生晚辈的幸运。

第八章　海棠情思

恋爱风波

军队是执行党的政治任务的武装集团。它有别于其他群体的一个重要特点是有着严格的纪律约束，在战争时期尤其如此。军人的恋爱婚姻，受军规军纪的制约，并由此引出许许多多或悲或喜的故事。我和爱妻在军，也曾成为其中一个故事的男女主角。

人到了青春年纪就会有与异性交往的愿望。1954年我二十一岁了，身边的同志好友大都开始“行动”。我呢，心中也已暗暗有了自己的目标：西南军区后勤文工团团员邓在军。

这时，我们已经住进了部队自建的营房。政治部机关和文工团分别住在相对的一列长长的平房，中间隔着一个大操场。在军营里，文工团的女演员自然格外夺人眼球，当她们在操场对面晾晒衣服时，胳膊往上甩动，腰肢婀娜多姿，就像优美的舞蹈，最让我们这些年轻军官心动。

在我记忆中，在军第一次走进我的心里，是一次部队开会前的“拉歌”。她在文工团年纪最小，但能歌善舞，已经成了“台柱子”，每次“拉歌”，常常由她领唱。这次“拉歌”，大家都安静地坐在马扎上，文工团的同志开始“挑衅”了：“政治部，来一个！”我们这边也大声吼着应战：“文工团，来一个！”然后是“呱、呱、呱”的热烈掌声。唱歌是文工团的强项，自然不会怯场，这一次站在队前亮相的是在军，由她领唱《敖包相会》。这是一首优美的蒙古情歌：“如果没有天上的雨水哟，海棠花儿不会自己开。只要哥

十二岁的小女兵邓在军
（1950年9月）

邓在军在西南军区后勤礼堂门前
（1952年）

哥你耐心地等待哟，你心上的人儿就会跑过来哟嗨！”那会儿，我听得心都醉了。她本来就长相出众，加上领唱时表现出的异性青春朝气，当时我觉得血往上涌，刹那间坠入爱河。

20世纪50年代初期，我们单位最受欢迎的文娱活动，要数周末晚间在操场集体看电影，放映的大多是苏联影片。其中，《幸福的生活》《拖拉机手》等名片的女主角拉迪尼娜，演技动人，长得漂亮，是我们这些年轻观众心目中的青春偶像。用现代的语言，

邓在军在歌舞剧《刘海砍樵》中饰演刘海
（1954年，在川藏线二郎山下）

我也是这个“粉丝”群的一员。而我心仪的在军，无论是长相或者音笑举止，在我眼里都与拉迪尼娜相似。每当看电影时，我就用眼睛余光寻觅周围马扎上有没有我的心上人。“众里寻他千百度，蓦然回首，那人却在灯火阑珊处”：辛弃疾的词，把情人的心理刻画得真是到位。一旦在人群中发现了她，我的心跳就会骤然加剧。年轻真好！恋爱的感觉真好！哪怕只是暗恋。

最初一段日子，我只能单相思，不敢向她表达，因为这在当时是犯忌的。部队刚从战争中走过来，对军人的婚恋要求很严格，明确规定了“二八、五、团”和“三五、五、营”的标准。也就是说：必须是满二十八岁、任职五年以上的团职干部，满三十五岁、任职五年以上的营职干部，才允许恋爱和结婚。用这个标准看，我还不够恋爱“资格”，只好强把这种青春的躁动摁在心里。

可是，人一恋爱就会变成勇士。我虽然不敢违反部队的纪律，却勇敢地打了一回“擦边球”。当时已经是 1954 年下半年，大家都知道快要实行军衔制了，这样一来，战争年代的供给制就要改成薪金制，有关婚恋的规定即将过时。更重要的是，部队整编，西南军区已定撤销，文工团肯定要调走，我知道不能再犹豫了，决定“铤而走险”一回。

当然，我仍然不敢过分明目张胆，射出的这支“爱神之箭”是拐了弯的。我请一位女同事帮我传话，向在军表达我的爱慕之意。在忐忑不安中等了两天之后，我的勇敢得到了如意的回报，女同事告诉我：在军对我也有好感，同意和我交朋友！

就这样，我的初恋开始了。恋爱时，人的情商和智商似乎都下降了，我变得有点傻乎乎了，不管在干什么，心里总是晃动着在军的身影。政治部和文工团住在操场两边，为了避嫌，如果没有正当理由，我们都不会跨越中间的球场。可是为了多看她一眼，有事没事我都会到操场边上“溜达”，有时故意在门前的铁丝上晾晒衣服，放慢动作，希望她正好也能出来，两人能对上眼。我也开始发掘我的“间谍”才能，当时电话不方便，约会需要提前口头约定，于是，饭堂和操场就成了经常性的接头地点。两个单位同在一个饭堂吃饭，排队打饭闹哄哄的，不容易引起注意。我俩就寻找机会，快速地对上一句话，像电报一样简洁：几点、某地。有时在操场，对上眼神后再瞅瞅周围，一见没人注意，便擦身而过，又发出一句“电报”。一旦“密电码”接收完毕，心里就偷偷乐，直到无人处才敢笑出声来。

不过，真到约会时我们就又变得拘谨了。那时男女授受不亲的观念还很重，见面后，两人虽然满腔激情，表达得却很含蓄，牵个手都很紧张。不像现在的有些青年，一谈恋爱就有很坦率的肢体动作。当然，古今中外，没谁规定过恋爱的标准模式，也定不出最正确的恋爱程序。不同的表达方式，都有其合理性。如果硬要有个标准，我想再套用一句现代的词儿：就看你有没有“过电”的感觉。在那个年代，年轻人的恋爱方式都显得比较拘谨和节制，神经也很敏感，每次和她拉拉手，我都会被“电”上一回。

需要说明的是，在恋爱问题上我并不是第一个“吃螃蟹”的人。因为婚恋规定已经开始松动，周围一些早就暗送秋波的青年男女也都鼓起了勇气，交往时也不再纯粹是“地下”状态。这种情况下，我和在军的恋爱也没再注意充分保密，再加上人们对这种事全都火眼金睛，不到两个月，我们的恋情就被人发现了，没想到这下可捅了“马蜂窝”。

首先是文工团领导出面干预了。团政委批评了在军，说团里把她作为重点骨干培养，她现在却忙着找对象，“想当家属”，这样做很对不起文工团。政委还说，大家对这件事情议论很大，要求她慎重考虑，不要继续造成不良影响。

在军是个敢作敢为的人，政委的其他批评她可以不在乎，但是“想当家属”这一条却让她很有压力。她很要强，希望进步，而“想当家属”这一条，用现在的话来讲，就等于说她“不想进步”。这在当时，是非常没出息和丢脸的事情。

有趣的是，当时人们甚至还有一个很特别的观点，就是军队年轻的女同志找对象时，排在优先位置的，不应该是和自己年龄相仿的男同志。这和当时仍在实行的部队婚恋规定有关。此前，符合结婚条件的通常都是营团以上干部，而这些老干部大多从战争中过来，年纪偏大，解决婚姻问题更显得迫切。所以，女同志找对象，似乎也应该优先考虑这些资历老的军人，否则就会被扣上一顶其实毫不相干的“追求资产阶级情调”的帽子，给你造成思想压力，被看不起，影响不好。

实际上，文工团政委批评在军时，还委婉地暗示了另一层意思，就是像在军这样的业务骨干，即使要找对象，也应该在本团年轻人里找。我很快悟到，在文工团里我有很多“情敌”，早就瞄准了在军，只是由于上述原因没敢及时开口，被我这个“外来人”抢先下了手，一个个就变得同仇敌忾。

几十年后，原西南军区后勤文工团的同志在重庆举行了一次战友聚会，我也应邀出席，还被热情安排在主席台就座并致辞。我满怀敬意地起立敬礼，接着说：“今天，我首先要向在座的男同志、老战友道歉，当年你们不少人心中有的邓在军，被我捷足先得了！”引得哄堂大笑，全场会心地热烈鼓掌。这是历史老人给我们开的一次玩笑，以“群体愤怒”开始，喜剧场面结束。

不妙的是，文工团的这些愤怒，当时作为一级组织的正式意见，向政治部领导作了汇报。好在当时婚恋规定已经有了松动，我这个不算太大的

参加“西南军区后勤文工团建团五十周年纪念”，与当年战友在重庆合影（2000 年）

问题，只是在党小组会上对我进行了批评帮助。政治部主任是位老红军，湖北人，水平很高。我听说，他在叮嘱宣传处长做好我的工作时，曾半开玩笑地说："文工团怕是'肥水不流外人田'哟。"

热恋中偷偷进城拍下的合影（1954 年）

爱情是一种巨大的精神力量，只要两人对了心，再大压力也能扛过去。文工团政委的批评没有让在军退缩，我也坚定了非在军不娶的决心。公开场合我们不敢见面了，秘密约会也减少了次数，但是，双方却更加情投意合，而且正式确定了恋爱关系。

七伯、七妈对我的恋爱婚姻问题一直很关心。1953 年，他俩曾委派七伯抗战时期的司机、时任西南花纱布公司总经理的祝华来单位看我，在关心、了解我的情况时，也问起我有没有女朋友，还打算给我"牵线"做红娘。1954 年初，同宇伯父又转达了七伯、七妈再次的关怀。我都回答说"没有"，"现在年轻，还不想谈"。其实我已经有了"心上人"，但还没有正式"进入状态"，不好确认。不久，七伯、七妈得知我和在军相爱，在她 1955 年初调到北京后，就给予了特殊的关心，特地约在军去西花厅见面，对这个未来的侄媳进行了一次"面试"。

在军"面试"

1955 年 5 月的一天，对我和在军是一个幸福和神圣的日子：七伯、七妈这天面见了他们未来的侄媳、当时还只是我恋爱对象的邓在军。

随着西南军区撤销，1955 年 2 月，在军和后勤文工团的大部分成员调离重庆。天可怜见！我掐算得也真准，差一点就失去这份天赐良缘。就在

1954 年 11 月，我的“恋爱风波”刚过去两个月，国防部颁布了我军由供给制改为军官薪金制的命令，紧接着，《中国人民解放军军官服役条例》也正式出台。这就意味着，我和在军的恋爱关系从“地下”走到了“地上”，完全“合法化”了。一切无端的指责自然烟消云散。遗憾的是，本来可以光明正大地谈恋爱的我俩，还没来得及放开“谈”，就不得不劳燕分飞了。

后勤文工团先从重庆出发到昆明，随后又调到北京，经过一番筛选淘汰，在军最终分配在海军政治部文工团。

我在初恋过程中，没有将自己同七伯的亲属关系告诉在军。等她调到北京并定下工作岗位之后，我一面立即写信向七伯、七妈详细汇报，征求他俩的意见，一面写信给在军通气。自己已经有了恋爱对象，理应向七伯、七妈报告佳音，但考虑到七伯日理万机，七妈健康欠佳，他俩未必有时间过问晚辈谈恋爱的小事，更说不准什么时候能见见在军。

没想到，我给七伯、七妈汇报情况的信发出不过十来天，就接到在军从北京打来的长途电话。那时我俩鸿雁传书频繁，打长途电话就不多了，首先要跑到邮电局挂号等待，再则话费很贵，通一次话半个月工资就没了。

她在这次意外的来电中语气急促，说接到通知，让她马上去见周总理，问我“应该怎么说啊”。她平时很有主见，这时却显得慌乱。我安慰她：“别紧张，他俩是长辈，你就像平时一样，问什么答什么就是了。”放下电话，我自己却变得紧张了，急着等待他们见面的情况和结果。

很快，在军在来信中以抑制不住的喜悦，多少还带些诗意地向我仔细地讲述了这次特殊的西花厅之行。

这是 1955 年 5 月的一天上午，在军正在海政文工团练功房练舞，有人通知她去接中南海打来的电话。对方在电话中说：他是周总理的卫士长成元功，总理想见见她，让她等着，他会来接。这个消息来得太突然了，幸好她刚接到我的来信，多少有些思想准备，心里仍禁不住怦怦乱跳：周总理是国家领导人，在人民群众中有极高威望，也是自己心中高不可攀的大人物。此时马上要见到真人，这是意想不到的幸福，顿时感到格外紧张和激动。顾不得那么多了，她急忙梳洗打扮一番，换上了海魂衫，重新扎好长长的辫子。在军是搞艺术的，想象力活跃，她说，扎辫子的时候还在想：以前从未坐过小卧车，这回总理派人来接，应该可以坐一回小车了。

她的愿望只猜对了一半：果然是辆“小车”，不过并不是小轿车。

成元功卫士长是领着一辆三轮车过来的，他自己骑着自行车在前面带路。这让在军非常意外。看着这辆普普通通的三轮车，她暗暗担心：这个蹬三轮的人真是周总理派来的吗？哪有一国总理派三轮车接人的？会不会是个骗子？想来想去，又觉得这种骗局没有道理。好在她胆子本来就大，也没再多想，就上了三轮车。

海政文工团当时的驻地在山老胡同，就在今天的中国美术馆附近，离中南海不远。中南海大门外，虽然有当兵的站岗，但有成元功领着顺利通过了，她这才放下心来。环顾四周，这里是过去的宫殿所在，时节正值春夏之交，在明亮的阳光照耀下，琉璃飞檐，绿树红花，显得很气派，很庄重。

进了西花厅，又是一番景象：绕过长长的走廊和凉亭、水池，突然看到了好些株秀美挺拔的海棠树，花开得正艳。在军心里顿时感到温暖、亲切，如同灿烂的海棠花一样绽放开来。

原来，在军出生在四川荣昌（今重庆荣昌区）。荣昌古称昌州，又名“棠城”，人称“天下海棠本无香，独有棠香在昌州”。从小在“海棠香国”长大的在军，眼见西花厅里有着伯伯、伯母同样喜爱的绚丽海棠，触景生情，有了仿佛回到家中的美好感觉。

更让她惊喜的是，在海棠树下、住房门前，站着她敬仰的周恩来总理和邓颖超伯母，他俩正笑眯眯地

初见周恩来、邓颖超时的邓在军（1955 年）

向她招手呢！在军当然是第一次见到这两位著名的领导人，但是从新闻、电影、纪录片里早就多次见到过他们，万万没有想到，两位长辈竟然会在西花厅门口等她。她一下子蒙了，赶紧跑过去向伯伯、伯母鞠躬敬礼，连声问好。

对于我们自己的小家来讲，这是一个很有历史意义的场景。多年以后，在军遗憾地说，当时没有发明带录像功能的手机，要不然就可以请卫士长成元功拍摄下来，当成“传家宝”。不过，在军牢牢记住了当时的情形。她走近他俩时，只见总理双手抱胸，认真打量了她，然后笑着说了三个字：“好！好！好！”伯母邓颖超也笑着说：“我们一直在等你。”

听到这两句话，在军悬着的心顿时放松下来。在有海棠花香的屋檐下，两位长辈亲切的笑容如阳光般温暖。进屋后，他们让她坐进沙发。七妈一直对她笑眯眯的，问她多大啦，工作怎么样，高兴地问个不停。尤其是听到在军也是独生女时，七妈更乐了：“那你跟我一样，我们家我也是独女。”还扭头对七伯说：“她是独女，我也是独女，而且都姓邓，好！”七伯也十分高兴。

七伯、七妈首先关心地让她讲讲与我是怎样认识、怎样交朋友的。其实他俩从我的信中早已知道了大概。当在军汇报恋爱过程中一些有趣的细节时，七伯哈哈大笑，用他习惯的手势，高兴地拍着沙发扶手说：“这就叫作好事多磨嘛！”接着他意味深长地教诲在军：“这还仅仅是生活对你俩的第一次考验，算不了什么，以后的路还长着呢！你和尔均不要因为我是国家总理，就自认为有什么特殊，更不要把这个因素掺杂到你俩的恋爱关系中去。恋爱婚姻是大事，是你们两个人的事，也是一辈子的事，要经得起时间的考验。”七伯这番话情真意切，寄望深长，每一个字都渗进在军的心窝里。

七伯还详细地了解在军的工作情况。令在军惊讶的是，七伯对海政文工团的情况比她知道得还多。他嘱咐在军，既要加强业务训练，更要重视政治学习，提高自身的素养。

交谈中，也出现了一件尴尬的事情。

那个年代的政治环境中，每个人的“出身”都是一个无法忽视和回避的问题。因此，西花厅的这场“面试”，最终还是谈到了在军的“出身”问题，是七伯主动提问的。

在军的家庭出身是纯粹的工人阶级，她父亲邓维华是綦江煤矿的工人，但常年在外，在军并不清楚。1950 年，她在十二军三十五师宣传队参军时，只有十二岁，女分队长让她填写履历表，问她什么出身，在军说不清楚，只知道街上的人们称呼她爷爷叫“大爷”（在军的爷爷卖米糕为生，为人正直、威信高，邻里按当地习俗，尊称他为“大爷”）。分队长说：“‘大爷’，就是地主吧！”年小的她不知道厉害，稀里糊涂地按分队长的意思填了个“地主”。少年无知，给她此后的政治生涯带来了多年困扰。不过那时的宣传队和文工团偏重业务，政治上要求不高，在军是文艺骨干，文工团里数她年小，加入共青团却是同批人中最早的一个，所以也没有太当回事，更不懂得要求组织上及早进行细致调查。随后一个个政治活动接踵而来，把一切都搞乱了，弄清家庭出身更无从谈起。直到 20 世纪 80 年代初期，这个问题才得到彻底澄清，入党问题也随之解决。可是，这个最能让七伯高兴的消息，他老人家再也听不到了。这让在军引为一生最最痛心的憾事！

这次见七伯、七妈，在军事先没有想到会问到她的“出身”。她参军已经五年，知道“地主”这个问题的沉重分量。这里是庄严的西花厅，又是七伯在提问，她不能多做解释，只能难过地老实回答：“地主。”

客厅里出现了短暂的沉默。在军说，她注意到七伯似乎愣了一下，七妈的表情也有些惊讶。这种气氛的微妙变化，让她第一次真正感受到“地主”两个字的可怕。巨大的阶级鸿沟，似乎根本无法逾越。那个年代，“出身”问题格外受重视，革命队伍里每个人都要上查三代。作为国家总理的亲属，是什么“出身”肯定更加敏感。七伯肯定会以为，自己的第一个侄媳是工农子弟，或者出身于知识分子家庭，至少也不会与“地主”挂钩。想到这里，在军难过地低下了头。

善解人意的七伯看到在军有些发愣，“哦”了两声，笑着说：“没事，没关系，你不要有什么想法。人是没法选择家庭出身的。我也出身在一个封建的大家庭，但每个人的道路可以选择。我们都需要学习，需要改造。”

在军说，当时她立即抬起了头，因为她注意到恩来伯伯说了“我们”这个词儿，说的是“‘我们’都需要学习，需要改造”。这让她顿时减轻了方才的不安，心中涌起一股暖流。

紧接着，七妈也说话了，说的话同样有最后“拍板”的性质。七妈说：“孩子，你今天就在我这儿吃饭。为了你，我们特意加了一个菜。”

在军说，这顿饭她吃得很香，桌上的菜有七伯爱吃的“狮子头”、霉干菜，还有一盆汤和一盘青菜。七妈说：“今天请你吃‘二米饭’。”她解释说：“‘二米饭’就是大米掺小米，过去战争年代，伯伯和我常常吃的是小米，有时还吃不上。你们年轻，千万别忘了‘小米加步枪’的战争时代。”在军说，“二米饭”吃不太惯，那盘霉干菜却非常合她的口味。

这次“面试”最后的“打分”，在军是在告别时听到的。当时，七妈把在军送到西花厅门口，笑眯眯地对她说：“孩子，常来玩儿，有什么需要的，就告诉我。”

随后，星期天没事，在军就常往西花厅看望七伯、七妈，他俩也不时让卫士给海政文工团的在军送书籍报刊，无微不至地关心她在政治上的成长。

邓在军（右）与周秉德在西花厅（1955 年）

当天晚上，我再次接到在军的长途电话。我很想知道见面的详情，但在军已另有信电话中没有多说，只兴奋地告诉我结果。她说："从西花厅出来时，我发现北京的阳光比哪一天都更加明亮。"她还说："七妈说，以后欢迎我常去西花厅玩。"我从值班室接完她的电话，走到门外，淅沥的阵雨已然停歇，重庆多雾的夜空突然变得晴朗，同我此刻和在军第一次走出西花厅的心情一样透亮。

西花厅第一次"面试"，不仅对在军，对我也是一堂难得的思想政治课。七伯、七妈历尽沧桑，智慧超群，看人的眼光无比准确。在军虽然是"地主"出身，他俩仍然认可了这个侄媳，显然不仅仅是因为她长相秀丽，而是对她综合素质当面进行考察后做出的结论。在军也确实没有辜负他俩的期许，回顾她这大半生，在西南军区后勤文工团众多团员中、在中央电视台众多艺术工作者中，她始终都是佼佼者，在党的培育下，成为我国第一代著名电视艺术家、第一批德艺双馨电视艺术工作者。作为共产党员，她曾被中央电视台党委指定为全台新党员入党宣誓仪式的领誓人。当然，七伯、七妈也从实际出发，对这个年轻晚辈，进行了具有强烈针对性的富有成效的思想教育。在如何对待恋爱婚姻、如何看待家庭出身、为何加强政治艺术素养这几个重大课题上，给她上了人生的第一课。

第九章　再见七伯

意外的北京之行

自从1946年我在上海离开七伯、七妈，有九年没有见到他俩了，思念之情虽殷，但却无缘谋面。

要知道，那时候到首都北京，看一看天安门，逛一逛王府井，那可是全中国人民的衷心向往和美好憧憬。不过，由于当时交通条件的限制，就像改革开放前走出国门一样，大多数人都可望而不可即。说来有趣，当那么多人向往北京时，我们政治部保卫部部长杨景星，却死活不肯调到北京去。他当时是正师职大校军官，红军干部，奉命调任总后勤部丰台仓库管理处政委，他一听说就去找政委，希望上级收回成命，因为在他看来让他一个大校去干仓库保管员，丢人。政委一听，哈哈大笑，说："老杨呀，你真是井底之蛙！你以为是让你到北京去当仓库保管员？北京是什么地方？天子脚下！就是一个仓库，也比咱们全机关院子还大，听说里面可以满院子跑火车呢！"总后丰台仓库是从日军侵占时期到国民党军队接管后，都被用作军队总部的联勤总仓库，设有火车支线和多个车站。政委一番话，打消了杨景星的顾虑，他听后马上扛起行李北上高高兴兴地去当"大校仓库保管员"了。那次谈话我在场，至今想起忍俊不禁。

在军比我幸运得多，我俩谈恋爱没多久，1955年她就因部队整编调到了北京，七伯、七妈很快接见了她，还让她常去西花厅玩。说实在话，我在为她庆幸的同时，多少也有些"羡慕嫉妒"呢。幸好，我的运气也来了，就在这年 9 月，领导上派我去北京完成一项紧急任务，而且因为时间紧迫，特地批准我搭乘飞机前往。这在我们单位可是破天荒的，就连我们的一把手那时也没有坐过飞机。

原因是当时西南军区已撤销，本应一并撤销的军区后勤部，由于承担对西藏地区繁重的供应保障任务，肩负支撑边防的重任，而新组建的成都军区一时还接不上手。为此，中央军委决定，把我们单位改编成“中国人民解放军总后勤部重庆办事处”（简称总后“渝办”），保留正军级建制，下辖单位一概不变，同时兼负重庆警备区的职责，由总后勤部直接领导。这样，我就留在了政治部，仍任宣传干事。

单位刚整编完，我们单位就按照中央军委统一部署，开展了轰轰烈烈的肃反运动。我被任命为临时组建的肃反办公室秘书组组长。9 月下旬，总后勤部来电，要求我们派专人去北京总部汇报运动情况，限期三天内报到。那

20 世纪 50 年代，周尔均在西南军区后勤部工作期间与战友的合影

时重庆到北京的火车运行不畅，时断时续，根本赶不及。领导上研究决定，由我去北京汇报，并且“奢侈”了一回，特批了一张民航机票。民航都是小飞机，机舱里只有两排面对面的座位，能够坐上一二十人，从重庆唯一的白市驿小机场起飞。那是我第一次体验坐飞机的滋味，虽然飞越秦岭时颠簸得厉害，胃里不好受，但从舷窗能看到窗外的蓝天白云、山峦湖泊，仍让我颇觉兴奋。

有趣的是，飞机在北京机场降落后，我意外地享受了一回“贵宾”礼遇。这天正逢节日前夕，乘坐飞机的大多是重要人物，有些人估计是赴京参加国庆活动的。我哪想到这些，舱门打开后，我第一个走出舱口，站在最前面迎候的那个人，满面春风地向我伸出手来。我当时一愣，但马上反应过来，一边同他握手，一边想他应该不是来接我的，但又很面熟。忽然想起，这不就是我素来敬仰的文学泰斗郭沫若先生吗？我拜读过他的《革命春秋》《女神》等多篇名著，印象很深。这时，负责礼宾的同志上前介绍我身后贵宾，这件事也就将错就错地过去了，成为我后来津津乐道的一次美好的误会。

到京后第二天，我去总后机关报到。总后勤部领导对新接管的重庆办事处很重视，总后副政委李耀亲自听取了我的汇报。我把有关材料交给有关部门后，就迫不及待地去西花厅看望七伯、七妈。

七伯赠我刮胡刀

我急着见七伯、七妈，他俩也期待着同我这个多年未见的侄儿重逢。由于这次出差是临时决定，来不及事先写信告知他俩。但七伯的消息何等灵通，我刚在总后开完会，就有人让我接国务院打来的电话，原来是卫士长成元功通知我，七伯、七妈知道我到了北京，让我和在军现在就去西花厅，他俩等着见我们。

果然，当我俩匆忙赶到时，七伯、七妈已迎上前来。这是九年后我又一次看到七伯那英俊潇洒、充满魅力又亲切慈祥的笑容。他凝神端详了我一会儿，高兴地说："尔均，有九年没有见面了吧！"又转身对七妈说："你看，这些年没见，这孩子已经认不出了，我们家出了个年轻军官，这是好事啊！"七妈也笑着说："尔均、在军，快过来坐下，让我和七伯好好看看。"我俩连声回应："谢谢七伯、七妈！"我参军以来，还没有回过家，这是第一次见到最亲最亲也最尊敬的长辈，心情万分激动。

说实在的，我这时的心情也有点复杂，既兴奋，又紧张。和在军不同，她已经多次来西花厅见过七伯、七妈，又是从事文艺工作的，见的事多，在这种场合下当然很自在、很活跃。我的情况不一样，九年前见七伯、七妈时还是少年，在长辈面前天真无邪，无知无畏，言谈举止比较随意。这回不同了，经过几年军营生活的锻炼，深刻体会到上下级之间的关系和应有的规矩。我是一名军队基层干部，伯伯却是国家领导人，是我上级的上级。坦率地讲，由于所处地位的重大差别，我在满怀亲情和仰慕的同时又充满敬畏之心，变得很拘谨。这种拘谨让我闹了个笑话，吃饭时太紧张，不小心把嘴唇咬破了。这件小事居然被细心的七伯发现："尔均，你嘴里怎么流血了？可不要大意啊。"嘱咐卫士快把医生请来。医生很认真，挑破我唇上的血泡，又涂上碘酒消毒，直到止住了血，七伯、七妈才放下心来。七伯还不忘特别叮嘱我："你们年轻，要加强生活中的自理能力，小事也要注意。"疼爱之心溢于言表。

阔别多年刚见面，我就在七伯、七妈面前出了洋相，很过意不去，但内心里却很温暖。

吃饭后开始交谈，我紧张的心情也慢慢放松。

七妈问我："你入党时，我要求你争取按期转为正式党员，现在转正了没有啊？"没想到七妈还惦记着这件事。没有辜负七伯、七妈的期望，按时转正为正式党员，已经快一年了。我如实报告了情况，七妈很满意。

七伯注意地瞧了瞧我的嘴巴，我以为又流血了，下意识地摸了一下。七伯却说："上一次见面，你还没有胡子，我看你现在也长胡子了。今天我和

周恩来赠给周尔均的刮胡刀

七妈送你一样东西。”他走进房间，拿出一个精致的金属小盒，外表光洁，亮闪闪的。七伯递给我说：“这是我用过的刮胡刀，很好用。今天把它送给你，记得要刮胡子。”原来，这是把吉列牌（俗称老头牌）刮胡刀，盒里衬有红色丝绒，还有个固定刀架，存放有六七个刀片，从刀架容量看七伯已经用了两三片。我正为长了胡子犯愁，七伯的珍贵礼物就像是及时雨，正合我意。

谢过七伯，我在欢喜的同时，也暗暗打量七伯的双鬓和两腮。早年听父母说过，七伯的眉毛和胡子都很浓重，在上海避难期间，为了防止被特务认出，曾经留过胡子。离开上海赴中央苏区时，就是蓄着长须冒充牧师出行的。多年后，听张宗逊和张震等老同志说，他们在中央苏区初见周副主席时，他都是留着一把大胡子，人们尊敬地称他“胡公”。七伯的大胡子是什么时候剃掉的呢？七伯秘书何谦告诉我，1937 年西安事变发生后，中央委派七伯代表党中央去西安处理事变的一切事宜，他在会见张学良、杨虎城之前，礼貌起见，找把剪刀将一把美髯给剪掉了，此后就再也没留过胡子。

七伯的胡子和刮胡子的故事，在他投身中国革命的不同历史时期，发挥过独特的作用，也可谓一段传奇。

至于七伯送我这把刮胡刀的来历，我问过当时一直在伯伯身边的卫士长成元功。他回忆说，1954 年参加日内瓦会议时，曾托大使馆买过一个老头牌刮胡刀，但七伯觉得不太适用，又退回给使馆。日内瓦会议期间，英国外交大臣艾登十分钦佩周总理的过人风采，会后不久，英国工党专派代表团访问中国。英国人知道七伯胡子的特色，特地准备了一把比较讲究的刮胡刀作为礼物送给中国的总理。从时间上推算，七伯送我的刮胡刀应该就是这个。

回想这件事，七伯、七妈不仅是在生活上对我细心照拂，关怀体贴，同时，也很注意教育我重视仪容仪表、礼节修养。记得他递给我这件珍贵礼品的时候，特意看了看我和在军的着装。当时全军授衔工作刚刚评完，还没来得及换装，这次见七伯、七妈，我俩的穿着还是缀有建国初期“中国人民解放军”胸徽和“八一”帽徽的军服。我们平时都比较注意整洁，七伯看后点了点头，说：“不错。”接着又补充了一句：“军人要特别注意自身形象，平时穿便衣也要整洁得体。”

对照之下，我不止一次听说，对某些不顾仪容、仪表的行为，七伯的眼里一向揉不得沙子，会立即予以批评纠正。

总政文化部首任部长陈沂老前辈告诉我，为1950年全国英模代表大会举行的晚宴上，他率代表团入场，总理见到他，马上用手指了指嘴。他意识到自己胡子没有刮，赶紧找来刮胡刀到盥洗室剃了胡子。

中央电视台原副台长于广华告诉在军，1962年在人民大会堂拍摄宴请锡兰（今天的斯里兰卡）总理班达拉奈克夫人。那时，他刚分到台里，对这方面的规矩完全不懂，着装上很不讲究。总理上下打量了他一番说：“今天你不能进宴会厅。我不要求你们穿得多高级，我只求整齐、干净。”于广华说，总理的这次批评，让他终生难忘，一次批评管了几十年。

写到这里，我不得不提到，如今有些电视、电影的战争剧里，男主角不论是基层干部还是高级指挥员，常常从头至尾不系风纪扣，甚至敞开上衣指手画脚，还用特写镜头予以强化，以为这样才显得豪爽、勇武，其实违背了历史真实，歪曲了军人形象。而在同一部剧里的国民党军官，反倒戎装齐整、礼仪周到。每当看到这里我心里就很不舒服，也觉得奇怪：这么多编剧、导演、审片部门领导，怎么就没人发现这个常识性的问题？怎么就一而再，再而三地让这种场景反复出现呢？建议有关同志好好学习历史知识，重温周总理的上述教诲。

在我所见过的老一代国家领导人中，七伯是最注重仪容仪表的。他在同我俩谈话时，曾经提起他青少年时期在南开中学读书时每天常见的《容止格言》：面必净，发必理，衣必整，纽必结。讲究仪容归讲究，在生活中，七伯又是俭朴的楷模。这两点在七伯身上毫不违和，反而相辅相成。那天一起吃饭时，因天热他脱下外衣，我们看见，他的衬衫袖口缀了补丁，领子是换过的，但看上去干干净净，平整如新。卫士告诉我俩，七伯的胡子长得快，他每天必刮，一丝不苟。每次接待外宾前他都要刮胡子，有时一天见三拨外宾，他就刮三次胡子。伯伯说，讲究仪容是对他人的尊重，也是维护国家和外交形象的需要。要赢得别人尊重，首先要尊重自己。

七伯的气质风度，不仅受到全国人民的赞佩，甚至迷倒了西方的皇亲贵戚，政界要人，其中就包括美国前总统肯尼迪夫人杰奎琳。著名英籍女作家韩素音曾对我和在军说："你们知道是谁建议我写《周恩来与他的世纪》这本书吗？是杰奎琳·肯尼迪。她说，'你一定要写好这本书。全世界我只崇拜一个人，他就是中国的周恩来'。杰奎琳没有提她的丈夫。"韩素音在 17 次长时间采访的基础上写出了她最崇敬的周恩来的传记。

著名英籍华裔作家韩素音面述（1996 年）

七伯送我的这把刮胡刀，起初我一直用着，七伯辞世后，便把它作为一件重要的纪念品珍藏身边。有这件珍品的陪伴，无论是日常盥洗，还是外出参加活动，七伯当年的亲切叮咛总会在我耳边响起：“记得要刮胡子！”

第一届全国工人体育运动会的故事

快要告别了，七伯问我这次来北京的任务，我回答说，是向总后领导机关汇报本单位肃反运动情况。七伯听后，一下子认真了起来。他问我什么时候回重庆，我说已经买好大后天的机票，七伯思忖了一会儿，说：“我很想听听你们单位肃反的情况，今天，我还有些紧急的事要办。这样吧：后天你俩再来一趟西花厅，就在家吃饭。”

接着，七伯又要我俩再等一会儿，让卫士长拿来两张票，郑重其事地对我俩说：“明天北京召开第一届全国工人运动会，这是我们国家第一次举办全国性的运动会。尔均这次来，我和七妈没有什么好招待你们的，这两张运动会的票送你们，明天一起去看吧。”七伯亲手把票交给我，又特别交代了两件事：“第一，这两张票不要送给别人；第二，一定要坚持看到底。”

我们高兴地答应了，但并没有认真想想七伯为什么要特地强调这两点。

这次运动会是解放后第一次大规模的体育活动，开幕式在北京先农坛体育场举行。我们座位很好，紧挨主席台。大会的气氛很热烈，上万名运动员分别做了团体操、军事体育、看台组字等表演活动。可是，我俩算不上体育活动的爱好者，又是久别重逢，相处的时间宝贵，有些坐不住。看了一会儿，我提出：“后天就要回重庆了，不知道什么时候才能再见面，咱俩去照张相吧！机关里的同志托我带的东西还没去买。”在军同我想的一样，我俩立马站了起来：“走！”

到了门外，见有大批群众堵在体育场门口，希望弄张运动会入场券。毕竟这么多年北京还没有举行过这样的体育盛会，机会太难得了。见我俩从场内出来，无数双手伸向我们，有的还拿着人民币要向我们手里塞。群众热情

周尔均、邓在军在西单艺术宫留下的合影（1955 年）

汹涌，等不及我俩犹豫，手里的票就被人抢走了，边跑边高声喊：“谢谢！”

我俩这时已忘了七伯的谆谆叮嘱。

当天下午，我俩在西单艺术宫照相馆照了张相，照片保存了下来，穿着与神态就是前一天我俩见七伯、七妈时的模样。

第二天，我们又去了西花厅。七伯刚见面就笑着问：“你们见到毛主席了吧？”

我俩都莫名其妙：“毛主席？没见到啊。”

七伯说：“怎么，你们没去参加开幕式？”

我突然想起了七伯的叮嘱，立马感到愧疚，但不得不老实回答：“我们没看完就走了。”

七伯苦笑着叹了口气：“你们这些孩子啊！”

七妈在一旁解释说：“你们伯伯对党和国家的机密，总是守口如瓶，从来不和我说，我也不问。他知道毛主席要去看运动会，因为有事，中间才能去，但七伯又不能事先告诉你们，只好提前打招呼叮嘱你们坚持到底，就是想给你们一次亲眼见毛主席的机会。可惜错过了。”

闻听七妈此言，我俩又愧又悔，真是肠子都悔青了。要知道那时候能去一趟北京就已经很不易，能见到毛主席更是千载难逢的机遇。这件事让我们很长时间懊悔不迭。

七伯又问我们，退场后票是怎么处理的。我们说门口等票的人很多，送给他们了。七伯批评我们缺乏安全观念，因为我们的位置紧靠主席台，不应把票随便送给不认识的人。这件事让我深深体会到七伯对后辈的爱护，也体会到了他高度的组织纪律观念、保密观念和对毛主席的尊敬。

七伯、七妈对这次见我的安排格外上心。节日期间，七伯的公务活动极其繁忙，他和七妈连续两天花费不少时间同我和在军促膝谈心，同桌吃饭，亲自准备送我的礼物，亲自安排我俩参观第一届全国工人运动会。这其中，他想得最细微、最重要的一件事，是想让我俩能有一次见到毛主席的机会。七伯事先知道毛主席当天的时间安排，为了满足我俩的心愿，事先嘱咐我们不得中途退席。从细微处见精神。七伯在这件事上煞费苦心，既是对我俩的特殊关爱，也表明他对毛主席的尊敬和爱戴完全发自内心，这是在中国革命由危难走向胜利的斗争进程中由衷地形成的。

再则，七伯十分重视维护以毛泽东为首的全党的团结。在中国革命历史进程中，七伯一直作为毛泽东的忠诚助手，指挥抗日战争和人民解放战争，直到建国后担任国家总理。在此期间，他为维护毛泽东作为党的领袖的威

1964 年 11 月 14 日，周恩来参加苏联十月革命四十七周年庆典后回到北京，毛泽东亲自前往首都机场迎接

信，进而保证全党的团结，可谓苦心孤诣，倾尽心力，死而后已。

有这样一件事情：一次七伯同我和在军在西花厅谈话，卫士兴冲冲地跑过来说：“总理，天津发现了你当年写的一些诗词，送来请你过目。”七伯不假思索地回答：“我不看，拿去烧掉！”我们当时感到很可惜。后来细想，七伯早年是很喜爱旧体诗词的，而且在这方面有着过人的创作才华。十八岁时写下的《送蓬仙兄返里有感》和十九岁时所作的《大江歌罢掉头东》，都是字字珠玑、展现才华横溢和过人抱负的诗词精品。但是，后来再也没有看到他写的任何一首旧体诗词。如果说，战争年代因军情紧急无暇写诗，可是建国以后二十多年，他在这方面同样没有片言只字，写下的仅有两三篇白话诗。七伯逝世后，我们倒是欣赏过他亲手抄录的李白和沈钧儒的诗句，说明他对旧体诗词的爱好并没有减弱。

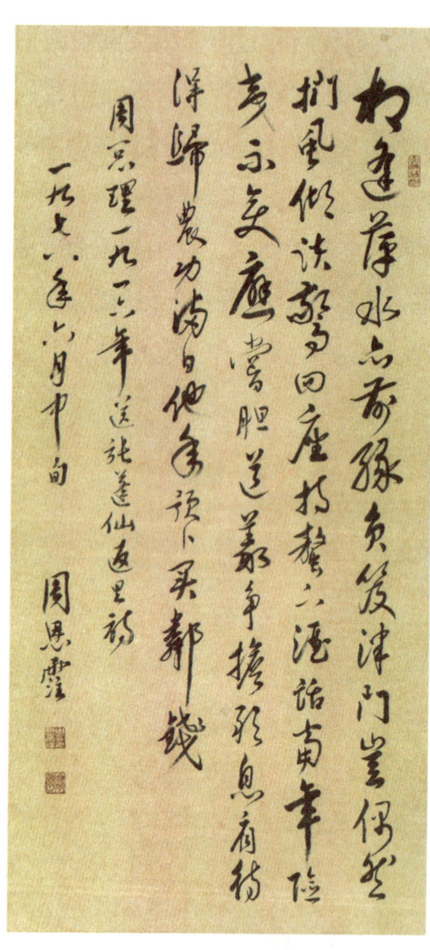

周恩霔书写的周恩来诗作《送蓬仙兄返里有感》，曾长时间在上海朵云轩橱窗中展出

历史证明，毛泽东和周恩来之间的紧密合作，对我们党和国家的稳定与发展起着决定性的作用。美国总统尼克松有句名言不无道理：“中国如果没有毛泽东可能不会燃起革命之火；如果没有周恩来，中国就会烧成灰烬。”历史同样证明，对党中央、毛泽东做出的正确决定，七伯总是不讲条件地坚决贯彻执行；与此同时，在历史条件下出现的失误，七伯又总是从党性原则和人民的最高利益出发，

尽力予以修正和弥补。即使在“文化大革命”的特殊情况下，他也通过所能采取的一切方式，尽可能地把损失减少到最低限度，以病弱之躯支撑着他为之奋斗一生的共和国大厦，拯斯民于水火，挽狂澜于既倒。

这次，七伯专门拿出时间听取我对肃反运动情况的汇报，并将作出不同寻常的表态，就是一次最好的证明。

第十章　破例传话

“不准传话、递材料”也是重要的“周家家规”

人们说周家有“十条家规”，这是按照七伯、七妈对亲属的要求由他人归纳的。我和在军并未听过七伯、七妈亲口逐一宣布这“十条”戒律。其实，他俩对亲属的要求还有许多，比如：“不准为别人传话，递材料”，这条极重要的要求就没有被纳入“十条家规”之中。

在军就曾为这件事受到过七伯的严肃提醒。在军任海政文工团团员时，军队文化系统的上级领导、总政治部文化部部长陈沂，一位富有才华和历史功绩的老革命，反右中被错划为右派，下放黑龙江长达二十一年。20世纪60年代，在军当导演在哈尔滨市拍片时巧遇陈沂，身处困境中的他托在军转封信给总理，反映这些年遭受的不公待遇。在军年轻不知深浅，又很同情这位老领导的遭遇，返京后就把这封信当面递交给七伯。七伯当时没有说什么，实际上把信批给了总政治部，并给总政治部主任萧华作了交代。不久，七伯去哈尔滨公干，特地把陈沂和他爱人马楠找去谈话安慰，勉励他：“要向古人司马迁学习。司马迁受了宫刑还写《史记》，你陈沂一个共产党员，难道还没有司马迁那几根硬骨头吗？”七伯还嘱咐时任黑龙江省委书记处书记的李剑白同志对陈沂夫妇生活上多加关照。

最终，陈沂同志被平反，调任上海市委副书记兼宣传部部长，马楠任上海市文化局局长。我们曾多次晤面畅谈，他说：“总理的这次谈话，使我热血沸腾，终身受益。像我这种政治上的残疾人，经总理这么一说，生的欲望升了起来。类似的事情发生在总理身上，何止千千万万！他是最伟大的人道主义者。”

不过，事过之后，七伯还是在适当时机，就此事温和地批评了在军：“今后，不要再给我递信了。你给我递信，又没有相关部门批件，算是公事还是私事？今后不准这样做了。”在军赶紧回答：“知道了，我今后懂得该怎么做了。”

尽管对亲属们有如此严格的要求，却也出现过唯一的一次例外：七伯亲自让我向本单位党委传达他的一项重要指示。

平反后任上海市委副书记的陈沂深情倾诉周恩来对他的关怀教诲（1996 年）

这件绝无仅有的事，就发生在 1955 年我这次北京之行，七伯、七妈在第三天再次见我时。

七伯听我汇报肃反运动情况

西花厅客厅，七伯、七妈平时用餐、休息、同家人谈话，都在这里。那天午饭后，七伯在一旁的沙发落坐，特意招呼我坐在他对面。他说：“今天我专门留出时间，听你汇报本单位的肃反运动情况，你尽管说，有什么说什么，有不清楚的地方我会问你。”

七伯一向周到细致、体贴入微，他让我放轻松些，怕我第一次当面向他汇报工作，会有所紧张。其实，经过这两天与七伯、七妈的近距离接触，感受两位长辈无微不至的关怀、照顾，我当初紧张的心情已经完全放松了下来。这次出差又是专门来京汇报肃反运动情况，数据和事例全都了然于胸，自问有把握向七伯交出一份合格的“答卷”，不但不紧张，事先还有点小小的自豪感呢。

我首先向七伯汇报了这次全军整编后我们单位的概况：新成立的总后勤部重庆办事处是个正军级单位，下辖机关各部门、各办事处、军医大学、医院、仓库、汽车部队、工程部队等等，编制庞杂，人员众多。这次肃反运动，“渝办”面临着复杂的政治背景：西南地区是新中国成立后才解放的地区，国民党残余势力一度相当猖獗，“反水”的敌军和土匪相勾结，有过近万人的武装叛乱。我军派去接收、整编的军代表是他们杀害的主要对象，曾发生过杀害我师政治部主任以下多名干部战士的恶性事件。匪特的手段极其残忍，我军受伤被俘干部，有的被活埋，有的被剖腹、挖心，有的四肢被钉在树枝或木板上活活用刀捅死，有的头颅被挖个洞灌进煤油“点天灯”，还有个司务长被扔进开水锅里活活煮死。贺龙司令员有次给我们做报告，气愤地说：“对这些罪大恶极的反革命要坚决镇压，不能手软。他杀我一个，我杀他十个！”经过几年连续剿匪、清查和镇压反革命运动的沉重打击，首恶分子大都受到严惩，杀了一批，关了一批。西南军区撤销后，重庆地区后续的肃反任务都交给了“渝办”，起义、投诚的国民党军队后勤机构，包括医院、仓库、汽车部队等全部由我们接收，因此肃反运动中清理反革命及有牵连的人和事任务很重，涉及面很广，查出不少问题。

汇报到这里，七伯点了点头说：“有反必肃嘛！重庆是蒋介石的老巢，抗战时期我在那里待过很久，军统特务的根基很深，罪恶累累，通过这次肃反，清除埋藏下来的定时炸弹很有必要。你说的那些事例我也知道一些，贺老总的义愤是有道理的，当然，他说的也是气话，我们要狠狠打击的是一小撮首恶分子和灭绝人性的匪徒，该杀的就得杀，同时也要认真甄别，区别对待，更不能冤枉好人。”

我注意到，七伯在我谈及匪特杀害我军干部战士的情景时，双眉紧蹙，频频摇头。七伯他亲身领导了最残酷的对敌斗争，经历过最惨烈的场面，但他又是最富有仁爱之心的伟人，我能感觉到他这时的心情十分沉重。为了缓解一下气氛，我接着向他汇报了肃反中清查出的一起假“战斗英雄”的真人实事：我军在解放河南洛阳的战役中出现了一名所谓的“反坦克英雄”，当时在西南军区很出名，到处请他作报告。他的主要事迹是在那次战役中孤身炸毁敌人的坦克，负了重伤，生殖器都给打坏了。许多女孩子都崇拜英雄，他就打着这个旗号骗奸了好几名少女。肃反中被检举后，我们进行了调查，实际情况是，在洛阳战役中敌军并没有使用坦克，又怎么会有所谓的“反坦克英雄”呢？这显然是假冒的。问题是洛阳战斗的主力之一，是晋冀鲁豫野战军的陈赓、谢富治兵团，军区许多同志当时都参加了那次战斗，听了骗子作报告，怎么就没人发现这个明显的漏洞向上报告呢？还不是丧失了应有的警惕性嘛。我们把这件事连同肃反中查出的问题，编印成文件，下发各单位进行教育。

当我汇报到这里，七伯双肩一耸，挥动手臂，哈哈大笑说：“骗子嘛！古今都有。有句老话：‘道高一尺，魔高一丈。’俄国作家果戈理写了部《钦差大臣》，把官僚主义、不正之风讽刺得淋漓尽致。前一阵罗瑞卿部长向我汇报，发现有个政治骗子，也是冒充战斗英雄，不但钻进党内，还窃取了国家机关重要岗位。罗瑞卿说，他在全国公安会议上倡议，中国也要有个果戈理，写一部揭露骗子的戏。想不到你们那里也有这样的典型。你们用活生生的事例教育群众，提高对坏人的警惕性，这种做法很好。我们有些同志，就是政治上麻痹，一再上当受骗，从不引为教训。这是政治上的糊涂人。”

七伯的这个预言第二年就变成了现实。1956年，老舍先生创作了《西望长安》的剧本，剧中的以李万铭为原型的主角就是这样一个大骗子，他凭借漏洞百出的说辞、明显拙劣的演技，竟然一骗多年，骗到了地位、待遇，甚至成为偶像、英雄。这部戏风靡一时，引为街头巷尾的话题。

回忆七伯的谆谆教诲，联系历史和现实的沉痛教训，我不禁想起了捷克最英勇的共产党人、著名作家伏契克在牺牲前写下的《绞刑架下的报告》。他在这本名著的结语，也是留给后人的箴言中提醒：“人们，我是爱你们的，你们可要警惕啊！”

七伯接着问我，这个政治骗子是怎样处理的。我说，初步定为反革命分子。七伯摇了摇头。现在想来，他是对我们处理人和事的问题时的简单定性不满意。随后他又让我具体谈一谈我们单位在肃反运动中总共清查出了多少问题。

当时按照上级规定，对肃反运动中揭露问题的定性，划分为五类："现行反革命"、"历史反革命"、"重大政治历史问题"、"一般政治历史问题"和"其他"。我汇报了初步查清的各类数字和总人数，并说，下一步，将根据不同问题的性质进行组织处理。

我还补充了一个情况：重庆有不少地下党员，其中有些人解放前以敌伪身份做掩护，在这次运动中被当作清查对象，情况比较复杂，一时难以查清定性。七伯对此很重视，又问了我一些有关的具体问题。

保护人民利益是我党最高原则

对我汇报的每项内容，七伯都听得很用心，尤其是我们单位在肃反中查出问题的具体数字，他还让我又复述了一遍，然后问我："你们单位的领导人是谁？"我回答："主任是胥光义，还未到职（已定调任总后勤部参谋长，后任总后勤部副部长），政委卢南樵（原西南军区后勤部政治部主任，后任总后勤部政治部主任、总后和第二炮兵副政委），都是老红军。"七伯说："我不很熟悉。"随后，他用炯炯的目光认真地看着我，说了一番让我吃惊的话。

七伯说："你们西南地区解放得晚，国民党残留的特务、土匪、恶霸多，开展肃反运动很有必要，查出问题也是正常的。但是，你们毕竟是部队，而且只是一个军级单位，不应该有那么多反革命，也不可能有那么多人有严重政治历史问题。如果搞扩大化了，会伤害很多人，关系到他们的政治生命。要知道，人的政治生命是第一位的，保护人民的利益是我们党的最高原则！"

七伯又说："对运动中涉及的地下党员，以及解放前曾给我党有过帮助的人，要特别慎重，认真甄别，不要轻易扣上‘叛徒’‘特务’的帽子。”

说到这里，我已经意识到七伯的这番话不同寻常，在总体肯定我们单位肃反运动成绩的同时，指明了存在的问题。然后，最让我吃惊的却是接下来的一句话。七伯说：“这样吧，尔均，你把我上面说的话转达给卢南樵同志，就说这是我周恩来的意见！”

从来不准亲属递信、转话的七伯，竟然让我转达对这样一个重大问题的指示，我起初有点茫然，但是七伯的态度十分严肃认真，特别是最后那一句话：“就说这是我周恩来的意见！”铿锵有力，落地有声，我顿有所悟，明白了七伯的所思所想，有了一种接受神圣使命的荣誉感和责任感。

第二天，即1955年10月4日，我回到重庆后马上给党委书记、政委卢南樵作了详细汇报。南樵同志立即召开党委会，传达学习周总理的指示。这次党委会作出了一致决议，坚决贯彻落实总理指示，对已经查出的问题逐一甄别，原定的问题性质，该下降的下降，该取消的取消，原拟的刑事和纪律处分方案也都仔细推敲，慎重排除和修订，从而及时纠正了偏差，避免了肃反扩大化。我们“渝办”是个有着数万人的大单位，经过这次大幅度的调整改动，很多人得以避免遭受沉重的政治打击，家人免受株连。他们至今并不知道，这是周总理亲自关心和干预的结果。

事后我曾想过，七伯这次为什么破例让我传话，而没有通过“渝办”的上级单位传达他的指示。当时按照中央分工，总理已经不再分管军队的事情，对这样一个具体问题，如果按组织系统转达，再层层研究、逐级落实，要费不少周折。而且，有些人和事一旦作了处理，再纠正就困难了（陈沂同志的平反就是一个例子）。所以，伯伯从保护人的政治生命的最高原则出发，果断地打破了不让亲属传话的惯例，采取了最简单直接也最有效的方法。这是他心中始终装着人民，尽其所能、最大限度地保护干部和群众的又一生动例证。可以说，他是用“大原则”管“小原则”，用“大道理”管“小道理”。

再往深里想，七伯这次专门听我汇报“渝办”的肃反情况，是事先慎重考虑的，他想通过直接了解基层单位运动情况，用以佐证对肃反扩大化的忧虑。今天看得清楚，当年的肃反运动是必需的，但也确实存在扩大化的问题。就从我们单位的情况看，有些纯属一般政治历史问题被定为“历史反革命”，有些只是三青团一般团员被定为“重大政治历史问题”。

从全国范围来看，“潘汉年案件”就是给七伯心中留下重大阴影的一个典型，也是七伯这次听我汇报的一个重要诱因。

潘汉年是个传奇人物。早在1931年，他就在七伯直接领导下从事秘密工作，是七伯在情报工作中的重要助手。在江西苏区，他仍然在恩来伯伯的领导下，参与了和十九路军、粤军的谈判，成为红军的“外交部长”。后来又协同七伯参与了第二次国共合作的谈判。他和夫人董慧一起，在敌人的龙潭虎穴中出生入死，纵横捭阖，获得了在真枪实弹的战场上无法得到的重大情报，业绩辉煌，功勋卓著。但在1955年肃反中，潘汉年却因当年被党派遣做敌伪特务李士群工作时，临别被李士群带去见过汪精卫一面这件事，遭到审查，突然被逮捕，背负了“国民党特务”“日伪汉奸”“台湾间谍”三重罪名。最终被判刑十五年，剥夺政治权利终身，于1977年病死在湖南茶陵县劳改茶场。

七伯对潘汉年知之甚深，在潘汉年事件发生后，他指示李克农，组成由总理办公室副主任罗青长、秘书许明和公安部十二局局长狄飞的三人审查小组，仔细查阅解放前潘汉年有关档案，写出了一份实事求是的报告。

罗青长叔叔后来对我说，他们仔细检查了1939年3月到1948年8月期间，潘汉年与中共中央的所有来往电报和有关记录文件，在潘汉年被捕二十多天之后，写出了调查报告。这份由李克农出面，于1955年4月29日上报中央政治局和书记处的报告中，虽然列出了潘汉年的几个“疑点”，但更重要的是提出了有力的五大反证：第一，中央有过指示，一再要求打入敌伪组织，利用汉奸、叛徒、特务进行情报工作；第二，潘汉年所接触和利用的敌方人员，都有过正式报告；第三，潘汉年为我党提供了若干重要情报，为中央决策起到过不可替代的作用，比如，希特勒进攻苏联的准确时间、苏德战争爆发后日军是南下还是北上和太平洋战争爆发的情报；第四，我党的组织机密一直未被泄露，直到上海解放；第五，潘汉年所属的重要关系，在当时仍然起着绝密的现实作用，而这些作用，毛主席、周总理都是知道的。得出的结论是：潘汉年虽有“疑点”，但根据大量档案反映的事实，请中央予以重视，慎重考虑潘汉年问题。可惜的是，这份报告未能对改变潘汉年夫妇的命运起到作用。

1955 年 4 月 3 日，潘汉年正式被批准逮捕。半年后的同一天，有了七伯同我的这次谈话，从时间上看，这两件事可以说有着密切的内在联系，从中也可以看出潘汉年事件对伯伯触动之深。

1982 年 8 月 23 日，中共中央发出《关于为潘汉年同志平反昭雪、恢复名誉的通知》，确认这是建国后的第一起“反革命”大冤案。

遗憾的是，恩来伯伯没有看到这一天。实际上，恩来伯伯在潘汉年一案上的愧疚一直延续到他临终前夕。韩素音女士在《周恩来与他的世纪》一书中曾这样写道：周恩来在病重期间，他冥思苦想，有没有什么未完成的事必须立即处理。他有没有忘了什么人或什么事……他对曾经忠实地为自己工作过的潘汉年尚未恢复名誉感到不满。

七伯当年让我传达的这几句话：“人的政治生命是第一位的”，“保护人民的利益是我们党的最高原则”，特别是“就说这是我周恩来的意见！”字字句句都胸有成竹、意有所指。这就是七伯终其一生做人的最高准则！

第十一章　循循善诱

伯伯的期许和警示

“恋爱婚姻是大事，是你们两个人的事，也是一辈子的事，要经得起时间的考验。”这是七伯在最初与在军见面时对她的嘱咐，过了不久，对我提出了同样的要求。

英明如七伯，他所说的每一句话，都不会是随意出口的。重温当年他的上述教诲，既是对我俩结为终身伴侣的期许和勉励，又是给予关切的叮咛和警示，用心良苦，蕴有深意。毕竟，我俩从普通的同志关系到相爱只有短短几个月时间，随后就长期分处两地，相互间的了解、客观形势的变化、工作性质的差异，都有可能影响双方感情的进一步发展。正因为如此，他和七妈始终如一地关注着我俩的情况，并在关键时刻亲自过问，耳提面命，指点迷津，使我和在军得以顺利跨越人生道路上的险滩暗礁，携手走进神圣的婚姻殿堂。

六十多年过去了，当年七伯的谆谆教诲言犹在耳，春风永沐。正如他和七妈所愿，我和在军之间的深爱经风霜而愈灿，历时久而弥新，情深意笃，相濡以沫。当我俩携手夕阳、笑对人生的时刻，七伯、七妈的挚爱情怀、如烟往事，不禁历历在目，跃然眼前。

1955 年 10 月我俩离开七伯、七妈后，回到了各自的工作岗位，双方的事业发展都很顺利。我在入党后，政治上动力倍增，对自己要求更严，组织上也很器重。本单位一些为中心工作设立的办公室，如文教办公室、肃反办公室等，我都被选任秘书组组长即具体负责人，后来又被调任总后“渝办”党委秘书。同一期间，在军由于表演才能出众，被东海舰队政治部相中，从海政文工团要走，成了舰队文工团的业务骨干。这样一来，我们两人在工作上都是顺风顺水，平行发展，但生活道路却更加难以相向而行。一个在重庆，一个在上海，两三年不能见面，打电话联系也极其不便，只能靠“两地书”传递情感，这对热恋中的我们显然是一种煎熬。尤其是身边年龄相仿的同事都已经成双成对，一次次邀请我去吃喜糖喝喜酒，我就更觉得难受了。于是，我给在军提出要求，希望我俩早结良缘，尽快成婚。

对在军来说，也有她的难处。她是东海舰队文工团的重要演员，处在事业发展的黄金时期，领导上正在培养她，不会轻易放走。即使有可能争取，但重庆的部队文艺单位已经全部撤销，安排工作也是难题。西南军区后勤文工团政委那句“想当家属”的责难，对在军还残存思想压力。

在这种情况下，我俩商量来商量去，各说各的道理，对成婚的事难以取得一致意见，到后来忍不住互相埋怨。我俩又都是好强、有个性的人，一赌气，有一段时间干脆中断了联系。

接下来的日子对我们两人都是痛苦的煎熬，但年轻自负又让我们谁也不肯向对方低头。结果两人的关系定格在了破裂的边缘。

幸运的是，七伯、七妈始终在关注着我和在军的感情进展。就在我俩不知下一步该怎么走的关键时刻，1957 年，刚刚过完春节的 2 月 8 日，七伯因公来到重庆。他是同贺龙副总理率团访问亚欧十一国后，在重庆总结工作、稍事休息。代表团一行就住在我们单位的“红

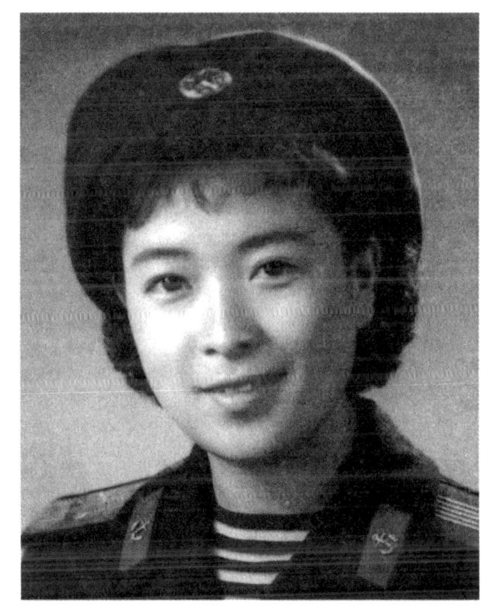

时为海政文工团团员的邓在军（1956 年）

楼”招待所，同我所在的办公楼面对着面。

这天上午，我在办公室突然接到卫士长成元功的电话。此前我和在军同七伯、七妈见面都是成元功联系安排，同他已经很熟。他说：“我们一行人刚到重庆，就住在你们这里。七伯让你过来见他。”

我和七伯已经有一年多没有见面了，很想念他和七妈。放下电话后一刻没有耽误，急忙赶到招待所，果然，七伯刚刚安顿下来，虽然长途劳顿，仍然神采奕奕，同上次见面没有一点变化。见到我，七伯很高兴，笑着说：“尔均，我找你来有话同你说。不过不忙，你先去看看你们老司令问声好，他就住在我旁边。”老司令，是指贺龙元帅。

遵照七伯指示，我先去见了贺老总，问好、交谈后又回到七伯身边。他推心置腹地同我作了一次关系到我一生的重要谈话。

“自强和互信”是恋爱婚姻的重要原则

七伯先问我和在军近来的情况，我把我俩发生矛盾、中断联系的情况一五一十地向他作了汇报。七伯其实早已胸有成竹，有备而来。他耐心地听完后说：“你俩的情况我已经听说了。我早就说过，恋爱婚姻是一辈子的事，要经得起时间考验嘛！这才几天你们就闹别扭了。既然长期不能在一起，更要互相体贴，互相信任，不应该互相抱怨。我看你俩是合适的一对，能在一起生活固然好，暂时分开也无妨，还是要服从工作需要。大革命时期我和你七妈不但长期不在一起，不通音信，常常连谁在什么地方，是不是活着都不知道呢！”

七伯接着批评我不支持在军的工作，说：“在军热爱自己事业，不愿意放弃文艺工作，这是一种自强的表现。如果硬是要求她把自己的事业服从婚姻，这才是本末倒置，是为难对方。当然，如果有妥善的办法能兼顾这两方面，你倒不妨试试。解决这个问题还是要依靠组织。”

谈话中间，贺老总踱着步子走进七伯房间。七伯同他一向亲密无间，他俩住房是斜对面，隔条走廊，时不时互相走动，交谈工作。七伯对他说道：“我这是在同尔均、你的老部下，谈他小两口的家事呢！来，来，你也坐下听听。”我刚刚见过贺老总，顺便汇报说：“贺司令，我的女朋友也是您的老下级。西南军区第一届文艺汇演，是您给她颁的奖，她还代表军区后勤文工团向您敬过酒呢！”贺老总听了笑容满面。听我们说在军在上海东海舰队，如果结婚有个工作调动问题，他便插话说：“西南军区文工团撤销了，成都军区不是还有个文工团嘛！要不调到那里，倒是个两全其美的办法。”贺老总对文艺和体育向来特别重视，在西南军区尽人皆知。军区战斗文工团（在西北时叫“战斗剧社”）和战斗篮球队都是他最为钟爱、亲自培养的。我暗自思索：贺老总说的倒是个好办法。可是七伯听到这里，却赶紧摇手说：“工作调动是组织上决定的问题，要走程序，按规定办，不忙着急。尔均，你们首先要解决好自己的思想问题，要打通思想。”

谈话结束时，七伯再次强调了一句：“尔均，你要记得，‘自强’和‘互信’是恋爱和婚姻的基础。”

七伯的指示，有如一把打开我俩婚姻之锁的金钥匙，使我杂念尽除，茅塞顿开。我醒悟到，解决我俩矛盾的症结，在于摆正事业和婚姻的位置：不是让事业服从婚姻，而是婚姻要服从事业，在这个前提下互商互谅，寻找妥善的解决方案。我的问题是心情过于急切，没有顾及在军对文艺事业的强烈追求。严格说来，是自私的表现。爱情是婚姻的基石，互信是爱情的保证。按照七伯的教诲，只要有了相互间的真爱，再加上互相体贴，互相信任，一切阻难自会迎刃而解。

从“瑞珏之死”谈自强自立

事有凑巧，第二天晚上，重庆市委举办舞会招待七伯和代表团一行，七伯让我陪他参加。那天的舞会在市委宾馆举行，到会的女同志抓住这个难得的机会，一个个轮流不息地请伯伯跳舞，热爱群众的七伯尽可能满足她们的要求。眼看七伯有些疲累，元功找我商量："咱俩分个工，我负责警卫，你照顾七伯。"我说："行！"然后见机行事，在适当时间婉言劝阻了邀舞的女同志，请七伯在茶座休息。一旁陪同的有重庆市委书记任白戈和重庆话剧团的几位女同志，其中有一位我认识，是主演话剧《家》中瑞珏的女演员，我向七伯作了介绍。这位女同志热情邀请七伯有空看看她们演的戏，又请七伯对怎样演好瑞珏这个角色给予指示。七伯那晚兴致很高，在轻松的交谈中，回答了她的提问。

七伯说，巴金的《家》他读过几遍，曹禺改编的剧也看过不止一次。在巴金笔下鸣凤、梅芬、瑞珏这三位悲剧人物中，曹禺改编时有意突出了瑞珏，是有道理的。瑞珏是一个善良、温柔、人见人爱的世家小姐、大少奶奶，最后同样在封建礼教的重压下死于非命。通过瑞珏的死，把美好的东西经过极尽渲染之后突然加以毁灭，会给观众留下更强烈的印象。曹禺把巴金原创的《家》，演绎成一部在完美面纱下掩盖的辛酸悲剧，深刻揭露封建制度的黑暗，这是他改编的匠心所在、成功之处。

七伯话锋一转，又说："当然，瑞珏悲剧的造成，还在于她不是以自己的奋进为中心，而是把丈夫和家庭当作最大依靠，面对黑暗势力的摧残，没有发出一丝呼喊和不满。同剧中的悲剧人物相比，五四运动以来的新女性，更不用说今天新社会的女性，她们敢于对一切错误的东西进行反抗，勇于自强自立，坚持真理。这是新旧社会妇女的最大区别。你们戏剧工作者要通过自己的表演感染群众，教育群众，激励斗志。你们的任务是光荣的，责任很大。"

七伯在讲到"自强自立，坚持真理"时，扫了我一眼，也许我特别敏感，觉得这句话也是讲给我听的。

七伯十分热爱戏剧，他年轻时还演过话剧。他在短短交谈中，对《家》中人物的诠释丝丝入扣，鞭辟入里，在座同志都听得入神。任白戈书记让她们回去后给院领导好好传达、组织学习。这时，聚在一旁等候的女同志越来越多，我不得不请七伯答应她们的邀请，伯伯高兴地站了起来，应邀跳舞。

当晚七伯的这番教诲，我感触很深。巴金先生的《家》我读过，曹禺先生改编的话剧《家》我也看过，后来又重温了不止一遍。我俩婚后，在军所在的战旗歌舞团驻地，就是巴金青少年时代的家，院子里有口井，据说是鸣凤“殉情”的地方。有感于这个悲剧人物以死抗争的刚烈性格，我在去成都在军处探亲时，特地到井前凭吊。不过，是不是真有这回事就难说了。

在巴金、曹禺两位大师病重时刻，我和在军都曾前往探望，他俩深情地向我们回忆七伯对文艺界和他们的深切关怀。已报病危的巴老看着七伯照片，吃力地一字一句说：“很有精神，很有精神，总理的形象常常浮现在我眼前！”曹禺先生哽咽着诉说他难忘的心情：“总理在文艺界有很多朋友。他很爱文艺界，我们大家也很爱他。”在场的吴祖光先生也补充了一件事：“总理说，我写的《风雪夜归人》，他看了七遍。”

我很想向巴金和曹禺先生汇报当年七伯对小说和话剧《家》中瑞珏的评述，可是医院本来已经谢绝一切探视，出于对总理的敬爱和两位大师本人的意愿，才给了这次机会，没能在他俩病情危笃的时刻再多说一句话，只能成为终生遗憾了！

但是，七伯那晚所讲的新社会的女性一定是“自强自立，坚持真理”的教导，更深刻地教育了我，触动了我的灵魂。巴金、曹禺把一生献给了文艺事业，为人们留下了世代相传的不朽之作。在军作为一个文艺青年，追随他们的脚步，为新时代的文艺事业和自己的艺术人生而奋斗，这是作为她爱人的我的自豪，也正是我择偶的标准，我万万不能拖她的后腿。

同样幸运的是，就在这一年，七伯因公到上海，在舞会上见到在军，向她仔细地询问并加以教导、劝解，特别叮嘱她：“尔均的工作很忙，他不了解你的工作性质，你要多体谅他，多作解释说明，不能耍性子。遇到问题和困难，要多和他沟通，互相间要尊重对方的想法。”

七伯的关心体贴和谆谆教诲，有如沁人心脾的温暖春风，我俩很快就恢复通信，互诉衷曲，冰释前嫌，相爱如初。就在第二年（1958年）春节，经组织批准，我从重庆赶到上海，与在军举行了简朴的婚礼。又过了一年，在军怀孕了，想起贺老总的话，我向组织申请在军的工作调动问题，当然一字也没有提总理和贺老总。经过多次协商，在军先从海军调到成都军区战旗歌舞团，后又转业到北京电视台（中央电视台前身）担任文艺导演，并在几十年的电视导演岗位上取得突出成绩。她是第一批获得国务院政府特殊津贴的艺术家，第一批获得“中国电视艺术终身成就奖”并是获奖者中唯一的综艺导演，是中央电视台春节晚会、广场晚会、综艺节目的首创者，并被全国妇联授予“感动中国的母亲”、北京市授予“首都最美家庭标兵户”的光荣称号。我俩的一世姻缘，并没有因各自工作岗位的不同受到丝毫影响，相反倒是互相促进，成就了各自事业上的发展。

邓在军荣获中国电视艺术终身成就奖（2015 年 2 月 13 日）

2008 年，我和在军金婚，恰逢中央电视台建台 50 周年和第七届中国金鹰电视艺术节，我俩被邀请与会。在向全国直播的隆重开幕仪式上，中央电视台赠给我俩一份特殊的金婚礼物——巨大的蛋糕，并在会上致辞：“各行各业都有佼佼者，但最值得骄傲和尊敬的是其开拓者。邓导是我们电视艺术行业名副其实的开拓者杰出代表。”随后，在上万名观众的热情欢呼和掌声中，我同在军手把手地切开这个珍贵的蛋糕。这一展现在全国观众眼前的画面，不

欢度"金婚"（2008年）

仅见证了我俩美满的婚姻，同时也是在军以自己在事业上的努力奋斗和取得的成就，对七伯、七妈生前期望的汇报。

"钻石婚"现场（2018年）

2018年，我俩纪念"钻石婚"和在军八十寿辰。孩子们送给我们一副对联："寿逾耄耋，情满甲子。""寿逾耄耋"，是指我俩都已过了八十大寿。"情满甲子"，是指我俩的美好婚姻已过了整整六十年一个甲子。他们说，同时满足这两个条件，是很难得的大喜事。我俩觉得，还有一个更重要的喜事，是我们有了四个自强自立的儿女，又因此扩展成一个幸福的大家庭。回顾这几十年来的人生历程，真让人感慨万千！

亲爱的七伯、七妈，如果不是你们的亲切关怀和谆谆教诲，哪会有我俩幸福美满的今天。七伯当初谆谆告诫我俩的，恋爱婚姻要“互信”和“自强”，犹如雷鸣电闪，震醒和照亮了我俩的心灵，使我们终于度过了婚姻的至暗时刻，迎来无比的幸福和光明。敬爱的七伯、七妈，衷心地感恩你们！

第十二章 “红楼”记事

位于重庆大坪的“红楼”招待所，前身是西南军区为苏联军事顾问团修建的专家宾馆。在20世纪50年代，算是一个高档接待场所，除了卧室、餐厅等设施一应俱全外，还修建有游泳池、网球场、台球室等当时不多见的运动场所。周边的花园里绿草如茵，花香四季，是一个休息的好去处。党和国家领导人、十大元帅和一些高级将领都曾在这里住过。

“红楼”招待所

1957年春节后，七伯和贺龙副总理率代表团出访亚欧十一国归来，在重庆“红楼”招待所住了整整四天。这个招待所刚由西南军区划归总后勤部重庆办事处管辖，接待任务便由总后"渝办"党委和重庆市委共同负责。由于七伯抵渝的当天提出要见我，单位领导特意安排我（"渝办"党委秘书）负责接待事宜。这使我得以在七伯公务活动之余，陪他休息、就餐和参与一些活动。能有机会在这种公众场合里领略七伯的待人处事之道，聆听他的亲切教导，这同在西花厅时亲属间的接触又有所区别。由于印象殊深，至今我的脑海里仍珍藏着这几天里与七伯朝夕相处时留下的宝贵记忆。

伯伯与贺龙

人生只有一回，一个人在临近生命终点留下遗言，通常都会饱含生命智慧和真情实感。1975 年 12 月 20 日，七伯被病痛反复折磨，多次昏迷，他知道来日无多了。再次从昏迷中醒来后，他对匆匆赶来的总理办公室副主任、中央调查部部长罗青长郑重嘱托，中心内容是：不能忘记老朋友。

七伯一生十分看重友情，广交天下朋友。可以说，在党的第一代领导人中，他是朋友最多的人。这也许和他天性有关，他说过："余性恶静，好交游，每得识一友，辄寤寐不忘。"在他看来，"有友为励，益奋吾志"，是人生一大快事。七伯也善交朋友，而他交友的"秘诀"只有一个已公开的秘密：待人以诚。

在我看来，七伯和贺老总就是一对最亲密的战友、最知心的朋友，心心相通，至死不渝。

这次七伯到重庆，刚一下榻，就让卫士长成元功通知我去见他。我接到电话，兴匆匆地赶了过去，见到七伯，他没让我坐下，而是笑着挥挥胳膊，嘱咐我先去看望旁边房间的贺老总：他是你的老司令，先去问声好！七伯是最注重礼节、注意小事的，他让我先去看贺帅，显然是对贺老总的一份尊敬。

贺老总也是我十分敬重的老首长。在西南军区工作时，他是司令员，我是军区后勤部干事，没有直接接触的机会。在我敲门进房时，老总也刚安顿下来，拿着烟斗悠闲地在抽烟。我向他做了自我介绍、说明来意，贺老总起身热情地同我握手，招呼我同他一起坐进沙发。他说："总理对什么事都想得那么周到。你和你伯伯很久没见面了，好好叙谈再来看我也不迟嘛。"

出访亚欧十一国归国的周恩来与贺龙（1957年2月）

贺老总向我详细地询问西南军区撤销后重庆部队变动的情况和我的工作情况，我一一作了汇报。他说："我在西南军区工作了四年，对这里感情很深，可惜那段时间不认识你。重庆的位置很重要，当初大区撤销，留下你们'渝办'继续负责西藏地区军民的供应保障，是有远见的。那里离内地太远，交通十分不便，帝国主义还在捣乱。重庆也还有不少部队单位，需要有个单位统一管理。当初洪学智、萧华为这件事征求我的意见，我表示赞同，现在看，这步棋是走对了。"

接着，贺老总深情地说："周总理是我最尊敬的领导。从南昌起义到现在，我在你伯伯的领导下共事几十年了，从他身上学到的很多很多。这次陪他出访又有不少新的体会，你要好好向你伯伯学习。你年轻，脑子好，话说得明白。今后要虚心求教，不断进步。我有你这个老部下很高兴。"我对贺老总的鼓励表示感谢，他亲热地把我送出门外。

在短暂交谈中，我感觉贺老总还像当初在西南军区时那样精力旺盛，富有魄力，同时也很细心。他对七伯赞誉有加，钦佩之情溢于言表。

贺老总同我谈话是在卧室外的客厅里，他住的是个大套间。我刚才见七伯似乎是面积很小的单间，再回到七伯住处，果然是个普普通通的房间。坐下后，七伯同我作了长时间的亲切谈话。待七伯休息后，年轻好问又管接待工作的我，私下里问成元功，七伯的卧室为什么这样安排。成元功说："你七伯每次因公外出，到了接待单位，都要过问每个人的住房安排情况，常常还要亲自逐个看一下。他看到‘红楼’只有一个大套间，便交代我说，‘贺老总年纪大，身体不很好，套房留给他住，我同大家一样住单间’。”

七伯一向以关心他人为重，更不要说对贺老总这样的挚友。而贺帅能够坦然接受，并不推辞顾忌，也说明他非常了解七伯的为人脾性，无需太多客套。

七伯与贺老总交谈时总是十分欢悦，谈笑风生，亲密无间。我还注意到，在公众场合他们则互相尊重、讲究礼仪。七伯一般都要先请贺老总就座、致辞，贺老总则必定等七伯坐下他才坐，一般也不讲话致辞。他俩间的互动亲切而自然，使我心生感动。

七伯抵达重庆后的第一天晚间，“渝办”党委在“红楼”设宴为代表团接风，重庆市委书记任白戈等主要领导前来陪同。按照七伯节俭、从简的原则，宴会在小餐厅举行，只摆了两桌。

在七伯和贺老总入座后，主办方请示可否开始，七伯说；“看看人到齐了没有？”说完，他自己又朝两桌的宾客扫了一眼，问：“乔冠华怎么没到？”

成元功回答：“他刚才在赶写材料。我去催一下。”

七伯说：“那就等一等。”

七伯、贺老总兴致勃勃地同大家聊天，等了大约十多分钟，乔冠华还没来。有位女士对七伯说：“总理，不用等了，开始吧！”七伯笑着摆了摆手：“再等等。”

这位女士我是第一次见到，见她话说得直率，便向身旁的代表团同志打听这位是谁。他告诉我：“是外交部新闻司司长龚澎，乔冠华的爱人。”随即向我俩作了介绍，彼此握手问好。龚澎果然大大方方，光彩照人。我在几年前报道日内瓦会议的《参考消息》（当时只有师以上单位可以订阅）上，见到西方记者对龚澎的评价：“中国的女发言人美丽聪慧，英语流畅，言辞犀利，为新中国赢得了赞誉。”当时曾留下较深的印象。这时，乔冠华正好匆匆从楼上下来，一眼望去，这伉俪二人四十出头，俨然一对风度翩翩、才貌双全的佳偶，也是外交场合难得的搭档。难怪七伯出访常常带上他俩。

宴会开始，七伯举杯祝词，他首先赞扬贺老总对此次出访功不可没，接着着重夸奖了乔冠华，说他起草的大量文稿质量很高，为此行做出了重要贡献。接着，周全细致的七伯，即席一一表扬代表团其他成员，感谢重庆市委和“渝办”领导的热情款待。宴会结束后，七伯又和贺老总一起接见专机机组，看望“红楼”招待所的后厨。我向七伯介绍“红楼”的主厨和餐饮主管，他俩都是从国民党军队总部留用的，曾经专为蒋介石和宋美龄服务。七伯笑着说：“难怪今晚的菜这样有味道，当年我在重庆可能还品尝过你们的手艺呢。”说完还亲切地同他俩握了手。

餐饮主管老孟师傅同我熟，他下来后向我说：“我为蒋先生服务多年，见的高官贵人多了，一个个盛气凌人，摆大官的架子。哪有像周总理这样的大人物热情平等地对待我们。共产党就是不一样！”

晚饭之后，七伯和贺老总在花园里散步，七伯叫成元功和我跟着一起走走，我俩跟着并保持一定距离，以免妨碍他俩交谈公务。我偶尔听到贺老总对七伯说：“冠华确实有才，应该表扬。不过他还年轻，要注意恃才傲物。”七伯答道：“老总说得对。才子嘛，常有这个通病，提醒他就是了。”我和成元功分析，贺老总指的是晚宴上乔冠华迟到太久，让这么多人等他一人，不太礼貌。

从我看到的这点细节，七伯对乔冠华确实是爱才如子、呵护备至。贺老总也确有知人之明。想不到十三年后，龚澎不幸英年早逝；十六年后，乔冠华又迫于四人帮压力做了对不起周总理的事，七伯逝世时他深为忏悔，扶棺痛哭。回眸当年，美好的历史总不免历经风波曲折。如烟往事，斯人已逝，使人不胜唏嘘感慨！

1983 年至 1984 年间，我在总参谋部办公厅任处长，贺老总的儿子贺鹏飞在总参装备部任处长，我俩的办公室在楼上楼下，时常见面，很谈得来，工间休息时常常相约到楼下散步。他对我说：“父母这一生最尊敬的人是周伯伯，总是在我们子女面前谈起他。‘文革’中周伯伯想尽办法保护我父亲，甚至冒着极大风险把父母和我一起接到西花厅避难。为了保密，听说当时连邓妈妈都没有被告知。但最终还是没有能够保住。林彪垮台后，周伯伯做的第一件事，就是派人找我母亲。我们全家都理解他，他是我们一家的恩人！”

我俩还共同回忆了七伯参加贺老总骨灰安放仪式的情景。对于七伯在贺老总遗像和骨灰前深深鞠七个躬的含义，曾有着各种各样的猜测。我与鹏飞已成好友，无话不谈。我说：以我对七伯的了解，他说的每一句话，做的每一件事，事先都是思虑周详，不可能贸然行事。我有个大胆设想，不知对不对：七伯第一次和众人一起的三鞠躬，是与大家共同悼念贺老总，向他告别和致敬。第二次三鞠躬，是表达他最终没能保护住贺老总的万般无奈和深深歉疚的心情。第三次又单独鞠一个躬，是告诉贺老总，他已病入膏肓，不久将与他的亲密战友相逢于马克思灵前。当然，作为彻底唯物主义者的七伯从不相信什么灵异之说，这是他作为一个共产党员在即将告别世界前的内心告白，正如七伯在最后一次接见外宾时所说："马克思的请帖我已经收到了。"

鹏飞说，我的解释对他很有启发。

我和在军同鹏飞的大姐贺捷生，也有着亲密的友谊。

遗憾的是，1985 年下半年我离开总参，随张震同志筹建国防大学，并留校任职，从此失去了同鹏飞一道谈心、散步的乐趣。1986 年，他升任总参装备部部长。1988 年，我俩同时首批被授予少将军衔时，他还给我打来

我军恢复军衔制，首批获授少将军衔仪式上的周尔均（1988 年）

电话，互致祝贺与问候。万想不到，几年后他正在五十五岁的大好年华，竟因心脏病突发，病故在海军副司令员的岗位上。我军失去了一个将才，我失去了又一位亲密战友！

张学良的副官处长哭了

“红楼”宴请的当晚，七伯在致辞祝酒之后，特地来到第二桌，逐一向在座同志碰杯问好。这一桌有代表团部分成员、重庆市委和“渝办”领导同志，我也在座。我身旁是“渝办”副主任王政。当七伯同我碰杯后走向王政时，他站起来哽咽着叫了声“总理！”接着痛哭了起来，把大家都惊住了。

我不明就里，赶忙将他向七伯做了介绍。

七伯仔细地端详了王政一会儿，拍着他的肩膀说：“不要哭，不要激动，我想起你了，是王政吧！西安事变时的老相识了。”

王政继续哽咽着说：“总理啊！那时往返西安，都是我开车接送你啊！”

那天晚上是正式宴请，“渝办”领导和我都穿着军装，佩戴肩章，王政则是一身便装。总理何等英明，一下子就明白过来，其中定有隐情。“来、来、来！端起酒杯，为我俩二十年后的重逢干一杯！”说完与王政碰杯，另一只手搂着他的肩膀，轻声对他说，“不用讲了，你的事我明白了，好好工作，保重身体”，随即一饮而尽。王政见七伯对他那样亲近，由悲转喜，也一口干了杯中酒。宴会上一度紧绷的气氛立时平和了下来。七伯就像什么事也没有发生一样，接着同下一位同志碰杯。

宴会快结束前，七伯招呼他身旁的“渝办”政委卢南樵起身，和他站到饭桌一旁，又招手示意我过去，简要地交谈了王政的情况。南樵政委汇报说：“王政是由总部任命的，现任办事处副主任，排序在前，另两位副主任都是老红军。但总部至今没有为他授衔。我们催问了几次，总部回答说西安事变时他是地下党员，但还有些历史问题需要调查弄清。”七伯有些生气地说："还调查什么？我就是证人！当年确实是他冒着生命危险，在西安和陕北之间开车接送过我和张学良。他还做过一些有益的事情。你是红四方面军的老同志，我们都清楚，如果没有西安事变，没有张学良，没有王政这些好同志，能有今天这个局面吗？你把我的意思报告总后、总政，要尽快解决王政的授衔问题。"

七伯和卢南樵同志素不相识，也没有上下级工作关系，却曾为肃反运动和王政授衔问题两次向他下达指示。这两件事，都直接关系着人的政治生命，也就是属于人民的根本利益，七伯一旦得知，就会毫不犹豫地亲自干预，对受难者施以援手，这是何等的胸襟和魄力！

过了不久，军委、总政下达命令，授予王政大校军衔。他曾任张学良副官处长，是个管理型人才，后来被调到北京，先后被任命为总后勤部管理局局长和总参谋部管理局局长。我们还见过几次面。

七伯当晚心情十分激动。听元功说，他夜间没有睡好。我想，是王政的事，触发了七伯对生死之交的张学良怀念之情。

七伯与张学良的友谊是在西安事变中建立的。他们两人经历迥异，党派不同，却一见如故。1936 年，张学良担任"剿总"副总司令，驻兵西安。4 月 9 日，他应中共领导邀请，秘密赶赴肤施与七伯会晤。这次见面后，七伯兴奋地说："谈得真好呀！想不到张学良是这样爽朗的人，是这样有决心有勇气的人，出乎意料！出乎意料！"他很快写信给张学良："座谈竟夜，快慰平生，归语诸同志，并电告前方，咸服先生肝胆照人，诚抗日大幸！"

张学良也对这次会面非常满意，他说："比我想象中好多了，我结识了最好的朋友，真是一见如故。周先生是这样的友好，说话有情有理，给我印象很深，解决了我很多的疑难。中国的事从此好办了。"

西安事变是改变中国命运走向的一件大事。事变发生后，七伯应张学良邀请飞抵西安，两人朝夕相处了八天，商量和平解决事件的善后事宜。此后，他们便再未见过面，但相知相通的深厚情谊却绵延了数十年。

当年，恩来伯伯对张学良轻率地决定随蒋介石去南京，完全出乎意料，也十分痛惜。第六届全国政协副主席、张学良的警卫团长吕正操同我和在军谈起这件事的过程：

当时警卫营长孙铭九来向周恩来报告，副总司令送蒋介石走了。周恩来听了很着急，说：唉！怎么这样办事，也不商量就走了。他赶紧弄了个车赶去机场，到达机场时飞机已经起飞了。周恩来很生气，说："张汉卿就是看《连环套》那些旧戏中毒了，他不但像窦尔敦那样送黄天霸，还要负荆请罪啊！"

除了吕正操将军，我因工作关系，还有幸认识当年张学良的老部下万毅、解方。万毅，是东北军最年轻的团长，中共地下党员，辽沈战役中担任第四野战军特种兵司令员，立下赫赫战功。解方，曾任东北军师参谋长，中共地下党员，在朝鲜战争中任中国志愿军参谋长，开城停战谈判我方首席代表，闻名世界。我同他俩相识较晚，万毅时任总后勤部顾问，解方任后勤学院院长，我们并没有直接的工作关系，但他俩都把我看成可以信赖的下级和战友，不时交谈当年一些往事，特别是恩来伯伯对张学良和东北军、西北军的关心及对张学良的惋惜。

我在与吕正操、万毅、解方几位前辈相处过程中，有一个特别的感受：这几位当年张学良的部下，不仅是出类拔萃的人才，而且具有共同的特点——思维敏捷，视野开阔，有独立见解，不轻易苟同流俗。可见少帅不只是一个风流倜傥的翩翩公子，还是善于识人、用人的将帅之才，而且他用的是一些敢于直言面谏、不善逢迎拍马之人，所以才能做出发动西安兵谏这样的惊天大事。

在七伯心里，张学良可以说是知音、挚友，更是"民族英雄，千古功臣"。张学良被蒋介石扣押后，七伯不放弃任何机会，千方百计地营救。张学良被裹挟到台湾后，七伯依旧通过各种关系尽可能地对他进行保护。七伯曾设法托人带了封亲笔信给张学良，写了十六个字："为国珍重，修身养性，前途有望，后会有期。"这封密信飞越海峡，最后藏在糖果盒底层才安全到达张学良手里，少帅见了不禁潸然泪下。

恩来伯伯去世后，张学良万分悲痛，眼含泪水对赵四小姐说："中国失去了一位传颂千古的伟人，我失去了一位终生难忘的故友。"他对帮助整理《张学良口述历史》文稿的学者张之宇女士说："我曾想在有生之年再见周先生一面，可是没有实现。这是我一生中最大的遗憾！"

同样，恩来伯伯一直牵挂着张学良这位老友。直到生命的最后一刻，七伯突然提出要见罗青长，用微弱的声音嘱咐他，"不要忘记在台湾的两位姓张的朋友"，话刚说完就昏过去了。青长叔叔告诉我和在军：这两位姓张的朋友，第一位就是张学良，第二位是抗战胜利后国共谈判时，国民党负责毛泽东警卫工作的宪兵司令张镇。

为纪念恩来伯伯诞辰一百周年，我们在摄制《百年恩来》电视片时，原计划去夏威夷采访张学良先生，因赵四小姐病重未果。但少帅让人带回了他的讲话录像："周恩来是我认识的共产党最伟大的人物"，"中国我只佩服几个人，周恩来是第一个！"

恩来伯伯真诚待友，已成众口之碑。回顾七伯的一生，波澜壮阔，异彩纷呈，或纵横于战争的刀光剑影，或投身于政治的激流漩涡。一般来讲，有过类似他这样经历的人，大多都会被时光磨砺得格外严峻冷漠，甚至可能会变得为达目的不择手段。然而，恩来伯伯却如狂风巨浪中的一座坚固的礁石，始终保持着他的本心。

巴金先生有言："友情这个美好的字眼仿佛一枝神奇的画笔，多少动人的画面由它产生。"透过"红楼"几个短暂的动人画面，我看到了七伯对贺龙、张学良、王政和对所有人的挚爱情谊。我也更深刻地理解了，为什么《天安门诗抄》中的"人民的总理爱人民，人民的总理人民爱"这句普通的词语，能使无数人感动和竞相传抄。唐代诗人高适有一句名诗，我们从中可以悟出一条待人心诚必有回报的真理："莫愁前路无知己，天下谁人不识君！”

伯伯的酒量有多大：“极而言之，八两而已”

常有人向我问起恩来伯伯的酒量。有人说，听说总理至少能喝两斤茅台，为了教育嗜酒如命的许世友，曾把许上将给灌醉了，他却若无其事。

在这个问题上，我多少是有些发言权的。

我同七伯一起喝酒的机会少之又少。在西花厅陪七伯、七妈吃饭，从来不上酒。唯一的一次，是在20世纪60年代尔辉弟弟与孙桂云弟妹的婚礼上。尔辉弟为人忠厚老实，北京钢铁学院毕业后留院工作，他的爱人是淮安市小学老师，清秀爽朗。七伯、七妈亲自主持侄儿辈的婚礼，这是第一次也是唯一的一次。那天除亲属外，把“北钢”领导也请来了，七伯让上了酒。

周恩来、邓颖超为周尔辉和孙桂云主持婚礼
（1961年，第三排左三为邓在军怀抱女儿萌萌，第四排左三为周尔均，第三排右一为成元功）

周恩来在招待国际友人的宴会上举杯敬酒

我们跟着七伯、七妈举杯向新人祝贺，不过就是“意思”了一下，并没有放开喝。

再有一次，就是“红楼”之宴。1957年出访亚欧十一国非常成功，是我国外交史上一次突破，七伯和贺老总很高兴，同参加宴会的同志一一碰杯祝贺。但七伯只有同王政的那杯酒是一饮而尽，其余的只是舔一下，加起来不超过一两。

我同成元功闲谈时，聊起七伯喝酒的话题。元功说：“你七伯喜欢喝酒，酒中又喜欢茅台。但他对饮

周恩来敬酒时都把酒杯置于对方杯下

日本审议官小仓和夫（右）在东京会见并宴请周尔均夫妇

酒却很节制。我知道他喝醉过三次：一次是早年在广州与七妈结婚时，让张治中等一帮好友给灌的；另两次是欢迎中国人民志愿军胜利归国，欢送驻旅顺港苏军回国，七伯在高度兴奋的状态下喝过了量。从此以后，他在喝酒的问题上就严格约束自己。七妈对七伯喝酒把关也很严。”

也是在这次宴会上，我发现七伯喝酒特别讲究礼貌，每次碰杯，他都把自己的酒杯置于对方酒杯之下。这一细节我倒是记住并学会了。20 世纪 90 年代，我和在军应邀访问日本，宴会主人、日本外务省审议官（相当于我外交部副部长）小仓和夫，也是一位从事周恩来研究的学者。席间谈起周总理的人格风范，我举了伯伯礼貌碰杯的例子，这位大臣学得很快，向我敬酒时，把杯子低低地置于我杯下，我也敬之如仪，这样一来，两人的杯子一个低过一个，最后一起钻到了桌子下面。在欢笑声中，大家共忆恩来伯伯的风范，也增进了两国人民的友谊。

就在那一年前后，我参加第八届全国人民代表大会期间，中午休息时突然接到成元功的电话，他托我向参加会议的军委、总政首长反映一个重要情况。我问他是什么事情。元功说：“空军有一位作家，写了本书《走下圣坛的周恩来》。里面有许多错误不实之词，我提了意见，他不但不接受，还说了许多难听的话。我实在气愤不过，只好请你向军委、总政首长反映我的意见。”

成元功是我一向十分尊敬的老同志，他这个郑重的委托我不能推托。但我不认识这位作家，也没有看过这本书，便请他说说书里有哪些明显讹误。他说，比如书中写道，七伯为了教育嗜酒如命的许世友，和许世友拼酒，两人各喝了两瓶茅台，许世友醉得滑倒在桌子底下，七伯还保持着清醒。这就是胡编乱造，根本没有这回事。

成元功的态度很认真。他举的这个例子不算重大政治问题，这本书我也没有看过，如果因一些细节不实，就向军委、总政领导郑重其事地状告一个作家，似乎有些小题大做。但他是恩来伯伯的老卫士长，特地让我向军委、总政转达本人的意见，不办也不好。我想了想，可以在小组会氛围比较适合的时候代为转达。

我们这个小组，是由总政和国防大学的代表组成。军委领导刘华清、张震、迟浩田、张万年，总政领导于永波、周子玉、唐天标都和我同在一个组。当天下午的小组会上，我乘着相互交谈的时间，把成元功转托的事情简要地说了说。于永波主任说，这件事已经反映到他那里，他让北京空军政治部主任找作者谈话，但作者很傲慢，说什么“你不要同我谈，要谈就让丁关根、于永波来找我”。于主任已经让北京空军政委再找他谈话。总政分管宣传工作的周子玉副主任表示，这件事他再过问一下。我插话说，作家大都有个性，谈话教育就是了。这时正好小组会进入正式议题，当晚要上央视新闻联播，摄影记者早早地把摄像机架在了门前。小组会正式开始，这件事就算告一段落。

会后，我把这本书找来认真地读了一遍，感觉其中是有些讹误之处，有些表述过了头，但总体上还是立足于正面颂扬恩来伯伯。于是，我又专门找元功同志，把我处理他的嘱托经过和对这本书的一些看法告诉他。元功表示满意。

1945 年成元功同志就跟随总理，一直到“文革”中遭江青污蔑离开西花厅，在七伯身边工作了二十多年，长期担任总理的卫士长。他为人忠厚淳

在八届人大一次会议小组会上（右起：周尔均、于永波、张震、黄玉章）

朴，办事周详，对七伯、七妈忠心耿耿，对我们亲属也热情关照，是一位称职的好管家。在记录周总理的影片和照片里，我们常常能看到，紧紧跟随在总理身边的那个熟悉的面孔，他就是成元功。

从 20 世纪 40 年代起，我和在军先后同成元功和他的夫人焦纪壬相识与交往长达六七十年。1957 年在“红楼”招待所期间，更是我和元功相处最密切的四天。

毫无疑问，对周总理的酒量最有发言权的是成元功同志。

“极而言之，八两而已。”元功同志业已离我们远去，他留下的这句话，我认为是对恩来伯伯的酒量最权威的评估。

第十三章　亲切指点

我奉命调军委卫生部

1953年，我在西南军区后勤部工作期间，从中央文件上看到毛主席对军委卫生部的批示："无领导，无政治，也不认真管业务的部门——专门吃饭、做官、当老爷的官僚衙门。"在毛泽东的批语中，使用这样严厉批评措辞的还比较少见。

同年7月，军委决定，贺诚同志不再兼任军委卫生部部长。

1955年3月，又看到报刊上点名批判卫生部门领导贺诚"压制中医，敌视祖国医学遗产"。

1958年，遵照毛主席、党中央的指示，为了粉碎美帝国主义发动的细菌战，全国开展了"除四害"爱国卫生运动。"四害"是指老鼠、麻雀、苍蝇、蚊子，一时间全民动手，惊"天"动"地"，各显神通，全国各地和部队的卫生状况普遍有了很大改善。

我对完成消灭苍蝇这项任务颇有信心，也富有经验。当年在上海读高中时吃住都在学校，伙食由商人承包，顿顿清汤寡水，一周里难得有两次鸡蛋羹，就算是上等美食。但厨房里苍蝇多，不时掉进蛋羹里，被我们发现举报，伙房就得另换一份。为了改善伙食，同学们精心擘画后想出一条妙计：每人备个小瓶，把捉到的苍蝇存放里面，蛋羹快吃完时放进一只，端着碗找伙房理论，让给另补一份。伙房和老板虽然也心知肚明，但想不出什么对策，好在他们伙食钱早已赚够，算不上吃亏，也就照此办理，彼此相安无事。

我虽然身怀捉苍蝇的“绝技”，但老鼠、蚊子、苍蝇这三害的生命力和繁殖力特别强，尽管我们“战果辉煌”，每天上报的数字成千上万，却总是“除”之不尽。消灭麻雀倒是件有趣的事情，网捕、石击、毒饵喂，办法不少，尤其是用小口径步枪击杀，效果既立竿见影，又能提高射击技能，还是一项有趣的捕猎活动。我对此很投入，无奈射击水平不高，收获不丰，常常完不成上级规定的指标任务。

以上这些经历，给我留下一个比较深刻的印象：卫生工作不好做，难度大，麻烦多。

天下事往往难以逆料：正当我为完成“除四害”指标犯愁时，1959 年 2 月接到上级命令，我被调到军委卫生部工作。

这次调动是我人生经历中的一次重要变化：由基层机关调到军委总部，由熟稔的宣传文秘工作改做专业技术部门政治工作，由已经生活了十年的重庆迁居到向往已久的北京。从此，我在首都安家立业，北京成了我又一故乡。

我是随总后勤部重庆办事处政委卢南樵调京工作的。军委为了加强卫生部门的思想政治领导，在卫生部增设政治委员兼党委书记岗位，并从全军遴选卢南樵担任这一要职。南樵同志是 1930 年入伍的老红军，历任旅、师、军级主官，是位斗争经验丰富的工农政工干部，在群众中威信高。他对调任这个专业技术性很强的军委总部的部门主要领导，多少有些出乎意料，希望我能随同调往，在文秘工作方面为他分忧。南樵同志亲自找我谈话。他还是以往那样直来直去：“我知道目前你家庭生活有些实际困难。好处是这次调北京工作，机会难得。选来选去还是你合适。”我当然直截了当地回答首长：“自己是共产党员，一切听从组织安排。有些困难总能克服。”事情就这样定了下来。

所谓的实际困难，就是国家经济生活这时出现暂时困难，物资供应奇缺。重庆本来是个物产丰富、生活安逸的城市：街上挂满“毛肚火锅”的招牌；饭馆吃饭，先上四个小碟（榨菜、瓜子、花生米、蚕豆），是免费的；点一盘美味的“怪味鸡”，只需花一两角钱。但到了我调动工作的前夕，一夜之间全市饭馆都关了门，粮、糖、油等全都限量供应。这时，在军刚调到成都军区战旗歌舞团不久，我俩的第一个孩子就要出生，一切都没有安排妥当。但是军令如山，接到命令就得出发，没有二话可讲。我离开重庆那天是1959年春节的大年初二，当天上午刚出院的在军，抱着出生才两天的女儿萌萌在门口送我，串串泪珠滚滚而下。我自己的惜别心情和担忧同样强烈。毛主席曾引用明代文人李开先的词句："男儿有泪不轻弹，只因未到伤心处"，此时此刻的我感同身受。

不过，革命军人不能儿女情长。到了北京、走上新的岗位后，我随即全身心地投入即将面临的新的挑战。

救死扶伤，为广大工农兵服务

到北京不久，七伯就通知我去西花厅见他和七妈。

在20世纪50年代后期和60年代前期，我和在军进西花厅比较随意：有时是卫士长成元功通知我俩，有时七妈直接打电话让我俩去，也有时我们打电话请示后，卫士通知门岗放行。七伯、七妈只有一条要求：上班时间原则上不能去西花厅，以免影响工作。

在西花厅，七伯除了外出开会都在他办公室工作。七妈正在养病，每次都要同我俩见见面，简短交谈后我们就请她休息，她也时常去外地疗养。我们去后，七伯有时专门留出时间见我俩，有时则在办公休息时踱步客厅，同我俩交谈。西花厅环境幽静，谈话轻松惬意，每到这里，我俩都感到亲人的温暖，并从七伯、七妈的教诲中深受教益。对七伯来说，这样的谈话既可以帮助他了解一些情况，又是对我们进行教育的适合场所，同时也是他的一种休息。

我从同七伯的几次谈话中深深体会到，他对医疗卫生工作高度重视，也很关心体贴我这个初到卫生部不熟悉业务的侄儿，常常给予亲切指点。七伯谈话的内容很深、很细，至今忆起，仍有现实的重要指导意义。

七伯说："战争年代，我对卫生部门的工作一直很关注。贺诚、傅连暲同志我很熟悉，他俩都给我看过病。建国后百废待兴，过问得少了些。1953年卫生部政治部白学光同志的报告和毛主席的批示我都看了，毛主席批评军委卫生部无领导、无政治、官僚衙门等等，核心是'无政治'。而'政治'的核心，就医疗卫生工作而言，就是面向群众，为人民服务。这次组织调整，调卢南樵到卫生部担任政委我看合适，这个同志我在重庆有过接触，印象不错，是个原则性强的干部，我看能拿得起。"

七伯向我了解卫生部领导班子的现状。我回答：从干部配备情况看，在总后各二级部中是最强的。部领导九人，其中有两位中将、七位少将，都是1955年首批授衔的将官，全是老红军，四大野战军卫生部长都在内。傅连暲、钱信忠两位副部长兼任政府卫生部副部长。总后各部下设的机构是处级，唯独卫生部设局，局长中也有老红军，如药材局局长陈真仁，是位女同志。

七伯插话：陈真仁是傅连暲的爱人，红四方面军的。她家十一口人全都参加了长征，到陕北后只剩下两人。七伯又说：傅连暲在中央苏区和长征中，不但为毛主席和许多领导同志看过病，还救治了许多红军指战员，是为革命立了大功的。

在我说到副部长孙仪之时，伯伯似乎想起了什么，他把腿一拍："对，就是这个孙仪之。长征中我在毛儿盖患肝脓肿，病情危重，幸亏有你七妈精心照顾，医生尽力抢救，最终脱离险境。为我治病的大夫中，就有这个孙仪之。还有你们的老部长杨立三亲自用担架把我抬出松潘，双肩都磨烂了。没有这些好同志，我怕是出不了草地的。"

说到这里，七伯的眼神里闪现了对艰苦战争年代的回忆：同志间的温暖、对战友的感激。伯伯是最懂得感恩的，这是他充满人性光辉的一个重要方面。

后来，杨立三夫人李琴告诉我，当年任总兵站部部长的杨立三，连续六天六夜为周副主席抬担架。总理始终把这件事记在心头。1954年杨立三病故后，周总理亲自为他执绋引棺送灵。

周恩来沉痛悼别杨立三同志（1954 年）

我接着汇报自己的初步印象：总体上看，卫生部干部资历深，文化水平高，老同志长期从事卫生工作，新成员都是医科院校毕业，熟悉医疗业务。这是很大的优势。不足的是，少数同志有些骄傲自满情绪，在处理政治与技术的关系上比较偏重技术。针对存在的问题，南樵政委到职后，重点抓部机关和直属院校的思想作风建设，强调政治统率业务，机关为基层服务，医疗卫生为广大官兵服务，已经初见成效。下一步，准备重点抓全军的医疗卫生建设，坚持思想建设领先，政治与业务并重。

七伯肯定了南樵政委的做法。为了提高我的认识，七伯向我深入阐释了毛主席批示的丰富内涵，中心内容是：中国革命战争的特点决定，战时的政权建设服从军队作战和指挥的需要，军委卫生部的中心任务是为伤病员服务，确保和提高军队的战斗力。在取得全国政权后，情况有所变化：医疗卫生工作已成为社会主义建设的重要组成部分，保护人民的健康与生命安全，是革命先烈以流血牺牲为代价换取的奋斗目标，也是社会文明进步的基础。它是一项重要的国家战略。既是卫生问题，也是政治问题。救死扶伤，为广大工农兵服务，尤其是为占中国人口绝大多数的农民服务，成为卫生部门的神圣职责。建国初期，军委卫生部在相当一段时间内，实际上承担着指导与建设全国卫生体系的重要任务，但部领导的思想认识没能跟上形势的发展，弯子转得不够好。

七伯说：

军队卫生工作的方针就是为广大指战员服务、为国防建设服务。但是，医疗工作是保障公共卫生的特殊体系，军队和人民群众不能完全分割开来。事实上，不同病种的防治与病源的产生，不但在军队和人民之间，而且各个地域、各个国家都不可能绝对分割，都需要共同携手来应对。医疗技术的发展，也离不开军队与地方协力攻关，取长补短。因此，在军委卫生部部长中，始终有人兼任政府卫生部长，这同其他部门不一样。战争年代，我们有着军民互助互救的优良传统。建国后，随着国家经济建设发展和抗美援朝战争的考验，军队医疗卫生系统有了很大加强，许多大中城市甚至小城市都有驻军医院，现有四所军医大学和下属医院都具有全国甚至世界一流的专业技术水平。我看，在完成部队自身医疗保障的同时，军队医院可以考虑收治部分地方伤病员，这样做的好处很多：首先是扩大、加强了地方医院和救治系统的力量，更好地保护人民群众的健康；再就是，部队官兵年轻力壮，入伍时又经过严格体检，在不打大仗的情况下，平时医院收治率低、病种少，不利于医疗技术水平提高，收治部分地方病员可以弥补这方面的缺陷；当然更重要的是，有利于改善军民关系、增强军民团结。

七伯十分重视军事医学科学研究的进展情况。他问我，军事医学科学院现任院长是谁？我回答：贺诚同志调离卫生部长岗位后，现任军事医学科学院院长。我顺便报告七伯，最近自己正在该院调研科研工作。七伯很感兴趣，让我详细谈谈。我说，军事医学科学院主要承担防原子、防化学、防生物武器的“三防”研究任务，科研人员当前对研究途径和方法有两种不同意见：一种是“筛选法”，就是从多种药物主要是中草药中筛选试验，找出防治药物，经反复检验后确定疗效；另一种是“渐进法”，在已有药物的基础上，针对新发现的病种或细菌变异，继续有针对性地研究改进、发明创新。对这两种不同做法的优劣，争论还很激烈。

七伯认为，这两种方法都可行。他说：科研工作本身是对未知事物的探求，在科研人员中要提倡敢想、敢做，既敢于成功也敢于失败。归根结底，方法是第二位的，成果是第一位的。

七伯又说：

> 生物防治是军事科学研究的重要任务。毛主席最近（指 1958 年 7 月）发表了《送瘟神》两首诗，颂扬江西余江消灭血吸虫病的事迹。传染病是人类天敌，也是人类共同的敌人。历朝历代都出现过瘟疫，死人无数，帝王也不能幸免。过去的天花、霍乱，传播世界各地，死亡人数以百万计。七妈和你父亲都曾患肺结核病多年，在“二战”时期发明盘尼西林（青霉素）这种特效药物后，才得以根治。一种药物要研究几年、十几年、几十年才能成功。世间万物都在生长，就是人类中还有坏人、恶人，何况众多的生物，细菌、病毒还会不断变异。这就是“道高一尺、魔高一丈”的道理。卫生部和军事医学科学院要鼓励科研人员百花齐放、百家争鸣，把物质鼓励和精神激励结合起来。倡导团结攻关，反对相互排斥。我们的科研任务，不只是单纯防止敌人破坏和自然界细菌、病毒的侵袭，而是要积极主动地保护人民的健康与生命，为人类造福！

七伯的教导是多么英明和具有远见。我国获得诺贝尔奖的屠呦呦，正是运用“筛选法”为基础，证实了青蒿素对抗击疟疾的特效，成为一项造福世界的重要成果。在抗击新冠病毒的疫苗研究中，军事科学院军事医学研究院陈薇院士的团队也取得很大成果。

七伯又特地嘱咐：

> 我讲的这些，经过了长期思考，有些内容同卫生部也讲过，但未必

都成熟，你不必作为我的正式意见向卫生部领导转达。从工作出发，你现在兼任卫生部党委秘书，听你说正在为全军卫生工作会议起草报告，你们这次会议是卫生工作带有方向性转折的契机，不妨把这些想法向部领导通通气，以便统一思想，集思广益，把文件写好，把会议开好，这不仅对军队卫生工作，对全国卫生工作都会是一个有力的促进。

遵照七伯嘱咐，我向饶正锡部长、卢南樵政委作了简要汇报。饶正锡同志曾任红三军团卫生部长，抗战时期任军委卫生部政委，在政治、业务两方面都具有相当水平，与南樵同志合作得很好，有共同语言。他俩认真研究后，取得一致意见，通过卫生部党委讨论通过，在1960年全军卫生工作会议作了工作报告，经会议审议通过后在全军推行。此后，我军医疗卫生工作建设取得明显进步，扭转了毛主席、党中央批评的被动局面，得到中央军委和总后勤部领导的赞扬和肯定。

柯印华医疗事故的前前后后

1960年全军卫生工作会议，是多年来端正我军卫生工作指导方针的一次重要会议。会议在沈阳军区下属的大连疗养院召开，保障工作由军区后勤部、卫生部和疗养院具体承担，因此，我和该院院长郭庆兰联系较多。交谈中，我得知她是著名的印度援华医疗队柯棣华医生的夫人。庆兰同志告诉我，她是在晋察冀军区任卫生学校教员时认识柯棣华大夫的。柯棣华在抗日战争的烽火中随巴苏大夫领导的印度援华医疗队来华，最初在八路军医院任外科主任医生，1941年调晋察冀军区，在白求恩牺牲后接任白求恩国际和平医院院长，并加入了中国共产党。他俩相恋、结婚后生了一个男孩，聂荣臻司令员为他起名柯印华，寓意中国和印度两个大国世世代代永久友好。不幸的是，柯棣华于1942年年底即印华出生不到四个月时因病去世。现在，石家庄烈士陵园中仅有的两座并肩耸立的雕像，就是白求恩和柯棣华这两位伟大的国际主义战士。

郭院长为人热情爽朗，她特地把柯印华叫来同我见面。小伙子当时十七八岁，兼有中印两国人民血统，高个儿，高鼻子，大眼睛，长睫毛，长得像柯棣华，皮肤白白的，像郭庆兰。

全军卫生工作会议结束后，我去西花厅向七伯作了简要汇报：会议开得很好，写有他的重要意见的工作报告，与会同志一致赞同，正在全军传达贯彻。顺便说起郭庆兰母子的情况。七伯对他俩十分关心，他说："半年前我就在这里见过他们母子。那次是他们应印方邀请访问印度，听说受到了柯棣华全家的热烈欢迎，尼赫鲁专门接见了他俩。"

七伯又说："你知道吗？我1939年在延安坠马骨折，就是柯棣华为我检查、治疗、包扎的。他是一个好医生，政治强、医术精，可惜三十二岁就不幸病逝了。"

七伯听说柯印华准备进入军医大学学习，很高兴。他说印华是中印友谊的纽带，要好好栽培。这既是继承他父亲的遗志，也是为了继承发展中印两国人民的友好情谊。

不幸的是，1967年6月，柯印华在第四军医大学附属医院住院时，因为医护人员失职，静脉注射发霉的葡萄糖，他不治身亡，年仅25岁。

七伯听到这个噩耗十分震怒，他让总理办公室向总后勤部传达他的指示："这样一个年轻力壮的小伙子，又是一颗中印友谊继承者的好种子，就让医疗事故给毁了。要严查责任人，找出原因，严格落实医疗制度。查明结果，向我汇报。"当时，"文化大革命"正搞得热火朝天，总后领导机关已经完全瘫痪，总理办公室的电话打到了总后政治部。但部领导早已被停职，临时指定一个"三人小组"：政治部组织部部长、企业工作部部长和我（秘书科长），负责处理一些紧急事务。经"三人小组"商议，由我把总理的指示下达各军医大学、301医院、军队驻京各医院和全军各大单位卫生部门，责成他们认真研究，检查落实。针对发生的问题，全军普遍建立或重申了输液、打针的"三查七对"制度。"三查"：操作前、操作中、操作后查。"七对”：对床号、对姓名、对药名、对剂量、对用法、对时间、对浓度。直到今天，这个制度一直得到很好的执行。近些年我在301医院住院，每次输液、打针前，尽管负责治疗的是天天见面的护士、护士长，她们都要问一声：“是周尔均首长吗？”听起来有些多余，却很必要，常使我想起七伯当年提出的严格要求。

1997年，为纪念恩来伯父诞辰一百周年，我和在军采访当年任冀中军区司令员的吕正操上将时，他回忆：柯棣华生前对周总理怀有深深的敬意，不止一次地向他谈起当年在武汉初见周副主席时的情景，是周副主席热情支持和批准他们一行去根据地参加抗日，得以实现一生的夙愿。正操前辈特别提到，柯棣华病故后，他遵照党中央和周副主席指示，在河北唐县主持了安葬仪式，请郭庆兰参加，向她和柯印华表示沉痛哀悼。周副主席还特地给柯棣华在印度的家属写了一封慰问信。

我俩和吕正操一起阅读、学习了七伯的这封信。一致认为，它与毛泽东同志《纪念白求恩》一文，同为马克思主义光辉文献，是对革命人道主义和国际主义精神的生动阐释：

亲爱的朋友：

我谨代表第十八集团军和中国共产党，为柯棣华大夫的逝世，向你们致最深挚的悲悼。柯大夫曾予华北敌后五台区最需帮助的军民以无可比拟的贡献。

柯棣华大夫系于一九三八年受印度国民大会之命，参加其所派遣的印度医疗队，去到延安，于一九三九年进入华北游击区。他在华北曾经过许多地方，最后定居于五台区，成为故白求恩大夫事业的承继者，担任国际和平医院院长，直到逝世。他的中国同志都爱他，尊敬他。为了在抗日游击根据地中之最高贵的任务，为了给伤病战士以兄弟般的友爱，他曾救活了许多抵抗日寇侵入自己祖国的战士的生命，还帮助了许多人免于残废。我们受惠于他的极多，使我们永不能忘。

柯大夫曾是中印两大民族友爱的象征，是印度人民积极参加反对日本黩武主义和世界法西斯主义的共同战斗的模范。他的名字将永存于他所服务终生的两大民族之间。

我们在全体爱自由的人类的共同损失中，分担你们的悲痛。

谨致热烈的敬礼！

周恩来

一九四三年三月二十二日

恩来伯父在信中，把柯棣华之死视为“全体爱自由的人类的共同损失”，这是因为医疗卫生关系着全人类的健康与生命，柯棣华与白求恩献身于为全人类服务的神圣事业，用自身的实际行动，发扬了革命人道主义和国际主义精神。

今天，面对新冠肺炎疫情在全世界泛滥，美国政客罔顾本国人民生命安全，排斥与其他国家合作，甚至栽赃陷害我们国家。其所作所为，被国际医学界权威斥之为“对全人类健康发起不文明的攻击”，与白求恩、柯棣华的崇高言行相对照，卑劣与正义，野蛮与文明，二者的区别何等鲜明！

“要爱护中国的南丁格尔”

七伯对医疗卫生工作的关心，还表现在他对医务工作者的关怀和爱护。

七伯曾经关心地问我：“你参军后一直从事宣传文秘业务，现在到专业技术性强的卫生部工作，会不会遇到困难？”我说，是有一些，不过在50年代初期，总政治部主任谭政倡导“政治工作渗透到业务技术中去”，我曾经响应号召，参加工作组深入重庆第七军医大学新桥医院蹲点，直接下到科室，学习、调研近半年时间，熟悉不少情况和基础医疗知识。我还告诉七伯，这个新桥医院的前身是国民党国防部陆海空军第四总医院，系原封不动地接收过来，院长袁印光原是国民党少将，工作很勤勉。

七伯让我说说国民党军队医院同我军的医院有什么不同。我说：上下级之间关系不平等，把技术看得高于一切，这些固有的毛病显而易见。但我发现，他们对护理工作相当重视，国民党时期全院仅有两个少将，一个是院长，另一个则是护理部主任，是位女士。她的威信很高，医疗知识很全面，各科室的专家、主任遇到难题常常向她请教，甚至做大手术也要请她到现场指导。

七伯说我说的这个情况很有意思。当然，我们的优势国民党医院没有可比性，机构设置也要从我们实际出发，但是敌人的某些长处我们也可以借鉴。在我们的医院中，确实存在着重医疗轻护理的现象。

七伯又说，在我们卫生部的工作报告中可以考虑加上一句话："要爱护中国的南丁格尔。"七伯说："我也是引用马克思的话。马克思和南丁格尔是同时代人，他曾经说过，为南丁格尔的勇敢和献身精神所感动。"

我知道，南丁格尔是护理事业创始人，她把自己的一生无私地奉献给了护理事业。为了纪念南丁格尔，每年5月12日她的生日被定为国际护士节。

恩来伯伯的这一指示，我向卫生部领导作了汇报，在1960年全军卫生工作会议报告中加进了这个内容。

1973年，七伯在总后党委扩大会议的讲话中，还特地提到，在总后勤部领导班子中，应有一位女同志，分管医疗工作，更好地关心女医务人员。这件事，我将在后面章节中提及。

群众的病痛时刻挂在他心头

七伯逝世后，他生前的医疗组组长、全国人大常委会副委员长吴阶平含着泪对我和在军说：

> 总理在重病中还时时关心群众的病痛。他听说云南患肺癌的比较多，马上把肿瘤医院院长李冰找来，让他们赶紧去当地调查研究。那时

候国家做了一个肿瘤地区分布图，比如北方患食管癌的比较多，南方患鼻咽癌的比较多。参加这次工作的医务人员调查了800多万人。总理很赞许这件事，立刻要我们做一个沙盘，摆在他的病房里，亲自分析研究，那时他自己的病已经很危重了。

1月7日晚上11点多钟，周总理弥留之际，他抬起头看见了我，说了这么几句话："吴大夫，我这里没有什么事，需要你的人很多，你去吧！"这是他最后一句话。这时候，他想的还是别人。

是啊！恩来伯伯终其一生，把所有的人装进他的心里，把所有的伤痛藏在他的身上。为了人民的健康和幸福，他生命的火花自始至终竭尽全力不断燃烧，温暖了人间，照亮了世界，直到最后一息！

第十四章 “迪化”改名

总理提问常使领导干部措手不及

对恩来伯父，党内外高级干部不仅十分敬重，而且普遍怀有敬畏之心。比如陈赓大将，在上级面前全无忌惮，有时还开开玩笑，不以为忤，但面对总理却规规矩矩，不苟言笑。这除了受恩来伯伯人格力量的感召外，也由于七伯对工作的要求分外严格，真正做到了一丝不苟、纤毫必究，谁也不敢有半点马虎。

我熟悉的多位领导同志，都曾向我谈起他们在这方面的切身体会。

从建国初期起始终担任总后勤部第一副部长的张令彬，是跟随毛主席参加秋收起义、在井冈山打游击的老红军。抗美援朝战争期间，他在七伯身边组织指挥对前线的后勤保障。当时，美军为切断我军后勤补给线，动用大批战机日夜不停狂轰滥炸，实施所谓的“绞杀战”。我军运输车辆损毁十分严重。令彬部长说：

> 总理每晚都要把我找去，汇报研究当天的战损情况：被炸毁的军车有多少辆，抢修后还能使用的多少辆，需要紧急补充多少辆；司机牺牲了多少人，负伤抢救后还能开车的多少人，需要紧急补充的多少人；还有汽油、轮胎、备件和其他物资、装备。每一项都要列出具体数字。总理亲自记在笔记本上，并同我逐项计算，精确到一台车、一名司机、一桶汽油，在此基础上提出调拨补充的具体方案。每时每刻，每一件事，

总理问什么，我就回答什么，从不允许用“大概”“估计”来搪塞。他同我经常从深夜研究到天亮，接着他还要处理其他紧急事务，几乎没有片刻的休息时间。

这里插叙一段我在从事我军后勤战史研究时了解的情况。恩来伯伯在抗美援朝战争中建立的丰功伟绩，过去很少提及。实际上，他作为毛主席的主要助手，在参与战争决策、指挥战争全部进程，特别是组织实施后勤保障方面的不朽功勋，无人企及。

彭德怀同志说过：“这场战争最困难、最重要的是后勤供应问题”，“抗美援朝战争的胜利，百分之六十到七十归功于后勤”。而志愿军的后勤供应，自始至终都是在恩来伯伯亲自领导与关怀下进行的。其间遇到的种种难题，他都想到了，及时解决了。众所周知，为了解决前线缺粮，他亲自动手并发动家家户户炒面，还紧急筹措补给了指战员入朝作战的过冬服装。

当时面临的更大的困难则是，我军在朝部队同一期间多达一百三十六万人，物资补给量空前巨大，但交通运输工具严重缺乏；朝鲜地形狭窄，纵深深，横线少，不利于物资前运；敌军对我运输线实施所谓“绞杀战”，出动千余战机，日夜不停狂轰滥炸。针对这一严峻形势，恩来伯伯适时提出一个极其重要的战略指导思想：“千条万条，运输第一条。”他号召全军上下奋起“建设打不烂炸不断的钢铁运输线”；亲自规划、补充运输车辆和司机；发动群众，在交通沿线设置密集的防空哨；加强高炮部队的配置；加速建立人民空军；全力组建铁道兵部队。

通过这一系列具体有力的措施，战争临近结束时，为前线补充了两万一千辆汽车，新建铁道兵部队十个师，在空中战线建立了美军也引以为惧的“米格走廊”。至 1952 年，已能确保部队作战和生活所需的各类物资。指战员高兴地形容：“四川榨菜到朝鲜，黄河鲤鱼上了山，生活不断有改善，后勤真是不简单。”美侵略军第八集团军司令范佛里特也不得不在记者招待会上公开承认：尽管动用一切力量阻断中国人民志愿军的供应，然而共产党人用难以置信的顽强毅力，把物资运送到前线，创造了惊人的奇迹。

恩来伯伯在战争发动之前就预见到“现代战争主要是打后勤”，他在抗美援朝战争中提出的“决定战争胜负关键是交通运输线的斗争”，“千条万条，运输第一条”，与历史上的兵家名言“兵马未动，粮草先行”，同应列为战争史上军事学术的经典用词。

张震军委副主席曾在建国初期任军委作战部部长，他向我回忆了当时在总理领导下的工作情景：“军委实际主持工作的是周副主席，大家都怕他遇事问得细、想得细、记得准。他找杨立三（总后勤部部长）开会算账，三毛三分钱的错都算出来了。他每周要来居仁堂作战部两三次，记忆力特别好，哪个军在哪儿，指挥员是谁，记得清清楚楚。他问你，答错了，你就倒霉、挨批。答对了，他点点头，再谈情况。每次他来作战部开会前，我都会紧张得一夜睡不好觉。”

张震向周尔均、邓在军忆述周恩来领导军事工作情景时合影（1997 年）

朱光亚向邓在军忆述当年周恩来领导“两弹一星”的研制工作时合影（1997 年）

我国“两弹一星”元勋、全国政协副主席朱光亚和我是同一届（第八届）全国人大代表。会议期间，他同我谈起当年七伯是怎样指导和严格要求“两弹一星”研制工作的：“总理为科研战线制订了‘严肃认真、周到细致、稳妥可靠、万无一失’的十六字方针。他自己更是身体力行的模范。每次试验之前，他都要仔细询问和研讨可能影响成败的每一个具体环节。比如，‘两弹’试验，原子弹已经挂上了飞机，气象起了变化怎么办？万一投不下来怎么办？飞机带弹返回机场时，原子弹会不会意外地掉下来？脱钩了怎么办？遇到不同情况，应采取哪些紧急应对的措施？总理有时得不到满意的答复，他就说暂时休会，给你们时间找更多的同志研究，等有了令人放心的答案后再复会。正是由于总理严格要求，养成了国防科研的优良作风，力求做到弹不带隐患进试验场，卫星不带隐患上天，使我们成为世界上成功率很高的国家。”

从“迪化”改名谈民族团结

上述被总理考问的故事我听过很多，但不料想，有一回我和在军也成了七伯考问的对象。

那是我在总后勤部卫生部工作期间。一天，七伯似乎是特意留出时间，同我俩进行了一次既严肃认真又轻松欢快的谈话，主题是加强民族团结。

谈话是这样开始的：

七伯问我："尔均，你告诉我，现在军委卫生部的部长是谁？"

七伯是在考我。显然，他不仅知道，还很熟悉。

我回答："是饶正锡同志。"

七伯接着问："饶正锡的爱人是谁？你见过吗？"

我回答七伯："见过。名叫戴觉敏，听说也是一位老红军。"

七伯点了点头，说："唔，不错，她是红二十五军参加长征的七位女同志之一。她的哥哥戴克敏，是黄麻起义的领导人，可惜被张国焘搞肃反扩大化错杀了。他们一家有很多人为革命献出了生命。"

七伯的记忆力真好，但有片刻他陷入了沉思。黄麻起义，这是恩来伯伯20世纪20年代后期在上海主持党中央工作时，在全国各地策动武装起义中的重要一起，是鄂豫皖边区创建的第一支革命军队，也是红四方面军最初的来源和骨干力量。七伯是在深切怀念当年为革命英勇献身的先烈和战友。

停顿了一会儿，七伯又问："饶正锡来卫生部工作前做过什么工作，你知道吗？"

我到卫生部后，由于承担政治委员和部党委的秘书工作，对部里每位领导同志的任职情况都做过了解，所以胸有成竹地回答伯伯："饶正锡部长担任过中央新疆分局组织部部长、迪化市委书记。"

七伯听了有些不高兴了："你怎么说是迪化呢？"

我知道七伯误会了，赶忙解释："我是从履历表上看到的登记内容，饶部长曾担任中共迪化市委书记。我知道迪化市已经改名乌鲁木齐市，表上记载的是他当时的职称。"

七伯这才释然，点了点头说："这就对了。你记得不错。"

但是，提问并没有完。七伯又发话了："你告诉我，'迪化'这两个字是什么意思？"

七伯这时和我是一问一答，容不得我停下来思考。我说，迪化的"化"应该是同化的意思。我联想到，新疆是少数民族为主的地区，"迪化"之名，想必是因为历代统治阶级强调"同化"少数民族。其实我只是回答了一半，还没有来得及深思“迪”字的含义。

虽然回答得并不完整，七伯还是很高兴，鼓励我说：“嗯，回答得不错。”善解人意的七伯没有再作苛求，他主动替我作了补充：“‘迪化’嘛，‘迪’，就是启发的意思。这种提法是对少数民族的不尊重，对新疆要‘启迪’‘同化’。”

接着，七伯又问我俩：“你们还能举出哪些对少数民族和邻近国家带有歧视性的地名？”

这个问题不算难。我俩当时就能想得起一些，比如广西的“镇南关”，此前不久改为“睦南关”（现名友谊关）；辽宁省“安东”，改成了“丹东”。这是涉及国与国之间关系的。又比如，我们以前有个“绥远省”：“绥靖”“远方”嘛，已经撤销了。还有些含有歧视性的地名，由于当地群众已经习惯，也就沿用下来，没有改，比如“抚顺”“靖边”“安塞”等等。

七伯听我们回答在点子上，高兴地频频点头，他也在一旁帮着提醒、帮助我俩凑。七伯的知识何等渊博！他顺口就说了许许多多。比如新疆的伊宁，黑龙江的抚远、宁安、克东，广东的从化、仁化，湖南的宁远、东安，广西的南宁、兴安，福建的南平、永定，四川的康定、长宁，甘肃的平凉、武威，湖北的远安、恩施，贵州的威宁、安顺、镇宁、仁怀，山西的平定、平顺，内蒙古的宁城，等等，大部分是七伯说的。

七伯每说到他熟悉的地点，都会有瞬间的沉思，想必在回忆当年当地战斗、工作、生活的情景。

此时此刻的七伯同我俩之间，既是长辈在耐心地教诲晚辈，又像是老师和学生的问答，不，更像是同班同学在一起探讨问题。有时是你说他补充，有时是他说你补充，有时还抢着说。说错了，七伯及时加以纠正。七伯是那样的亲切，那样的随和，相互间交谈的气氛又是那么的轻松和谐，亲密无间。今天回想当年的情景，这样的机遇是多么难得，如今，再也回不到这个无比美好的时刻了！

当时不止我和在军在场，我发现七伯的心情也非常愉悦。我能体会得到，七伯很高兴在繁重的工作之暇，抽出这片刻时间，与晚辈进行亲切的对话和交往，而谈话内容又使他不时回想起曾经殊死战斗的年代、历历在目的往事。

休息片刻后，七伯接着讲了很长一段话，我体会，这才是这次谈话的主题。七伯说：

> 这下明白了吧！我们过去大汉族啊，对少数民族有所歧视，这是不对的。何况有的还是友邻国家，就更不应该。什么时候都不要忘记，各个民族、各个国家之间都一律平等。我们国家是多民族组成的人民共和国。在几千年漫长的历史长河中，各民族之间有过分裂和战争，但最终融合为伟大的中华民族。我们国家的发展史，就是各兄弟民族团结凝聚在一起，共同奋斗前进的历史。黄河、长江是我们共同的母亲河。珠江、湘江、赣江、嘉陵江、黑龙江、洞庭湖、淮河等数不清的江湖河流，都是流淌在中国大地上各民族共同的血脉。你们要牢牢记住，民族团结是中华民族的生命线。只有各民族共同繁荣发展，中华民族才能不断发展壮大。只有各民族之间紧密团结，国家才能长治久安，人民才能幸福安康。我们刚刚庆祝了国庆十周年，首都新建了十大建筑，其中，民族文化宫和民族饭店占了其中两座。这就说明党中央、国务院对民族工作的高度重视。
>
> 还要记住，今天的少数民族生活还很困难，经济文化落后，这是我们汉族过去对不起少数民族，把好地方占了，少数民族被赶到了山上。今天我们要代为受过，向他们赔不是。我们在处理与少数民族的关系时，要"求其在我"，做好自己的工作，支持少数民族地区发展经济，建设友好合作的民族大家庭。决不能只看到少数民族落后的一面。

七伯这番话，从我国的悠久历史和人类文明发展的高度，深刻阐明了民族团结的极端重要性，情真意切，寓意深邃，使我俩对以往很少关注的反对大汉族主义、加强民族团结的问题，在认识上有了很大提高，铭记在心。

事后我常想，七伯以往同我们谈话时，也常常会提出一些问题，但这次提问不但花费时间长，而且内容高度集中，既有深度又具广度，这说明加强民族团结在伯伯心中分量有多重，而且他迫切地希望下一代乃至所有的人都能对此予以高度重视。

学习伯伯，把增进民族团结落实行动

七伯关爱与尊重少数民族，不仅因为他是国家总理，是职责所在，更是出于他对各兄弟民族怀有炽热的情感，也是他高尚的人格修养的自然流露。

我们看到，七伯在云南西双版纳泼水节上留下的镜头：他与傣族同胞互相追逐、嬉笑泼水，浑身上下都湿透了，笑得好开心啊！那是1961年七伯在西双版纳的一次美好经历。卫士长成元功回来后告诉我俩，七伯说他在那里“度过了最高兴的一天”。他形容傣族的服装“头无顶，衣无领，鞋无帮，裤无裆，很有特色”，说在这方面“少数民族比汉族进步，穿得比我们好看”。七伯仔细了解了当地少数民族的生活状况。听说有些地区还很落后、少数民族群众害怕汉族时，心情十分沉重，批评当地领导：“是我们的祖先把他们赶到了不毛之地，今天我们要替祖先赎罪。要在群众中进行广泛深入的教育，反对历史遗留下来的大汉族主义，从人力物力和财力上，从政策的优惠上，扶持少数民族发展经济、文化。如果少数民族的经济和文化得不到发展，群众生活得不到改善，就谈不上真正的平等。”

七伯还认为，我国的少数民族服饰鲜艳，能歌善舞，他们居住的地方虽然多属穷乡僻壤，却是没有开发过的处女地，河川秀丽、天然浑成，是难得的旅游盛景。他嘱咐担任电视文艺导演的在军，要把镜头对准少数民族地区，既要重视表现具有民族特色的音乐歌舞，也要重视介绍当地的风土人情和独特风光。

周恩来和少数民族群众一起亲切交谈（1957 年 5 月）

周恩来与傣族群众欢度泼水节（1961 年 4 月）

周恩来出国访问回国时专程到新疆乌鲁木齐看望新疆各族群众（1965 年 7 月）

遵照七伯教诲，在20世纪60年代初期，在军就编导、摄制了优秀的少数民族演员如才旦卓玛、胡松华、崔美善、莫德格玛、阿依吐拉等人的专题歌舞节目。随着电视技术条件的不断改善，她又多次带领摄制组，扛起沉重的摄像机和器材，深入山区、边寨、草原等少数民族地区，拍摄了《踏花追歌》（苗族、土家族、壮族），《延边歌舞》《歌舞之乡》（朝鲜族），《松花湖金秋》（朝鲜族、满族），《并马高歌》（蒙古族），《来自草原的歌声》（维吾尔族、塔吉克族），《草原之夜》（维吾尔族），《垂向大地的谷穗》（赫哲族）等多部电视文艺专题片。刚刚开发出来，通过新闻报道包括她的电视文艺宣传，成为知名国家级旅游景区的湖南张家界、袁家界，天子山和新疆天山脚下，吉林省的天池和松花湖边，内蒙古辽阔的呼伦贝尔草原，处处留下她带领的摄制组的足迹。这些表现少数民族的专题文艺片，几乎全都获奖，《踏花追歌》还获得在布达佩斯举行的国际电视节大奖。

1964年，大型音乐舞蹈史诗《东方红》在北京隆重上演，在军担任电视导演。在晚会节目的编导过程中，七伯对少数民族的节目格外重视。他在初审时说："我国少数民族能歌善舞、载歌载舞。现在设计的《伟大节日》这一场，有了傣族女演员刀美兰的优秀舞蹈《孔雀舞》，也有了一曲女声独唱，能不能上一个男声独唱？蒙古族在音乐方面有所擅长，再增加一个蒙古族男声独唱，怎么样？"由于七伯的具体过问，满族演员胡松华改编创作和表演了《赞歌》这首蒙古族歌曲。在军对七伯的意图心领神会，在电视镜头的运用上作了匠心独具的精心处理，使《赞歌》与邓玉华的彝族女声独唱《情深谊长》，成为珠联璧合的精彩节目，同优秀的民族舞蹈一起，给观众留下了美好印象。

由于在军从事文艺工作的机缘，我结识了不少优秀的少数民族演员，也很早就注意到，七伯对他们格外关心和爱护。同我俩见面时，常向在军询问这些演员的情况，有没有需要帮助解决的困难。这些好友至今同我俩说起总理，个个热泪盈眶，激动万分。例如，藏族著名歌唱演员才旦卓玛说："总理喜欢听我的《唱支山歌给党听》，说这首歌唱出了百万农奴翻身得解放的真实情感。他对我们这些少数民族演员的关怀无微不至。有一次我陪总理出访，唱的一首外语歌有两个字发音不准，总理找来翻译亲自教我。第二天他回国，在机场又叮嘱我，一定要把这两个音发准。‘文革’中红卫兵破‘四旧’，冲击布达拉宫，总理立即指示派部队把布达拉宫保护了下来。总理是我们藏族人民的大恩人。”

周恩来与藏族著名歌唱演员才旦卓玛

同样，我国各少数民族，从领导人到普通群众，无不衷心热爱、深切怀念敬爱的周总理。全国人大常委会原副委员长班禅额尔德尼，生前每逢一月八日周总理去世这一天上午十时，都要到天安门广场人民英雄纪念碑前，向周总理敬献鲜花和哈达，从无一次例外。几年前，我和在军去湖南通道侗族自治县参加活动，走访了一位八十多岁高龄的侗族孤寡老人。他住的土屋历经百年，破损不堪，家徒四壁，别无长物，但“厅堂”的正中贴着唯一的一幅总理彩像。这是七伯逝世之初印制发行的图像，现在已不多见，经过四十多年的风尘，彩色早已褪尽，但由于他精心保护，天天拂拭，画像仍一尘不染，分外醒目。老人指着彩像对我俩说：“每天我都要向他鞠躬行礼。我这辈子没有亲人，心中唯一惦念的就是他老人家！”

在通道，我俩还参加了一次侗族特意为我们举行的“迎亲宴”。山边土场上摆满了上百张由各家各户拼凑的木条桌，几百户乡亲每家上一个菜，鸡鸭鱼肉样样俱全。宴会开始，十多位身着鲜艳民族服装的年轻姑娘，手捧盛满自酿米酒的大碗，轮流向我们敬酒，口中唱着《三唱周总理》和当地山歌。通道是八十多年前恩来伯伯带领中央红军战斗过的地方。这里的少数民族是多么纯朴可爱，这一碗碗酒中又饱含着对恩来伯伯何等的怀念之情和对我们的心意！我俩含着眼泪一个个、一碗碗一干而尽。尽管醉了，但这使我们想起了七伯当年的教诲，滋润了我俩同兄弟民族难以割舍的血肉之情。

1981 年国庆节，由在军任总导演的《民族团结的赞歌》大型文艺晚会，中央电视台作为国庆重点节目向全国播映。这台晚会艺术地再现了我国“五十六个民族五十六朵花”的绚丽风采与美好团结，获得各界热烈赞扬，国家民委特地召开大会为她颁奖。这也是中央电视台最早自办的大型文艺晚会。白族舞蹈演员杨丽萍，就是在这台晚会上以《孔雀舞》扬名。

邓在军为《孔雀舞》领舞杨丽萍（左第一人）等讲拍摄要求（1981 年）

遗憾的是，亲爱的七伯没有能够亲眼看到这台按照他的嘱咐、精心创作的赞颂各兄弟民族亲密团结的精彩节目。那时，他已经永远离开了我们，离开了他一生无限热爱的这个国家和中华各兄弟民族。但是，他反复叮咛我们的：“要牢牢记住，民族团结是中华民族的生命线！”我们将永铭在心，永志不忘。

第十五章　重案警示

凭吊烈士

重庆的歌乐山，峻岭峭壁，松柏参天，溪流密布，洞壑深深。晴日里风景如画，涓涓溪流旁游人如织；阴雨天幽静晦暗，啁啾鸟鸣中人迹罕至。这里被誉为“渝西第一峰，山城绿宝石”，是渝城一道美丽的风景线。

在七伯的记忆里，歌乐山占有重要的一页。抗战期间，为国共合作、共驱日寇，他曾在这里多次与蒋介石唇枪舌剑；抗战胜利后，又同毛泽东一起在山中“林园”，与这个“委员长”交锋论剑；解放前夕，大批忠贞的共产党人在此惨遭屠杀，更是伯伯心中挥之不去的沉痛。

1957 年春节后，七伯率团出访返经重庆休息期间，特地安排时间到歌乐山凭吊牺牲在渣滓洞、白公馆的烈士。他听我说起在重庆解放时曾到过现场查看，便让我说说当时的所见。

那是 1949 年 12 月，我在白公馆松林坡戴笠会客室门前，目睹两侧的花坛里刚刚挖掘出的两具烈士遗骸，经牙医鉴定，是被杀害的杨虎城将军和他的二儿子杨拯中。他的另一双子女和秘书宋绮云夫妇及其儿子宋振中（小萝卜头）的遗体，被埋在不远处被杀现场的地下。特务用锋利的匕首，残忍地杀害了两家八口人，其中，杨虎城的幼女杨拯国和小萝卜头都只有八岁。

七伯听后，心情十分沉重。他说：杨虎城是为中国革命的胜利作出牺牲、立下大功的。蒋介石背信弃义，军统特务灭绝人性，他们连七八岁的孩子也不放过，这些刽子手怎能下得去手！

七伯嘱咐，渣滓洞、白公馆要原样保留，被烈士们鲜血染红的歌乐山，要成为对人们进行红色传统教育的场所。

歌乐山又响枪声

这次七伯在重庆，领导上指定我陪同并协助保障，使我有较多时间聆听他的教诲。空暇时，我向七伯汇报了不久前我们单位查出的一起大案：同是在歌乐山上、在烈士们用血泪织成却无缘见它升起的五星红旗下，又一次响起枪声，这次的被害人却是我军一位年方二十、怀有五个月身孕的女护士，凶手则是抗战时期入伍、首次授衔时被授予中校军衔的党员干部。由于凶手的资历、作案手段的残忍、案情的复杂和时间已久远等特殊情况，中央军委对此十分重视，彭德怀同志主持军委常务会议讨论了两次。案件的审理延续了近两年，不久前才基本结案。

七伯听了十分惊讶：这件事他还没有听说，要我向他详细汇报案情经过。

我当时兼任“渝办”肃反办公室秘书组长，负责处理肃反运动的日常重要事务，因此参与了这起案件审理的全过程。此案的诸多细节，有如一部惊悚影视作品，跌宕起伏，曲折离奇，极其悲惨，令人扼腕痛惜。

案件的发现有一定的偶然性。1955 年肃反运动开展后，地方公安部门和部队定期交换治安、防特的情况。在一次碰头会上，市公安局谈起一起积压的陈年旧案：三年前，在歌乐山的山洞里发现一具无名女尸，至今没有破案，死者身份没有查清，也没有发现其他线索，很可能成为一起死案。

我们单位参加碰头会的是政治部保卫处长张翰，原先任西南军区后勤卫生部保卫科长，他为人机敏，从地方介绍的情况，联想起当时卫生部下属的唐家沱后方医院有一个名叫张家莹（化名）的女护士，也是在三年前失踪的。当即找歌乐山派出所进一步了解情况，并从堆满灰尘的档案里查到了有关案卷，借回单位。

我看了档案，有两张现场拍摄的照片，死者是一名全身赤裸的女青年，被野狗咬去一只脚、几个手指和皮肉，面目已模糊不清，惨不忍睹。在案卷中附有一份法医鉴定：死者青年女性，皮肤白净，非处女，后脑遭枪击死亡。法医推测，这是一个当地土改时逃离地主家庭、被地痞流氓奸杀的女孩。这位法医很马虎，此后发现死者怀有五个月的身孕，这个重要情况鉴定中竟一字未提。另外，档案还注明，在案发现场附近的另一个山洞中，野狗刨出了几件残损衣服，上衣的口袋里有一张撕碎的纸条，内容简单，看不出端倪。衣服已被派出所处理掉，幸好碎纸条被留了下来。

张翰和我很谈得来，这件事引起了我俩的重视，我们一起商议。起初考虑，医院所在的唐家沱，与歌乐山相距有七八十里路，中间还隔着一条嘉陵江，医院失踪的护士张家莹与山洞发现的无名女尸之间应该没有什么联系。但进一步推敲，我俩又发现至少存在两个共同点：一是同为青年女性；二是失踪者的失踪时间与遇害人遇害时间吻合。出于对被残忍杀害的逝者的同情、对凶手残暴行径的愤慨，以及自身工作责任感的驱使，我俩商定，重新调查张家莹失踪事件。

在唐家沱后方医院，我们同医院领导一起，仔细回忆和研究了张家莹失踪的前后过程，发现一个重要情况：这个护士于 1952 年底请假回附近的县城探亲，此后没有再回医院，院里曾派人寻找，下落不明。没过多久，该院的医务处主任路明主动向院领导交代，他与张某私下谈过恋爱并发生不正当的关系，请求组织处分。几乎同时，院领导收到张家莹的一封来信，大意是自己犯了错误，与路明发生不正当男女关系，对不起组织，没脸见人。这封信给人的感觉是，她将为此自尽，是一封“遗书”。

当时，院党委对男女关系方面的错误看得重，责成路明在党委会（路明也是院党委成员）上作了检讨，给予党内严重警告处分。张家莹按“自动脱队”结论处理。医院政委还告诉路明：“张家莹来信了，坦白了你俩的问题，你要好好检讨。”

事实上，路明已与一位年轻美貌的女医生黄雁（化名）谈恋爱。等到张家莹失踪的事情告一段落，便申请与黄雁结婚。路明符合当时婚姻条件的规定，很快就被批准，两人结婚已两年多。

发现这个基本情况，就有了进一步查证的必要。路明、黄雁、张家莹和歌乐山无名女尸，这四者之间究竟有什么关联？我们紧抓不放，找出疑点，深入调查，逐一分析，抽丝剥茧，终于使案情逐步浮出水面：

首先，查明路明在1952年下半年曾参加我军赴朝鲜前线团以上干部见习轮训，回国后在歌乐山营区集中培训半个月。这就拉近了路明与歌乐山无名女尸案的距离。

其次，歌乐山案件中保存的字条，虽然只有几十个字，内容看不出什么问题，但通过熟悉路明的同志识别，再经专家鉴定，基本上可以认定是路明的笔迹。

再次，派人去张家莹家实地探访。她家中只有母亲和弟弟两人。张家莹母亲的眼睛已瞎，流着泪说："女娃儿回家过年，说和医院一位领导相好，怀了孩子，快五个月了。这位领导让她借探亲机会把孩子打掉。我说了她一顿：'既然是个领导，你一定要同他结婚，千万不能把孩子打掉，不然他反倒不认账。'女娃儿听了我的话，说回去同那人理论。谁知道离家后再也没有音信。我日夜想她，眼泪流干了，眼睛也瞎了，日子没法过了！"她十五六岁的儿子、张家莹的弟弟一旁补充："我们家三口人，就靠姐姐每月寄工资维持生活。上次姐姐走后，既没有来信，也不给寄钱。周边邻居说她是'逃兵'，没人理我们。乡里把军属补贴也给取消了。"调查的同志看到，她家房子破破烂烂，快要倒塌，土墙上有她弟弟用白粉笔写的七个大字："张家莹你好狠心！"看来这个杀手，不但杀害了张家莹，还害了她一家！

根据了解到的情况，我们同当地公安部门商定，在歌乐山案发现场挖掘出受害人的遗骸。时间过了三年，尸体已经腐烂、露出骨骼，胎儿的骨架也已成形。经鉴定证实，女尸身高与张家莹相仿，怀有五个月的身孕。

最后，从军械库调出路明赴朝鲜战场见习时佩用的手枪。经检验，子弹口径与歌乐山女尸头部枪伤吻合。但几年下来，这支枪经多次演练使用，口径磨损，已难以与死者头部的弹洞准确核对。

至此，所有的作案嫌疑都一一指向路明。尤其是那张撕碎的纸条笔迹和胎儿遗骸，更是无人能够制造的铁证。经总后“渝办”党委讨论批准，对重大嫌疑人路明实行隔离审查。

案件进行到这一步，虽然有了重大进展，但是没有作案人的自供，仍不足以认定。我们分析，路明是一个经验丰富的对手，事过几年，他认为已逃脱法网，必然会负隅顽抗，同时做了以防万一的应对策略。于是，我们把审讯的重点和突破口，放在歌乐山集训这个时段。集训班是集体生活，两人共住一间，路明个别活动的时间有限。我们对参加这次集训的成员逐个调查了解，通过个别访问和集体回忆，制订出路明在此期间的活动时间表，从中查对出：路明有过几次较长时间的单独行动。审讯中，路明对此无法做出合理的解释说明，但他的心理素质很好，仍然拒不交代任何问题。按他后来的说法：“交代了是死，不交代也是死。”几个月过去了，没有丝毫进展。

张翰和我想出了最后一招：当路明在回答审问时破绽百出、无法自圆其说的关键时刻，我们把档案中裸体女尸的两张照片掷在他面前：“你看，这是什么！我们早已掌握了确凿的证据。现在再给你最后一次机会，限你在十分钟内做出交代，争取从宽处理，否则依法行事，决不宽贷！”

路明见到照片，顿时两腿发软、汗如雨下。他万万没有想到，组织上早在他杀人之后就已在现场发现并掌握了证据，要不然，怎么会有张家莹惨死的照片？他的最后一道心理防线终于彻底崩溃！随后交代了杀害张家莹的详细经过：

路明早先爱上本院护士张家莹，同她发生了关系。随后不久又爱上女医生黄雁，想把张家莹甩掉。但这时她已有四个多月身孕，不能再拖了。路明便以事情一旦曝光、组织上定会处分为由，让她回家把孩子打掉，答应过后打报告同她结婚。但她回家征求老人意见后改变了态度。她回重庆后急于找路明摊牌，没到单位销假，直接去了事先知道的歌乐山集训班驻地，同路明在偏僻的山洞里悄悄见面，坚持不做流产，报告组织，申请结婚。路明则坚持打掉孩子，再办婚事。两人怎么也谈不拢。路明已经铁了心要娶黄雁，在僵持不下的情况下，顿时起了杀心。当初赴朝见习的团以上干部都佩有手枪，张家莹生气地走在前面，路明便拔出枪来，朝她后脑打了一枪，张家莹当场死亡。随后，他回集训班找来一把铁锹，把尸体埋在山洞深处，为了掩盖痕迹，他还扒掉女方衣服，埋进邻近的一个山洞里。

路明招供，杀人后他心里不踏实，每天都装着散步，去离集训班不远的山洞察看。没想到，尸体被野狗刨了出来。他胆战心惊地又挖坑埋了一次，想不到还是被野狗刨出，随后被派出所巡查人员发现。起初他认为肯定被发现了，自己完了，曾经有过自首的打算。过了几天没见动静，就有了侥幸心理。他做了精心策划：先主动向组织上坦白与张家莹的恋爱关系，请求处分；同时伪造女方的笔迹，给医院领导写了一封“亲笔”信，制造“自杀”的假象，院领导果然中计。待风头过去后，他便与黄雁结婚，遂了心意，然而最终还是没能逃脱法网。

此案的审理意见，逐级上报后经军委常委会议审议批准：对杀人犯路明处以死刑，撤销中校军衔，剥夺政治权利终身。我们正等待军委的正式批文。

恺切警示

应七伯要求，这件事的过程我汇报得很仔细，他不但没有嫌烦，中间还不时插话问些细节。我知道，七伯仍然担心肃反扩大化，路明毕竟是个“三八式”老干部，我们既不能放过一个坏人，又不要冤枉一个好人。

听我说完，七伯谈了他的重要想法：

这是一起建国后军队第一起中高级干部行凶杀人事件。从时间上看，案件发生在“三反”运动之后，路明行凶又是从朝鲜战场参观学习回国之后。这说明，无论是“三反”中“打老虎”的前车之鉴，还是志愿军战士在冰天雪地里英勇奋战、流血牺牲的英雄事迹，对路明的思想都毫无触动。他是一个已经彻头彻尾蜕化变质的坏分子。

案件的发生也说明，确有一些老党员、老干部经不起胜利的考验，以功臣自居，贪图享受，腐化堕落，已经到了何种严重的地步！五星红旗下歌乐山响起的这一枪，是一个血淋淋的教训，也是对全党全军的一次重要警示。像路明这种人，入党时动机就不纯，他们在战场上的勇敢是有条件的，不是为了理想，而是下的赌注，一旦环境发生变化，私心就会膨胀起来，为非作歹。对他们一般的思想教育已经不起作用，必须用党纪国法加以严格约束，必要时给予应得的制裁。

我向七伯谈到，路明和我也算是老熟人了。我在政治部工作期间常去后方医院调研，同路明有过较多接触。表面上看，他文质彬彬，资格虽老，待人有礼，医术也不错，救治过不少人，起初很难把他同杀人犯联系在一起。在审讯过程中，我多次同他个别谈话，劝他自首。路明在认罪后辩称，杀害张家莹绝非事先预谋，就是因为一心爱上了他人，而张家莹以怀孕要挟他结婚，逼得他无路可走。那一枪，是他一瞬间的临时起意、一念之差。

七伯完全不同意路明的自我辩解，斥之为“虚伪”“可恶”！伯伯说：“路明是一个老干部、共产党员，应该懂得什么是党性和人性。人性，是做人的道德底线。党性，是人性的集中表现和最高标准。路明一枪杀死母子两条人命，其中有为他怀下的正在发育中的胎儿，这哪里有丝毫人性，何谈党性？这同军统特务在歌乐山凶残地用利刃刺杀不懂事的孩子，有什么区别！他们都是泯灭人性的凶手，罪恶滔天，禽兽不如。军委和彭老总判他死罪，完全正确，是他罪有应得。”

七伯还肯定我们在审理这起案件中，调查研究工作做得扎实：事先进行正确的推理；重视核实每一件证物；仔细研讨每一个细节；周密调查相关的每一个人和事。七伯说：“审结这样的大案，务必慎之又慎。这是对党负责，对人民负责，也是对受害人和嫌疑者本人负责。”

路明一案可谓一波三折。在中央军委批准军事法院的判决之后，又查出路明的妻子黄雁历史上曾经参加过军统组织。彭老总提出了一个疑问：路明毕竟是老干部，这起案件会不会是军统设下的圈套？不要杀了我们自己的人，放过了敌人。责令进一步查实。因此，我们接着又对黄雁进行了专案审查。通过将近一年的内查外调，最后查明，黄雁只是军统一个普通工作人员，只管抄抄写写，没有其他罪行。她对路明杀害张家莹的罪行事先一无所知，婚后路明把真相告诉了她，动员她一起外逃，被她拒绝了。她曾劝路明向组织上自首，愿意承担一切后果，路明没有同意。这些情节，从路明的口中得到了证实。

复查结果再次上报后，彭德怀再次召开军委常委会议讨论，批准了我们的意见：维持原议、执行枪决。黄雁属于事后知情不报，鉴于她有劝阻路明外逃的表现，不追究刑事责任，给予纪律处分。

案子终于有了最后的结果。1959 年初我调离重庆前，在重庆高滩岩第七军医大学（现为第三军医大学）操场召开公审大会，全校人员和各单位代表共有一万多人参加。会议由军事法院主持。由于我是审查此案的主要负责人之一，“渝办”党委派我出席。当时法律程序还不成熟，一些做法还有解放初期公审反革命分子的痕迹。主办方把张家莹的遗骸挂在主席台旁，把胎儿的骨架摆在桌子上，一旁设立专栏，陈示被害人现场照片、行凶罪证、法院判决书等，引起到会群众的强烈愤慨，上万人举臂高呼：“严惩杀人凶手！”“向路明讨还血债！”路明在台上跪下，向张家莹忏悔，向人民认罪。

行刑前，我在主席台旁的囚室里，代表党组织同路明进行了最后一次谈话。他向我表达了对党和人民、对张家莹和她一家最后的忏悔。之后脱下身穿的一件毛背心，恳请我转给他的老母亲，作为对老人的最后一次孝敬。我答应了他的请求，后来派人兑现了承诺。

公审大会后，我和军事法院院长一起，在高滩岩军医大学操场边缘的山崖，监看了对路明的行刑。

这是中国人民解放军第一次处决一个全军首次授衔的中校军官。

这起案件，从 1952 年底发生，到 1958 年初审决，前后共八年时间：路明对他的罪行隐瞒了三年，对他的审理历经了五年。

1959 年我调到北京后，七伯主动向我问起路明一案的最后处理结果。七伯说："对黄雁'先疑后宽'的做法正确。彭老总完全是按党的政策办事，这件事他想得深，做得对。"接着七伯叹了口气说："有一句老话说得对：天网恢恢，疏而不漏！"

是啊！如果不是肃反运动中军队和地方的那次碰头会，如果不是了解情况的张翰参加那次会议，如果不是我俩坚持把歌乐山无名女尸案和张家莹失踪两件事并案审理，如果不是歌乐山派出所保留下两张现场照片和一个撕碎的纸条……少了其中任何一个环节，张家莹和她腹中的胎儿就将永远饮恨沉冤歌乐山阴暗的山洞地下，路明可能还在过他逍遥自在的生活。

但是，有一句话说得好：正义有时虽然迟到，但永远不会缺席。

彭德怀同志和中央军委决定，以此为例在全军广泛深入地进行教育。可惜此后不久，由于庐山会议的风波，彭老总被批判、撤职，此事也就不再有人提起。

尽管如此，恩来伯伯对此事的深刻分析和"天网恢恢，疏而不漏"的警示，仍值得我们深思再深思。

第十六章　借事喻理

千万不要学八旗子弟

在七伯所操心的万千纷纭公务中，路明凶杀案不算一件大事，但他谈话时严肃认真的口气使我感到，这起案件引发了他深深的思考：怎样在胜利的形势下保持革命的传统，怎样继承先辈遗志，确保革命烈士用鲜血和生命换取的红色江山永不变色。

果然不久后，七伯在一次谈话中，就这个重大课题，用生动形象、深入浅出的比喻，对我们进行了一次深刻的教育。

1966年以前，每逢春节，七伯、七妈都会在西花厅同亲属们吃顿“新年饭”，和大家团聚畅谈。除了侄辈，每次都还有孙维世、孙新世姐妹和金山，总理办公室主任童小鹏，秘书何谦，卫士长成元功参加，人多热闹。饭菜节俭，但味道可口，常备有七伯喜爱的狮子头、煮干丝。饭后，七伯、七妈同大家边休息边聊天，话题轻松随意，气氛轻松和谐，是我们记忆中难得的美好日子。当然，在这个场合大家主要听七伯讲，毕竟机会难得。

1960年大年初一的聚会，正逢在军调北京不久，我俩和其他亲属这次到得很齐。那天，七伯兴致颇高，他给我们讲了前一晚即除夕夜，宴请刚被特赦的清朝末代皇帝溥仪一家的趣闻。

溥仪特赦后被分配到北京植物园工作。他自幼在皇宫长大，出宫后当了日本人傀儡，身边一直有太监、宫女侍候，什么劳动技能都不会。从实际出发，安排他在北京植物园任园丁，从事一些园艺劳动，能做多少

1960年1月，周恩来接见被特赦的爱新觉罗·溥仪（中）及其亲属载涛等

是多少。吃饭时，他向七伯汇报了一件趣事：一群晚清遗老专程到植物园向他朝拜觐见，溥仪再三推辞不掉，勉强应酬后，送他们到公共汽车站。这群遗老临别行礼，个个打躬作揖，恭祝“圣安”。还有人匍匐在地，“跪安谢驾”。待到他们一群“平身”起来，公共汽车早已跑得没影了。

七伯、七妈当时听了就忍俊不禁。这天，七伯又绘声绘色地再述了一遍，我们听了，个个依旧乐不可支。

七伯说，溥仪还向他汇报了另一件事：由于劳动中表现得不错，园领导给他发了一笔奖金，本想买些糖果分送给一起劳动的伙伴，又担心别人说他是“收买人心”，不知道该怎么办好。伯伯鼓励：“这是好事嘛，尽管做，没有问题。”

我想，这件小事表明，溥仪对七伯高度敬仰与信任，向他敞开自己心扉，无话不讲。

说到这里，七伯开怀大笑，说：“当皇帝可不是好事。封建制度毁了溥仪，到今天连起码的生活常识都不懂得。”

七伯是真正的性情中人。说起这些趣事，他时而抱着胳膊笑得很开心，时而仰起头来哈哈大笑，既像是宽厚的长者，又像是快乐的儿童。总之，和一个普通人的喜怒哀乐没有什么两样。我很清楚，经过人世间少有的磨难和严峻考验的伯伯，绝不是一个普通的人，但这一会儿，他的确是沉浸在一种普通人的快乐之中。他谈起溥仪的逸闻，也绝非取笑嘲讽的态度，而是怀有深深的痛惜之情。我想，正是七伯身上这种既普通又不普通品性的完善结合，折射出他那种难能可贵的罕见品格：人性中温馨的质朴和高贵的华美。

后来，我看到一份资料，当初给溥仪分配工作还是伯伯亲自谈的话，其中有一段谈话摘录如下：

总理：今天和你谈谈，你愿意在工业部门吗？究竟哪一种更适宜？

溥仪：反正都是学习，现在我自己也说不清楚哪种适宜。

总理：学工业倒不难，车床活儿要看你的眼睛怎么样？

溥仪：戴七百度近视眼镜。

总理：你过去喜欢化学还是物理？

溥仪：我什么也没学过，物理、化学完全不会。过去只学“孔家店”这一套。

总理：你写的那个《我的前半生》还不错嘛！

溥仪：那是我说，别人执笔写的。

总理：那么，你的文学能力也不行吗？

溥仪：这恰恰能说明封建时代的特点。我小的时候贪玩不念书，老师也不敢管，后来长大了，简直就成了老师听学生的话。学四书五经时，只念不讲，即使讲了，也不往心里去。虽然我从六岁一直念到十七岁，但念得不行。英文学了三年也忘了，简单的话还能说。至于物理、化学，都没学。

总理：日文会不会？

溥仪：不会。

起初，北京市民政局建议：让溥仪在故宫博物院工作并参加轻微劳动。七伯没有同意："这样安排不妥，如果让溥仪在故宫劳动，游人一定会包围他，那让他怎样工作呢？这是显而易见的嘛！"

最后，安排溥仪在北京植物园当园丁，半天劳动，半天学习。为了照顾他的身体，劳动时间可以缩短。

我心里明白，七伯给我们讲这些趣闻逸事，不只是为了在喜庆日子里与大家同乐，而是"寓教于谐""借事喻理"，以此教育我们晚辈。果然如此，紧接着，七伯从溥仪的帝坛跌落和生活无知，谈到了清朝晚期文武官员贪污腐败，八旗子弟游手好闲，只知提笼玩鸟、花天酒地，导致清王朝土崩瓦解的历史教训。伯伯教育我们，要好好重温这段历史，从中吸取深刻的教训，千万不要学八旗子弟。他语重心长地说：有一句古话说得好，"天行健，君子以自强不息"，作为一个革命者，更要自强不息，自强自立。

"八旗"兴衰的教训

七伯的教诲，引起我对"八旗"制度的浓厚兴趣，便抽时间阅读研究了相关史料。原来，"八旗"的兴起，离不开时代发展的客观规律。当初，崛起的满族为适应游击战争的需要，把分散的部落用军事的形式连接在一起，"出则为兵，入则为民"，"无事耕猎，有事征调"。这种亦耕亦战、能耕能战的社会军事组织，并不需要庞大的军饷供应，加上满族狩猎格斗、驰骋马背的勇士传统，对付国库空虚、衰败日久的明朝军队和纪律松弛的李自成农民军，自然是摧枯拉朽，一举定鼎。

在取得全国政权后，八旗又成为清王朝统治全国的重要军事支柱，也曾为发展和巩固中国多民族统一的国家、为保卫边疆防止外来侵略，做出过重要贡献。

但是，八旗作为清朝赖以生存的根本制度，有着一个与生俱来的致命缺陷：随着军事上节节胜利，统治者把战争中掠夺的人口、财富和土地分给各个部落，用于充实军饷、提高士气，却由此导致八旗官兵逐渐脱离生产劳动。在取得全国政权后，为了巩固满族对汉族的统治，继续沿袭并扩大战时的做法，对旗人一概免除劳役，发放粮饷，分房分地，其中立有战功的更是封官拜爵，出将入相，而且代代相传，世袭罔替。这就形成了一个不劳而获的庞大集团，短短一二百年时间，原先马背上的勇武民族，就变成了坐享其成、奢靡腐败的特殊阶层。靠着祖先俸禄为生的八旗子弟，同样成为不会种地、不会做工、不会经商、连拉洋车也不会的不折不扣的寄生虫。

清朝的统治者，并非没有看到这个潜伏的巨大危机。今天我们在中南海紫光阁，还能看到乾隆皇帝在公元1752年5月3日（乾隆十七年三月二十日）刻立的《下马必亡碑》（即《训守冠服骑射碑》），碑中引用清太宗（皇太极）的训诫："凡为君者，耽于酒色，未有不亡者也"，接着谆谆训示，"俾我后世子孙臣庶，咸知满洲旧制，敬谨遵循。学习骑射，娴熟国语，敦崇淳朴，屏去浮华，毋或稍有怠惰"，"冀亿万世子孙，共享无疆之庥焉！"

乾隆皇帝用心良苦，但他开的这个药方，并没有也不可能对八旗制度脱离生产、不劳而获的症结。药不对症，自然沉疴难起。乾隆以后的几代统治者也曾试图进行改革，都是无果而终。碑成的乾隆十七年，正处在"乾隆盛世"，他盼望着亿万世代子孙能享受"无疆之庥"，"万岁万万岁"，但此后仅过百余年，清王朝就寿终正寝。"八旗兴则清兴，八旗衰则清亡"，"以劳武结合兴，以脱离生产亡"。乾隆所立《下马必亡碑》，可谓一语成谶！

七伯生前常在紫光阁开会，休息时必定会去厅旁院中散步，时时能看到这座《下马必亡碑》，定然引起他的深思。七伯一生忧国忧民，熟谙中外历史，又目睹清王朝的轰然倒塌，他以八旗子弟的沦落教育后辈，让我们牢记兴亡成败的历史规律，实在是怀有痛切之感的深谋远虑。

反观今天的中国，我们有中国共产党的正确领导，有光荣的革命传统，有十四亿勤劳勇敢的中国人民。我们正处在实现恩来伯伯所衷心期待的“愿相会于中华腾飞世界时”的伟大时代。但是，也要看到，我们正面临西方腐朽文明的侵蚀，存在着几千年封建社会的消极影响，在改革开放大潮下也会产生某些逆流，由此滋生的崇拜金钱、追求奢靡、徇私舞弊、贪污腐化现象大量存在。有的国家干部贪污受贿额高达几亿人民币，一个“富二代”公子的婚事花费七千多万！面对这天文般的数字，恐怕就是当年最富有的八旗子弟也会自叹不如。这难道不值得我们警觉吗?

马克思说：“劳动创造世界。”劳动人民创造了物质世界，同时创造了精神世界，他们是社会变革的主体力量。一个既有先进的制度为保证，又有坚强的理想信念为引导的民族，才是有希望的民族，才是永远立于不败之地的民族。让我们牢记恩来伯伯的深切训诫，吸取历代王朝覆灭和清八旗子弟没落的沉痛历史教训，永远保持共产党人的理想信念！

彰显人性之美

海纳百川，有容乃大。

伯伯心中热爱的和寄予殷切期望的，不光是我们晚辈，而是所有的人，其中也有末代皇帝溥仪一家。对于末代皇帝溥仪，七伯把他的前半生作为反面教材教育人们，但对他本人又给予亲切的关怀，使他从“皇帝”“战犯”转变为堂堂正正的中国公民，还帮助他重新组建了美满的家庭。

那天七伯宴请溥仪全家时，还有一个笑话。参加晚宴的有溥仪七妹、北京精忠街小学模范老师金志坚，原名爱新觉罗·韫欢，应是中国最后一位正统的“格格”。那晚，她急着从学校直接来到政协礼堂，身穿的制服没来得及换。溥仪没有认出这个最小的妹妹，吃完饭离开时，把她当成政协的工作人员，热情地连连握手说：“谢谢你的招待！”大家都笑了。七伯也笑着说：“你们家也不常见，以后可以多团聚，今天算第一次。”

金志坚流着热泪，动情地向我回忆了恩来伯伯对他们一家人的关怀。其中，七伯对溥仪弟弟溥杰夫妻团聚一事的关切，在她娓娓道来的往事中尤其令人感动：

> 溥杰的婚姻，是日本关东军策划的阴谋，女方是日本华族嵯峨浩。但她本人并不知情，两人婚后感情很好。这次周总理要我们都去，是要商量嵯峨浩是否可以来中国的事，统一一下思想。那时，嵯峨浩给周总理写信，要求到中国来，跟她丈夫团聚。溥仪是最不同意的，因为他深受日本关东军的迫害，怕她是日本特务，或是日本什么界派出来的人。我记得总理头一个问的是溥仪。接着就问我。问一个年龄最大的，一个最小的。我说，我觉得日本女子差不多都是从一而终，她既然能够等这么多年，可能没有别的想法，或许就是要跟我二哥团聚。其他人还有些不同的意见。我那几个姐夫，有郑孝胥的孙子，有万绳栻的儿子，分别都提出自己的意见，后来我的姐姐，我四哥夫人，基本上都同意了。周总理先听听大家的意见，然后才说：咱们中国这么大，一个日本的女人咱们还能容不下吗？我想那意思是说，虽然中日还没有建交，但她回来还是可以的。他又跟溥仪做了工作，因为周总理表态了，溥仪没再提自己的看法和意见，没说什么。周总理对溥杰表示，欢迎他的日本籍夫人嵯峨浩回中国来，并建议他给夫人写信，把新中国的情况告诉她，说政府已同意她回来，来后过不惯还可以回去；告诉她中国没有皇族了，是个社会主义国家，现在生活都一样了，没有人高人一头的现象，让她也站在一个平民的立场上，过人与人平等的生活。
>
> 一年多之后，周总理又在西花厅家里接见我们。此前，嵯峨浩已经接到周总理正式邀请来中国了。落座后，周总理先讲当前的形势，中日关系、日本侵略中国等。周总理阐明中国共产党的态度是“平等待人，有无相通。地不分南北，人不分肤色，四海之内皆兄弟”，我们共产党的目的就是要把世界搞得美好，使大家都能活下去，而且过得好。谈到日本问题时说，日本军国主义从 1894 年至 1945 年，损害了中国人民。

但这已经过去了，中日两国有近两千年的来往，我们应该向前看，应该努力促进中日两国的友好关系，恢复邦交，发展经济文化交流。谈到民族问题时说：要恢复满族应有的地位，不能歧视他们，民族同化是自然发展的结果，不能强制。对嵯峨浩愿意做一个中国人，为促进中日两国友好、恢复邦交而努力的决心，表示欢迎和鼓励。

后来话题转到了溥杰与嵯峨浩的事情，总理还打了一个生动的比喻，说："当初王宝钏等薛平贵等了十八年，浩夫人也含辛茹苦地苦守寒窑十六年，你们比他们还差两年呢！不过王宝钏等薛平贵是为了让薛平贵做皇帝，现在浩夫人等溥杰，是为了让溥杰做一个中华人民共和国的光荣公民。浩夫人是日本人，同中国人结了婚，现在已经是中国人了。我欢迎你做中国人，参加中国的社会活动。我讲的这样多，浩夫人还要再看一看，看一年、三年、五年、十年，看看是不是这么回事。哪

周恩来与溥杰、嵯峨浩等合影（1961 年 6 月 10 日）

一年觉得不适宜了，什么时候都可以回去。如果回到日本，比较一下，觉得中国好，还可以再来。来去自由，我可以保证，我可以签字，我相信你不会要我签字的。”

最终，嵯峨浩来到中国，同溥杰一家人团聚。“文化大革命”中，我们兄弟姐妹见面，都会问一问有没有受到冲击。听溥杰说，我们之所以能够幸存，不出什么事，都是周总理的关心。周总理是我们全家的大恩人。

对溥仪的婚姻问题，七伯也很关心。溥仪当皇帝时的最后一个妻子李玉琴（“福贵人”），曾在长春市图书馆工作。有一次，七伯单独同我和在军见面时说：“溥仪的妻子李玉琴提出离婚，我是不赞成的。让人劝说女方，没能成，这也没有办法，婚姻自由嘛！听说李玉琴改嫁的男方犯了错误，反倒是溥仪改正了错误，说明不同性质的矛盾可以互相转化嘛。”在七伯的关照下，后来溥仪同护士李淑贤结婚，度过了幸福的晚年。

七伯的胸襟，比大海还要宽广。

他从来不曾关心自己，关心的是全中国每一个人的幸福。

他从来不曾担心个人的安危，担心的是祖国的前途和命运。

这就是全世界一致公认的——周恩来的崇高品德！

第十七章　修缮“风波”

修缮西花厅的由来

中南海西花厅，今天已成为人们心中的一方圣土。我们敬爱的恩来伯伯，在这里昼夜操劳了整整27个年头。他为了让中国人民能过上好日子，呕心沥血、披荆克难、鞠躬尽瘁、死而后已。人们用“西花厅不灭的灯光”称颂恩来伯伯伟大的公仆精神，它也象征着人民对光明与希望的期待，在一度凛冽的寒冬里温暖了每个人的心。

七伯、七妈在遗言中申明，他俩身后，西花厅由公家安排使用，不得用作故居或纪念场所。因此，西花厅至今仍由中央有关部门管理，既不能违背他俩意志，对外陈列，又不能拂逆群众心愿，另作安排。从实际需要出发，我们家乡淮安周恩来纪念馆和天津周恩来邓颖超纪念馆，都按照原来样式，复制了西花厅的模型，供人们瞻仰纪念。

不过，模型毕竟是模型。即便是今天精心保管的西花厅原址，与当年七伯、七妈在此生活、工作的实际情况对照，也是有所出入的。更不用说，20世纪50年代我和在军见到的西花厅了，那时的西花厅完全是另一个模样。

说起西花厅的来历，有一段颇为曲折的历史。历代王朝的皇宫禁地，除皇帝外不允许任何人在其中占有半砖寸瓦。即使是最尊贵的皇亲国戚，也只能在皇宫的附近修建住宅。清末宣统皇帝溥仪继位后，他的父亲载沣获准在中南海的一侧修建府邸，就是今天的西花厅。不过还未竣工，清朝就垮台了。此后，这个半截子工程先后被北洋军阀、国民党和日伪政府作为办公场所使用。据说袁世凯、段祺瑞也曾在这里办过公。随着战乱绵延，形形色色的“政府”机关像走马灯一样前脚走后脚进，西花厅并非权贵富豪所有，谁也不去认真修缮。到了解放初期，这里已经荒芜不堪了。

刚进北京，七伯一度在中南海丰泽园办公，后来让给毛泽东居住。七伯就选择相距不远的西花厅，作为自己的住宅和办公地址。一来方便共商国是，二来他和七妈都看中了院里有他俩喜爱的几株海棠树。搬进时只对院落做了简单拾掇，住房陈设一仍其旧，使用的也是战争时期的随身用具。

不过，毕竟是王府的建筑格局，我和在军 1955 年初进西花厅时，对有着长廊、假山和海棠盛开的庭院印象颇为美好。可当我们走近住房，一眼看到的却是嘎吱作响的房门、裂缝漏风的窗扇、漆痕剥落的梁柱、苔痕斑驳的砖地。说实在的，就像是北京随处可见的四合院。洗手间也很简陋，架子上挂的毛巾中间有破洞，用布缝上还在用。我俩禁不住惊讶，国家总理的住房、设施，怎么这样寒酸呢！

后来去得多了，也曾委婉地向七伯、七妈提起这件事，他俩态度很明确：“这就不错了。不要忘了艰苦奋斗是共产党人的光荣传统，我们都要保持。”

实际上，不光居住条件简陋，而且潮湿的砖地使日夜在此办公的七伯双腿患了关节炎，时常疼痛难忍，夜间工作时不得不盖上条旧毛毯。身边工作人员为此都心痛不安。

20 世纪 60 年代初期，七伯、七妈入住西花厅已经十多年，房子实在太破旧，秘书何谦多次请示进行必要的修缮，都被七伯拒绝了。恰好这时中央组织领导干部去南方集中学习，七妈也在外地疗养，何谦便报经上级批准，利用这段时间对西花厅进行了简单的修缮。

何谦在抗战初期就担任伯伯警卫秘书，历来办事勤勉谨慎。这次修缮，主要是从保护七伯、七妈身体健康出发，把潮湿的砖地换成地板，漏风的门窗做了修补，更换了腐朽的房梁，增添了两张简易沙发，木板床换成弹簧床，实在没有什么过分的地方。

想不到七伯回来，只从门外瞥了一眼，就少有地动了肝火。七伯历来对工作要求严谨但秉性温和，对身边工作人员从不疾言厉色，这次真的是发了脾气，连声责问何谦："我是怎么交代你的，为什么搞这么铺张?！谁叫你添这些东西?！到底是谁的主意?！"门也不进掉头就走。何谦边检讨边追上去劝，身旁其他人跟着劝，七伯都不听，生气地说："我不进，那不是我的家！"后来，他还是住进了临时办公、休息的钓鱼台招待所，谁也劝不回去。

为了让七伯消气，何谦写了好几份检查，后来又请来陈毅元帅帮忙。陈老总和七伯感情深厚，他专门去西花厅看了看，哈哈一笑说："啥子了不起的事吗？我看，只是修了该修的地方嘛！"但是，这次连陈老总也劝不动。

伯伯让我背杜甫诗

就在这期间的一天，七伯为纾解胸中的郁闷，找家人聚会，维世大姐和金山也到了。那天，他心情还算不错，中午同大家一起吃饭时，特意让在军坐他身旁。七伯说："七妈去广东从化疗养还没有回来。在军，你也姓邓，今天你就代表七妈坐我旁边。"吃饭时，七伯有说有笑，他自己不提，大家也不好说修房子的事。

饭后，七伯同大家聊天，我看时机到了，乘七伯高兴，委婉向他进言："七伯，您平时常教育我们爱护国家财产，说实在的，西花厅已经相当破旧了。这也是历史文物，简单维修一下，也是保护国家财产，从这个意义上讲没有什么大错，您不要再生气了。"维世和在军也在一旁帮腔。七伯听后点了点头，严肃认真地说："你们讲的也有一定道理。我并不是反对做正常的维护、简单的修缮，问题是装修得过了些。你们要懂得，我是国家总理，如果我带这个头，下边就会跟着来，还有副总理，还有部长，如果一级一级地照这样下去，不知道会造成多么严重的后果。西花厅这样的房子，不用装修还能住嘛，我们国家现在还穷嘛，很多群众还没有房子住。改善群众的生活，让老百姓都能安居乐业，才是最重要的事情、第一位的事情。"

七伯接着问我，有没有读过杜甫的诗：《茅屋为秋风所破歌》。我说读过，并按七伯的要求，背诵了诗中最后的几句：“安得广厦千万间，大庇天下寒士俱欢颜，风雨不动安如山。呜呼！何时眼前突兀见此屋，吾庐独破受冻死亦足！”

七伯说：“是啊！你们重温一下这首诗，就会懂得我为什么这样生气。要记住，什么时候都不能忘记群众！”

经过我们晚辈的集体劝慰，七伯的心情有所宽解。他让何谦秘书把新添的地毯、窗帘、沙发、吊灯、弹簧床、浴缸统统撤走，换回了木板床，尽可能恢复原样。最后，还是陈老总帮上了忙，他说：“油漆要不要刮掉啊？地板要不要撬掉啊？那就不是节俭而是真正的浪费了！”七伯也被陈老总的话逗笑了，这才搬回西花厅。这次修缮的“风波”算是告一段落。

为这件事，七伯在国务院常务会议上作了两次检查。他说：“我没有做好，造成了浪费，让大家去看看，不要笑话。”但每次检查，他都是检查自己，把责任全部揽在身上，没有一字提及秘书或他人。这是七伯历来为人做事的风格。

何谦秘书日记

何谦秘书和他夫人林玉华大姐，20世纪50年代同我和在军就熟识。他俩同七伯、七妈身边其他工作人员一样，为人谦虚谨慎，做事勤奋认真，是我们学习的榜样。西花厅修缮这件事过后，何谦对我说了心里话：他的确是按伯伯的一贯要求，低标准办事，但七伯的以身作则、严于律己，迥异于常人。尽管追随七伯多年，他仍从中受到一次不平常的教育。他含着热泪，把当年写下的日记拿给我看，使我和在军受到了深深的震撼。

何谦日记写于1960年，下面摘录的是其中两节的原文：

3月23日

总理抽空回来看了一下房子，给（予）严厉批评，总的就是批评修的好了，浪费，影响不好，因此不愿搬回西花厅住。可是又没别的地方搬。

我听到这些批评，心中非常难受，主要是我没有按中央政策办事，没认真执行总理的指示。让首长住下感到不安。

3月25日（于天津云南路77号）

已经夜里一点了，总理开会回来后……又对西花厅修建问题，进行了严肃批评：

1. 维修房子我不反对，为什么一定要修那么好呢？

2. 你知道我要求的严，而你没有掌握这条原则；

3. 你跟我一起工作20年了，我的一切要求、习惯你了解的；

4. 国务院办公的地方都没有修，把我住的地方修那样好，这怎么能使我安心呢？

5. 最后问我："在银行还存多少钱？"（何谦回答："哪有什么钱啦，都用来交党费和补助别人了。"）"赔也赔不起。我不回去住吧，大家不安心，回去住吧，我不安心！"

听到这里，我两（眼）含着热泪，难过万分，想到总理几十年来，哪一点不是艰苦朴素，为什么我就忘了这些呢？（总理）又说："这次修房子，那样一个修法，我一点都不知道，这可要你一人负责。当然，我没有回去看看，这是我的缺点。"

我们敬爱的总理，是多么的谦虚啊！他有多少大事，要他操心和处理，这点小事，我没办好，完全是我个人的责任，总理有什么缺点呢？听了总理的批评后，真使我难过万分，一夜没睡。尤其总理还自我批评，（说）他没回去看看，因此，更加使我难受了。我诚恳接受总理的批评，这个是完全正确的、及时的，是一次深刻的政策教育……

何谦同志业已逝世多年，我把他当年的日记转载在这里，以此缅怀七伯的高风亮节、学习和纪念何谦同志高度自觉的自我批评精神，也希望那些一

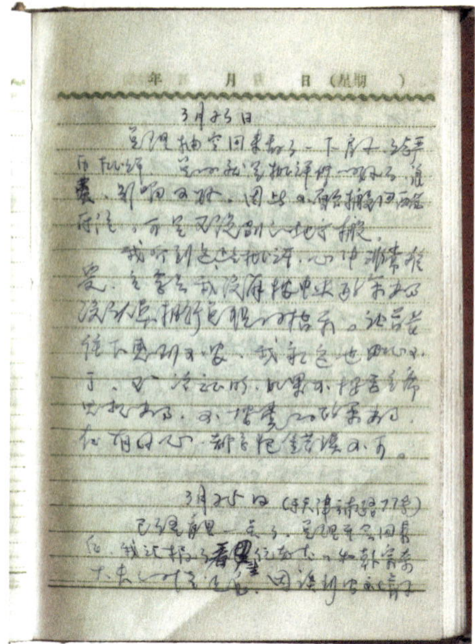

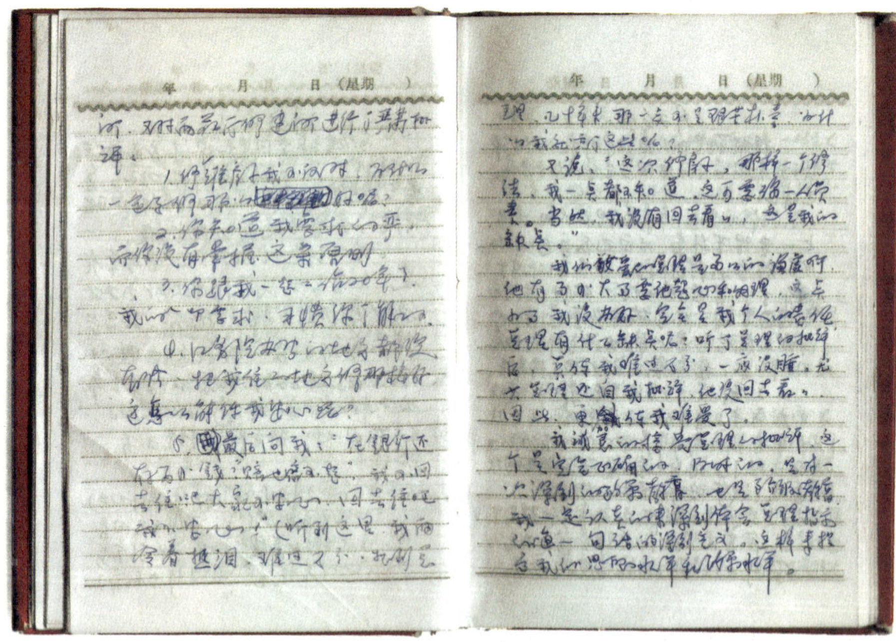

何谦日记

味追求修建豪华住宅，不惜霸占农田、公地、国家景区的新贵土豪，认真读一读何谦同志的日记，读一读清代文学家孔尚任的《桃花扇》中所写的“眼看他起朱楼，眼看他宴宾客，眼看他楼塌了”的名句。历史的殷鉴不远，到了应该收敛的时候了！

什么时候也不能忘记群众

西花厅修缮的这场“风波”，深刻地说明，在七伯心中，群众利益是至高无上的，一切违背群众利益，脱离群众的行为，都是对党的事业的最大损害。

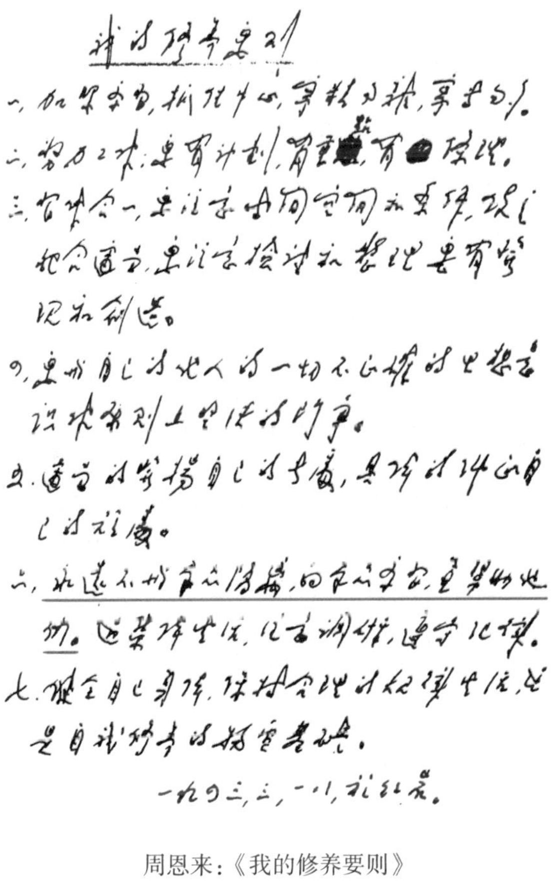
我的修养要则

一、加紧学习，抓住中心，宁精勿杂，宁专勿多。

二、努力工作，要有计划，有重心，有条理。

三、习作合一，要注意时间空间和条件，使之配合适当，要注意检讨和整理，要有发现和创造。

四、要与自己的他人的一切不正确的思想意识作原则上坚决的斗争。

五、适当地发扬自己的长处，具体地纠正自己的短处。

六、永远不与群众隔离，向群众学习，并帮助他们。过集体生活，注意调研，遵守纪律。

七、健全自己身体，保持合理的规律生活，这是自我修养的物质基础。

一九四三、三、一八，于红岩。

周恩来：《我的修养要则》

早在革命战争年代，七伯就说过：不怕战争失利，就怕战争失了民心。

1943 年，四十五岁的七伯写下了《我的修养要则》，其中第六条写道：“永远不与群众隔离，向群众学习，并帮助他们。”

七伯同我的谈话中，给我留下最深印象的就是“群众”这两个字。他反复叮嘱我：要全心全意为人民服务，要关心群众利益，要向群众学习，要爱护各兄弟民族群众，好事要先尽着群众，不能脱离群众，等等。

七妈在我入党时写给我的亲笔信中，突出地强调了：“你必须注意密切的联系群众，关心群众，向群众学习，从而你才能更好的为人民群众服务。”

七伯还曾把为广大群众谋利益，概括为“立党为公”。他一针见血地指出：“立党为公，还是立党为私，这是无产阶级政党和资产阶级政党的分水岭，是真共产党员和假共产党员的试金石。”

著名电影演员张瑞芳在抗战时期是地下党员，她同我说：“每次见到周副主席，他都要告诫我深入群众、深入生活。他用浅显的道理、朴素的语言教育我：群众最善于从自己的角度看问题，作为领导人，不可能熟悉到那个程度。演员也是一样。所以共产党员要时时关心群众生活、倾听群众意见。”

行动胜于言语，细节彰显人格。一个个感人的事例，生动地展现了七伯对人民群众无微不至的关怀。

20 世纪 60 年代初国家困难时期，有一回在西花厅，七妈送给我和在军一个花生米罐头，说给孩子解馋。正巧被进屋的七伯看到了。七伯说：“现在群众生活困难，花生米罐头不要给孩子，留下换外汇，改善老百姓生活。”七妈解释：“这是出口苏联检验不合格给退回来的。”七伯这才点头作罢。

在西花厅，我俩不时陪七伯、七妈散步。有时，七伯不让卫士跟随，同我们一起出后门，走进北海桥边人群中。安全起见，我俩有意遮挡一下，他不让。七伯感到在群众中很自在，很愉快。

我家长期住在北京万寿路总后勤部大院，下一站就是“五棵松”。在军上班天天经过，我也不时路过，从没有觉得有什么特别的地方。有一次七伯乘车经过这里，发现了问题，当即告诉身旁秘书：“这里怎么只有四棵松树？老百姓都知道‘五棵松’这个地方。你转告市政部门，再栽上一棵松树，免得过往的群众找不到路。”

我住过的总后勤部大院和现在住的国防大学二号院（原政治学院所在），以及海军、空军诸多兵种和军队大院，都位于西郊，这也是恩来伯伯的决定。北京刚解放时，政权由军队接管，部队占据了北京市城区的大块地方。伯伯说，所有的公园、公用住房和民宅，都要让给北京市的人民群众居住使用，军队各部门、各单位，原则上都在北京西郊荒地另行修建，从而形成今天的格局。

七伯热爱文艺，他时常自己到剧场看戏，对他来说，这既是工作，又是休息，还能置身群众之中。每次，他都是自己花钱买票，从不给剧场或有关部门打招呼。他交代卫士，不要告诉剧场是他来看戏，位置要和观众挨着，不准特殊安排，并且要等演出开始、灯光熄灭后进场，结束前几分钟离开，以免妨碍他人。伯伯从来最喜欢同群众一起，但又最不愿扰民，最反对张扬。

但也有过一次例外。那天，在军在民族文化宫剧场转播一个节目，给了我一张摄像机后面留给导演的票。我到场后不久，看到伯伯也去了，离得不远。按惯例，在军和我都没有上前打招呼，其他人也都没有发现。这是一台表现抗日内容的话剧，中间有个场景：演员齐唱《义勇军进行曲》，就在"起来，不愿做奴隶的人们"歌声响起那一刻，观众席中站起一个伟岸的身影，立得挺直。起初还有些不解的群众很快发现、醒悟了过来："这不是周总理吗？""是总理在立正唱国歌！"全场观众全都激动地站了起来，与总理一起同声歌唱。舞台上的演职员这时也发现了，顿时，全场灯光大亮，台上台下同时引吭高歌。中国人民的尊严、爱国主义的情怀、领导人与人民群众融为一体的深情，充满了每个人的心间，大家心潮澎湃，不能自已。遗憾的是，那时摄像器材还不够先进——摄像机是固定机位不能移动，没能把这个激动人心的历史场景记录下来。

后来我想，七伯这次打破他平时观剧常规的举动，既是为了率先垂范，显示中华人民共和国国歌的尊严，强化公民的国家意识和礼仪观念，同时也表明，国家总理也是与他们同行动、共命运的中国公民，是人民群众中的普通一员。我相信，这天在场的人，恐怕都不会忘记这个令人万分激动的时刻。

七伯、七妈没有儿女，但他们对孩子的爱胜过父母。原国家经委主任袁宝华告诉我俩："50年代'大跃进'期间，由于缺碱，生产的纸张发黄。总理从小学课本中发现了问题，把我找去说：'这样的纸，要把孩子眼睛看坏的，我这样的老年人看还不要紧，我们的眼睛早晚要坏，无论如何不能把孩子的眼睛弄坏。’”总理的话使宝华同志深受感动，他尽力克服困难，很快解决了这个问题。

七伯在病重期间，仍不顾自身安危，处处想到群众的切身利益。全国人大常委会原委员长万里告诉我：“70年代前期北京饭店扩建，总理已经病得很重了，他坚持同我乘坐四周没有遮挡的施工电梯，升到高空现地勘测。总理边看边嘱咐我：饭店扩建时要增盖职工宿舍，让员工都能就近居住。要从长远考虑，留下停车场的位置。他处处想到的是群众。”

这样的例子数也数不尽。

我常常想，七伯的心中始终装着一杆秤，一头是群众，一头是其他包括他自己。他会时刻忖度、随时自省，在任何时候，他心中的这杆秤，群众这一头都要高过另一头。

“什么时候都不能忘记群众！”愿七伯的谆谆教诲永存人心，愿历史的警钟世间长鸣！

万里深情忆述：看完工地下来，周恩来走路已很艰难了，还要我同他一起去看看人民大会堂的职工（1997年）

第十八章 “寒春”暖意

春寒凛冽

1959年到1961年，我国遭遇连续三年的严重经济困难，历史上称为“三年困难时期”。这是新中国成立以来经济运行中出现的重大波折，但总体上还是属于前进中的问题，所以我把这段时期称为“寒春”。

中国的成语，大多来自生活实践，是古人对经验教训的总结和提炼，用词精粹，富有教益。例如，“防微杜渐”“未雨绸缪”这两个成语，用于总结这个时期的历史教训就很恰当和必要：越是在顺利的形势下，越是要想到可能遇到的困难（“防微”），预先做好应对的准备（“绸缪”）。

“风起于青萍之末”，灾难的来临事先必有其症候。当人们陷在“大跃进”的狂热中，正在为“粮食吃不完怎么办”“牛奶太多了，要不要倒进海里”犯愁和苦思应对之策时，经济困难带来的供应短缺已经走进日常生活：市场上副食品供应的品种少了，案板上卖的肉明显薄了，喜欢吃的水果少见了。渐渐地，牛奶、鸡蛋、白糖、点心和糖果也难买到了。等大家意识到国民经济和生活供应可能出了问题时，严重的物资匮乏犹如急风暴雨骤然而至，甚至不给你留下抢购、储备的时间。如前面所说，1959年初，我调离重庆时，一夜间全市上千家饭店除一家“红薯饭馆”外统统关门，改卖儿童服装和鞋帽。不久，服装、鞋帽也不见了。位于市中心的这家红薯饭馆，厨师水平倒是很高，能用红薯做原材料制成鸡鸭鱼肉、鱼翅海参等多种精美菜肴，不但形状惟妙惟肖，难得味道也相近。人们看在眼里，吃在嘴里，倒也解馋，因而顾客盈门，生意兴隆。大约从那时起，开始实行全民的粮、油、糖等凭票定量供应。

1959年7月，在军经组织批准，从成都军区歌舞团调来北京，我们这个小家终于团圆了。我俩已有了第一个孩子，军队文工团正在整编，从工作稳定和照顾小家庭出发，在军决定转业到地方工作。刚刚成立的北京电视台正好缺少人手，在军的形象和声音都不错，经夏青、葛兰等老播音员考核，广播事业局和台领导批准，她被调进电视台任播音员。几个月后，又鉴于她有十年军旅文艺生涯的经历，改任她为新编设的文艺组导演。因此，她兼有了中国电视第一代主持人和第一代文艺导演的双重资历。

经组织批准，邓在军从成都军区歌舞团调来北京（1959年）

邓在军在导演工作台上，当时只有黑白电视和两三个摄像机（1959年）

在军调离重庆时，我的许多老战友关怀备至，作为临行礼物，送给她满满一坛白花花的猪油，大约有五斤重，外加几斤白糖。到了北京，这成了人人艳羡的稀缺品（不是“缺”，是根本没有）。这份难得的“珍品”，给在军补充了产后所需的营养。细想，这五斤重的猪油，对他们自己与家人是同样难得和急需的啊！每忆至此，我深切地感受到战友的情谊和温暖。

在这期间，组织上对我的工作岗位也做了调动：从总后卫生部调到总后政治部，任主任秘书兼党委秘书。

总后机关办公楼是20世纪50年代修建的，每个二级部一栋大楼，规格、外观完全一样。换了单位，也就是换了座楼。但是，随着社会大环境的影响，我的工作、生活环境发生了不少变化。有些事情，在今天的中青年朋友听来好像天方夜谭，却是当时的生活真实和历史印记。

一件事，是会议室里的“小球藻”。总后各部的大会议室一律朝南，宽大的玻璃窗通敞明亮，在窗台内侧的台面上统统摆满大玻璃罐，盛满漂浮绿色小球的液体，它就是“小球藻”。这是一种藻类生物，据说含有丰富的蛋白质，服用后可以改善普遍存在的营养不良现象。由于繁殖得快，又不需要多少成本，很快就普及到其他办公室和有条件的家庭。至于效果如何就难以定论了，反正不到年把儿，“小球藻”和存放它的大批玻璃罐都不见了踪影。

再就是，每天上下午的“工间操”时间，大家都停止做操，到路边采摘榆树叶和槐花。摘到手的叶子切碎后，掺和少量面粉蒸成馒头或窝头食用，弥补主食的不足。有些同事的运气好，或者具有一双火眼金睛，偶尔能寻觅到野地里的马齿苋，既富有营养，也很好吃。在今天的宴会席上，偶尔还能见到这道很受欢迎的野菜。

需要说明，这个时期面临的困难，与我在童少年时期遭遇的困境，在心理感受上是完全不同的。当时，大多数人民群众的心态同我一样，坚信在党的领导下一定能很快克服暂时困难。每每遇有迫切需要，同志间、朋友间都会真诚地伸出援助之手。我和在军这时已有两个孩子，一个两岁，一个刚出生，难处显得多些。我俩到总后机关服务社购买定额分配的麻酱，售货员每次都把勺子舀得满满的，有时还给添上点儿。到食堂打饭，掌勺师傅同样手下留“情”，给足了分量或者略微超过。

那几年临冬，北京到了大白菜收获季节，全市不分军民，按人口定量一次分售完毕，供整个冬天食用。为了储存数量不小的蔬菜，我们总后的宿舍楼前，每家每户分给一块地，两三平方米，用于挖建菜窖。入冬前后天寒地冻，土地硬结如铁。我家没有壮劳动力，到了星期天，炊事班长老李和周围邻居都会赶来帮忙挖窖，半天干活下来，个个衣服湿透，浑身是土，这种无偿的倾力相助延续了好几个年头。挖好的菜窖，除了储藏蔬菜，还能用来珍藏难得一见的水果和食品，等于增加了一个地下室。当初布满总后大院的菜窖，如今难以寻觅，只留下了温馨的记忆和难忘的情谊。

我们也都深信，经济困难只是暂时的，很快就会过去。没有想到，这个“暂时”竟延续了整整三年之久。

西花厅里暖意浓

在三年经济困难时期，我们心仪的西花厅自然也会打上时代的烙印。但在这里，完全看不到社会上和我们单位出现的某些奇观。我们所看到和感受到的，是另一种引人向上、温暖人心的动人情景。

1960年初，西花厅的庭院里多了个小菜园，这是七妈亲自侍弄的。菜地不算大，品种却很丰富，有扁豆、黄瓜、西红柿等等。每次我们去，只要栽种的菜成熟了，七妈都要亲自采摘、拿旧报纸打包，临走时让在军带上，还特地嘱咐：给孩子们多吃些蔬菜。

由于物资供应普遍紧张，这时还实行了“布票”制度。我们这个小家有了两个孩子，衣服不够穿。七妈把柬埔寨西哈努克亲王夫妇赠送她的衣料转赠我俩，这是件紫红色印有花纹的锦缎，可是个宝贝，在军把它缝成一件披风，给大女儿萌萌冬天御寒用，人们都夸好看。这件斗篷大女儿穿了给二女儿穿，二女儿穿了给三女儿穿，每次交替时，前一任“所有者”都舍不得放手，后来这成为三姐妹之间的趣谈。虽说是物尽其用，可惜最后穿得太破旧，没能保存下来，要不然，倒是印证时代特色与亲情的珍贵“传家宝”。

这期间，去西花厅，七伯、七妈常让我俩陪着在厅前的小花园里散散步，让卫士为我们一起留下了珍贵的合影。七妈自己也喜欢照相，用的是老式的“徕卡”相机。有次，她为七伯与昔日好友陈宝晨母女和我俩照了张相，效果好，她很满意。她还特地为我俩照了两张相片，其中一张是她选定的背景：

七伯和她喜爱的海棠树下。七妈把它送给我俩时说：她很喜欢这张照片。

在西花厅，七伯、七妈一般都要留下我们同他俩一起进餐，原来的三菜一汤标准改成了两菜一汤，没有肉菜。七伯严格要求自己与群众共度困难，不吃肉。七妈每次也要声明，吃饭她招待，粮票自己交。七伯、七妈是执行标准制度的模范，粮食供应标准与群众完全一样，并没有多余的粮食和粮票。

有两次，七伯、七妈还单独约我俩和孙维世、金山去西花厅相聚，并请我们四人外出吃饭。

我从多次接触中感受到，七伯、七妈同维世之间的感情，不亚于亲生父母与子女之情。在西花厅这个温馨家庭里，除了亲属们一起畅叙之外，个

周恩来与周尔均、邓在军等合影，右为陈宝晨母女（1960 年）

邓颖超在西花厅为周尔均、邓在军拍下的照片（1960 年）

邓颖超与孙维世（20 世纪 60 年代）

别时候维世还常常找七妈倾诉衷肠。金山对七伯则存有敬畏之心，一般都坐在相距较远的座位上。

其中有一次，维世在七妈屋里谈了很久，出门后眼泪还没有擦干，对我和在军说：“不好意思，妈妈刚才批评我了。批评得好，批评得对！”紧接着，七妈也走出房门，她带有针对性地语重心长地开导我们说：“你们四个人走过的革命道路不同，但都要有经受曲折磨难的思想准备，共产党员一定要经得起各种各样的考验。”接着交代我和在军：“今天破个例，我请你们在外面吃顿饭。七伯不在家，我身体不好，由我出钱，尔均和在军代表伯伯和我，请维世和金山。西单有一家新开的四川饭店。还是老规矩，饭票你们自己交。”

这里要说明，当时全国的饭馆几乎都关门了。北京毕竟是首都，据我回忆，全市保留有四家饭馆：东单商场、西单路口各有一家，再就是北海公园的“仿膳”和新开的四川饭店。“文革”中，四川饭店曾被江青诬为四川省委安在首都的“黑窝点”。

过了不久，七妈又再次请我、在军同维世、金山吃了顿饭，这次是在北海公园的“仿膳”。七妈说：“这家的肉末烧饼不错，听说是前清宫廷里传下来的一道点心，难得有机会让你们尝一尝。”我们吃后感觉，果然味道绝佳。

多少年后，我和在军曾抱着怀旧的心情，特地带全家去“仿膳”品尝肉末烧饼，却再也吃不出当年的滋味了。

回想起来，七伯、七妈在这期间几次约亲属春节聚餐，七妈还用她自己不多的工资“请客”，两次让我、在军和维世、金山去饭馆用餐，他俩的本意，何尝不是借这个机会让我们“改善”一下生活呢？七妈自己也没有吃过“仿膳”的肉末烧饼，只是“听说”而已。他俩的良苦用心，到了今天更有深切体会。

廉洁自律的七伯、七妈，在三年困难时期对自身要求格外严格。西花厅的基本食材就是白菜、豆角、豆腐等，其中不少是七妈的劳动成果。主食中增加了红薯干，七伯说：河北上交公粮中红薯干比例很大，调剂给各地一些，顶粮票用。

有一次，七伯从杭州开会回来，吃饭时见有南方的蔬菜，他把成元功叫来，问这道菜是从哪里来的。元功说：回京时市交际处送了筐蔬菜，他谢绝了，飞机起飞前才发现后舱装了两筐菜。交际处的同志向他解释，这不是送给总理，是送给中央领导同志的，附有发票，到时候付钱就是了。元功不得不带回上交给管理局，局里把菜分给各位首长，都收了钱，其中也有总理的一份，钱已照付了。七伯听后十分生气，严厉批评成元功“自作主张”。“付了钱也不行。”他责问元功，“这样的菜北京老百姓能不能吃得到？”元功回答：“吃不到。”七伯说：“我能吃到，群众吃不到，他们会怎么想？”“自己定的规矩自己不遵守，让下面遵守，让别人遵守，这不是‘只许州官放火，不许百姓点灯’吗？这和国民党有什么区别？”那天，七伯放下筷子，饭也没有吃。

这期间，七伯去外地出差，特地嘱咐成元功向地方交代：伙食标准必须同群众一样，不准吃肉，不准吃蛋，不准吃油炸的东西，油炸的东西耗油。元功告诉我，伯伯冒着暑热到上钢一厂和三厂调研，穿着工作服，头戴安全帽，在火热的炼钢炉旁同钢铁工人长时间交谈；爬上吊车，同司机一起升空，亲切询问；到幼儿园、食堂问候老师、孩子们和炊事员，详细了解生活情况，亲自做笔记。厂里为他准备了晚餐，七伯没去，自己到食堂要了副碗筷排队买饭，工人们让他先买，七伯笑着谢绝了。排到他跟前，花五分钱买

周恩来打乒乓球

了个白菜，二分钱买了个馒头，一分钱买了碗汤，跟工人一起边吃边谈，七伯吃得很开心。

也是在这期间，西花厅里添了张简易的乒乓球桌。七伯在办公之暇，曾不止一次地同我和在军打乒乓球。我们年轻不懂事，常常为显示自己的“球艺”，又抽又吊，没顾及七伯受伤的手臂。七伯打的又是“和平球”，速度快了他跟不上。还好卫士在一旁提醒，我俩赶紧改正过来。七伯却全不在意，打得很高兴，还说：“不要紧，你们该怎么打就怎么打。”

原以为西花厅里多了这项乒乓球活动，就是为了让七伯在办公休息时，增加一项活动内容。其实还包含着我们当时并不了解的七妈和身边工作人员的苦衷，过后我才知道。

不过，七妈关心和教育我们重视体育锻炼、保持身体健康，是始终一贯的。不只是在三年困难期间，此后也不止一次地叮嘱在军和我：“一定要牢记：生命在于运动！”

与孙维世、金山一席谈

四川饭店是座古典式的建筑，红色大门的里边，有一条红绿相间的长廊，庭院中铺设花坛和草地，环境幽雅，空气清新，没有什么宾客。服务员给我们安排了一个单间。饭菜口味在当时确属上乘，更难得的是有一道香喷喷的红烧肘子，这可是困难时期难得吃到的荤腥。

环境好，饭菜香，谈兴自然浓。彼此间虽然有一定了解，在茶余饭后，仍然兴味盎然地聊起各自人生中值得记忆的往事。

维世的父亲孙炳文，曾是朱德同志的结拜兄弟。恩来伯伯在欧洲建党初期，在德国同时发展他俩加入中国共产党。1927 年四一二反革命政变，曾任国民革命军总政治部秘书长的孙炳文，被国民党反动派用腰斩酷刑杀害。维世和哥哥孙泱在母亲任锐抚养下长大，妹妹新世由姨父、姨母带大。抗日战争全面爆发后，维世找到武汉八路军办事处，七伯、七妈认她为养女，孙泱被朱德同志认为养子，一同带到延安。

许多人以为恩来伯伯和颖超伯母有许多养子、养女，实际情况是，他俩确实关心、照顾了许多战友和先烈的后代，但正式认为养女的，也就维世大姐一个。

维世大姐长得清秀、美丽，为人直率开朗、热情大方，在亲切稳重中略显清高。当时我们就听说林彪、刘亚楼在莫斯科时都追求过维世，但她都不屑一顾，断然拒绝，说明她性格中高傲直率的一面。在人前话并不多，但那天她娓娓而谈，兴致很高。

维世说，她十六岁那年到武汉八路军办事处，随后去了延安。七伯、七妈对她关心爱护备至，要求也很严格。送去苏联学习的人里本来没有她，还是伯伯坠马骨折赴莫斯科治疗时，她到机场送行，看到来了架大飞机还有空位，临时要求七伯、七妈带她一起走。七伯说，这事他可决定不了，得请示毛主席。她找了匹马，一路跑回窑洞找主席求情，主席答应了，当场批了个条子："同意孙维世同志出国"，接着他又自问自答："出国做什么呢？"于是又添上两个字："学习"，成了"同意孙维世同志出国学习"。她骑马赶回机场，飞机的发动机已经启动了，差一点没有走成，她是穿着草鞋跳上飞机的。

维世又说，有了毛主席的指示，加上七伯、七妈的直接关心照应，她在苏联先上了莫斯科东方劳动者共产主义大学，后来又到莫斯科戏剧学院学习导演专业。那时苏联正处在卫国战争期间，物资供应奇缺，每人每天只供给两三片面包。有位老师带了个甜菜，每天削下一片当众慢慢品尝，吃完后拿纸包起来，第二天照此办理，直到把这个甜菜吃完。别人在一旁瞧着，他却坦然自若。

我们听了都笑着说，这位老师的情况还不如今天的我们。不过，每天两三片面包的待遇，我们可没有。

我和在军让金山谈谈他是怎样把维世追到手的。金山说，维世在导演话剧《保尔·柯察金》时，挑选他当男主角。这是新中国第一部规范地运用苏联艺术大师斯坦尼斯拉夫斯基体系编排的话剧。他起初认为，自己也算是闻名全国的大明星，担任这个角色游刃有余，想不到维世导演处处求全责备，话又都说在点子上，他想到的还没有说出来她就提到了，而且水平之高超乎他的想象。在排练过程中，双方不但在艺术上取得默契，相互间也产生了感情。他觉得维世是他一生中遇到的最好的导演，维世认为他是她一生中遇到的最好的演员。结果，《保尔·柯察金》这部戏取得圆满成功，同时也促成了他俩的恋爱和婚姻。这就是所谓的"天作之合"吧！

我俩和维世一起同他开玩笑，说他是自鸣得意。我还揶揄他："恐怕不只是你老大哥说的这些，肯定还耍了什么手段，没有老实交代！"

确实，金山早在解放前就是闻名全国的"大明星"。小时候我看过他主演的电影《夜半歌声》，戏中的宋丹萍倾倒无数观众，影片中的歌曲《夜半歌声》《热血》《黄河之恋》也"醉"倒许许多多人，连小小的我也能跟着大人哼唱。抗战胜利后，由他导演、张瑞芳主演的影片《松花江上》，是一部揭露国民党黑暗统治、推动进步思潮的佳作，获得广大观众好评。他又是一个1932年就加入中国共产党的老革命，在解放战争关键时刻的国共谈判中，他受党的委托，应李宗仁邀请担任国民党代表团的"顾问"。他的性格率直坦荡，嬉笑怒骂，挥洒自如，虽然岁数大我和在军很多，却天真得像个孩子。

我和在军也都谈了各自参加革命和谈恋爱的经过。维世姐听我回忆在上海"周公馆"初见七伯的经过后，深有感触地说："爸爸、妈妈对我们烈士子女和对自己的侄儿侄女，在感情的天平上是一样的。但他们对烈士子女的照料，比对你们的照料更周到得多。在战争年代那样危险的环境中，他们把能够找到的烈士子女，大都送到延安或苏联学习，自己就是其中一个。有些烈士子女还是他们专门派人从敌占区找到的。抗战胜利后，你到上海找到了伯伯、伯母，在内战就将爆发的情况下，他俩却把你留在了敌占区，鼓励你自强自立，等待时机参加革命。从这一点就可以看出，爸爸、妈妈对革命后代的爱，实在是一种光明磊落的爱。”

那天我们谈得很高兴、很投入，兴致勃勃地合唱起《喀秋莎》《南泥湾》等中苏歌曲。金山兴奋地邀请大家起舞，我们手牵着手，又唱又跳，度过了美好的一天。感谢七妈想得那么周到！

过了不久，还是七妈请客，我们四人又在北海“仿膳”聚餐了一次。那里环境不如四川饭店，人多嘈杂，不方便我们交谈。好的是厨师做的肉末烧饼确实外酥里嫩，味道鲜美，难怪当年能入首屈一指的“美食家”慈禧老佛爷的法眼。那天光顾着品尝美味，话说得不多，只记得维世、金山在饭桌上谈起下一步深入群众、创作新剧的打算，并征求当电视导演的在军的意见。维世有意去正在进行石油会战的大庆体验生活，我给她提供了一个信息：领导这次会战的石油工业部部长余秋里是我的老首长，如有需要，可以请他帮忙。

我从交往中感到，维世和金山相爱甚深，在艺术事业上双方都几近巅峰、相得益彰，中间虽遇到一些变故，总算是历尽劫波恩爱如故，是艺术界一对难得的佳偶，我们深为他俩庆幸。

金山与孙维世（20世纪60年代）

正是由于七伯、七妈对维世的深爱，她遭到了“四人帮”的残酷迫害。江青嫉恨维世，因为维世清楚她20世纪30年代的丑恶历史，又曾在苏联为毛泽东担任翻译。叶群嫉恨维世，因为林彪曾苦苦追求维世，却遭到拒绝。这些因素加在一起，使维世在“文革”中不可避免地陷入江青、叶群的魔掌。维世被非法逮捕关押后遭受了骇人听闻的残酷迫害。老艺术家、中国青年艺术剧院原院长吴雪哭着对我和在军说：“孙维世挨打的样子，现在还活生生地显现在我眼前。那个时候人家打她，打得她在地上滚……（吴老院长哽咽落泪，说不下去。）当时我们都是受迫害的，但她挨的整更厉害，被往死里打。人家知道她跟周总理和邓大姐的关系，他们恨总理！”

维世是我党培养的第一位戏剧专家、新中国儿童戏剧的奠基人。她去世时才四十八岁，正是风华正茂、才华横溢的黄金时期。在“四人帮”摧残下，这颗在戏剧艺坛上冉冉升起、熠熠生辉的明星就此陨落，令人万分痛惜！

金山同样是一位才华横溢的老艺术家，他专长于塑造具有鲜明个性特征的典型人物形象，身怀巨大的激情和强烈的感染力。尤为难得的是，他始终对人生对艺术有一颗赤子之心。“文化大革命”中，他同样受到江青一伙令人发指的迫害，被关押批斗多年，直到释放出狱才得知维世的死讯，他悲恸欲绝。尽管如此，他一片丹心未改，又全身心地投入刚刚复苏的文艺事业，此后又与维世妹妹新世相濡以沫，结为伉俪。中央相关部门让他牵头组建中国电视艺术委员会，金山为此不止一次约在军商谈，希望同她一起做这件事。最后一次与在军通电话时，还谈了他的具体设想，约好在一两天内见面详谈，十分热心和迫切。我也在电话中同他寒暄了几句。不料就在通话后第二天晚间，他因脑出血紧急送医院抢救，最终不治。这位为党的文艺事业立下赫赫功勋的老同志，在即将再显身手的前夕不幸故去，我和在军深感哀痛和惋惜。

“苟利国家生死以”

造成国家三年经济困难的因素比较复杂，有严重自然灾害的影响，有苏联赫鲁晓夫集团撕毁协议、撤走专家的破坏，也有其他的因素。

其中一个深刻教训是：在形势大好的时候务必戒骄戒躁，谨思慎行，切忌头脑发热，急躁冒进。

在这方面，我自己曾有难忘的教训：1958 年“大跃进”时，我在北京参加总后勤部党委扩大会议期间，与到会同志一起，去天津参观亩产“万斤稻”的水稻田。亲眼看到：七八岁的儿童能躺在密不透风的稻穗上，稻田周边架上电线，用发电机照明，鼓风机吹风，因为稻子长得过密，不得不用人工光照和通风。回过头看，这明明是异想天开，那时却无人质疑。我也深信不疑，回京途中还有感而发，写下一首热情颂扬的打油诗：“喜看稻禾浓又密，光照通风小儿睡。历代灾荒自此无，世间变异今日殊。”

在重庆，我们参观了人民公社，在公共食堂进餐。大家惊叹食堂的菜肴丰富多样：鸡鱼肉蛋俱全，大米白面管吃，顿顿像是操办喜宴。当地干部向我们介绍：社员就餐全部免费，连年大丰收后积存的粮食、副食品太多，放开吃也吃不完，库存久了反倒会发霉变质，造成浪费。

在北京，我还参加了“土高炉”炼钢。1958 年全国钢产量的指标定为 1070 万吨，比前一年翻了一番。在全国炼钢的大高潮中，《人民日报》每天头版用特号红色标题，标明前一天钢铁生产的进度。为了完成任务，接近年底的一两个月，家家把铁锅、铁勺都交出来，送进“土高炉”。终于，1958 年 12 月 30 日《人民日报》的头版头条，刊登了大字标题：全年钢产量 1108 万吨，超额完成任务！全国人民欢天喜地，心中悬着的一大块石头终于落了地。这种违背常识的行为，当时不仅很少有反对意见，而且一片赞叹之声。

“举世皆浊我独清，众人皆醉我独醒。”正如屈原在《楚辞·渔夫》中表达的内心情怀，在人为的狂热中，恩来伯伯始终保持着清醒的头脑。他又是严格遵守党的纪律的典范。这期间，在西花厅里偶尔听到我们谈论这方面的一些情况，七伯从来不插话、不表态。但我能够感觉，这一阵子他的心情不好，少见笑容。

三年困难期间，恩来伯伯为维护国计民生尽心竭力、鞠躬尽瘁的情况，我是多年后从总理当时的经济秘书顾明同志处，才得知一二。

1972 年初，我奉命参加一个文件起草小组，与伯伯的原经济秘书顾明相处了半个月。顾明是1932年参加革命的老同志，在伯伯身边工作多年，时任国家计委常务副主任。在起草文件期间，我俩常在休息时间聊天，他同我谈起三年困难期间七伯的艰难遭遇。二十多年后，他又应我和在军摄制《百年恩来》电视片的采访，补充了一些细节。

在军与顾明夫妇（1996年）

顾明说：

全国解放后我很长时间在总理身边工作，对他付出的心血和所受的委屈全都很了解。早在1956年，研究当年经济预算时，总理不同意追加20个亿的基建预算，避免经济过热、物资紧张，被批为“反冒进”。当时，他说了一句分量很重的话：“我作为总理从良心上不能同意这个决定。”

西花厅的乒乓球桌，就是那个时段安上的。你伯伯习惯于紧张的工作节奏，一时闲下来很难受。秘书、卫士们自己攒钱，买张简易的乒乓球桌和球拍、乒乓球，以“锻炼”为由头，请总理办公休息时打球，缓解他的郁闷心情。

总理以对党对人民高度负责的精神，履险负重，艰难前行，尽力减少“大跃进”造成的损失。

没有调查就没有发言权。总理深入农村和工厂亲自进行调查。湖北提出，放开肚皮吃饭，鼓足干劲生产。武汉《长江日报》登照片，说亩产已达 4 万斤。天津杨柳青大队说亩产 10 万斤。总理亲自去看了，一句话都没说，他无话可说。调查后发现，这是把 60 亩地的稻子铺到一亩地上弄出的“高产卫星”。浮夸风加上自然灾害，造成全国性的粮食紧张。

在亲自调查研究的基础上，总理列举实例，向毛主席、党中央反映：社会普遍不赞成大办公共食堂。终于得到中央批准，1961 年夏收后解散了公共食堂，口粮分配到户。

工业方面的情况同样骇人。为了完成炼钢指标，鞍钢提倡“思想解放”，烧掉许多规章制度。河南为了炼钢，把公鸡几乎杀光，用公鸡毛做风箱。大批树被砍掉，农村里连寿材都拿来炼钢。

河南省委书记说，炼出了 500 万吨钢，总理派我去调查。我和冶金部长一道去看：根本不行，当地农民根本不懂。土法炼钢，这是秦始皇时代的方法。回来汇报时，给总理带回一块根本无用的“海绵铁”，总理将它摆在办公桌上，一直到去世的时候还摆着。

对当时的浮夸风，你伯伯虽然不同意，但中央指示又得执行。所以他用自己的办法进行补救，每周开一次钢铁生产情况汇报会，自己也参加炼钢铁，发现问题，及时纠正。还调了一万多高中程度以上的学生包括大学生，到各地帮助分析铁矿。四川有几百万农民上山搞土高炉，庄稼烂在地里没人收割。总理下了决心：“马上下山”。

我是这段历史的过来人，能深切体会七伯当时下这个决心是多么艰难。吃饭问题是国计民生中头等重要大事，“民以食为天”“手中有粮、心中不慌”。四川是农业大省，又是人口大省。几千万农民上山炼钢，把成熟的庄稼烂地里，自身又要消耗大量粮食，在已经出现全国性粮荒的情况下，这种做法是多么荒唐。但是，在“全民炼钢”的高潮中，一举撤下炼钢第一线的几千万人，这个逆潮流而动的重大举措，对于已被扣上“右倾保守”帽子的伯伯而言，又需要多大的勇气，要承担何等的风险。恩来伯伯一心想的是以人民的利益为重，遑论其他！

我看到一份资料，当时七伯亲自抓全国的粮食调配，一个一个地方地过问。国家粮食部记录在案：从1960年6月到1962年9月，周总理找粮食部领导和有关部门谈话、研究多达115次，其中1960年51次，几乎每周一次。为确保全国各地的粮食供应，他亲自拟订了一个粮食调拨计划表，在保存下来的这个报表中，伯伯亲自修改的笔迹有994处，有用红蓝铅笔标注的，有批注、修订的，还有用算式一个一个小数点计算的。这是他为人民呕心沥血的历史记录。

七伯关心的问题远不止这些。煤矿文工团的邓玉华告诉我：总理有次见到她，让她转告文工团领导，不光要多去煤矿演出，还应该下到矿井里，与矿工同劳动，了解他们的生活情况和实际困难。伯伯听邓玉华说，井下潮湿，煤矿工人没酒喝，很多人得了关节炎，粮食也不够吃。他当即决定，下井工人每人每天发一个面饼，每月发三斤酒，还有烟。七伯还自己下到矿井调查，在充分了解情况的基础上召开煤炭工业会

左起：邓玉华、李光羲、邓在军、周尔均（2010年春）

1962—63年度粮食包产产量和征购的估计
1962年1月6日

地区	包产产量（原粮、亿斤）1961年11月提出的估计数	这次中央工作会议填报数	1961年预计（农业工作会议数）	征购（贸易粮、亿斤）1961年11月提出的包干数	这次中央工作会议填报数	建议调整数	1961-62年度计划	1953-57年每年平均数
全国	3000.0-3270.0	2954.45	2602.54	820.0-860.0	790.28-798.78	820.00	717.50	870.37
华北区	305.0-332.7	305.90	263.50	85.2-90.0	83.68	85.70	79.30	85.70
北京	12.4-13.0	12.40	11.70	2.3-2.5	2.30	2.30	2.05	3.41
河北	144.0-160.0	144.00	125.61	34.0-36.0	34.00	35.50	33.25	36.48
天津	2.6-2.7	2.50	2.39	1.4-1.5	1.30	1.40	1.30	1.88
山西	72.0-77.0	72.00	65.00	19.0-20.0	19.00	19.00	17.70	19.13
内蒙	74.0-80.0	75.00	58.80	28.5-30.0	27.08	27.50	25.00	24.89
东北区	320.0-343.0	292.00	279.00	142.0-150.0	131.00-134.00	134.00	128.00	132.09
辽宁	90.0-96.0	80.00	76.00	28.0-30.0	27.00	28.00	24.00	30.04
吉林	95.0-100.0	90.00	88.00	43.0-45.0	41.00	41.00	38.00	39.09
黑龙江	135.0-147.0	122.00	115.00	71.0-75.0	63.00-66.00	65.00	66.00	62.96
华东区	891.0-971.5	866.35	765.66	225.7-235.3	218.70-224.20	230.70	200.30	258.71
上海	23.0-24.5	22.35	22.33	8.2-8.3	8.20	8.20	8.00	8.11
江苏	190.0-210.0	180.00	169.60	52.0-54.0	50.00-52.00	53.00	47.50	61.64
浙江	135.0-145.0	130.00	115.00	36.0-37.5	34.50	36.00	33.20	37.12
安徽	150.0-165.0	[illegible]	115.70	36.0-38.0	34.00-36.00	38.00	26.00	50.74
江西	135.0-145.0	[illegible]	123.10	34.0-35.5	33.00-34.00	34.00	32.00	30.69
福建	68.0-72.0	[illegible]	53.53	17.5-18.8	17.00-17.50	17.50	16.10	18.30
山东	190.0-210.0	190.00	166.40	42.0-45.0	42.00	44.00	37.50	53.08
中南区	794.0-868.0	795.00	679.61	187.0-193.5	181.50	190.50	153.00	208.51
广东	195.0-206.0	200.00	194.47	48.0-49.0	46.00	48.00	45.50	48.21
广西	93.0-102.0	85.00	81.20	20.0-21.5	19.00	20.00	17.00	20.75
湖北	166.0-180.0	170.00	128.63	42.0-43.0	42.50	42.50	32.50	42.50
湖南	175.0-190.0	175.00	149.31	42.0-43.0	38.00	42.00	33.50	42.66
河南	165.0-190.0	165.00	126.00	35.0-37.0	36.00	38.00	24.50	54.38
西南区	493.0-538.0	506.50	446.50	123.6-130.0	121.60	123.60	108.00	135.13
四川	320.0-350.0	330.00	280.00	84.0-88.0	82.00	84.00	72.00	96.50
云南	103.0-108.0	108.50	102.00	21.6-23.0	21.60	21.60	20.00	20.37
贵州	70.0-80.0	70.00	64.50	18.0-19.0	18.00	18.00	16.00	18.26
西藏								
西北区	197.0-218.8	188.40	168.27	56.5-60.2	53.80	55.50	48.90	49.14
陕西	80.0-88.0	74.00	68.50	23.5-25.0	22.00	22.50	20.20	21.50
甘肃	52.5-60.0	52.00	44.00	14.0-15.0	14.00	14.00	11.60	14.42
青海	8.2-9.0	8.20	7.52	2.4-2.[illegible]	2.40	2.40	2.30	2.43
新疆	45.0-47.5	43.50	38.75	13.3-14.0	12.50	13.30	12.20	7.72
宁夏	11.3-12.3	10.70	9.50	3.3-3.7	2.90	3.30	2.60	3.01

注：包产产量包括大豆，不包括自留地和小片开荒生产的粮食。

在三年困难时期，周恩来高度重视和关心全国人民的粮食供应与保障，这是他在一个有关粮食问题文件上的计算、修订与批注（1962年）

议，这个会连续开了两天一夜，解决了许多实际问题。比如河北省的煤都用来炼钢了，农村把桌椅板凳都烧掉，在七伯亲自过问下及时得到纠正。

我亲身接触到七伯操心的事，有一件很重要。有次我去西花厅时，就七伯和我两个人在。七伯问我："内蒙古打黄羊是归你们总后管吧？"我回答说"是"，并报告七伯：全军的农场、马场都归总后管，我兼任总后政治部党委秘书和机要秘书，涉密等级经过了总政保卫部审查批准。打黄羊一事属于绝对机密，在知情的范围内，我知道，上级下达打黄羊的任务已经超额完成。

七伯高兴地说："原来是这样。现在有大批科研人员住在深山野外，粮、油、肉、糖都不够吃。我想了个办法，在内蒙古、宁夏等地打黄羊，保证科研人员有肉吃。这件事今天说完就完了，不要再同别人提起。"

打黄羊的事，当时我只知其事不知其详。后来在参加八届人大会议期间同朱光亚交谈时才知道，黄羊肉是专供"两弹一星"的一线研究人员食用的。总理的亲切关怀，不仅给他们补充了肉食营养，更增添了强大的精神动力：两年后，我国的第一颗原子弹就炸响了！

1964 年 10 月 16 日，我国第一颗原子弹爆炸成功。周恩来极其兴奋地宣布这一消息

毛泽东同志是领导秋收起义，从农村出来干革命的，他并不完全相信“亩产万斤”的事情。1960年，我听到传达中央会议精神，毛主席用委婉的方式，为恩来伯伯因“反冒进”受到的严厉批判平了反，他说：“1956年周恩来同志主持制定的第二个五年计划，大部分指标如钢等，替我们留了三年余地，多么好啊！”

七伯在重新获得经济建设的发言权后，进一步纠正“大跃进”的失误。1960年冬，党中央适时提出了对国民经济实行“调整、巩固、充实、提高”的八字方针，具体实施后，从根本上扭转了“大跃进”造成的浮夸风。我听传达说，为了克服困难，七伯和陈云同志还想了很多点子，比如拨两万吨橡胶制作鞋子，进口古巴糖制作高级糖果，进口伊拉克蜜枣敞开销售，改善供应，充实国库。从此，国民经济的发展逐步走上正轨。我明显地感觉到，1962年下半年后，家属院里人们的脸色开始变得红润，我和在军也能够给孩子买到更多吃的。这表明，一时的失误并不可怕，关键在于正确的引导和实实在在做出补救措施。

还有一件事应该提到：由于大炼钢铁等，全国城镇人口增加了两千万人；精简城镇职工、减轻供应压力，是恩来伯伯采取的重要措施之一。尔辉弟和孙桂云弟媳新婚后，他所在的北京钢铁学院要成立一所附属小学，组织上为照顾他俩夫妻团聚，征得淮安市同意，将桂云调到钢院附小当老师，来京报到时，被七伯知道了。七伯劝说桂云服从大局，不要来北京大城市，回淮安工作，还为这件事批评冶金工业部部长：现在压缩城市人口，怎么还把人往城里调！尔辉、桂云都很听话，桂云回了淮安，继续当老师。她的身体不太好，两年后，为了照顾桂云，尔辉也申请调到淮安工作，按照本人意愿，在淮安中学当了一名数学老师。临行前，尔辉笑着告诉我：“我把这件事报告七伯，七伯认真地问我：有没有经过组织上批准啊？我想，自己从北京高等学府下调到淮安当一名普通老师，还能有什么特殊吗？七伯还是让秘书调查，弄清楚确实是经过钢院和淮安双方组织上同意，他才点了头。”

尔辉因家境贫寒，十多岁时，七伯、七妈把他接来北京读书，资助他读完大学直到分配工作。可以说，他是在西花厅长大成人的。七伯、七妈对他和桂云都很疼爱。七伯逝世后，党组织调尔辉到江苏省教育厅任副厅长。他也曾当选全国人大代表，每次来京开会必来家中看我，每次都带有淮安特产茶馓。我在深表感谢的同时和他开玩笑：“七伯、七妈要求那样严格，你还送礼啊！”在看似说笑的交谈中，我俩都饱含着深深的悲痛和敬意，深切缅怀七伯、七妈的关爱与教诲。

尔辉和桂云是一对模范夫妻，可惜天不假年，都已不幸离世。尔辉病故时，我代表北京的兄弟姐妹专程去南京参加他的追悼会，顺道看了尔萃弟一家。尔萃曾受七伯亲自委托去淮安办理迁出祖坟、让出耕地、为国家增添农业生产面积一事，圆满完成任务后受到七伯的表扬。七伯所做的一切，无一不是为了国家，为了人民。

回忆三年困难时期的七伯，不禁使我想起林则徐写下的感人诗句：“苟利国家生死以，岂因祸福避趋之！”

凡事要实事求是

1961年深秋，我因公出差，在军带了二女儿蕾蕾去西花厅看望七伯、七妈。

周蕾是1961年3月出生的，正遇上三年困难时期中最艰难的阶段，出生时体重只有5斤，长大成人后体质也不如她的姐弟。难得的是，在军保存了医院给蕾蕾开的出生证明：在一张粗糙发黄的小纸条上，手写有“肉2斤，鸡蛋2斤，红糖2斤”的补助。这也算是一件时代见证。

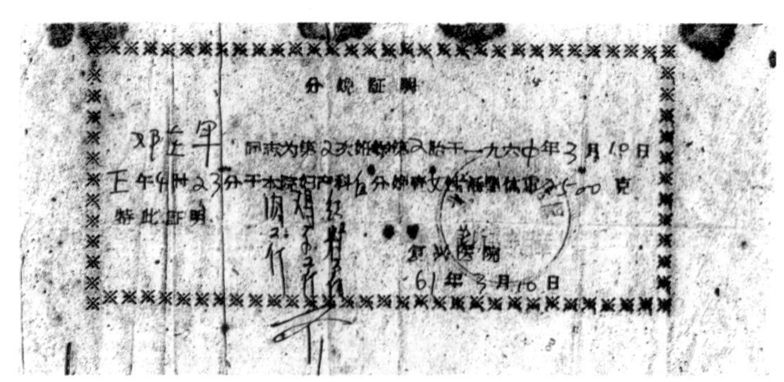
分娩証明

特此証明

61年3月10日

女儿周蕾的出生证明（1961年）

蕾蕾长得秀气，小巧玲珑，活泼可爱。维世、新世第一次见她，对着我和在军大叫："这可是你俩的杰作！"七伯、七妈也很疼爱这个侄孙女。

那天去西花厅，蕾蕾才八个多月大。七伯正巧从办公室出来，高兴地把她抱了起来，对七妈说："不干了，休息休息，咱们带孩子到湖边玩玩。"

七伯抱着蕾蕾，在军陪他和七妈到中南海湖边散步，七伯还在地上捡了个小乌龟给蕾蕾玩。一旁的成元功把蕾蕾接了过去。恰巧陈毅和张茜带着昊苏、小鲁散步过来，他们一起很开心地聊了一阵。

回到西花厅吃午饭，按标准两菜一汤，有白菜、豆腐和七妈种的豆角。细心的七伯往桌上瞅了瞅说："怎么没有孩子的饭，没给孩子做菜？今天破例，让师傅炒个嫩嫩的鸡蛋来。"不一会儿，鸡蛋上来了。蕾蕾饿了，闻到

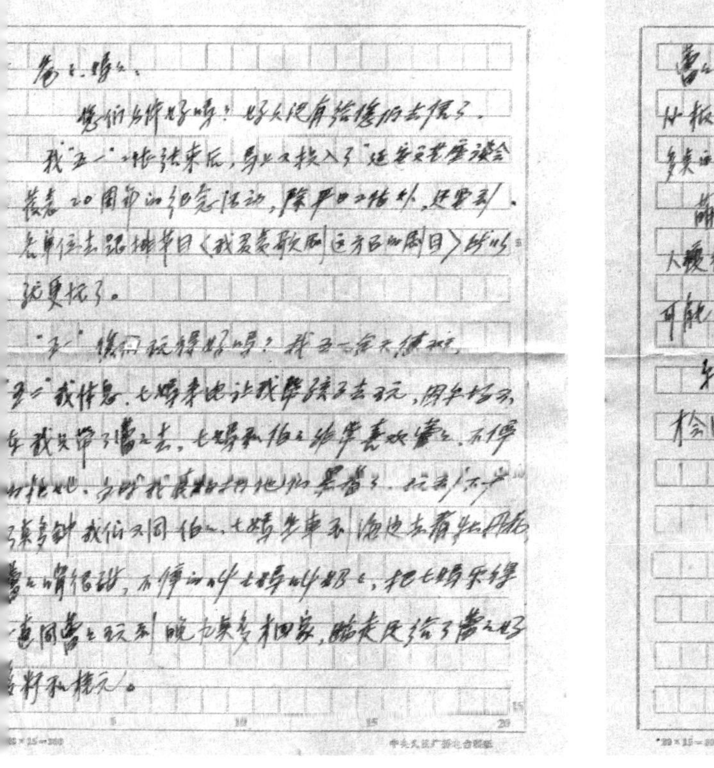

爸爸、妈妈：

您们身体好吗？好久没有给您们去信了。

我"五一"以后结束后，马上又投入了"延安文艺座谈会讲话20周年的纪念活动，除了日常工作外，还要到各单位去跟排节目《我爱唱歌剧 [illegible]》，所以就更忙了。

"五一"您们玩得好吗？我五一第一天值班，五二我休息，七妈来电话让我带孩子去玩，[illegible]，我只带了蕾蕾去。七妈和伯伯非常喜欢蕾蕾，不停的抱她。[illegible]钟我们又同伯伯、七妈坐车到海边去[illegible]，蕾蕾嘴很甜，不停的叫七妈奶奶，把七妈乐得[illegible]同蕾蕾玩到晚上[illegible]才回家，临走还给了蕾蕾好[illegible]。

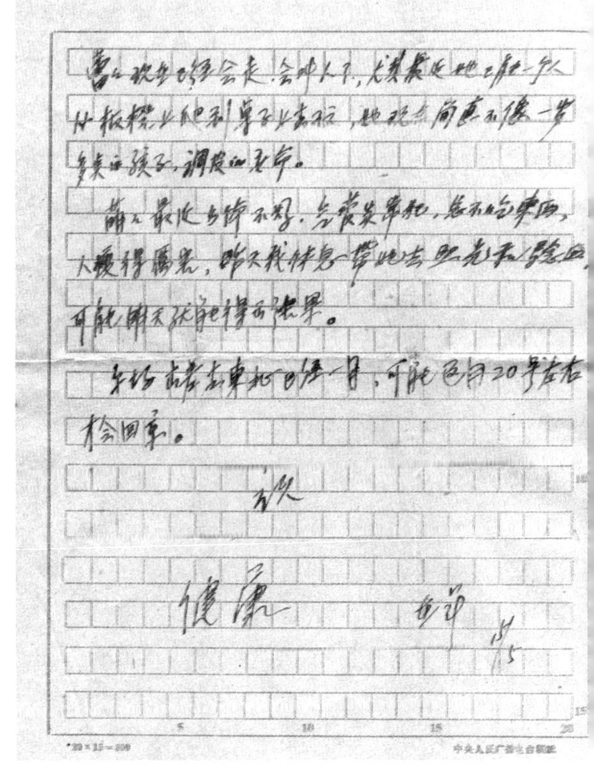

蕾蕾现在已经会走、会叫人了，[illegible]，她现在简直不像一岁多点的孩子，调皮的要命。

蕾蕾最近身体不好，[illegible]，总不吃东西，人瘦得厉害，昨天我休息带她去照X光和验血，可能明天就能得到结果。

[illegible]，可能在20号左右才会回家。

敬礼

[illegible]

这封邓在军 1962 年 5 月写给周尔均父母的信，谈及带女儿蕾蕾去西花厅玩的情况

鸡蛋香味，就用小手去抓，在军不高兴了，觉得这显得孩子没家教，在七伯、七妈面前有些丢脸，就用筷子打了下蕾蕾的小手。

这下惹祸了。七伯马上皱起眉头，对着在军连问两句："你干吗打她呀？你干吗打她呀?!"在军脸红了，一下子想不起该怎样回应七伯的问话。七伯接着说："凡事要实事求是。她现在这么小，既不会用筷子，也不会拿勺子，手就是她的工具，你怎么能打她呢！要记住，生活中工作中都要实事求是。"

在军很尴尬，赶紧认错。

我出差回来，在军把这件事告诉我，我俩都体会到，自1958年中央南宁会议批了"反冒进"，特别是"大跃进"的浮夸风在全国兴起之后，"实事求是"的话谁都不敢提了。七伯在这个时候，借批评在军打蕾蕾小手这件事，给晚辈上了一堂应该怎样做人的政治课，道出了他在任何情况下坚守的原则底线，同时也是七伯的真情流露。

纵有疾风起，人生不言弃！

七伯所言"凡事要实事求是！"，短短一句话、七个字，值得我们学习一辈子，坚持一辈子。

第十九章　躬亲研究

1960年3月，首都北京发生一起轰动全国的特大诈骗案，案犯伪造毛主席指示和周总理批示，从人民银行总行骗取了20万元巨款。幸运的是，此案立案后第十天即告破获。犯案人员是外贸部工作人员王倬，当即被捕法办。全国人民额手相庆、引为大快。但人们并不知道，此案是在周总理亲自过问下才得以迅速破获的。由于恩来伯伯始终一贯的谨慎低调，当时下发的文件和宣传报道中，从未提及他在指导破案中所起的决定性作用。

我和在军是七伯着手调查此案的早期咨询对象，对有关情况有一定的了解。巧的是，正是在此期间，七伯教诲我俩“凡事要实事求是”，“要记住，生活中工作中都要实事求是”。他在处理此案中的亲力亲为，恰好为我俩树立了最佳典范。这就是，不仅要牢固确立这一重要思想原则，同时要以正确的工作方法确保其实现。怎样落实好这一重要指示，唯有亲身接触实际，深入调查研究；相信和依靠群众，充分发动群众。

六十多年后的今天，回顾这件事的过程，对人们仍然具有深刻的启示和教育意义。

伯伯又一次“破例”

1960年3月下旬的一天，我接到成元功电话通知：七伯让我和在军即刻去见他。起初我有些心存疑惑，按照规定，上班时间亲属一般不得去西花厅，可这天是工作日。元功觉察到我的犹疑，在电话中接着说：“七伯嘱咐，你们要向单位请假。”

我俩赶到西花厅后，遇到了又一个“例外”：卫士把我们直接领进七伯的办公室，一边说：“七伯在等你们，过一会儿他还要找公安部领导谈事。”

我们虽然不止一次来西花厅，却从未进过七伯的办公室。这间屋子虽然与餐厅和休息室相邻，但只有七伯与工作人员才能出入，七妈也很少进。我怀着好奇心，打量了这个难得一进的地方。七伯办公室的面积不过二三十平方米，除了他专用的办公桌椅，还有一张长条桌和靠墙的书柜与保险柜，并没有多余的陈设。原来，这个简朴的地方就是国家总理日夜操劳的所在。

西花厅周总理办公室

七伯正坐在办公桌旁皱着眉头看文件，见我俩来到，招呼我们在长条桌旁一起坐下。七伯说：“今天找你们来，有件事要问问情况。”

什么重要的事，值得七伯紧急召见并亲自询问呢？我好奇地接过七伯递来的文件夹，打开一看，原来是北京市公安局关于几天前发生的一起重大诈骗案的通报和有关附件，我和在军在各自单位已经听过传达。

这是建国后发生的最大诈骗案。这年的 3 月 18 日，案犯冒充国务院办公厅工作人员，拿着伪造的国务院请示件批文，到中国人民银行总行提款。文件的大体内容是：主席办公室电告西藏活佛来京讲经，主席嘱咐拨款修建西藏寺庙，表明对少数民族和宗教自由的政策；总理批示“请人民银行立即拨给现款20万元。周恩来”，下面注明几点具体要求。银行工作人员见后不敢怠慢，应对方的要求，紧急筹措了20万元现钞，装了整整两麻袋，当晚在民族饭店交付一个自称“赵全一”的案犯。

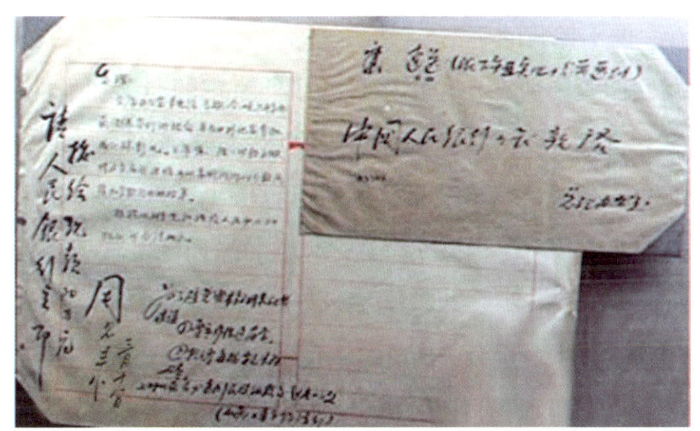

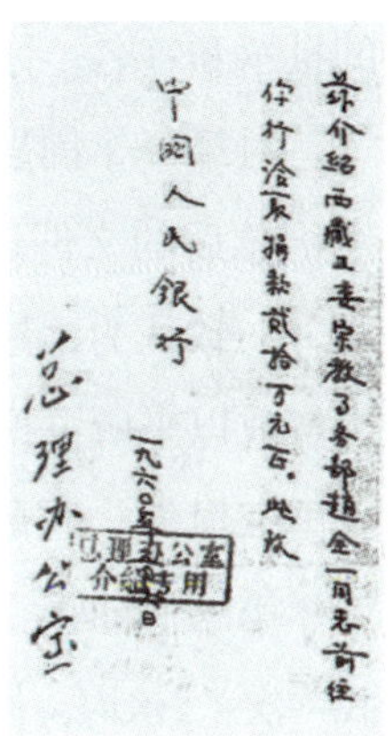

兹介绍西藏工委宗教事务部赵全一同志前往
你行洽取捐款贰拾万元正，此致
中国人民银行
一九六〇年
总理办公室
总理办公室介绍专用

诈骗犯王倬伪造的“总理批件”（1960年）

七伯对这起诈骗的得逞极其震怒。我十分理解七伯的心情：当时处在经济困难的艰难时刻，全国人民正节衣缩食、勒紧裤带过日子，七伯对国家的每一笔重大开支都亲自过问，严格把关，为节约每一分钱、每一粒粮食操碎了心。这个丧心病狂的罪犯，竟然一次骗取20万元的国家财富，这该是多少劳动人民辛勤劳动换来的血汗钱！要知道，那时干部、群众每月的平均工资不过几十元，最体恤人民疾苦的七伯，对这样罪恶的行径，万万不能容忍！

同样令七伯生气的是，这笔巨款被骗得不明不白。银行工作人员没有通过任何正式手续，也没有经过主要领导批示，乖乖地按照案犯提出的要市场流通旧票、拾元券每捆要包装好看一点、当晚七点前务必送到等无理要求，辛苦忙碌了一整天，准时送到指定地点交给罪犯。七伯气愤地说：“这真是咄咄怪事，荒唐透顶！”

这起重大案件，过了六天才报到总理处。七伯当即指示公安部列为重大专案，限期侦破。他当时正忙于与缅甸总理奈温会谈和处理边界谈判等重大事项，尽管如此，仍抽出极其宝贵的工作时间，亲自过问、亲自着手调查研究。于是，就有了他和我俩的这次谈话。

七伯着重问了我们两个问题：一是，公安部下达的案情通报和附件看到了没有？你们单位是怎样传达贯彻的？群众有什么反映？二是，案犯伪造我的批示和签名，你们看，像不像我的字？

对第一个问题，我俩回答，所在单位已经传达了北京市的通报和附件，发给总后的文件还是我经手办的。群众对这起案件反映非常强烈，也很痛心，一致认为，这个罪犯不但丧心病狂，罪大恶极，诈骗手段也极其恶劣，为解放以来所罕见，迫切期望政府尽快破案，绳之以法，缴回巨额款项，减少国家损失。也有人初步提供了一些线索。

第二个问题，七伯主要是问我。他拿起伪造的请示件和影印件，又重复问了我一次：“尔均，你看这个伪造的文件有什么特点，‘批示’像不像我的字？”

这个问题事关重大，我思索了一会儿，谨慎地回答七伯：“我考虑，伪造的‘请示件’用了国务院办公厅的名义，装进国务院的信封，内容也近似机关行文的特点，从这几点来看，有可能与国家机关的工作人员有关。至于伪造的您的批示，要我说，也像也不像。如果是我，一眼就能看穿，百分之百是假的，差得远呢！但是如果并不熟悉您的字，看后会想，既然是周总理的签名，还能有错？这就有可能认为是真的。”七伯听了点了点头说：“你说得不错，这哪里像我的字。有些人就是盲目迷信领导，只唯上不唯实，一看是周恩来的签名、批示就深信不疑，连最基本的请示报告程序也放到一边去了，这样大的一笔款项，完全应该按章办事、逐级报告、认真查对后才能办嘛！这件事，既暴露了我们制度上的漏洞，又暴露了思想上的问题。”

当时，我心中所想但没有说出的是：七伯的字苍劲雄伟、刚劲有力，又秀美隽永、神韵饱满，正书端庄凝重，有如颜碑，行书行云流水，形似羲之。不仅功力深厚，而且他写字如同做人，极端严谨认真。听成元功说，人民英雄纪念碑碑文总共150个字，七伯整整写了40遍才定稿。至于国家财政拨款，他一般都委托主管财政工作的李先念副总理审批，必须经他手的，定是慎之又慎。七伯曾对外贸部部长李强说：“要学《十五贯》中的苏州知府况钟，下笔千斤重。”谁能想到，这个大蛀虫，恰恰出在外贸部。

事后查明，这个诈骗犯模仿总理笔迹，倒也下了一番功夫，临仿了一个多月，可是，书法家造诣寓天赋与勤奋于一体，并非仅靠时间所能模仿。书画匠毕竟不是书法家。案犯伪造的笔迹与七伯的书法相比，其差距何止十万八千里！

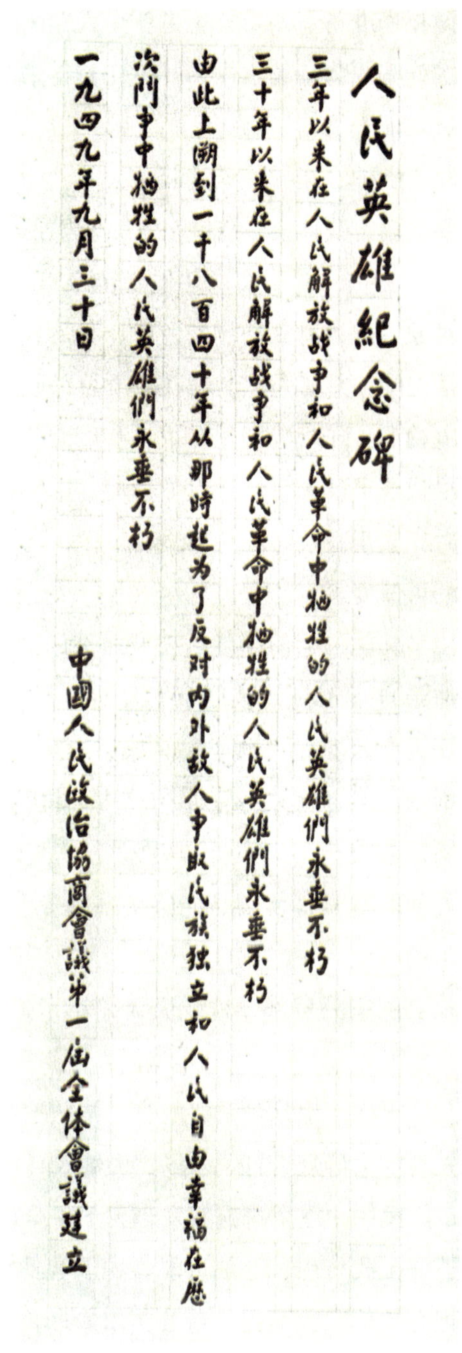

人民英雄紀念碑

三年以来在人民解放战争和人民革命中牺牲的人民英雄們永垂不朽

三十年以来在人民解放战争和人民革命中牺牲的人民英雄們永垂不朽

由此上溯到一千八百四十年从那時起为了反对内外敌人争取民族独立和人民自由幸福在歷次鬥争中牺牲的人民英雄們永垂不朽

中國人民政治協商會議第一屆全体會議建立

一九四九年九月三十日

周恩来手书的人民英雄纪念碑碑文

发动群众和专门工作相结合

在七伯亲自过问和具体领导下，十天内案件即告侦破。最后查明，罪犯是外贸部出口局工作人员王倬，解放前毕业于东北大学经济系，参加过三青团，解放后混入革命队伍。为实施这次诈骗活动，王倬秘密准备了两年，全是一个人独来独往，连妻子也不知情。结果，他的这次诈骗成为一场水中捞月，诈骗得来的巨款，自己一分钱还没来得及花，就被戴上了手铐。

七伯在指导侦破这起重大案件的过程中，显示了过人的智慧和丰富的斗争经验，我体会，有许多方面值得很好地学习：

首先，对重大事件他必定亲自过问，亲身调查研究，而且在选定调查对象方面，有其特定的考虑。我常想，七伯为什么这次特地找我和在军了解情况呢？想必是因为我在军委总部领导机关工作，在军在国家新闻媒体北京电视台工作，分别处在军队和地方接触及反馈信息的最前端，从我们这里能尽快地了解到案情通报下达后各单位贯彻落实的情况和群众的不同反映。同时，鉴于我长时间从事文秘工作，可以帮助他印证案犯伪造总理批示和签名的可信度。

其次，七伯高度重视专业部门的工作。在案情已经有所延误的情况下，他亲自指定对侦破刑事案件有丰富经验的公安部杨奇清副部长接手此案。那天在西花厅，继与我俩谈话之后七伯见的就是奇清同志。他根据七伯的指示，果断地改变了起初侦查面铺得过宽，用大量人力排查没有明显作案嫌疑的银行工作人员和民族饭店员工的做法，集中力量查找中央财务系统方面的线索，特别是能够接触国务院信封、请示件用纸和熟悉财务工作规律的有关人员。很快查明，案犯使用和仿照的信封和专用的公文用纸，都来自国家外贸部，这就大大缩小了排查范围，通过比对笔迹，罪犯很快露出水面。

再次，也是最重要的是，按照七伯的指示，在这次侦破案件过程中放手发动广大群众，打了一场“大清查”的人民战争。北京市下了大决心，在全市军民中，逐个排查案发当天下午全市所有人的行踪，与旁证相结合，无一遗漏（我猜想，七伯可能参照了我此前向他汇报侦破路明一案的做法），并把有关信息、案犯伪造公文以影印件广泛下发各地，与广大群众直接见面。由于群众被充分动员起来，在罪犯的身边布下了天罗地网，到处是一双双警惕的眼睛，很短时间内提供了大量有用的线索：公共汽车的女售票员向公安部门检举，发现有个貌似罪犯的人下车走进外贸部；外贸部对外局的人员反映，科员王倬近来情绪反常，频频请假；王倬家的邻居检举，他家的烟囱一直冒出浓烟、一股焦味，有销毁衣物嫌疑。王倬在回答当天行踪时慌了手脚，支吾其词，说了假话。把所有这些疑点集中起来，再通过比对笔迹，确认他就是诈骗案的罪犯。当公安干警破门而入，加以逮捕时，王倬正在手忙脚乱地销毁诈骗得来的人民币，仅来得及烧掉8000多元，其余19万余元全部查获。

由于把北京市民和各地群众发动了起来，这次大清查还有不少“副产品”：查出一批积存很久没有破获的案件。

最后，七伯通过这起案件的发生，总结经验教训，查找薄弱环节，完善政府工作中各项规章制度，堵塞一切漏洞。七伯在获悉案情后第四天的1960年3月28日，就召开国务院全体会议，讲话强调：“北京出了奇闻，要人民银行总行直接支付20万，我从未批过一个条子要直接支款。提醒各机关注意，机关里不留负责人无论如何是不许可的；如果今后再发现哪一个机关不留一个部长、副部长在家主持工作，就要追究。总得有个全局观念，一旦有些突然事件要处理，家里没有负责人不行。”

七伯的这一指示，直到今天仍然得到全面贯彻执行，对保证各级领导机关工作的正常运行，防止出现失误，起着重要作用。

这起重大诈骗案，王倬是唯一的犯罪人，由于诈骗数额特别巨大，被判处死刑，立即执行。

对金钱的贪婪是万恶之源

事情过后，七伯一次同我和在军交谈时，肯定了当初我俩向他汇报的情况。七伯说，这起案件要吸取的教训很多，这个罪犯坑了国家，害了自己，毁了全家，还连累他的老母亲包庇犯法分子，实在是死有余辜！

对于金钱，七伯怀有一种复杂的情感：作为国家总理，他深刻理解金钱作为经济流通手段和财富外在体现的极端重要性，竭尽心力、精心治理国家财政，确保全国人民手中的财富不断得到增长，改善群众的生活福利。而作为一个道德高尚的纯粹的共产党人，他深谙马克思的著名论断：“当资本来到人间，从头到脚，每一个毛孔都滴着血和肮脏的东西。”因此，他对由于金钱产生的罪恶行径深恶痛绝。

七伯同我们侄儿辈讲家史时，不止一次地提到，当年我们的七祖母（七伯生母万冬儿）为中彩票遭遇的种种烦恼，最终导致人财俱殁，九岁的他不得已苦苦操持破败家务的辛酸过去。正因为如此，七伯在自己的生活中从来远离金钱，他和七妈把工资交给卫士长管理，除生活必需的开支外，用于资助有困难的身边工作人员和亲属，其余全部作为党费上交。

成元功告诉我：“总理经常在各部门讲话或作报告，有很多次是在报刊上发表的，但总理从来不让收稿费。就有那么一次，好像是在一次文艺座谈会上的讲话，事后报社给寄来了一笔稿费，有位同志收下了，存进银行。过了几年以后，那位同志把钱交到了总理处，总理指示将款全部退回。可是已经过了好几年，机构已经变动了，无处可退，大家为难了。还是办公室主任童小鹏出了个主意，说，这样吧，就作为咱们办公室的文体活动经费，以后就用这笔钱买了一些文化用品和体育器材作为公用。”

七伯的卫士、后来任七妈警卫秘书的高振普，把他保存的最后一份工资单送给我们举办的“缅怀周总理珍品展”展出。他说：“周总理的工资每月人民币 400 元 8 角，邓大姐的工资每月 347 元 5 角。从 1958 年到 1976 年，两人工资共 16 万多元。其中近 5 万元补助亲属和工作人员。邓大姐说：这样做，既解决了他们的实际困难，也给国家减轻了负担。另外决定，多余部分，凡够 5000 元就交党费。周总理 1976 年去世时，两人总共积蓄 5100 元，所余积蓄都交了党费。”

这就是七伯、七妈对待金钱的态度。

七伯在同我俩交谈时笑着说：“陈毅同志把他写的一首《七古·手莫伸》

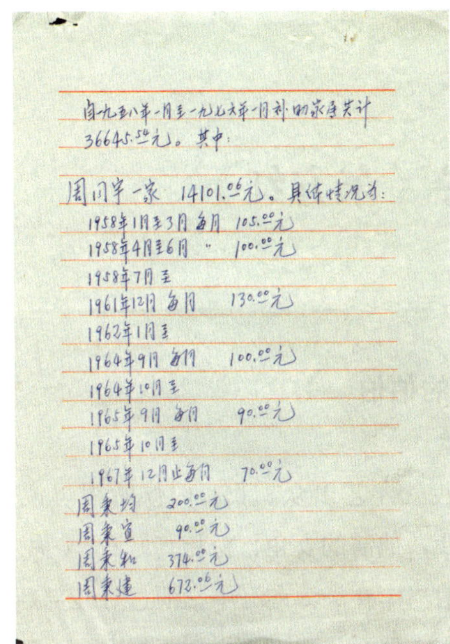

自一九五八年一月至一九七六年一月补助家属共计

36645.54元。其中：

周同宇一家 14101.06元。具体情况为：

1958年1月至3月每月 105.00元

1958年4月至6月 〃 100.00元

1958年7月至

1961年12月每月 130.00元

1962年1月至

1964年9月每月 100.00元

1964年10月至

1965年9月每月 90.00元

1965年10月至

1967年12月止每月 70.00元

周秉均 200.00元

周秉宜 90.00元

周秉和 374.00元

周秉建 672.00元

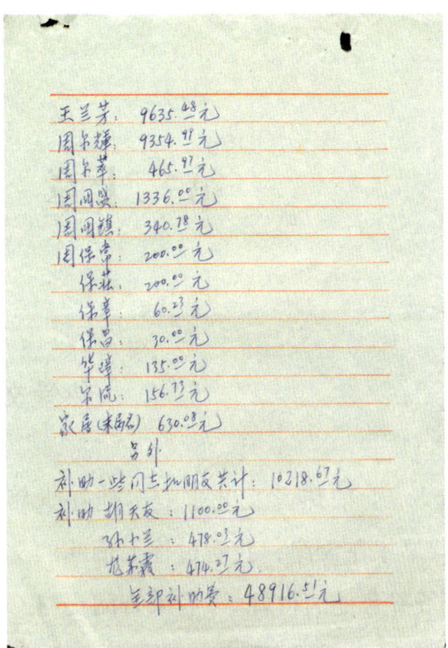

王兰芳：9635.48元

周尔辉：9354.97元

周尔萃：465.97元

周国盛：1336.00元

周国镇：340.78元

周保章：200.00元

保庄：200.00元

保华：60.23元

保昌：30.00元

华章：135.00元

华瑞：156.73元

家属（未留名）630.08元

另外

补助一些同志和朋友共计：10218.67元

补助 胡天友：1100.00元

孙士彦：478.03元

龙芳霞：474.27元

全部补助费：48916.51元

高振普提供的周恩来、邓颖超部分工资开支记录单

送给我，让我提意见。这首诗的前几句给我印象深刻：‘手莫伸，伸手必被捉。党和人民在监督，万目睽睽难逃脱。’写得好！”

是啊，陈老总的诗，道出了亘古不变的真理。六十多年前发生的那起重大诈骗案和伯伯所采取的英明措施，至今仍是摆在我们面前一份活生生的教材。它告诉我们：决不能让金钱的罪恶沾染神圣的大地，决不能让贪婪的追求遮住了双眼，人们在创造物质财富的同时，始终要把道德操守和精神追求放在首位。

让我们牢牢记住这句言简意赅的警示：“手莫伸，伸手必被捉。”

第二十章　导《东方红》

热爱文艺的伯伯

七伯热爱文艺事业，他在少年时代就才艺出众。我小时候听祖母说："早年在天津，我看过你七伯演的文明戏，他演的女角，扮相真好看，（你）爷爷夸他演得好。"后来查阅史料，七伯当年在天津南开中学演过好几部新剧：《恩怨缘》《仇大娘》《一元钱》等。在那个年代女学生还不能登台，七伯在剧中大都反串女角，这是对封建社会的一种蔑视和冲击。祖母没有告

《一元钱》剧照（右一为周恩来）

诉我看的是哪一出剧，从现在留下的新剧《一元钱》的剧照和资料看，七伯在剧中演的是纯真少女孙慧娟，扮相清秀文静，分寸把握得宜，受到观众赞誉。

那时，西方话剧理论还没有介绍到中国，七伯用自己的行动开风气之先，带头抵制旧剧中某些低俗粗鄙的消极成分。他在 1916 年 9 月发表的《吾校新剧观》一文中，明确提出，新剧能够起到“感昏聩”“化愚顽”“开明智”“进民德”的作用，表明它是五四时期新文化运动的一个组成部分。

被称为“中国莎士比亚”的戏剧大师曹禺，也是南开中学的学生，是新剧的爱好者和推广者。他在重病期间曾深情地同我说：“总理比我大十二岁，我们都属狗。我俩没有同过班，但都是南开中学学生。总理在南开演过戏，那时没有女角，他扮过女的，我也扮过女的。总理热爱话剧，为了促进民族团结，要我写王昭君，我写完后他已经故去了，没能听到他的意见，我很难过。我很感激总理。”

七伯对新剧的爱好贯穿了他的一生，可以说他对话剧情有独钟。他与话剧大师郭沫若、田汉、老舍、曹禺、欧阳予倩、吴祖光等人相交很深，时有切磋。北京人民艺术剧院、中国青年艺术剧院等话剧院的许多演员他都很熟悉。在办公之暇，他常常抽出时间去剧院观看演出，一律自己买票，而且每每叮嘱卫士要买后排的位置，熄灯后才入场，以免打扰其他观众。有时他也去剧院观看排练，事先不通知院领导，悄悄地看完后到后台看望演职员，同他们倾心交谈，互议瑕瑜，亲切自然，如同普通的观众、老朋友。

20 世纪五六十年代，在军是北京电视台文艺组“四大名导”之一（另三位是《西游记》导演杨洁、《红楼梦》导演王扶林、综艺节目导演黄一鹤），话剧、歌剧、京剧等重要节目大都由她导播，因此我很幸运，难得地观看了人艺和青艺演出的《茶馆》《蔡文姬》《家》《武则天》《文成公主》《骆驼祥子》《伊索》等一大批经典剧目，有幸结识了于是之、朱琳、于蓝和

周恩来和中日两国三位扮演过“白毛女”的演员合影。
即：田华（右一）、松山树子（右二）、王昆（右三）

主演《王昭君》的狄辛等知名演员。剧场不设麦克风，演出时十分安静，似乎连一根针掉下来也能听见。演员的演技炉火纯青，台词清澈动听，声声入耳，时如水凝春色，时而激越飞扬，跌宕起伏，丝丝入扣，动情处则有如石破天惊、火花四射。每次观剧，对我都是一次美好的艺术享受。七伯时常对我俩夸奖北京人艺的演出，说他们代表了一个时代的艺术水准。

不仅是话剧，对我国优秀的传统戏曲，七伯同样十分喜爱。60年代初，有一次我俩和维世大姐陪同他去怀仁堂观看越剧《红楼梦》，伯伯看得非常投入，不时鼓掌。演出结束时他又走上舞台接见演职员，给予热情鼓励。返回西花厅的途中，他意犹未尽，向我们盛赞扮演贾宝玉和林黛玉的两位演员徐玉兰、王文娟，同时赞扬剧本的创作没有照搬原作、面面俱到，而是抓住宝黛爱情这条主线，贯穿于全剧始终，并通过曲折反复、急转而下的剧情，引导观众的心情从大喜转为大悲，从贾府的繁花似锦到凄凉衰败的强烈对照，让人深刻感受封建礼教的残酷和封建社会的必然灭亡。伯伯还说，黛玉逝世时，乐队奏起宝玉和宝钗成婚的喜庆音乐，这可能是编导有意为之，但听来让人很不舒服，也不近人情，这时最好有一段哀乐过渡。

听说，七伯过后还把《红楼梦》剧组的成员请到西花厅做客，还亲自带领他们去参观被认为是“大观园”原型的北京恭王府。

七伯去世后，我俩见到主演林黛玉的王文娟，她印证了我的记忆。文娟说：“总理那次看演出后还曾提出，薛宝钗的凤冠太寒酸了；他诙谐地说，如果你们上海没钱，国务院可以拿钱。在带领我们参观恭王府，走到‘潇湘馆’时，总理问我有什么感受。我说这里是大观园里最幽静的地方，怎么旁边会有个戏台？在一旁唱戏不合适吧？总理听了哈哈大笑说：‘林黛玉’不满意‘潇湘馆’啊！”文娟还告诉我俩，是总理和邓大姐撮合了她和孙道临的美满婚姻。“文革”中她挨整，曾接到一张没有具名的便条，其中提到，总理在重病中还调看影片《红楼梦》，还说：林黛玉这个角色还是王文娟演最合适。

王文娟、孙道临动情地回忆周恩来、邓颖超关心他俩的婚姻（1996年）

"我来指挥一次"——1965 年 7 月 30 日，周恩来在新疆乌鲁木齐和文艺工作者一起唱歌

有一种说法：由于周总理的关心、扶持，越剧得以列入中国传统戏曲的主要剧种。同样，也是由于总理赞扬昆曲《十五贯》"一部戏救活了一个剧种"，昆曲与京剧、越剧同样，并列为我们的国粹。

七伯爱好音乐，喜欢唱歌，这一点更是尽人皆知。他常在公众场合指挥大家合唱。每当此时，伯伯意气风发，神采飞扬，让同唱的人喜出望外、兴奋欢畅。场面分外热烈，歌声格外震撼。从"新影"留下的资料中，我们还能看到当年的动人场景。

我也是一个业余的文艺爱好者，年轻时时常摆弄二胡、古琴，喜爱中外歌曲。每当七伯同在军谈及音乐、歌舞时，我常在一旁凝神倾听，得益良多。

七伯初见在军时，听她说正师从专家学习西洋唱法，有意考问她："什么是西洋唱法，什么是民族唱法？"随后，他热心地开导她："西洋唱法源于欧洲，是他们的民族唱法。西方唱法的发声和运气方法很科学，值得学习。我们的民族唱法源于中国的土壤，也有它的科学性。比如王昆、郭兰英，就是我们的民族唱法。我们的歌唱演员还有京剧演员，发声位置与西方不一样，这是我们特有的传统。我们要洋为中用，把其他民族好的东西吸收过来，充实自己，在传统的基础上有所创新。但不可生搬硬套，学走了样，把自身好的东西也丢掉了。"

七伯的谆谆教诲："洋为中用，把其他民族好的东西吸收过来，充实自己，在传统的基础上有所创新"，在军牢记了一辈子。她初任电视台导演不久，就本此精神编导了《梁祝》小提琴协奏曲这个“洋为中用”的节目，不但风靡一时，而且历久不衰，成为传统剧目。她推介的赵青的《红绸舞》和东方歌舞团包含中国元素的大量亚非拉歌舞，都得到七伯的赞赏。

七伯离世后，在军牢记他最初的教诲，于 1985 年编导了一台规模宏大的《古今戏曲大汇唱》，连续在中央电视台播出四集。这台别开生面的节目，汇集 12 个省市的多位名角，由国家交响乐团和新生的电声乐乐队伴奏，涵盖全国 20 个知名剧种，包括京剧、昆曲、川剧、越剧、沪剧、评剧、豫剧、花鼓戏、河北梆子、评弹、东北“二人转”等多个精彩节目，受到广大观众包括原本不爱看传统戏的青年的热烈欢迎。观众纷纷来信赞扬和给予好评，其中 53% 来自青年观众。

我俩格外欣赏著名词作家、中国歌剧舞剧院原院长、中国音乐文学学会主席乔羽老哥的祝贺题词：“我想，如果经过探索，使我们在艺术创作上寻找到一种可能性——既是继承的，又是发展的；既是历史的，又是今天的；既是古老的，又是崭新的——那将使我们在艺术世界中获得极大的自由，学

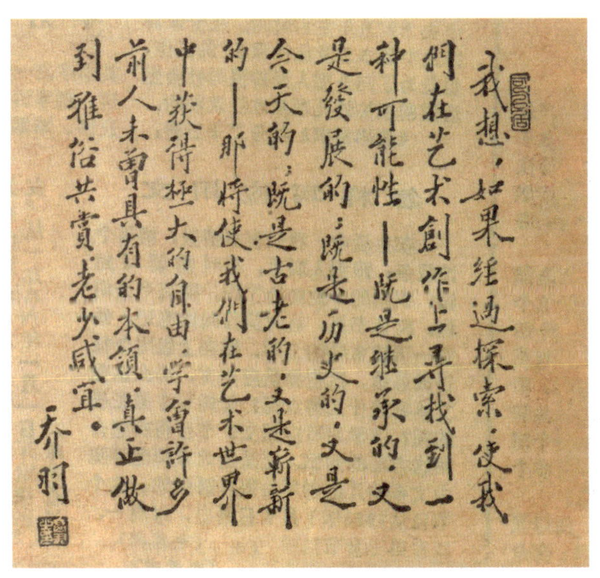

我想，如果经过探索，使我们在艺术创作上寻找到一种可能性——既是继承的，又是发展的；既是历史的，又是今天的；既是古老的，又是崭新的——那将使我们在艺术世界中获得极大的自由，学会许多前人未曾具有的本领，真正做到雅俗共赏，老少咸宜。

乔羽

著名词作家乔羽致邓在军贺词（1985 年）

会许多前人未曾具有的本领，真正做到雅俗共赏，老少咸宜。”这也正是在军想要向亲爱的七伯汇报的话。

在军原本计划把这个节目做成专栏，在中央电视台长期播出，但由于随即接了导演“春晚”、首届在我国举办的亚运会等许多重头戏，这个美好的愿望未能实现。我俩相信，后来者定能记住七伯生前的叮嘱和期望，继续把这件事做好。

我感觉，七伯从骨子里喜爱民族音乐。王昆大姐赞同我的看法。她讲过这样一件事：20 世纪 50 年代，她想去苏联进修音乐，总理跟她说：“你学习可以，但一定还是你王昆，可不要我们以后在收音机里一听，呦，这是谁呀，听不出是你王昆，那可不行。”从苏联学习回来后，她给总理汇报演出过一次，那次伯伯似乎不太高兴，往常演出后都会过来跟她握手，说一句：“谢谢你，唱得很好。”那天什么也没说，她觉得很难过。后来，还是硬着头皮到总理跟前去了。总理对她说：“这些可不是你过去唱的曲目嘛。你还是要唱你的民歌，你从前那种唱法还会不会？”她说：“会的，我马上就可以给你唱出来。”过了几天，七伯和伯母应邀看东方歌舞团的演出，听了她唱的民歌。晚会结束后，七伯和七妈到了后台，七伯说：“哎呀王昆，你今天唱得非常好！”七妈也说：“今天听了你唱的歌，我们好像又回到延安了。”

邓在军同郭兰英谈镜头（1960 年）

郭兰英同在军从 20 世纪 60 年代初期在艺术上就保持亲密的合作。七伯常向我俩赞扬：郭兰英演《白毛女》《刘胡兰》等歌剧演唱皆佳，是难得的优秀演员。七伯尤其喜欢听她唱的山西民歌。兰英说：“当年总理曾问我：‘小兰英，现在你能唱能演，以后年纪大了怎么办？’那时我并没有多想，后来懂得，总理是要我把民族音乐事业传承下去，所以我退休后办了郭兰英艺术学校，专门培养民族音乐人才，报答总理对我的知遇之恩。”

七伯对文艺的热爱固然是天资使然，也由于他深刻洞察文艺所特有的强大社会功能：它如春风化雨，能在潜移默化之中，强烈感染和启迪人们的思想情趣，进而影响经济基础，改造整个社会。对他亲身投入的革命事业而言，文艺则是鼓舞斗志、打击敌人的强大思想武器。我亲眼见到：刚刚获得解放的农民，在观看歌剧《白毛女》之后，纷纷在现场举手报名，请求批准他们参军，去推翻吃人的旧社会。我还听说，在东北新解放区，有一次当剧情进入高潮时，有个战士当场愤怒地举起手中的枪，要打死恶霸地主黄世仁的扮演者，被身旁观众及时制止了。他忘了这是在看戏。抗美援朝战争中，成千上万的中国人民志愿军战士高唱着《志愿军战歌》，雄赳赳、气昂昂地跨过鸭绿江，为保家卫国奔向战场。当初我自己，也是高唱《人民解放军进行曲》和《抗日军政大学校歌》，激情满怀地走上解放大西南的征途。

建国前夕，恩来伯伯在全国政协小组会上，提议以《义勇军进行曲》作为国歌。这件事体现了他的初衷：以文艺为武器，用革命的歌声凝聚亿万人民战胜万般艰难险阻的坚强意志。中国人民以牺牲几千万人为代价，在艰苦的抗日战争中发出的强烈的呐喊声，至今仍激励我们为实现中华民族伟大复兴而团结奋斗。世界上没有任何力量能够阻挡我们前进的脚步。这也是恩来伯伯的遗愿。

回想当年在西花厅，七伯和我们一起唱起他喜爱的歌曲《洪湖水浪打浪》《过雪山草地》《革命熔炉火最红》的时刻，不由得心驰神往，神思梦萦。七伯在那一刻，暂时忘记了沉重的工作压力，全身心地沉浸在美好的音乐之中。他跟随旋律与节奏，时而激越亢奋，时而会意微笑，时而频频颔首，时而以手击节，这生动的情景如在眼前。

敬爱的七伯，您真的是一位心灵与艺术相通的政治家和艺术家，是充满对真理和美的追求及人性关怀的伟人，又是真正的性情中人。

亲爱的七伯、七妈，愿美好的音乐和艺术能永远在天国陪伴你们。

公认的《东方红》大歌舞“总导演”

导播《东方红》时的邓在军
（1964年）

1964年8月的一天，在军回家后兴冲冲地告诉我，她在电视台领受了一个重大任务：到人民大会堂导播《东方红》大歌舞。此后，她就不断说起在人大会堂的一些见闻。听说七伯也经常去看《东方红》的排练，甚至还对一些节目亲自进行指导，我多少有些意外。七伯日理万机，怎会对一台歌舞节目这么上心？当时猜想，也许是他热爱文艺，又有许多艺术界朋友参加演出的缘故。

然而，这次我猜测错了。

多年以后，原文化部常务副部长、中国文联名誉主席周巍峙给了我一个完全不同的说法。当年，他是文化部艺术局局长，也是《东方红》主创人员之一。他和夫人王昆是我和在军的好友。有一次，我们四人相聚畅谈，巍峙同志郑重地告诉我：“当年演《东方红》，其实是总理想给文艺界一个机会。”接着，他给我介绍了一些情况。与当年在军的亲身体验相对照，顿感豁然明朗，视野洞开。

演出《东方红》大歌舞的决心，七伯是在上海观看歌舞表演时形成的。1964年年中，他在一次会议上明确表态：最好在十五周年国庆，把我们革命的发展，从党的诞生起，通过艺术表演逐步地表现出来。现在离国庆只有两个月了。要有人写，要创作几首壮丽的史诗。北京可以和上海合作。

周尔均、邓在军与王昆、周巍峙欢聚（2004 年）

周巍峙说：当时大家都心里发虚，担心时间来不及。但是，七伯却胸有成竹地鼓励大家：时间虽然紧了些，正好有了上海的大歌舞，总政文工团有革命歌曲大联唱，还有“飞夺泸定桥”等革命历史题材的舞蹈。以这些为基础进行加工，是有可能搞出来的。就看大家有没有这个决心了！

7 月 30 日，恩来伯伯在西花厅召集有关方面负责人开会，最后拍板决定：这台大歌舞立即上马，争取在国庆节上演。

《东方红》应运而生。

我曾想过，在当时特定的政治环境里，七伯想方设法要通过举办《东方红》大歌舞的演出，给文艺界创造一个“表现的机会”，从明哲保身的角度看，似乎并不明智。为什么他一定要这么做呢？

这时，作为意识形态的文艺领域已经受到“左”的错误估计的影响。江青、康生等利用这个机会，对大批优秀作品及作家、艺术家进行批判和打击。七伯曾在多个会议上强调：知识分子“属于劳动人民的知识分子，是工人阶级的一部分”。

文艺界是知识分子的一个重要组成部分，七伯不能不为他们的处境担忧。而举办声势浩大的《东方红》演出，则是一次巧妙的机会，可以让文艺界光明正大地“表现”自己。

当然首先是要搞好创作。为此，七伯投入了大量心血，亲自点将，亲自组织讨论主题，最后又亲自决定将这台大歌舞定名为《东方红》。让文艺界众多知名人物上台亮相，是“大歌舞”的重要特色。用周巍峙的话来说，《东方红》的创作班底，调集了从中央到地方、部队的顶尖人才，称得上是全国艺术精英的大聚会、大会战、大阅兵。

当然，在军能够导播《东方红》，也是她难得的机遇和荣誉。当时她有个短板，就是在文艺组的导演里数她年龄最小。不过，好在此前她已经多次担任各种晚会、重大活动和文艺节目的实况转播，任务完成得都不错，积累了不少经验。台里经过慎重研究，最后决定让她负责《东方红》的导播任务。她深知责任重大，也一直牢记台领导的叮嘱：“一定要搞好，不能出一点差错。”

干工作，在军很少有怯场的时候，但当她第一次在人民大会堂看到《东方红》的排练场面时，还是有些望而生畏。规模好大啊，前台后台加在一起，演职人员有3000多人。她不免有些担心：人这么多，节目这么杂，排练时间这么短，能组织好吗？

事实证明，在军是杞人忧天了，文艺界这次确实表现得非常好。《东方红》的排练她看了不下20次。演员的精湛表演、全体工作人员的高度纪律性和领导的高超组织能力，给她留下极深的印象。来自全国四面八方的几千名演员，说几点钟来，绝对准时到场。管服装、道具、舞美的全都兢兢业业，不分白天黑夜地工作。庞大的乐队由好多个单位的乐团组合一起，光指挥就有四位。这么多人集中在一个舞台，在短短三个来小时中来回穿梭，上场下场，还有大量布景道具搬上搬下，其调度的难度可想而知。在今天干什么都离不开电脑这种先进工具的现代人看来，简直是不可能完成的任务，但《东方红》的舞台调度，在当时就几乎做到了分秒不差，毫厘不爽。

在军说：就是外国朋友对此也难以理解。有一次演出，七伯陪同一位外国元首来了，看完节目，这位元首很兴奋，提出想到后台看看。在他的想象中，这么大一支演员队伍在前面演出，后台一定忙乱不堪。到了后台，他惊住了，所有道具摆放得整整齐齐，所有人员都在指定的位置活动，一切的一切秩序井然。这位外国元首很感慨，赞叹说：就像是“一支穿了彩服的军队”。

《东方红》的创作和排练如此高效有序，恩来伯伯显然功不可没。理由很简单，他为《东方红》付出了最多的心血。因此他被众口交赞，誉为《东方红》的“总导演”。

周巍峙说：“周总理自始至终都亲自领导着《东方红》的创作，说他是这部大歌舞的‘总导演’一点也不过分。据我日记和有关材料，周恩来总理至少参加过 17 次有关《东方红》创作的活动，讨论、观看排练及演出，讨论《东方红》电影的拍摄方案，等等。那时，我每天都要和总理办公室联系一次，向总理汇报排演过程中所遇到的重要问题，向总理请示，或总理办公室的人也通过我向剧组传达他的指示。可以说，《东方红》每一重大问题的解决，每一个重大情节的安排，都有周总理的一份心血。”

《东方红》歌舞文学组组长，也是在军和我的好友乔羽告诉我：“那时，几乎每晚周总理都来，常常工作到深夜。我们每拟好一段稿子都要送给他看。他都非常认真仔细地修改，并很快退回来，从不耽搁。周总理经常拿着

与文艺界的老师和朋友们
（前排左起：晨耕、张非、时乐濛、王昆；后排左起：周尔均、时乐濛夫人王利军、乔羽夫人佟琦、晨耕夫人贾素娥、乔羽、邓在军、张非夫人华江，1998 年）

修改好的稿子问我：这个问题查到没有？毛主席著作中是怎么谈的？有时，我说没查到。他就说：‘我已经查到了，你看这样改行不行？’望着他那疲倦但依然炯炯有神的眼睛，我真是感动极了。”

同样，陈毅副总理向外国朋友介绍《东方红》时也幽默地说：这台革命的歌舞“是由周总理任总导演的”，“周总理领导过中国革命，现在他导演革命的歌舞”。

实事求是地讲，在当时的政治氛围里，《东方红》也确实需要有七伯这样一位敢于拍板的“总导演”。由于中央主要领导对建国前十七年的文艺工作作出了错误估计，一大批优秀作品和作家、演员受到错误批判，一些优秀作品起初也不敢选用。比如，贺绿汀作曲的《游击队之歌》，甚至田汉作词的《义勇军进行曲》等，都属于这样的情况，最后还是国家总理拍板才列入这台节目。

七伯的态度十分明确：对事物要一分为二，人民群众批准了的东西，我们为什么不能采用？不能以人废言，以过改功。他甚至坦言：艺术家有失误，难道我们自己就没有失误？对人的使用，他坚持要一分为二。著名舞蹈家崔美善当时正在受到错误批斗，七伯拍板让她登台演出。

作为《东方红》的“总导演”，七伯虽然在许多问题上果断拍板，但是，在如何表现八一南昌起义时，却非常慎重。

记得有天晚上，在军回家后气鼓鼓的。我问她出了什么事。在军说：“八一南昌起义的戏没了！”又说，南昌起义曾经有一整场戏，她在看排练时，对这场戏的舞台调度做了细心记录和设计，还画了许多小人，做了许多标记。可是，这天她突然发现：整场戏都没了。她问乔羽，乔羽说是总理决定的。

周巍峙后来说：“这个南昌起义，总理坚持不写。他说：‘你要写南昌起义，你就写我的失败，不要歌颂。那个起义，当时没有经验，不清楚起义往哪走。你写毛主席，他领导秋收起义找根据地，我们那个时候没有根据地，跑到海陆丰当根据地，那地方交通很发达，怎么能做得到呢？所以后来分散了，主要部分到了井冈山。’总理很谦虚，他说不要写他。但南昌起义很重要，是表现我们武装斗争的开始。”

实际上，这场戏去不去掉，当时有些老同志争议得很激烈。罗瑞卿就曾一再坚持，应该重点对南昌起义做正面表现。陈老总也跟着说：“南昌起义，还有我一个嘛！”七伯严肃地说：“罗瑞卿同志，你如果非要表现‘八一起义’不可，那只有一个办法：就是批判我周恩来嘛！这样表现就可以，正确路线是毛主席嘛！”总理这么说了，这些老同志只好不再坚持。

最后，舞台上对“八一起义”做了淡化处理，只保留了一句话：“听，南昌起义的枪声响起了第一声春雷！”而“秋收起义”则是完整的一场戏。

我想：七伯坚持这么处理，是令人敬佩的。他身处高位，充满智慧，但为了党和国家的长远利益，他以自己特有的方式坚持原则，化解矛盾。在《东方红》的创作过程中，他曾多次给主创人员讲述党的奋斗历史。其中有段话，也许可以帮助我们理解他当时的心态。他说：中国革命取得成功最重要的一点就是，要有执行铁的纪律的党，要有坚持革命、团结对敌的精神。只要这个基本的立场不变，即使犯错误也还要团结，即使遇到一时的错误，还要等待，逐步地改变。不能够因为有错误，造成党的分裂，使革命受损失，使对敌斗争瘫痪下来，那就对革命不利了。

可以说，为了保护文艺界和知识分子，七伯做了不懈的努力。同样，为了让文艺界利用好《东方红》的“表现机会”，他尽心竭力，付出了许多心血，甚至亲自帮助修改解说词。9 月 25 日，《东方红》要在人民大会堂进行最后一次彩排，头天晚上，七伯还在西花厅办公室的灯下逐字逐句修订朗诵词，并在空白处批示：“特急，即送周扬同志，请予阅正。如改稿可用，请即转陈亚丁、周巍峙同志，如无困难可于今晚照此朗诵。”

1964 年 10 月 2 日，《东方红》在人民大会堂进行了首演，在军作为电视导演，在北京电视台同时进行了直播。《东方红》的壮观与盛大的演出，在全国引起了少见的轰动。10 月 16 日，就在我国原子弹爆炸成功的同一天，毛泽东观看《东方红》大歌舞。这天的演出同样十分成功，所有演职员都表现得非常好。演出结束后，毛泽东还接见了300多名演职人员。

我想，这应该是七伯十分喜悦和欣慰的一天。

毛泽东等中央领导人观看《东方红》并接见演员（1964年）

遗憾的是，《东方红》的成功演出，并没有能够从根本上改变文艺界的处境。就在这段时间里，《海瑞罢官》已经被盯上了。《海瑞罢官》是当时的北京市副市长吴晗在1960年写的一部京剧，此前，一直被认为是宣传执政官员刚正不阿精神的一部优秀的历史剧，它有力地针砭了“大跃进”时期许多干部虚报生产成果等歪风。但是，《东方红》演出后第二年，姚文元撰写和发表的文章，却诬陷《海瑞罢官》是反党反社会主义的“一株毒草”，把学术问题上升到阶级斗争的高度。而《海瑞罢官》后来也成为发动“文化大革命”的导火索。

《东方红》的遭遇也同样不妙。原来的计划中《东方红》的艺术创作和电影拍摄是有第二部的，准备专门写建国以后的成就。但是，它最终胎死腹中。周巍峙说：“后来我们还是把第二部写出来了，交给总理，总理看后笑了笑，放在手边，以后就没有下文了。”

也不可能有下文了。“文革”即将来临，所有的人都将面对一场长达十年的狂风暴雨。

“他既是国家领导人，更是知心朋友”

七伯对文艺界的关心，说到底是对人的关心、对中国人民的关心、对国家民族的关心。

七伯多次向在军询问文艺界朋友的情况，了解他们有什么困难要帮助解决。我在一旁听到的就有：赵丹和他的女儿赵青、王昆、郭兰英、新凤霞、邓玉华、陆迪伦（海政文工团团员，苏振华夫人）等等。赵青是知名舞蹈演员，七伯听说她们团的练功房是水泥地，练功久了会损伤腿关节，当即指示，舞蹈学校和文工团的练功房都要改成木地板。“十年浩劫”中，伯伯尽他所能，解脱了文艺界许多人遭受的苦难，周巍峙、王昆就是其中的两位。王昆对我俩说：“‘文革’中我们之所以没有失去对革命的希望，就是因为有我们这么好的一个总理，是他使我们在逆境中看到希望。”她和周巍峙还说：“我俩经常在同一个晚上梦见周总理，在梦里，就像巴金老师重病时所说的，总理就像站在我们面前一样。”

周巍峙、王昆大姐几年前先后辞世，王昆在巍峙走后两个月随他而去。当我俩登门悼念周巍峙老哥时，王昆大姐行动已很困难，一直坐轮椅，所有来家慰念的同志，都是由子女接待。她见我俩到来，突然撑着扶手从轮椅上站了起来，把孩子们都叫到身旁，指着我俩说：“你们要永远记住，周家是我们的恩人。”当然，她在这里指的是恩来伯伯。

由于在军所处的工作环境，也由于协助她拍摄电视剧《百年恩来》，我有幸结识了文艺界的多位大师和知名人士：巴金、曹禺、臧克家、吴祖光、袁雪芬、张瑞芳、孙道临、秦怡、田华、于蓝、关山月、沈鹏、欧阳中石等等。难得和罕见的是，他们对恩来伯伯都有发自内心的共同评价：“周总理不仅是一位伟人、我们敬重的国家领导人，更是我们的知己和朋友。”曹禺先生在临终前逐字逐句讲给我俩的心里话尤为动情：“总理很爱文艺界，文艺界也爱我们的总理，我们大家都爱他。”

也许，电视艺术家秦怡含着热泪叙述的她的亲身经历，足以使我们更深刻地理解缘何七伯对文艺界、文艺界对七伯怀有这样深厚的情感：

1941 年在重庆，十八岁的秦怡刚出生的女儿菲菲瘦弱呕吐，七伯在一个偶然的机会里看到了，即刻嘱咐我们党在国统区文艺界的领导同志关心解决演员的实际困难。这时秦怡与七伯只见过一次面，并不很熟悉。过了十三年后的东南亚电影节上，七伯遇到秦怡，关心地问她：“你的小菲菲身体怎么样：胃好不好，还吐吗？”秦怡说：“当时我一句话也说不出来，眼泪不住地流。时间过了这么久，女儿小时候的事我自己都忘了，可总理还清楚地记着，连菲菲的名字也记得。”

人们常常惊异七伯有超人的记忆力，其实，这不仅仅是一种天赋，同样源于他对人民深深的爱。秦怡说得好：“一个人如果不知道酸甜苦辣，没有经过苦难的历程，就难以产生这样博大的爱心。周总理就是把中国人民几千年来的苦难历程放在他的心中，所以，他才会对所有的朋友、对所有的同志都怀有这样博大的爱心。”她问我，同时也是问她自己：“在这个世界上，还能遇到这样的人吗？还能得到这样的爱吗？还能得到这么多的帮助吗？”

“没有永久的分离，只有永久的思念。”秦怡用这句话结束了她同我俩的交谈。它表达了我国文艺界同时也表达了全国人民对恩来伯伯永远的敬仰与思念之情。

第二十一章　呕心沥血

“于无声处听惊雷”

“无产阶级文化大革命”来得突然，势头猛烈，顷刻间全国风云突变，斗转星移，一夜间乾坤几乎颠倒了个。人们茫然失措，我自己也不例外。

1966年6月18日上午，这个日子我记得清楚，因为这是北京每年麦收开镰的时节。总后政治部机关组成一支近百名干部的队伍到郊区支援麦收，由我（政治部秘书科科长）同陈静（青年部部长）分别担任指导员和连长。整队出发时，留在机关的同志敲锣打鼓为我们送行，队员们挺起胸膛，精神抖擞，平日里机关里待久了，都愿意去农村接触大自然的新鲜空气。

这是一段十分美好的经历：初夏的北京，早晨气候还比较凉爽，蓝天白云，微风吹拂。一眼无际的麦田展现在我们眼前，一垄垄熟透的金黄色麦穗整齐地排列着，就像是等待我们检阅的一列列士兵方阵。清冽的麦香沁人心脾。多么美好的一道田园风景！

远处有几台拖拉机在收麦。那时候，机耕力量还很薄弱，主要靠人力收割。我那年三十三岁，年富力强，劲头满满，不过干起农活来远不如当地乡亲。同机关年轻的干部比，也相形见绌。他们大都二十来岁，一个个生龙活虎，挥镰割麦一马当先，姑娘们也不甘落后，你追我赶。伴着歌声，和着汗水，眼看面前的小麦一茬茬地倒伏在锋利的镰刀之下，大家品尝着收获的快乐。在辽阔的麦田里，谁割得快，赶在前，一目了然。这就使劳动中的竞争趋于白热化。我们政治部干部部的干事都很年轻，身强力壮，数他们效率高，进度快。不过饭量也大，三两重的馒头几口就下了肚，一顿饭能吃上三四个。老乡们也舍得把珍藏的大米白面拿出来，杀猪宰羊，让大家吃饱吃好。乡亲们告诉我，全年最重的活就在这十来天，最好吃的也在此刻拿出来，让干活的人吃饱吃好，何况今天是用来款待亲人子弟兵，这是他们最可心的事儿！

在同吃、同住、同劳动的过程中，与乡亲们建立了深厚的感情。结束麦收回机关时，全村老少聚集到村口送行，同战争年代一样，乡亲们抢着把煮熟的鸡蛋和烙饼塞进我们口袋、背囊。村里的女青年同我们的女军官又哭又抱，恋恋不舍。军民鱼水情的生动情景至今难忘。

遗憾的是，这美好的一刻，只是暴风雨来临前的短暂温馨和平静。当我们一行回到机关，身边的气氛已发生了重大的变化。行前，社会上风传北京市批判“三家村”的消息，并没有引起大家太多的注意，以为这不过是地方宣传部门的事。想不到就在这十来天里，我们政治部也揪出了一个“小三家村”，其中有宣传部部长、副部长和一个科长。刚从外地慰问演出返部的文艺宣传队，还没有脱下行装，女队员们一个个把辫子剪去，裤脚铰掉，声言“破四旧”，闹革命。机关办公楼的内外，贴满了五花八门的大字报，矛头大都指向领导，但没有什么实质性内容，多数人还没有弄清“为什么造反”，“造谁的反”。我和政治部秘书长顾川如在西安出差时，宿舍旁边长满荒草，藏着不少小时候爱玩的蛐蛐，我俩童心未泯，业余时间斗蛐蛐，消遣时间。这件小事，也被醒目的大字报上纲上线，斥为“典型的资产阶级生活方式”。

这年8月17日下午，总政通知我参加一个临时召开的重要会议，部署驻军单位参加次日上午在天安门广场召开的群众大会。主持会议的总政领导特地强调：“明天的大会很重要，尽可能人人到会。毛主席、刘主席都要出席。”果然，我们按规定到了会场后，感觉气氛有些异样：这是一次很少召开的百万人规模的大会，毛主席和中央领导同志不仅全都参加，而且都穿上了军装。会议进行中间，毛主席还被红卫兵戴上袖章。我惊讶地发现，在主席台领导人的行列中，昨天的预备会强调同毛主席一起出席会议的刘主席，并没有像往常一样站在毛主席身边，而是位于一侧边缘。取代他的位置并在大会上发表讲话的，却是林彪。我想，不只是我，从电视中看到现场报道的全国人民，想必都会猜测北京是不是发生了什么大事。

过后不久，形势变得越发扑朔迷离。街头开始出现“打倒刘邓陶！”“粉碎资产阶级反动路线！”的标语、口号，大字报铺天盖地，贴满各个单位和街头巷尾，红卫兵任意揪斗老干部、学校老师的武斗之风开始兴起。军队也不可能是世外桃源，“文革”烈火烧进了总后大院，我这个职务并不高的科长，也被扣上“小当权派”“知情人”的帽子，被逼揭发交代“问题”。助民劳动中干部部表现突出的几位年轻人，“造反”中同样冲锋在前，声势浩大。平时来往密切的同事，有的急忙同我划清界限。政治部保密室有个年轻组长，是我平时信任的纪律性很强的直接下级，那天突然换了一副面孔。我正在办公室“闭门思过”，办公桌上猛地被人拍了一巴掌，吓我一跳。抬头看，这位组长正愤怒地指着我的鼻子：“你不要装傻，甭想蒙混过关，我们都清楚你要搞什么名堂！”

“搞什么名堂？”我自己也不知道。这恐怕是当初被揭批对象面对的最大苦恼。造反派想要知道的是反党反毛泽东思想的阴谋与事实，这与我们平时所想所做的，恰恰是截然相反的两极。

在“造反”积极分子正忙于抢班夺权之际，出于一个偶然的机缘，“靠边站”的我被贬职担任一个临时任务：担任“红卫兵总后接待站”教导员。接待和管理来京等待毛主席接见的红卫兵。这倒是个不错的差使，使我暂时免去每天面对的“勒令”和批斗。

伯伯为接待千万红卫兵呕心沥血

1966 年“8·18”大会上，毛主席欣然接受北京师大女附中学生宋彬彬给他戴上“红卫兵”袖章，又走下城楼看望现场的红卫兵。此后，全国各地的红卫兵便纷纷要求来北京见毛主席。这件事正合了唯恐天下不乱的“中央文革”的心意，他们干脆提出，院校一律放假，全国学生“大串联”“闹革命”，来北京见毛主席的，吃、穿、行费用全免。这可不是件小事，可以想见要耗费多么巨大的人力和物力，更有大量繁重的组织保障工作。对此，林彪、江青一伙概不过问，所有难题都压在了恩来伯伯的肩上。

毛主席在北京先后接见了八次红卫兵，总共1200万人。在全国交通生产系统本身正在“闹革命”、许多单位已陷于瘫痪的情况下，面临的困难可想而知。原本已经穷于应付运动和生产中数不清难题的伯伯，增添了更沉重的担子。事无巨细，都要他来处理。当时担任铁道部部长的吕正操前辈告诉我：“总理每天到大会堂，饭都没有吃，就把我找去，让我汇报铁路运输的情况。他接着指示，哪个列车可以出去，哪个列车可以进来。我按他的交代办理。总理说：‘吕正操，你这个铁道部部长，我替你当了！’我说：‘没办法，你不说话，他们哪一个也不听啊。’”

在毛主席第三次接见100万红卫兵时，北京各单位已普遍叫苦，伯伯不得不亲自表态：由中南海负责接待1万红卫兵，所需接待人员从邢台部队抽调。大家才没有话说。

第六次接见，红卫兵人数越来越多，不得不研究改成乘车检阅的方式，一次需要动用6000辆卡车，北京一时难凑齐，伯伯又不得不下命令从邻近各军区调用。为了防止意外，他对行进的路线和方式做了周密规划，亲自指挥预演。每次接见，要在车上站五六个小时，毛主席已感到吃力。伯伯不但要陪同乘车检阅，前后还有大量工作要做，每天只能睡三四个小时。

由我带领的红卫兵，是毛主席第八次也是最后一次接见的一批。这时已进入1966年11月下旬，上一次接见的红卫兵还未走完，新来京的红卫兵有250万人，加在一起将近400万人。北京的天气已经很冷，这么多红卫兵或者过早离家，或者是从南方过来，绝大多数穿着单衣，没有过冬衣物。当时遇到的最大困难，就是给这些“客人”解决御寒的被服，但即使把北京的库存物资全部调出来也不够用。七伯不得不像在指挥抗美援朝战争时期那样，动员北京市的工厂、商店、仓库等，把库存棉被、棉衣、毯子、绒衣等全部捐出来救急。部队就更不用说了，带头执行命令，调拨所需军用物资。由于七伯的崇高威信和高超的指挥艺术，遇到的一切难题都迎刃而解，江青一伙从中找不出一丝碴儿。

红卫兵的全国性串联和接见，已经严重影响国家的正常经济生活，毛主席他老人家开了口：还是原地闹革命好！在这个背景下，总理提议，毛主席同意安排这最后一次对 250 万红卫兵的第八次接见。

我名义上是“教导员”，实际上指挥有一个“团”：2000 名红卫兵。他们多数是大学生，也有不少是只有十四五岁的中学生。在短短半个月内，安排好他们的住宿就餐、编组训练、思想动员以及受阅的各项准备工作，难度不小。“住”不是问题：把当时北京条件最好的总后礼堂腾了出来，足够容纳这批红卫兵，并且提前开放了暖气；被服也没有问题，从总后仓库直接调来全新的棉被和棉衣。比较难做的是思想工作，这些青年、孩子什么话都同我说，都想从我这里得到答案：出来久了家里不放心怎么办？父母亲病了怎么办？身体弱坚持不下来怎么办？有的连恋爱婚姻问题也让我出主意。更难回答的是，他们听前几批被接见的红卫兵说，由于人数太多，时间也短，在如潮般汹涌挤轧的人群里，不少人并没有看到毛主席的真容。这回千辛万苦、千盼万盼来到北京，究竟能不能保证他们见到毛主席？我只能说，按照上级部署和以往经验，最重要的是按照划定的位置就地坐好，当毛主席车队过来时，千万千万不能站起来，否则互相遮挡，就会出现他们听到的情况。我还一再嘱咐大家：辛辛苦苦来到北京，等了这么多天，可别因为不守规矩，错过这次机会。这些话大会讲，个别谈，不知说了多少次。其实自己心里也打鼓，到时候现场究竟会是什么情况，谁也说不准。

接受以往的经验，毛主席最后的这次接见安排在西郊机场，这也是八次接见中唯一的一次。

1966 年 11 月 26 日凌晨三时，我带领 2000 人的队伍，从总后大院出发，徒步行军赶赴西郊机场。沿途挤满了红卫兵队伍，大家都急着往前赶，生怕耽误了时间。经过短暂的训练，我们这支队伍个个精神饱满，井然有序，一路高唱革命歌曲，提前到达指定位置，按照指令坐得整整齐齐。我坐在队伍的最前面，不时回头叮嘱大家牢记提出的要求。

就这样整整等了五六个小时。正当大家开始感到疲惫松懈的时候，远处传来《东方红》的乐曲声，人流开始沸腾、涌动，“毛主席的车过来了！”“毛主席万岁！”的欢呼声震天动地。

糟了！这时我发现，身旁其他单位的队伍不顾统一的要求和规定，先是三个两个，随后一群又一群地站了起来，高呼口号，簇拥向前。我带的这列队伍很听话，开始端坐不动，终于按捺不住，逐个站了起来，可是已经晚了，后边的人被前面挡住，什么也看不见，而毛主席的车队行驶速度较快，不到一两分钟就从面前驶过。这样，我们这个行列中有将近半数红卫兵没能目睹毛主席的风采。我还没有缓过神来，身后女孩子失望痛哭的声音，已经压过热情的欢呼声。

在回总后的路上，虽然还是原来的那支队伍，清晨时刻的亢奋情绪已经不见踪影，一个个无精打采，懊丧悔恨，责骂身旁的红卫兵队伍不守纪律。女孩子更是走一路哭一路。这批红卫兵对我很尊敬，没有人因为我的严格要求埋怨指责。但我自己还是很内疚，回到单位后向大家做自我批评：要求太死、过严，没有预见到今天发生的事情。同时安慰大家，能接受毛主席的检阅就是天大的喜事，他们都年轻，今后还会有机会见毛主席。

我直接接触的这 2000 名红卫兵，个个年轻活泼，朝气蓬勃，善良纯真，开朗直率。他们热爱祖国，热爱党，对革命领袖的爱戴和忠诚发自内心，但是当年受到了林彪、江青一伙“左”的思想影响。回顾、对照“四人帮”犯下的罪行，我深深感到对青年的正确引导，确实是关系祖国未来命运的重大问题。

即使当时还是十四五岁的孩子，今天算起来也已进入古稀之年。在回忆当年情景时，他们想必会别有一番感慨。无论如何，这是我们共同经历的一段难忘的历史。愿他们同我这个老“教导员”一样，始终保持美好的回忆和我们之间的纯真友谊!

那天我坐在队伍最前面，能够清楚地看见站在第一辆车上的毛主席和第三辆车上的恩来伯伯。我很诧异，他们两位伟人的神态，并不像报刊和广播中反复提到的在接见红卫兵时那样的“神采奕奕”“满面笑容”，相反却神色严肃，面少表情。我也看出，七伯显然在极度的疲惫中，保持高度的镇静和一贯的警觉。这使我心中闪过一丝惶惑和痛楚。

保密室里的一场“战斗”

1967年1月，号召全面夺权的“一月风暴”在全国掀起。在上海“一月宣言”上署名的第二军医大学“红色造反纵队”，声势浩大地来到北京“造反”。第二军医大学是总后勤部下属单位。“红纵”的第一个目标是砸开总后政治部保密室，声称里面藏有“资产阶级反动路线”镇压革命师生的“黑材料”。

这时，总后机关的“造反”也搞得热火朝天。我们政治部的主任、副主任都被打倒了，部长们不是被打倒就是靠边站。掌权的造反派同院校造反派声息相通，彼此呼应，但在是否砸开保密室的问题上却发生了分歧：一部分人主张无条件地支持和配合院校造反派的行动；在机关工作久、保密观念强的另一部分人则认为，“造反”虽有理，不等于可以泄露国家和军事机密，不同意砸保密室。两种意见相持不下的情况下，有人出了个聪明主意：把我这个“半打倒”“靠边站”的秘书科长推出来，同院校造反派打交道。不论效果如何，后果都由我负责。

1月的这天，从上海专程来京的二医大“红色造反纵队”“战士”挤满了总后政治部办公楼的办公室和走廊，保密室的门也被堵得死死的。我和两个秘书、两个保密员好不容易挤到门前，同“纵队”两位负责人进行谈判。所谓“谈判”，其实是变相的批斗，我被扣上“顽固不化的保皇派”帽子，被“勒令”立刻交出钥匙、打开保密室大门和所有保险柜。数百人举臂高呼：“谁要胆敢阻挡革命行动，谁就没有好下场！”办公楼里已没有政治部干部在场，“纵队”人多势众，气势汹汹，自认为在强大的声势和压力下，一举就可以达成目的。我这时倒也胸有成竹，除非自己被打死，绝不会交出这块阵地。同我一起的秘书和保密员也有足够的底气，因为他们自己是机关造反派。

双方僵持不下的局面，从晚饭前一直持续到次日凌晨一两点，谈判没有取得任何结果。“纵队”负责人说，不同我们谈了，把“总后的头头”揪来，让他们下命令。

这时，总后部长邱会作已被院校造反派抓走，临时主持工作的总后政治委员张池明和第一副部长张令彬就被带到现场。

池明、令彬同志都是久经战争考验、功勋卓著的老红军、开国将领，当然不会听从造反派随意摆布，但在“当权派”一个个被残酷批斗和打倒的形势下，也不能同造反派硬顶。所谓“谈判”，同样不可能有任何进展。

已经凌晨两点多了，眼看造反派火气越来越旺，他们携带有打砸工具，一旦矛盾激化，发生正面冲突，后果不堪设想。这时我灵机一动，想出了个应急的主意，随即向池明、令彬同志和二医大“红纵”负责人建议：“砸保密室和保险柜是严重违反军纪的大事，不但我们不能办，张政委和张副部长也无权下命令。最近中央决定成立了‘全军文革’，这样重大的问题何不向‘全军文革’请示？”

“全军文革”是1月刚成立的。当时“中央文革”炙手可热，他们的发号施令在某种程度上比国务院、中央军委还要管用。新成立的“全军文革”由军委徐向前副主席任组长，江青任顾问。有“中央文革”的大背景，对

“红纵”还是有一定威慑作用的。池明、令彬同志当即表示：这是个好办法。“红纵”的负责人也不得不表示同意。于是我找来保密电话，接通了徐副主席处，接电话的工作人员说徐副主席已经休息，是否等首长起床后再报告。我请池明政委向徐副主席秘书说明情况，事关紧急，无论如何请他唤醒首长，我们等着回话。

过后，我又打电话催问了一次，秘书说：“已经报告徐副主席，首长正在考虑解决办法。请你转告张政委、张副部长和二医大的同志多等一会儿。”

想必这件事给徐副主席出了个不小的难题，我们整整等了两个小时没有接到回音。政治部机关的办公室都被造反派占了，保密室的门重重锁上谁都进不去，池明、令彬同志不得不同我一起，坐在保密室门外冰凉的水泥台阶上，熬过了整整一夜。这是寒冬1月的深夜，暖气停了，没有水喝，晚饭也没有吃，池明政委和令彬副部长都是五十多岁的人了，我很心疼他俩，哪怕能稍微改善一下他们的处境也好，可是实在没有办法可想。

好不容易等到天亮，电话铃声终于响了，我看了下表，已是早上六点。徐帅秘书让我接电话，问我：“你们保密室门的上端有没有安装玻璃窗？”我说有，是用玻璃钢制成的，大约一米见宽。对方回答：“那就好，徐副主席请张政委接电话。”徐帅对池明政委说：“保密室和保险柜储存的都是国家和军队机密，绝对不能动。二医大‘红纵’不是要查‘黑材料’吗？我想了个办法，让你们秘书科派人把保密柜里的文件逐一拿出在原地打开，‘红纵’可以指定人从保密室门外通过玻璃窗从远处观看。中央、国务院、军委的文件都是红头文件，从远处也能看明白。其他文件，凡是页面有明显标题的可以排除是‘黑材料’。如果还有他们不放心的材料，可由秘书科、保密室负责人与‘红纵’负责人共同查对，确属‘黑材料’可交给他们或就地销毁。”上述内容，徐副主席又让秘书向“红纵”头头重复了一遍。

这样，总算按照徐副主席的指示，双方取得了共识。

不愧是足智多谋的徐副主席，在万难中帮助我们解了围。我按照他的指示，让秘书和保密员找来两张办公桌，放在保密室门口，摆上椅子，请“红纵”负责人亲自“登台”查看。我们的保密员也按照规定办理。好几个柜子的文件，逐一查看下来已是上午八九点钟了。原本就没有什么“黑材料”，辛苦了十多个小时，“小将们”并没有取得什么“成果”，只能悻悻撤退。

我把池明政委、令彬副部长送走后才回到家里，全家人都没有吃饭、睡觉，惴惴不安地等了我一夜。在军尤其不放心我，深夜里派大女儿萌萌到办公区现场打探。那年她才七岁，人很机灵，并没有直接同我照面打招呼。回家后装着红卫兵手叉着腰、挥舞拳头的样子，活灵活现地向她妈妈形容：“好多戴着红袖章的造反派就这样子围攻爸爸，又吼又叫，就差动手了。爸爸很镇静，不像有事。”

事后我想，声名赫赫、曾统率几十万大军、打败国民党上百万军队、让蒋介石心惊胆战的徐向前元帅，加上两位身经百战、建国初期的中将，想不到会在这种极端情况下，只能用“智斗”小计挫败造反派。看来好笑，其实他们身怀深厚“功夫”，确实名不虚传，富有实效！

若干年后，我向徐帅夫人黄杰聊起这件往事，她笑着说：“你不知道，当年老徐答应当这个‘军委文革’组长，就是想为总理挡些事，总理的难处太多了！老徐和我这一辈子就觉得总理可亲、可敬，我们有些事不懂，都是总理慢慢教。总理去世，老徐哭，我也哭。”

不过，形势比人强。风乍起，不过“吹皱”一池春水，“文革”风暴却似大浪滔天，波涛汹涌。一周之后，我们政治部保密室还是被二医大“红纵”砸开了，保密柜里的所有文件也被抢一空，至今不知下落。不过这时，我已被完全免除职权、勒令“交代问题”去了。

第二十二章　深情嘱咐

难以承受之重

1967年初，“文革”的烈火越烧越旺，我的日子也越来越难熬。

这时，“两条路线斗争”已上升为革命与反革命的分野。在总后勤部，政治委员与政治部主任分别被宣布为总后第一、二号反革命修正主义代表人物。我作为政治部主任多年的秘书和现任秘书科长，自然也噩运难逃，成为被揭、批、查的“重要知情人”和“头号保皇派”，也算是个“小走资派”。对我没完没了的批斗倒也罢了，最难过关的，是限期揭发交代直接领导和自身莫须有的“罪行”。所谓“限期”，实际上并没有尽头，如果被迫违心地承认某一件事，等待你的是第二、第三、第四件……也不是说，造反派有多么旺盛的精力，而是“文革”在始终不断地“深入”，隔几天就会有“最高指示”宣告，中央“两报一刊”又会据此提出新的斗争目标和要求，口号越来越响，分量越来越重。这种无休止的精神苦刑，凡是当年挨过批斗的人都会有切身的体会。

看不到来日的生存，就像是在深陷泥沼中的挣扎，会使人逐渐失去生活的勇气。我们政治部保卫科科长张树森的离世，给了我很深的刺激。树森同志是我在西南军区后勤部工作时的老战友，我俩先后调来北京又一起共事十多年。他抗战时期入伍，办事勤奋，性格直爽，对保卫工作多有建树。他的爱人胥兆贵与他同时参军，端淑贤惠，待人亲切，也是我和在军熟悉的好友。他俩是美满的一对伴侣。那天，树森突然被人带走，经过我身旁时，悄悄地给我咬了句耳朵："老周，不管遇到什么情况，千万记住要活下去。"万想不到，就在当天夜间，他用悄悄揣在身边的刮胡刀片，蒙在被窝里切断手腕动脉，凌晨发现时业已不治。

树森去世的消息传来，难免使我萌生了同样的念想。我无意中对在军说了句心里话："人活着，太累。"最能理解我心情的她，即刻打断了我这个念头，她说："千万别想那么多，大不了我们回农村去种地。我从小在农村长大，懂得农活，我来养活你。"我苦笑着回答她："相信种地比搞政治容易，我肯定能学会，我们能养活自己。"

我很庆幸，有这样一位心心相印的伴侣，在自己最脆弱的时候相濡以沫，用强大的温情和同生死共命运的誓言，帮助我走出崩溃的深渊。

关爱至深的"三点嘱咐"

就在我万念俱灰的时刻，从西花厅传来七伯、七妈对亲属的三点重要嘱咐：第一，这一段时间暂时不要联系；第二，要在运动中学会游泳；第三，记住，不要参加这个派那个派。

七伯、七妈这三点嘱咐，是在"文革"形势最复杂、斗争最激烈的时刻，经过深思熟虑，逐字逐句给予我们的指示，话短情长，饱含深意，充满对晚辈关切爱护之情。它犹如苦旱中的甘霖，黑夜中的明灯，给予我们在险境中坚持下去的力量和勇气。

首先，"这一段时间暂时不要联系"的嘱咐，是对我们的一种精心保护。伯伯深知，他是江青一伙下一步清除的主要目标。这时大街上已经充斥着"拥护新文革，打倒旧政府""打倒中国最大的保皇派"的标语和大字报，矛头直指恩来伯伯。有的甚至猖狂地指名道姓，恶毒地进行人身攻击。七伯深知，凡是同他有关联的人，都有可能成为打击的目标。就在七伯、七妈的"嘱咐"传来前夕，伯伯的办公室副主任、国务院副秘书长许明，就因遭到江青指名诬陷自杀身亡。许明同志和她的爱人孔原，都是长期在七伯直接领导下工作的优秀领导干部、中国革命的有功之臣，因而成为江青一伙的眼中钉、肉中刺，必欲除之而后快。他俩的爱子，中信集团原董事长、中信改革发展研究基金会理事长、中国国际文化交流中心副理事长孔丹不久前告诉我，他母亲去世时没有留下任何遗言。许明深知，江青陷害她的目的，就是要“找出”哪怕丝毫蛛丝马迹，作为构陷周总理的突破口，她不会给江青留下任何借口。与许明同样，七伯的办公室主任童小鹏、副主任罗青长、卫士长成元功、秘书周家鼎等人，后来都成为江青指名道姓、蓄意陷害的对象。

孔原（左上）、许明（右上）与儿子孔丹（左下）、孔栋（右下）于北京（1951年）

七伯不只是对自己的亲属，在“文革”这一阶段，对他的老战友、老部下，更是尽其所能，及时予以嘱咐和提醒。他亲笔写信，让秘书周家鼎分别送给多位副总理传阅，信中深情地叮嘱：务必谨言慎行，不说过头的话，不做过头的事；务必坚持实事求是，决不能承认自己是所谓“三反分子”。家鼎说，七伯交代他，这封信务必当面送给本人阅看，本人不在，就先去下一家，不得让秘书转，不得放办公室，看后由本人签名。信传阅完拿回后，七伯看后立即烧毁。

家鼎同志是七伯的军事秘书，在他身边工作多年。20世纪80年代中期，我从总参谋部调国防大学工作，我俩有幸成为同事。他任国防大学纪委书记，我在校政治部工作，兼任校纪委副书记。我俩合作得很愉快。家鼎对我说，七伯写的这封信，陈毅、李富春、李先念、谭震林等老同志看后都十分感动，有好几位当场流了泪。

尽管七伯绞尽脑汁、煞费苦心地想要保护一批老同志，但在当时的恶劣环境中，要想保护所有的人包括他自己，是难以做到的。没过多久，陈老总、叶帅、聂帅、徐帅、李富春、李先念、谭震林等革命元勋，终于向“中央文革”发难，发生了所谓的“二月逆流”事件。事后“四帅三副”受到严厉批判。就是七伯自己，也不得不因江青诬陷我们的同宇伯父“与王光美哥哥王光琦借聚餐搞政治阴谋”、诬陷维世大姐是“苏修特务”，被迫亲自签字将周同宇和孙维世他俩逮捕关押。七伯的初衷是采取特殊时期的特殊办法，尽可能地对这些人予以人身保护，他曾用这种做法保护了一大批人。但并非事事都能如他所愿，维世大姐后来被江青一伙秘密关押、残酷折磨致死，给七伯、七妈留下永远的心中之痛。

同样，与七伯、七妈的“亲属关系”，仍然成为一些人整我和在军的重要缘由，只不过随着形势发展变化，程度时轻时重而已。

其次，“要在运动中学会游泳”的嘱咐，是教育我们在“文革”中怎样有效地保护自己。对这场“无产阶级文化大革命”的性质和走向，七伯通过几个月来的亲身体验，已由起初自称的“很不理解、很不得力”，进而有了清醒的认识。因此，他这次并没有像以往那样，教育我们积极投身革命、锻炼提高自己，而是称之为一场“运动”，让我们“学会游泳”。我虽然不是游泳高手，但学过游泳，会游泳。细想七伯的提示，联想“文革”以来的遭遇，回顾当初“学会”游泳的要领，应该把握这样几点：一是不要怕水，敢于下水，即使呛上几口水也不要退缩不前，敢于逆流而上。二是熟练动作，掌握节奏，适应不同的水性和水流变化，学会顺势而为。三是设立目标，坚持底线，保持坚强的信念和强大的定力，不到最后时刻决不轻言放弃。越是难以坚持下去的时候，越是考验自己是否真正“学会”游泳的关键时刻。游泳也好，“运动”也好，道理其实是一样的。

最后，“记住，不要参加这个派那个派”的嘱咐，既是对我们的关怀与教诲，也表明了七伯对“文革”所持的鲜明政治态度。此时此刻，江青一伙正大肆鼓吹在全国范围内“旗帜鲜明地支持革命造反派”“让真正的左派夺权、掌权”。为了夺权、掌权，对立双方势必争相给自己戴上“左派”桂冠，把自己的对立面打成“保守派”“保皇派”，直至置之死地。这就使派性之争上升为“革命与反革命”之争，进一步酿成全国性的武斗和内乱。直到1967年武汉“7・20事件”发生后，最高层领导不得不发出“实现群众组织大联合”的号召，这个不断升级的内斗才得以暂时遏制，但派性之争遗留下的人际关系的交恶却久久无法修复。七伯很早就给我们注射了政治上的“预防针”，提醒我们远离“这个派那个派”，他这样做，也是冒着极大政治风险的。

七伯、七妈在关键时刻的“三点嘱咐”，展现了他俩在复杂的政治斗争中具有的远见卓识和丰富的政治智慧，也是他们的党性和人性的具体体现。他俩的指示，引发了我对那场内乱和对人生价值观的深入思考，明白了许多当初并不懂得的政治和生活哲理。

众目睽睽下与我的亲切握手

这个世界充满了不确定性，同样，人的一生中会遇到太多的偶然因素。就在接到七伯、七妈“这一段时间暂时不要联系”的嘱咐后不几天，七伯与我就在一个特殊的场合见了面。而且他打破了历来的约定，在众多领导人面前亲切地同我握手和致意。

1967年3月30日，党中央、中央军委在总后勤部礼堂召开全体干部大会，宣布被二医大“红纵”绑架、陈伯达持林彪手令救出的邱会作回总后工作。当时主持工作的张池明政委、张令彬副部长指定我担任会议记录。总后机关已经全面瘫痪，那时没有录音设备，我是总后的一支“笔杆子”，重要会议的记录、整理常由我负责，因此，这个重任落在我这个“靠边站”干部一人的肩上。

总后礼堂的休息室与舞台之间，通过一个狭窄的走廊相连接。记录席就设在主席台上讲台的一侧，因此，那天担任会议记录的我，一人站在主席台入口处迎接领导人一行。七伯与中央几位领导和老帅，以及陪同的池明、令彬同志从休息室走向主席台，正好同我打了个照面。按以往惯例，我本来应该避开，不过，我实在想念有些日子没有见到的七伯，机会难得，不但没有避开，而且向前迎了一步。七伯见到我有些意外，更令我意外的是，他停下脚步，就在其他领导人注目下伸出手来，同我紧紧地握了握手。我轻声唤了声“七伯”，七伯用充满睿智的眼光凝视着我，“嗯”了一声，颔首致意。我注意到，自从“文革”以来，无论是报刊照片还是纪录片，七伯的眼神几乎都是严峻而深沉，少见笑容，而他这时的目光却充满了关怀和亲切，我也深切地感受到七伯手中传递给我的力量和温暖。令人伤感的是，他比我在西郊机场看到的更加消瘦和疲惫了。

此后，我虽然还有几次机会见到七伯，但这一次却是他和我的最后一次握手。从1946年在上海“周公馆”初见七伯、七妈，他俩关切地握着我这少年的手，到七伯这次同我的最后握手，时间过去了整整二十一年，这个世界发生了多么巨大的变化！谁又能想到会在这个特殊场合同七伯见面！但我知道永远不变的，是七伯、七妈对我的关怀与期许，是他俩对晚辈的深爱。

那次大会，只有七伯代表党中央、毛主席讲了话，主要内容是肯定邱会作的历史功绩，支持他回总后主持工作。这本来是稳定总后形势一个很好的契机，可惜，由于邱会作回来后对反对过他的人进行打击报复，使总后又一次“翻烧饼”，“人整人”的现象在总后循环往复，大批干部一次次受到伤害。

不久前我在网上看到，在江西兴国邱会作墓地的一侧，镌刻着周总理在总后干部大会上的讲话。那次会议只有我一人记录，会后也由我负责整理成文。事后是否经中央有关部门审定作为正式文件，我不得而知。不管怎样，碑文的原始内容应该出自我手，这是历史的本来面目。

第二十三章　批林整风

总理在“文革”中的“三只胳膊”——余秋里与谷牧

20世纪六七十年代，电视、广播和报刊凡报道重要会议和重大活动，在列举出席中央领导人的名单之后，都有这样一句：“还有余秋里、谷牧同志”，颇为引人注目。

余秋里和谷牧是在“文革”的特殊时期，经党中央批准，指名协助恩来伯伯工作的。当时，余秋里任国家计委主任，谷牧任国家建委主任。余秋里是驰名全军的“独臂将军”。

在多位副总理和老帅被打倒或靠边站的情况下，他俩在国家危困之际，辅佐伯伯撑起濒于倒塌的共和国大厦，厥功至伟。人们赞誉他俩是总理的“三只臂膀”。

我很早就认识余秋里，按理应叫他秋里叔叔，但因工作关系，我都是按职务称呼他，人后则称秋里同志。20世纪50年代初期，我参加西南军区后勤部派往下属一个汽车团的工作组，协助该团开展反贪污、反浪费、反官僚主义“三反”运动。当时，余秋里任军区“三反”委员会主任，是专为完成中心任务设立的一个临时机构负责人，却握有重要职权，仅次于军区首长贺龙、邓小平。

有一天，秋里同志事先没有通知军区后勤，直接来到汽车团视察工作。听说军区来了领导，我们到团部门口迎接，只见来了一辆老旧的美式吉普车，从车里下来的正是余秋里主任。他一身洗得褪了色的旧军装，左臂的一只袖子空荡荡的，随从只有警卫员和司机，车上却载有铺盖。他一路风尘仆仆，但精神抖擞，动作敏捷，吸烟时用一只手掏香烟、取火柴、点火，一气呵成地完成这一连串动作，比常人还利索。如有旁人帮忙，他统统谢绝。

巧得很，我们工作组组长、军区后勤司令部检查局的张兴臣局长，同秋里同志是红军时期的老战友，他俩多年来在不同地区战斗和工作，没想到今天能在这里见面，相谈甚欢。秋里同志亲切地询问我们几个人的姓名、职务，逐一握手。这是我第一次认识余秋里，至今过去七十多年了。

余秋里在团里待了两天，日夜不停地连轴转工作。他听取工作组汇报并共同研讨；参加团党委扩大会议，对团领导的官僚主义作风进行了严厉批评；召开全团干部战士大会，深入进行“三反”运动再动员；到各个连队实地视察，看望干部战士。这个团还没有新建营房，连队分散驻扎在附近村庄和临时工棚，相互间距离很远，他一个不落地走了个遍。

在短暂的相处中，我对这位红军将领的独特风格深有感触。他为人豪爽豁达，直来直去；工作大刀阔斧、脚踏实地；在原则问题上是非鲜明，执行党的政策却心细如发。

有件事给我留下深刻的印象：这个汽车团前身是起义投诚部队，许多老驾驶员抗战时期在滇缅一线执行任务，夹带走私是常有的事，不少人因此发了洋财。我在进军抵达重庆之初，就听到过一个笑话：国民党一个师长向某漂亮女大学生求婚，遭到她的拒绝，女方说：“我司机都不嫁，还嫁你师长。”原来，司机比师长挣的钱还多。“三反”中，这些老驾驶员便成为揭、批、查的重点。有人发明了一种“跪五加仑油桶”的体罚，谁不老实交出赃款，就让他日夜不停地跪油桶。秋里同志听说此事很生气。他把团领导和基层干部召集在一起开会，现场放了个五加仑油桶，指定几名干部亲自“体验”一下跪桶的滋味。秋里同志问他们“感觉怎么样？”。个个回答说，“不好受”，“坚持不了多久”。余秋里说：“是嘛！己所不欲，勿施于人。‘三反’反的是贪污，这些老司机在解放前置的家业，只要不是伤天害理得来的，就属于私人财产。把问题说清楚了，该交公的交公，其他不必追究。”一下子解脱了一大批人，老司机们个个欢天喜地，干部们也减轻了完不成运动“指标”的压力。

第三天一早，秋里同志乘坐他的老吉普车离开了。但就这两天时间，在他的指导下，汽车团的“三反”运动走上了正轨。在团里期间，他与工作组成员和干部、战士同吃同住，不接受任何招待。警卫员告诉我，他上任一个多月来，同这次的做法一样，已经巡视了十多个单位。

1952 年，余秋里被任命为西南军区党委常委、军区后勤部部长兼政委，成了我的顶头上司。这期间，我听说了他在战争年代的传奇事迹：长征中，任红二军团十八团政委的余秋里左臂两次负伤，露出骨头和筋络，仍坚持不下战场，托着一条伤臂爬雪山、过草地，度过整整 192 个昼夜。最终还是用木工的锯子截去了左肢。这一壮举，堪与青史留名的关云长“刮骨疗毒”媲美。

在军区后勤工作的三年期间，余秋里豪爽泼辣、率直果断的作风，快人快语又不失风趣的讲话，赢得干部战士的普遍好感，树立了很高的威信。

那时，全国刚解放不久，有些老干部进城后忘了本，看上年轻美貌的女大学生，与原配夫人闹离婚，一时间群众中闹得沸沸扬扬。军区后勤油料部部长就是其中一个。余秋里部长在一次后勤礼堂召开的干部大会上，点名让这位年轻能干、资格又老的部长站起来，当众严厉训斥他：“不要以为你为革命事业做了多少贡献。犯了几分钟不该犯的错误，就会毁了你一生！”在场的千余名干部无不深受震慑，但细细品味他的讲话，又都不禁掩口而笑。

20 世纪 50 年代初期，对老干部闹“婚姻改组”的事情，前有军区邓小平政委给予我们二野后勤政治部前主任、解放战争时期的一位正军职干部撤销职务的严厉处分，后有余秋里部长这次大会点名批评和处分一位正师职的二级部部长。这两位受处分干部都是卓有功绩的老红军，对他们的严厉处置，显示了党组织对违纪行为的“霹雳手段”，犯错必究、法不容情。当时对各级干部的思想触动很大，在全军区范围内一下子刹住了这股婚变风。

如今，有些干部在贪污枉法的同时包养“情妇”，有的数以百十计，有的竟然边贪腐边升迁，贪腐越重升得越快。古语说，“千里之堤，毁于蚁穴。百尺之室，焚于突隙”，这些贪官污吏已不是小小蚂蚁，而是成群结队毁我国本的蠹虫。“庆父不死，鲁难未已”，对这些败类不但应重拳出击，处以重典，而且要严厉追究有关领导和部门的责任，真正做到惩前毖后，正本清源。治国必先治吏，治党尤须从严。当年“三反”运动中的正面经验，仍值得今天借鉴。

在余秋里任军区后勤部长期间，我有时会参加重要文件的起草，见面时，他仍记得当初我这个工作组成员。1955年余秋里调北京任总财务部部长，曾有意选我做秘书，由于军区后勤政治部主任卢南樵希望我留下工作，此事作罢。这是干部部的同志后来告诉我的。

1962年，周恩来第一次到大庆。图为在1202钻井队现场参观的留影

1959年我调到北京后，由于七伯、七妈知道我在西南军区后勤部工作的经历，伯伯有次问起余秋里当年在西南军区的工作情况。我把亲身经历的这些有关秋里同志的逸事告诉伯伯，他听了哈哈大笑，说：“这个余秋里，他就是这个性格！什么事都要亲自过问、抓住不放。什么事也难不倒他。这回他在大庆发现油田，为国家立了大功。他是我们党内难得的能文能武的好同志，你要好好向这位老领导学习。”

1962年6月，余秋里（前排左一）陪同周恩来视察大庆职工宿舍

1971年9月13日，林彪叛国出逃事件发生后，我与分别了十六年的老首长余秋里重逢，并在他直接领导下参与总后批林整风运动，前后有一年多时间。后来，我有幸听到他与谷牧两位亲自谈述“文革”中辅佐七伯险渡国家经济难关的往事，其中有两件格外使我感动。为免遗珠之憾，披露在此，与读者共享。

余秋里说：“‘文革’中进入1968年，经济形势更加严峻。12月26日，我回家时凌晨两点多了，周总理亲自打电话叫我去，到他那里已是凌晨三点。总理疲惫至极，面带忧虑，对我说：‘今年只有五天了，明年的计划还没有搞出来，一些重要的生产资料和人民生活必需品安排哪里生产，往哪里调运，没有个计划怎么行呢。’我说，我找几个人先搞个明年第一季度计划，以便工作有新安排。总理说：‘好。’回来后我顾不得休息，找人商量、制定了1969年第一季度计划安排，经总理审查同意后，立即报请毛主席批准。这样，1969年开头，总算有了一个可供遵循的方案。”

这个事例表明，余秋里不仅在战争与和平年代能率领千军万马斩关夺隘，而且在国民经济的危急时刻，帮助伯伯治理国计民生，不愧是伯伯夸奖的“党内难得的能文能武”的治国之才。不止如此，曾在中共七大时任中央五大书记之一的任弼时，早就对秋里做过这样的评价：“余秋里，现在已经成为大知识分子了！”

谷牧同志曾与我和在军做过长时间交谈。他向我俩回忆了七伯“文革”中那句感人肺腑的“我不入地狱谁入地狱，我不下火海谁下火海，我不入虎穴谁入虎穴！”谈话的经过。

七伯的这句名言，常被人错误地引用，其时间、地点和原意都有很大出入。谷牧同志所言是他的亲身经历，也是唯一准确的版本。

谷牧说：“这是总理在我召集的一个会议上讲的。开会期间，周总理来了，他要听听大家的意见。结果几个部长把总理包围了。那也是当时有名的故事了，叫‘五部长包围周总理’，段君毅、吕正操都是老资格。老将包围总理，部长们纷纷陈词：他们这些人挨批挨斗没关系，就是被打垮了也不在意，但是生产不能垮啊，总理！现在生产已经很乱了。省委书记也纷纷诉苦，说生产垮了还革什么命啊。总理讲了一番话：现在这个形势是大势所趋，欲罢不能，只有挺身而出，站在运动前面来引导运动。这时候别人又说

谷牧回忆周恩来时激动不已（1997 年）

了一句什么，总理说：我怕什么，我不入地狱谁入地狱，我不下火海谁下火海，我不入虎穴谁入虎穴！”

余秋里和谷牧对七伯敬重如山、感情至深。我从电视和照片中看到，秋里同志向七伯遗体告别时悲痛欲绝、站立不住的恸心情景，令人心碎。谷牧同志是一位端庄凝重、心高气傲的领导人，对七伯同样情深意切、敬仰有加，在同我俩交谈时说到动情处，几度痛哭失声。谈话结束时，他站起身来，说了一句掷地有声的话，令人久久难忘：“周总理的功绩与日月同辉，怎么估计也不为过！”

我所知道的林彪坠机身亡的真相

1971年9月13日，林彪仓皇出逃，折戟沉沙，葬身蒙古温都尔汗。

9月20日，中央责令林彪的“四大金刚”黄永胜、吴法宪、李作鹏、邱会作隔离审查。

总后勤部是“批林整风”重点单位，中央委派政治局委员李先念和国家计委主任余秋里指导总后运动，由总后政委张池明、第一副部长张令彬主持运动和工作。

实际上，总后和总参、海军、空军这几个重点单位及全国的批林整风运动，都是在周总理亲自领导下进行的。

同“文革”初期的情况类似，批林整风运动一开始，总后部分领导成员和多数二级部领导就受到群众的揭批、被审查，机关各部门又一次陷于瘫痪状态。张池明、张令彬报经李先念、余秋里批准，成立总后批林整风办公室，又称总后党委办公室，负责处理运动和日常工作中的重要事宜。他俩指定从总参并入总后不久，与邱会作没有任何牵连的军事交通部部长徐斌任办公室负责人，我任秘书组组长（我当时职务为后勤杂志社副社长）。

由此，我有幸又一次见到了老领导余秋里，并在他的直接领导下度过了一段难忘的日子。

1971年10月上旬，余秋里代表李先念出席总后军以上干部会议，传达林彪反党叛国事件。会议在总后党委会议室举行，出席的有六七十人，我是唯一的列席会议人员（当时林彪出事的消息还没有传达到师一级），自己在后排找了个位置坐下。

秋里同志由张池明、张令彬陪同在主席台就座后，向鼓掌欢迎的台下同志点头致意，一眼看到了远处的我，当即大声说："那不是小周吗？到前面来！"

我这人少年老相，参军多年来，别人叫我"小周"还是第一次，既感到亲切，也出乎意料。自从20世纪50年代秋里同志调北京工作后，我俩就没有见过面，想不到他还记得我，一眼就认了出来。我欣喜地快步走向前台，向秋里同志敬礼问候："老首长好！"他回礼微笑，并大声回应说："什么'手掌（首长）'，'脚掌'嘛！"引起全场一片笑声：老首长还是那样的风趣和亲切。

余秋里在会上传达了林彪叛国出逃、机毁人亡的经过和中央处理这一重大事件的详细情况。他说，传达的内容全都是周总理在政治局会议上的通报，也是李先念和他所了解的第一手材料。那时，保密工作做得真是好，到会的军以上干部中，没有一人会前得知一星半点"副统帅"叛变的信息，黄、吴、李、邱被隔离审查一事又与总后密切相关，因此，大家极度震惊又紧张不安，人人凝神静听，唯恐漏掉什么。我在会前接受池明、令彬同志交代任务时，已知道了大概，由于工作需要，同样听得格外认真。毕竟，当时这件事对所有的人都是难以置信的爆炸性大新闻。

九一三事件已经过去五十多年，针对它的各种传言不胫而走，至今不绝，其中不少都是主观臆测、以讹传讹的编造。根据我的了解，有两件在群众中传播很广的所谓"内幕消息"，实属不实之词，应该予以澄清。

一是所谓"林彪外逃座机是被导弹击落的"。

据先念、秋里同志传达，实际情况是：1971年9月13日下午，在得知林彪座机即将飞出国境时，有关部门确实请示是否采取拦击措施，周总理当即向毛主席汇报，毛泽东明确表态："天要下雨，娘要嫁人，由他去吧！"

在度过紧张的一夜后，9月14日下午，恩来伯伯接到我驻蒙古使馆报告，有一架飞机在蒙古国温都尔汗坠毁。从编号确认，这架飞机就是林彪乘坐的256号三叉戟专机。综合判断，应是他们一伙仓皇出逃，燃料耗尽，强行着陆以致坠毁。后来经过现场勘查确认无疑。“导弹击落”的传闻纯属编造。

二是所谓“听到林彪死讯后，总理号啕大哭”。

这件事也是无中生有。据先念、秋里同志传达：9月14日下午，总理得知林彪座机在温都尔汗坠毁，机中九人无一生还的消息后，随即向人民大会堂待命的政治局成员传达，会场变得一片轻松。伯伯则含而不露地嘱咐餐厅备饭，让这时才发现饥肠辘辘的众人饱餐一顿，还破例喝了茅台酒，一起干杯。

对于上述两件事，更为详尽的情况，我是从林彪坠机前临危受命、前往空军指挥所坐镇指挥、现场处理这一重大危机的中央政治局候补委员、军委办事组成员李德生口中直接得知的。

德生同志是我和在军共同的老领导。在军于1950年参军时还不满十三岁，李德生是她所在部队十二军三十五师师长。20世纪80年代我在国防大

李德生忆述当年受命处理九一三事件情况（1996年）

学工作时，德生同志任政治委员、党委书记，我任校政治部副主任、主任，先后共事五年之久。由于历史和现实的双重关系，我和在军时常去探望德生同志和他夫人曹云莲，与他们的子女也很熟悉。这位老首长见面时总是亲热地称在军为“我的小女兵”。无论他在职时或是离休后，只要是纪念总理的活动，他总是有请必到。1998 年，《百年恩来》电视艺术片在上海举行首映式，德生同志患腿疾行走困难，仍应我俩请求，坐火车和轮椅，专程从北京去上海出席活动并讲话。

关于林彪座机坠毁前后以及与恩来伯伯相关的情况，德生同志作了详细的回顾：

> 眼看飞机要出国了，我请示周总理怎么办，要不要派飞机拦截？
>
> 周总理告诉我，在你之前，吴法宪也请示过，毛主席说：林彪还是我们党的副主席呀！天要下雨，娘要嫁人，不要阻拦，让他飞吧。周总理还说：林彪是党中央副主席，把他打下来怎么向全国人民交代！
>
> 因为梁璞（空军参谋长）他们并不知道飞机上坐的是什么人，所以他们又一次焦急地问我怎么办。我只能告诉他们：“这架飞机不能打，不能拦截，让它飞！这是总理的指示。”
>
> 就这样，我眼看着这架飞机于 9 月 13 日凌晨 1 时 50 分，飞出了国境线。
>
> 9 月 14 日下午 2 点，周总理刚睡着，外交部送来我驻蒙古使馆电报，秘书只好把他叫醒。周总理叫秘书念电报，当他听到 256 号三叉戟飞机，于 13 日凌晨 2 时 30 分在蒙古温都尔汗附近坠毁，机上 8 男 1 女全部死亡时，高兴得连声说：“啊，摔死了！摔死了！”
>
> 他当即将这一消息报告了毛主席。毛主席听了也很高兴，说：“这是最理想的结果！”
>
> 9 月 15 日，经过我驻蒙古人民共和国大使到实地察看，报回来 256 三叉戟坠毁的残骸和林彪、叶群等 9 具尸体的照片，完全证实林彪叛党

叛国，折戟沉沙，葬身于温都尔汗。周总理在人民大会堂同政治局的成员，举杯庆贺不动一兵一卒、不费一枪一弹清除了我们党、我们军队、我国人民的一大祸害。在八一前夕，还为林彪拍照的江青，这时也流出了演员式的眼泪，装模作样地和大家频频举杯。后来才明白，林彪一死，她在“文革”中同林彪勾结的事情，就死无对证了。黄、吴、李、邱则强作笑脸，极不自然。周总理当着他们的面，非常严肃地指出：“林彪叛逃，你们是有跑脱不掉的责任的。”当场宣布：黄、吴、李、邱暂时不参加政治局的活动，集中精力检查自己的问题，揭发交代林彪的罪行。

以上所述，才是真实的情景。无论从哪个角度说，七伯也不会因林彪的死“号啕大哭”。传说的“目击者”纪登奎已经去世，无从核实。但当时日夜二十四小时不离伯伯身边的卫士高振普亲口告诉我，他可以证明根本没有此事。振普同志说，恩来伯伯为处理林彪事件，在人民大会堂连续工作三天三夜，只睡了三个小时。

林彪之死，在当时，只能让七伯卸下心中的一份沉甸甸的重负。

伯伯亲自指导总后批林整风

林彪叛逃事件的发生，对毛主席是一次很重的心理打击。因此，他从一开始就把所有的善后事宜交给周总理全权处理。恩来伯伯不负所托，以高度的政治智慧和超乎常人的精力，全力挑起了这副重担。他指定协助处理这一事件的叶剑英、李德生、李先念、余秋里、张才千等同志，全都是治党治国的栋梁之材。他们在险象丛生、危机四伏的紧急环境中，精心贯彻落实伯伯的指示，确保党和国家的安全，并使批林整风在正确轨道上运行。江青一伙虽然多方阻挠与破坏，但在这一阶段，毕竟不能像“文革”前期那样颐指气使，肆意妄为。

在总后批林整风过程中，余秋里每天必到。他白天协助总理办理国务院业务组工作，晚饭后准时来到总后，陪同他的有国家计委处长房维中（后任中共中央委员、政协常委、国家计委副主任）。先念同志同他随时保持着联系。

同当年一样，秋里同志办事有他独特的风格。除了召集会议或找个别人谈话外，绝大多数时间与张池明、张令彬、徐斌，加上房维中和我开小会。说是“会”，实际上是一种同志式的交谈，主题严肃重大，气氛轻松活跃。一般情况下，由池明、令彬、徐斌和我首先汇报运动进展情况和查出的问题，秋里同志随时插话、询问、分析、指点，其间又各抒己见、热烈探讨，最后秋里同志做结论。房维中和我负责记录。

池明、令彬同志知道余秋里喜欢喝点小酒，他俩自己准备了普通的白酒和花生米（秋里同志不让上菜），“小会”上偶尔喝一点，边喝边议，有助“谈”兴。稍事休息时，我常陪他到党委会议室外的草坪上散步。秋里同志曾对我说：“你可知道总理现在担子有多重。没有他，我们这个国家不知道会乱成什么样！”他还说过：“张老（指张令彬）参加革命很早，是我们党内的忠厚长者，这样的人不可多得，值得尊敬。”

这个六人“小会”，常常要持续六七个小时，直到次日凌晨三点左右结束，秋里同志才乘车离开。随后房维中和我按议定内容共同商量、起草简报，成稿后已经天亮，维中有时在我家吃完早点，回计委上班，我则负责简报的打印、校正，呈送徐斌并池明、令彬同志审定上报。稍事休息后，我又得陪同池明、令彬同志听取汇报、汇总情况，准备当晚的“小会”商讨。那一阶段，我每天的休息时间不超过三四个小时，连续几个月下来，深感身体难以支撑。我常想，自己不过是负责一个单位的具体文字工作，每天要处理无数国内外大事、解决数不清的难题，还要应对“四人帮”明枪暗箭的伯伯，一个年逾七十的老人，即使是钢铁之躯，也经受不住这样的煎熬！后来的事实证明，我的担忧完全不是多余的。

按照秋里同志嘱咐，我们的简报以绝密件直接报毛主席、周总理和中央极少数领导人，每次不超过七八份。除文字简报外，李先念、余秋里还随时向总理当面汇报总后批林整风情况，及时向我们传达他的重要指示。由于在“四大金刚”的夫人中，胡敏与叶群的联系最为密切，尤其是叶群在仓皇出逃前几个小时，还通过军委一号台与胡敏长时间电话交谈，这件事是“策划南逃”的重大疑点。因此，对总后批林整风，七伯尤为关注，多次给予及时具体的指导。

批林整风是“文革”进程中的一部分，当时通行的“炮打”、“火烧”、打派仗、任意上纲、动辄株连的现象，仍然时有出现。七伯和先念、秋里同志竭力排除干扰，采取许多特殊和有效的办法，在查清问题、消除隐患的同时，通过揭露林彪“极左”的面目，落实党的政策，尽力挽回“文革”中造成的严重损失，为全面拨乱反正奠定了基础。

在总后批林整风中，我直接参与了一件大事。这是恩来伯伯采取的一个重大措施：向毛主席进言，将“文革”期间总后流放外地的干部，调回原单位参加运动。

“文化大革命”在总后造成的一个严重恶果是：有大批干部和群众受到打击迫害。我国最高人民法院特别法庭判决书提及在 1967 年到 1971 年期间，总后被直接诬陷迫害的干部和群众 462 人，汤平、周长庚、顾子庄、张树森、申茂兴、王述臣、张凌斗、华迪平 8 人被迫害致死。

上述被迫害致死的 8 人中，除总后副部长汤平与我是上下级关系外，还有 3 位我非常熟悉，平时关系也不错：周长庚是总后政治部主任，也是位老红军；张树森是保卫部科长；申茂兴是俱乐部主任。其实在政治部，“文革”中被批斗或迫于压力而死的还有直工部部长耿子甫和保卫部的另一位科长。而我们政治部总共才有 100 多名干部。当然，这样惨痛的后果与当时特殊的历史背景和政治环境分不开。

还有一位红色医疗专家、总后卫生部原副部长傅连暲，也是被迫害致死的。他当年救治过毛主席和恩来伯伯，在“文革”初期遭批斗时写信给毛主席，恳求救他一命。毛主席批示：“此非当权派，又无大罪，应予以保护。”但由于遭到林彪、叶群嫉恨，江青、康生又直接插手，他和夫人陈真仁被关进秦城监狱，遭到非人的待遇，仅 15 天就惨死狱中。

我同傅连暲和他夫人也都熟悉。我在总后卫生部工作期间，常向傅连暲副部长请示工作。他因兼任国家卫生部副部长职务，在家办公的时间多，他夫人陈真仁与我是同事，是总后卫生部药材局局长，因此我常去他们家中。印象中的连暲同志温文尔雅，身体偏弱，患有胃病。我后来听说牢房里只给他吃冰凉的窝窝头，想吃口热稀饭也没有，显然难以经受牢狱之苦。

傅连暲的惨死，毛主席必定有所耳闻。1975 年我在总后党委办公室工作时，曾看到毛主席对贺诚同志信的批示原件，其中有一句话颇为动情："贺犹幸存，傅已入土，呜呼哀哉！"

至于遭受打击迫害、被流放外地的，人数也不少。批林整风开始后，这些干部纷纷写信，要求回北京参加运动，揭批林彪一伙的罪行。先念、秋里同志向房维中和我单独传达了七伯的一个重要意图：借此机会，向毛主席反映情况，争取得到他的同意，将这批干部调回北京参加运动，分配工作。前面提到，毛主席与总后的贺诚、傅连暲等同志历史上有过密切交往，是有感情的。这件事如果得到毛主席的允准，就为全面解放"文革"中受迫害干部打开了一扇大门。这是七伯下的一步大棋，应该说也是一步险棋。

这件事是在极端保密的情况下进行的。1972 年春末，秋里同志以执行临时任务为名，指名调我到国家计委办公大楼，与计委副主任段云、顾明，处长房维中（他们三人被誉为国家计委的"一、二、三号大笔杆子"），关起门来，共同起草一个向毛主席、党中央的报告，内容如上述。由于文件内容极其敏感和重要，我们在秋里同志亲自指点下，夜以继日，共商共议，字斟句酌，几易其稿，大约用一周时间完成了任务。

为什么这个文件的起草这样神秘，保密程度这样严格呢？

"文革"中，中央和国家机关、军队和地方，都有大批干部被下放到山区、"干校"安置或劳动，其中包括党、政、军许多高级干部。九一三事件之后，七伯曾利用各种机会，借多种理由，在征得主席同意后，陆续解放了苏振华、秦基伟、李成芳、刘震、吴克华、颜金生等一批军队的老同志，但都是一个个地办理，进展很慢，中间还受到"四人帮"的多次阻挠。叶剑英副主席曾讽喻解放干部的情况是："一匹复一匹，过桥真费力，感谢牵骡人，驱驮赴前敌。”“牵骡人”指的就是周总理。七伯指令借总后的情况写这个报告，走一步险棋，就是想一次解决一大批人的问题，为全盘解决问题开拓前提。

七伯深知，此事如果被“四人帮”察觉，肯定会大做文章，甚至制造出一个类似“二月逆流”的事端来。有利的条件是，对批林整风运动，毛主席委托恩来伯伯全权处理，不必事事经过江青一伙。因此，文件的起草由伯伯亲自授意，先念、秋里同志亲自落实，知道和参与这件事的，除总理、先念、秋里同志外，只有段云、顾明、房维中和我。

文件在总理审阅定稿后，由他直接报送毛主席。我留在国家计委待命。过了十多天还没有下文，我们几个当事人都惴惴不安。终于有一天，秋里同志回到计委大楼，兴冲冲地告诉我们：“总理刚才说了，文件报给主席，过了这些天他没有批复，但没有表示反对意见，可以理解为已经默认了。我看，你们就照此办理、具体落实吧！”

总后这一大批干部从外地返回北京，等于宣布“文革”中挨整干部的大批解放。回来的同志心情振奋，一个个如同获得了新生。我去看望老首长、总后政治部主任卢南樵时，这位老红军激动地对我举臂连声高呼：“毛主席万岁！”他夫人于明流着泪同我拥抱。

这个消息很快就传播到驻京各单位和外地，他们也纷纷照此办理。

当年这些回到北京和原单位的同志，包括总后回来的同志，至今并不知道，恩来伯伯和先念、秋里、池明、令彬同志为此事操了多少心，担了多大风险！

在总后批林整风中查清了一大批问题。其中一个头等重要的清查内容，就是叶群在 1971 年 9 月 12 日仓皇外逃之前与胡敏长时间的通话。这是林彪、叶群一伙策划南逃广州、另立中央的最重要线索之一。

我们对胡敏等人的审查，完全按政策办事，不搞逼供信。据胡敏交代，她与叶群这次通话，主要是商量为林豆豆和未婚夫张清霖举办订婚仪式的具体事宜，还议了林立果和张宁的婚事。通过对有关当事人的多次查证，我们分析，胡敏的交代可信度较高，叶群在惊慌失措之际与胡敏通电话，有可能是借此掩盖即将乘机外逃的真相。最终，这件事的查明，对审结林彪、江青反革命集团一案有一定帮助。

对批林整风中涉及的总后大量在职干部，伯伯和先念、秋里同志也提出了鲜明的政策。他们指出，不能把邱会作主政时期总后的干部都说成是“保邱”一派加以否定，也不应重复邱会作过去的做法，打击一大片。对这部分干部，原则上应划分为三种情况：第一类是被邱会作视为亲信、参与做了坏事的；第二类是所在单位的工作骨干，虽被提拔使用，确属工作需要的；第三类是当初遵照党中央指示支持邱会作回总后工作的。对第一类人应查实、处理；对第二类人原则上不应视为问题，该保护的要保护。秋里同志说，邱会作是总后部长，他不用人，怎么工作？对第三类人应与“抢救”回来的干部一视同仁，不搞“以人划线”，统一衡量，量才适用。

在整个批林整风期间，先念、秋里、池明、令彬同志和后续指导或主持总后全面工作的李德生、张宗逊等同志，都是严格遵循党的政策和原则办事。但在总后这个“文革”的重灾区，派性的激烈超乎想象，即使这些德高望重的领导同志也无法完全控制局面。在总后，反复“烙烧饼”“打横炮”的情况仍屡见不鲜，“文革”中形成的历史心结很久未能完全解开。

比如，301 医院的一个护士，被怀疑与林彪叛逃事件有牵连，七伯亲自指示先念、秋里：“不要抓住一个护士不放”，使她得以解脱。

从九一三事件发生到 1973 年上半年，七伯亲自过问并通过先念、秋里同志具体指导，总后批林整风取得了重大成就，查清了问题，落实了政策，解放了干部，尽可能地团结了大多数人，为重组新的总后领导班子奠定了基础。但胸有成竹的伯伯所着眼的不只是总后一个单位，也不仅是军队的其他若干重点单位，而是要通过一系列具体措施，由点及面，由浅入深，有目标有计划地逐步恢复遭到破坏的国家经济和社会秩序，全面落实党的干部政策，尽力消除“文革”造成的种种灾难性影响。正是在这个暂时休养生息的时期，我国恢复了在联合国的合法席位、实现了尼克松访华和中日恢复邦交这三起外交史上的重大突破。伯伯在付出了大量心血的同时，也感到十分欣慰。他敏锐地察觉到时机已到，适时地推动邓小平同志复出，实现他的一大心愿。但是，过度的劳累和“四人帮”无休止的诽谤和迫害，也使他身心俱疲，付出了沉重的代价，患上了膀胱癌。

20 世纪 90 年代初一个夏天，我和在军在北戴河军委疗养院度假。中央疗养院与军委疗养院共用一处海滨。我俩游泳时，恰巧与同在水中游泳的余秋里相逢。他由两个战士护卫，套着游泳圈，用右臂游泳，泳技娴熟，悠然自得。秋里同志早已是中央政治局委员、国务院副总理、军委副秘书长、总政治部主任。见到我俩，他高兴地停了下来，招呼我俩一同上岸，在海滩的遮阳伞下饮茶畅叙。秋里同志兴致盎然地谈起许多往事。在谈到总后批林整风时，他特地提到当时采取的对待干部的政策，动情地说：“按照总理嘱咐，先念同志和我采取那些做法是完全正确的。回过头来看，经住了历史的考验。”我听他谈及往事心驰神往，起初有些诧异，这么多年过去了，这位有着漫长政治生涯、经历无数政治变故的政治家，为何对已过多年的总后批林整风中这些具体事情，至今念念不忘，始终挂在心上？仔细想来，秋里同志也好，先念同志也好，他们都同恩来伯伯一样，在心中始终关心的是人，是每一个革命同志的政治生命。

铁骨铮铮，唯民是从，把所有的人、所有的心装进自己的心里。这样的人才是人民的好儿子，是党的好领导、好干部。

与邱会作和胡敏之间的一段往事

1959 年 2 月，我从重庆调到北京总后勤部机关。那一年夏天，发生了庐山会议批判彭德怀的事件，总后勤部部长洪学智被列为“反党集团”成员撤职下放，由邱会作接任部长。

我调到总后工作后，不时参加起草一些重要文件，与邱会作有过一些接触。仅从我参与的这些具体工作来看，“文革”之前，邱会作与林彪、叶群在政治上似无更深的交往。邱会作提出的一些后勤工作方针和言论，如“三勤办事”（勤恳办事、勤俭办事、勤巧办事），“用经济的方法管理经济”，以及“画像”抨击领导作风中三种不良现象：“老虎屁股摸不得，猴子屁股坐不住，大象屁股推不动”，等等，与林彪当时大力倡导的“突出政治”“四个第一”等并无直接联系，为此，总政还曾婉转地提出过批评。公允地说，邱会作是一个有工作能力、肯思考问题的人，他提出这些方针与指导原则，都是自己事先出好题目，再让写作班子做文章，他定稿。

1966 年，邱会作因在生活上犯错误，受到军委秘书长罗瑞卿和总后党委的严肃批评，林彪出面保了他。“文革”初期他被造反派绑架、迫害时，林彪让陈伯达持他写的手令向造反派交涉放人。从此邱会作上了林彪的船。其实，在邱会作被造反派揪斗时，七伯、叶帅和其他老帅都一再出面、尽力对他进行保护。

邱会作刑满释放后，长期居住西安，1987 年曾来北京，托人联系国防大学校长张震，盼能见他一面。张震校长找我商量说：“他过去是你的老部长，见好还是不见好？”张震同志顺便提起一件往事：当年在新四军四师，他任师参谋长，邱会作是师政治部组织部部长，两人是战友和同事。“文革”中，张震任南京军事学院院长，遭到造反派残酷批斗，是周总理关心过问，把他从南京转移到北京京西宾馆保护了起来。他刚到北京、走进京西宾馆电梯时，巧遇黄、吴、李、邱四人。都是老熟人了，但在这个狭小的空间里，却没有一人理他，直到出电梯竟没人与他说一句话。当时他心里像冰冻了一样。我劝张震校长：“文革”中无法理解的事多了去了，现在总算已经过去；以邱会作目前的处境，还是见一见好。张震同志采纳了我的意见，委托我安排，请邱会作和胡敏吃顿饭，嘱我也参加。

那天我因事晚到了一会儿，进休息室时，张震校长和邱会作、胡敏已坐在沙发上聊天。张震问邱会作：“这位你认识吗？”邱会作立马回答：“怎能不认识！这是我们早先政治部的秘书科长，总理的侄儿。”

餐桌上，大家谈得很融洽。据我观察，邱会作仍然谈笑自若，并没有表现出曾经被判刑坐牢的消沉委顿。他还半开玩笑地对张震说："你们红三军团的战斗力，可是靠我们江西小米养就的啊。"

吃饭期间，邱会作和胡敏向张震同志提出要求，说黄永胜的妻子项辉芳的党籍、军籍都没有受到影响，希望能帮助胡敏解决恢复待遇等问题。张震同志指着我对邱会作说："这件事就请政治部周主任帮忙吧。他也是你的老部下。只要是符合党的政策的事，能做的我们一定会做。"

恢复胡敏待遇的事情，关键在总后。对胡敏来说，幸运的是，当时总后政治部主任王永生，与我是二野军大同学，进军西南时我俩同一个班，白天一起行军，晚上共睡一个铺，我的被子垫稻草上，他的被子两个人盖。我俩先后调到北京后，又曾在一个单位共事，关系密切。我把胡敏的请求和张震校长的嘱咐告诉永生同志，请他帮忙。永生说，这件事他知道，但有阻力。我告诉他，胡敏在批林整风中交代问题的态度不错。她是个老同志，既然有项辉芳的先例，如能按党的政策解决她的待遇问题，也是了却邱会作和她的一大心愿。

永生同志答应我去做工作。不久后回复我，他已将张震同志的委托和我们两人的共同意见，向总后党委和总政作了汇报，得到他们的允准，恢复了胡敏原有待遇，党籍问题待总政审批。

我把此事的办理情况向张震校长作了汇报。当时不知道邱会作和胡敏住处，没有再告知他俩此事办理的结果和过程。

不久前，我看到邱会作和他儿子程光的回忆录，其中提到这件事。有些情况和过程他们不完全清楚，在此谨作补正。

第二十四章　关怀备至

彭老总的悲剧

在“文革”期间的漫长煎熬中，我虽然深深思念七伯、七妈，时时盼望着再一次亲近他们慈祥的笑容，聆听他们有益的教诲，但这个亲人间朴素又简单的愿望，却总是一次次被无情的政治现实所打碎。

1974年深秋的一天，我去301医院南楼看望正在住院的总后军事交通部部长成学俞。这是一位很有水平的领导干部。“文革”中，邱会作征得黄永胜同意，把原属总参谋部的两个二级部，即装备部和军事交通部，改隶总后编制。机构合并后，我在工作接触中发现，从总参调进总后的干部素质都很好。“文革”结束后，这两个部划回总参，其中的装备部后来升格为解放军总装备部，与总参谋部、总政治部、总后勤部为平行单位。

成学俞刚调来总后时，是军交部副部长。原部长徐斌升任总后副部长后，由他接任部长。我俩工作上交集不多，但相处融洽，彼此间很尊重，有时间也谈谈心。

那天见面后他告诉我，彭德怀同志也住在301南楼，就在他对面的病房。听医生说，人已经快不行了。他还听说，彭总请求临终前见毛主席和亲人一面，遭到专案组的拒绝。

我问他能否借散步的机会，到对面病房门口看一眼老首长。他说很难办到，彭老总病房的门一直关着，有专案组的警卫把门，弄不好会惹出麻烦。

“咫尺天涯”：我不禁一声长叹。

我为这位功勋卓著、曾在国内外舞台上叱咤风云的“彭大将军”，深感痛惜与哀伤。同时，这次亲身经历，也证实了我的一个不详的预判：昔日西花厅里亲人欢聚的温馨情景，恐怕难以再现。

这时我已听说七伯的身体不大好，但不知道其实他已罹患膀胱癌，做过几次大手术，而且病情还相当严重。更万万想不到，就在那天的一年又一个月之后，他老人家会永远地离开我们！

世事无常，命运对我还是有所眷顾。那天之后，我还有机会见到伯伯。如果从七伯、七妈在“文革”之初嘱咐“暂时不要联系”时算起，到我在北京医院太平间沉痛地向伯伯遗体告别，在这个风云诡谲的历史空间里，我曾幸运地先后有五次见到七伯。他老人家还曾一再地破例，当着众多领导人的面与我亲切握手、致意。更为幸运的是，七伯特地向总后勤部领导了解我的情况，肯定我革命斗争的经历，指明我继续前进的方向。这是伯伯一生中对我始终不渝的最后关爱。

在此期间，我还有幸现场听取七伯两次重要讲话。

人老了，记忆力难免衰退。但是，每当想起这几次幸运地见到伯伯的情景，就像是回放和观看一部保存完美、画面高清的历史纪录片，其中的每一个镜头，每一个细节，都栩栩如生地呈现眼前。

首都西郊机场

1966 年 11 月 26 日，北京西郊机场，毛主席第八次检阅红卫兵。带队的我单独位于一列两千人队伍的最前面，距离行进中第三辆检阅车上站立的七伯只有十几米远。我清楚地看到，伯伯神情肃穆，面容消瘦。时间仅仅过去半年，他那始终洋溢着喜悦温情的笑容、充满情感魅力的丰采，几近消失。可以想见，“文革”以来的这几个月，给他带来了多么沉重的压力。

行进中的七伯，此刻不可能注意到我。他面对着海洋般涌动的百万人群，喧嚣的欢呼声淹没了周边的一切。何况，他的目光并没有朝向两侧的红卫兵，而是专注和警惕地看向车队前方。在第一辆检阅车上的毛泽东和第二辆车上的林彪，脸色也显得严肃，偶尔挥一下手，并没有太多呼应狂热的人群。

总后勤部礼堂

1967年3月30日，在北京万寿路总后勤部礼堂的舞台入口处，我迎面见到了七伯。他身后是叶剑英、徐向前、聂荣臻、萧华、杨成武、江青、“中央文革”成员和总后主要领导人。七伯微笑着回应我的敬礼和问候，当着一众领导人，紧握我手并用力摇了摇，然后走上主席台。

我能够感受到七伯手中传递给我的关怀、温暖和力量。

那天在会上，七伯作了长篇讲话。他强调指出，“文革”中对待干部应遵循党的一贯政策，严格区分两类不同性质的矛盾。这与林彪、江青等人当时大肆鼓吹的“革过去革过命的人的命”“造反有理”“打倒一切，全面内战”的鼓噪和煽动不同，显然是公然唱反调。

根据我当时记下的也是唯一的原始记录，七伯是这样讲的：

> 我们要识别干部嘛，不仅要看干部的一个时期的工作，而且要看整个历史。在这个阶级斗争中，我们要区别两类矛盾嘛！究竟是敌我矛盾，还是人民内部矛盾；是资产阶级当权派（当时党中央的正式提法），还是执行了一个时期的错误路线，或者是其他的严重错误，要区别这个矛盾嘛。同时，要看我们干部的整个历史，不要看一个时候的错误。

我注意到，七伯讲这段话时，主席台上的江青摇了摇头，面露不悦之色。

人民大会堂

1968年5月8日，中央领导人在人民大会堂接见总后勤部学习毛主席著作积极分子代表，我又一次见到七伯。

那天，我同其他少数同志，被安排坐在中央领导人座位前面右侧的地上。毛主席和其他领导人从左边走了过来，我和代表们起立鼓掌欢呼。毛主席走到离我两三步时，按照事先排定的位置坐了下来，走在他后面的七伯随即就座。这时，七伯离我只不过五六步远，看见了我，高兴地点了点头。

但在与会者合影时，七伯却是神态严肃，没有笑容。

那天有一个值得注意的细节：七伯胸前佩戴有一枚“为人民服务”的窄条徽章，而其他领导人除毛主席外一律佩戴的是制式圆形的毛主席像章，体积要大得多，一眼看上去区别明显。

那一段时间，正是全国各地制作、佩戴毛主席像章风气最热、泛滥最广的时候。像章种类越来越多，样式越来越复杂，尺寸也越来越大。据不完全统计，全国最多时共制作了 22 亿枚像章，最大的一枚重 180 公斤。出席这次会议的代表，有人全身军服和军帽上挂满了各式各样像章，走路都困难。

周恩来在“文革”期间胸前始终佩戴“为人民服务”徽章

七伯是反对这种做法的。他以佩戴这枚“为人民服务”徽章而不是通常样式毛主席像章的特殊做法，表明了自己的态度。在全国计划会议上，七伯还提出：“宣传毛泽东思想，要讲究实效，现在有的干部积攒了一百多枚毛主席像章，这些像章是用铝做原材料的，岂不是浪费国家资源。不学好毛泽东思想，身上挂的像章再多，也不能变成物质力量。”

对像章的泛滥，毛主席起初并没有反对，后来也觉得太过分了，曾风趣地说过一句话：“还我飞机。”但在那个个人崇拜趋于狂热的年代，很难刹住这股风：人人都戴像章，就你不戴，你就成了异类，就会被视为对毛主席不忠。因此，没人敢提出不同意见、采取不同做法。最终还是七伯以他特有的智慧和领导艺术，制止了毛主席像章的制作，刹住了这股风。

物资部原部长袁宝华生动地向我回顾了这段往事：“‘九大’之后，让我参加计划会议。总理就提出来，说：‘你这个物资部啊，给各个地方拨了五千吨铝，做毛主席像章。毛主席不赞成，你把它收回来。’我刚刚出来工作，怎么敢收回来呢！总理这个人他就是体谅你困难，讲话时点名说：袁某人到了没有？我说：到了。他说：‘我让你收回五千吨铝，你为什么一直到现在迟迟不动呀？不收回，唯你是问。’我心里明白，这就是支持我啊！所以会议散了以后，第二天早上我就起草了通知，通知各个省市一律收回。这五千吨铝很起作用，要不飞机厂都停工。”

那天的接见活动参加的有好几个单位，统一安排，分批接见。我们这一批安排在中间。毛主席在接见我们时已显得有些疲倦，对大家的欢呼声只摇了摇手。江青就坐在我的身后，兴致也不高。

这次我被安排参加接见活动，并占了个比较好的位置，这中间有个故事：

此前不久，我所任职的后勤杂志社（我是副社长），从上报稿件中发现了一起学习毛主席著作积极分子年四旺的事迹。年四旺是总后驻大同办事处某工程团战士，一次在煤矿铁路旁执勤时，突然发现铁轨上有一块大石头（事后秤重约有百斤），眼见前方有列火车奔驰过来，他奋不顾身地冲上前去搬开了石头，被火车强大的气流击倒昏死，头部负了重伤。由于年四旺的英雄行为，一场车毁人亡的大祸得以避免。

我们获悉这条信息后，认为很有报道价值，便由我和另一位副社长周中一起去实地采访。年四旺是个很朴实的战士，他谈了自己的思想演变过程：参军时分配到工程部队，眼见施工作业难免遇到事故，起初有些害怕，通过学习毛主席著作和张思德的英雄事迹认识到，一个革命战士在人民利益需要时，就应随时准备献出一切包括青春和生命。一时的畏怯，是私心杂念作怪；去除了私心，就没有什么可怕的。那天突然遇到火车遇险，他想也没想就冲上去排除了险情。这是他应该做的。

这件事发生时，正逢毛主席发出“要斗私批修”的号召不久，为了配合全党的宣传中心任务，我们根据对年四旺的采访内容，撰写了一篇专题报道，突出了“斗私”的主题，并加上一个贴近时代气息的标题：《狠斗私心一闪念，灵魂深处闹革命——记毛主席的好战士年四旺》，刊登在后勤杂志上。这篇报道发表后影响很大，《人民日报》、《解放军报》和全国报刊纷纷转载，一时间，“毛主席的好战士年四旺”成了家喻户晓的英雄人物，不仅当选总后学习毛主席著作的先进代表，还被选为总后党委委员、中共九大代表和九大主席团成员。“狠斗私心一闪念”也成了一个时髦的用语，被各种新闻媒体演绎、拔高和庸俗化，把现实存在的个人利益也都当作“私心”来批判，“一闪念”的内涵也不加区别地扩大到不同领域。这是我们始料未及的。

京西宾馆

1973年8月6日，在京西宾馆召开的总后党委扩大会议上，我第四次见到了七伯。

这是“文革”以来国内政治气氛相对较好的一个时期，也是我看到的七伯在此期间精神状态和心情最好的一次。

这一时期，在七伯直接领导下，全军批林整风取得了重大进展，党中央对军队重点单位适时进行了组织调整。这次总后党委扩大会议的中心内容，就是宣布总后领导班子的改组。周总理和叶剑英、王洪文、李德生、江青、张春桥、姚文元等出席了会议。总后参加会议的人员，扩大到驻京单位师以上干部。

那天会上，只有总理一个人讲话。我的座位在前排，正对着主席台，七伯看到了我，颔首示意。看得出，他老人家的身体又明显衰弱了许多，我心情十分沉重。

不过，七伯在开始讲话后，又显示出他始终保持的精神奕奕的状态。他首先代表党中央、毛主席宣布总后新领导班子的名单，重点介绍了新任部长、党委书记张宗逊，对宗逊同志的历史功绩作了很高评价，对新的领导班子提出了期望和要求，同时对总后深入批林整风、加强团结作了重要指示。

突然，七伯的话锋一转："这次总后领导班子的配备，我感到有一个重要的缺憾！"

七伯见大家神情紧张，把语气缓和了下来。他说："本来，我希望总后新的领导班子中能有一位女同志、女副部长，因为总后有大量医院、科研单位和工厂，有许多女医生、女护士、女科研人员和女职工，领导班子中应该有女同志做代表，以便更好地关心她们的工作与生活，关心到每一个人，使她们更好地为人民服务。"

七伯接着强调："这个意见我说了不止一次，可是始终提不出人选，只好算了。不过，我也有一个条件，在这届领导班子中保留一个名额，什么时候物色到合适人选，什么时候补上。今后总后领导班子换届也照此办理。我等待着总后勤部有一个女副部长出现！"

七伯的语气决断，铿锵有力，充分表现了他对总后的女同志，不，是对全军和全国所有女同志的关心与爱护！

全国人大常委会副委员长陈慕华曾向我谈了她的切身体会："总理一贯重视培养女干部。钱正英二十九岁当副部长。外交部龚澎同样很受重用。我也是周总理关怀、培养的。"

话回到会议上，这时，一旁的江青却阴阳怪气地插话："总理，我对你有个意见，你就是不让邓大姐出来工作嘛。”

她这番话表面上听来没头没尾，不着边际，照我看，一是借此显示她的权威和存在，二是以批评七伯不让七妈担任重要领导工作为名，暗讽七伯对总后应有女性副部长的建议。其心机可谓阴鸷。但当时的七伯稳如泰山，对她的插话没有做任何表示，头也不抬，就当作没有听见，继续往下讲。看得出，七伯对江青已厌倦至极。江青自感没趣，只得打住。

话说回来，七伯对七妈的任职确实要求严格。早在新中国成立之初，七伯就曾明确表示：“只要我当一天总理，邓颖超就不能到政府任职。”1974年，毛主席亲自提名邓颖超担任全国人大常委会副委员长，但七伯坚持己见，把七妈的名字勾掉了。对此，七妈始终表示理解和支持。这绝非做给人看的姿态，而是他俩高风亮节的又一表现。

七伯还说：“你们总后要注意，不要搞近水楼台，你们搞近水楼台可不得了！”他在那个时候，就再次强调了反腐倡廉的重要性。

遗憾的是，时间过去近半个世纪，总后勤部领导班子中仍没有出现过一位女同志，反倒混进了谷俊山这样的败类。更想不到，我曾经熟识、当初印象还算不错的郭伯雄、徐才厚，竟是谷俊山的后台。《尚书》云：“商罪贯盈，天命诛之。”善恶到头终有报，多行不义必自毙。七伯的教诲和期望、古人的箴言，值得人人深思。

这也是我最后一次现场聆听七伯的教诲。

首都体育馆

1974年1月25日，在首都体育馆，我第五次也是最后一次见到七伯。

这年1月24日、25日，正逢农历春节的大年初二、初三。经过这些年政治上的反复折腾、挨整批斗，好不容易形势有所好转，我满心盼望今年能安安心心地同家人过个年。不料想，年初二一大早就接到电话，通知我参加下午的“批林批孔大会”。由于我兼任总后党委办公室的工作，因此，这天部队的大会及第二天中央和国家直属机关的大会我都参加了。

这两个大会是江青一手操办、擅自召开的。在1月25日的大会上，听到七伯说："对不起，我迟到了。对于这个会，事先我一点也不知道。"我就明白了，这次会议并没有经过主持中央工作的总理批准。显然，这是江青一伙有计划、有预谋的行动，矛头肯定是指向总理。果然，他们在会上煽风点火，大放厥词，鼓吹这次运动的重点是"批党内的大儒"，含沙射影地指责七伯自批林整风以来的调整、恢复生产是"复辟倒退""右倾回潮"，又借"走后门"的题目攻讦叶帅。八十二岁高龄的郭沫若也遭江青点名，被迫在万目睽睽下站了起来。

参加这个大会的有一万多人。我在台下的位置较好，清楚地看见江青一伙飞扬跋扈的丑态，也看到面容瘦削的伯伯神色凛然，保持他一贯的尊严与镇静。

但我所不知道的是，就在刚刚一个月前，已经七十六岁，患癌症几年、做过多次手术的七伯，竟在党的政治局会议上经历了一场严厉的"批判"。江青对七伯一次又一次地狠下重手，目的就是要置伯伯于死地，以图实现大权独揽做红都女皇之梦。

这是我最后一次见到七伯，也是最为痛心的一次见面。这次大会，对七伯而言，同样是他一生中心情沉重的又一个艰难时刻。

伯伯对我的鼓励和期望

1971年10月1日，在党中央决定对邱会作隔离审查之后的一周后，中央指定主持总后勤部工作的政治委员张池明、第一副部长张令彬找我谈话，向我通报了林彪叛国投敌、机毁人亡的绝密信息，传达了中央委派李先念、余秋里同志指导总后批林整风的决定，指定我担任即将成立的总后批林整风办公室秘书组长。

池明、令彬二位首长同时向我传达了恩来伯伯不久前来到总后视察工作时，专门向总后领导了解我的情况和所做的重要指示。

根据他俩传达，七伯这次谈话的主要内容如下：

> 七伯问："周尔均在总后工作时间不短了。他现在担任什么职务？"
>
> 池明、令彬同志回答："周尔均现任总后政治部后勤杂志社副社长。"
>
> 七伯问："这是个什么级别？"
>
> 答："副师职。"
>
> 七伯问："他胜任这个职务吗？"
>
> 答："胜任。周尔均工作很努力，表现很好。他的文字水平也不错，是公认的笔杆子。"
>
> 七伯说："我知道他的情况。他是解放战争时期参军的，经受过战争锻炼。对他的任职我没有意见。"
>
> 七伯又说："今后对他还是要严格要求，有机会让他多到基层锻炼。"

池明、令彬同志接着说："总理对你很关心，要求也很严格。总后批林整风的任务很重，除了我们两人，你是总后第一个知道林彪摔死消息的，要严格保密。"

关于七伯的这次谈话，在张池明和张令彬同志亲口向我传达二十多年后，七伯的卫士长张树迎也向我和在军说起这件往事。树迎同志说："总理那次同总后领导谈起你时，我在场。在周家，你是总理唯一没有在职务问题上提出不同意见的人。"

张树迎同志，我和在军在20世纪50年代就同他相识。树迎是一个勤勤恳恳、正直干练的好同志，继成元功之后长期担任七伯的卫士长。有次我同在军穿着军服去西花厅，那天张树迎和乔金旺、赵行杰三位卫士对我佩戴的大尉军衔肩章很感兴趣，向我详细了解有关军衔的知识。七伯身边的卫士那时好像都没有授衔。到了60年代，我俩又与后去七伯身边的卫士高振普相熟，交往更多。在七伯、七妈身边工作的同志还有许多，他们都是那么热情勤奋，尽忠职守，对自身要求也分外严格。我和在军时常说起，要感谢七伯、七妈身边的工作人员，他们都是我俩的榜样，不能忘记他们，要向他们学习！

回溯以往，1946 年 9 月，我第一次见到七伯、七妈时，七伯语重心长地教育我：自强自立，走好自己的人生之路。

二十多年后的 1971 年，七伯又关切地向总后领导实地了解，肯定了我走过的道路、付出的努力，同时对我提出了新的期望和要求。

对七伯的嘱咐，我始终牢记。1988 年我被授予少将军衔，接着被任命为国防大学政治部副主任时，曾向张震、李德生同志提出要求，下到野战部队任职、锻炼，但没有获得二位老首长的同意。张震、德生同志说，国防大学虽然是大军区的编制等级，但直接面对教研室和学员系，实行面对面领导，下面没有层次。教书育人的思想政治工作很重要，同在部队基层锻炼性质是一样的。

我虽然内心有些失望，但作为一名党员和军人，还是坚决听从组织的决定和安排。尽管如此，失去了一生中唯一可以去野战部队锻炼的机会，至今仍引为憾事。

当然，我也理解七伯的用意。“多到基层锻炼”的本意，不光是不能待在大机关里脱离群众，更重要的是真正沉下身心去与群众同呼吸共命运。这正是六十多年前，他和七妈在祝贺我入党的同时提出的要求：“必须密切地联系群众，关心群众，向群众学习，从而你才能更好地为人民服务。”

七伯、七妈，是这样要求我们这些侄辈的，更是身体力行这样去做的。他们用自己的一生为我等后人做出了最光辉的榜样。他们离开这个世界的时候，留下遗言，就是把自己的身体化为沃土，撒遍山河大地，为人民做最后一次奉献，也与他们挚爱的人民群众永远在一起。

第二十五章　悲怆呐喊

悲壮的时刻

1975 年 9 月 20 日，七伯在 305 医院进行了切除膀胱癌的第四次手术。术前，他带着一包材料走进卫生间，反锁房门一个多小时，仔细地阅看了他在中央会议上关于“伍豪事件”的录音稿，然后用虚弱得颤抖的手，一笔一画地签上姓名，并注明“于进入手术室（前），1975. 9. 20”。

这时的恩来伯伯，遭受病魔和心灵创伤的双重折磨，体重只剩下 30.5 公斤，但他那充满智慧的大脑仍然十分清醒。此刻，他必须做好在手术台上下不来的准备，他必须在可能离开人世之前把这件重要的事情做完。

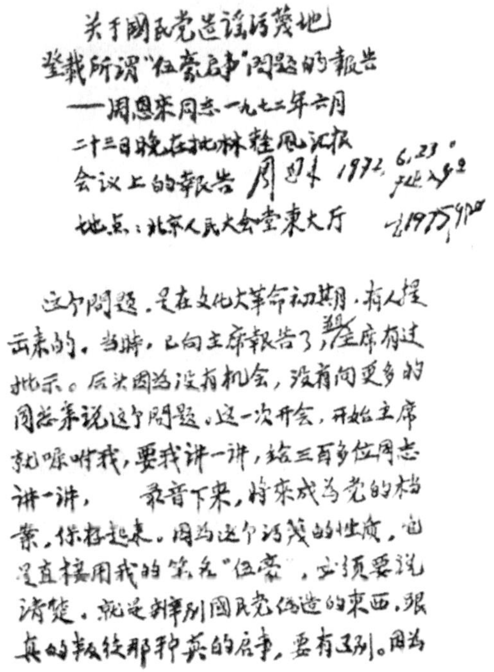
关于国民党造谣污蔑地
登载所谓"伍豪启事"问题的报告
——周恩来同志一九七二年六月
二十三日晚在批林整风汇报
会议上的报告 周恩来 1972.6.23. 于进入手术室（前） 1975.9.20
地点：北京人民大会堂东大厅

这个问题，是在文化大革命初期，有人提出来的。当时，已向主席报告了，毛主席有过批示。后来因为没有机会，没有向更多的同志来说这个问题。这一次开会，开始主席就嘱咐我，要我讲一讲，给三百多位同志讲一讲，录音下来，将来成为党的档案，保存起来。因为这个污蔑的性质，由是直接用我的笔名"伍豪"，必须要说清楚。就是判别国民党伪造的东西，跟真的叛徒那种英的启事，要有区别。因为

1972 年 6 月 23 日，周恩来《关于国民党造谣污蔑地登载所谓“伍豪启事”问题的报告》录音记录稿第一页

当医护人员把他推进手术室之前，出现了令全场所有的人意想不到、震撼心灵的一幕。七伯大声喊道：“我是忠于党，忠于人民的！我不是投降派！”

众所周知，恩来伯伯一旦发声，怎能不振聋发聩。在五四运动的街头，在旅欧中国少年共产党的集会，在南昌起义的城头上，在西安事变的谈判桌上，在与国民党谈判代表的激烈交锋上，在万隆会议的国际讲坛……他充满智慧与力量的发言，无不机敏睿智、精辟缜密、发至真情，既慷慨激昂，又从容镇定，争取了群众，赢得了同情，征服了人心，战胜了强敌。曾使得斯大林、尼赫鲁、尼克松、基辛格、田中角荣、卡斯特罗、张学良等叱咤风云的历史人物衷心折服。怎能想到，在他光辉生命即将熄灭之前，却发出如此伤感和悲壮的呼声，至今闻之，仍使我深感震撼、痛彻心扉！

1997 年，为拍摄《百年恩来》电视艺术片，我曾与邓小平叔叔的长子邓朴方多次交谈。我俩都认为，恩来伯伯在这次手术前当着在场的人所言，是他预判手术时可能不治留下的最后声明。当时，七伯说的前一句话：“小平同志，你这一年多的工作证明，你比我强得多”，是表达对继任者小平同志最后的支持。后一句话：“我是忠于党，忠于人民的！我不是投降派！”是对江青一伙无耻诽谤的愤怒声讨和回击。朴方含泪说：“这是总理最后的一搏，是他生命中最后一次的呐喊。”

朴方同志所言，我深有同感。在走过了自身人生道路多半路途的今天，我深切地感悟，恩来伯伯这颗伟大的心灵，为了国家和人民，可以入地狱，下火海，可以忍受无边的屈辱和苦难，唯独不能承受的，就是对他革命信仰的践踏，因为，这是他为之奋斗了一生的比生命更加宝贵的事业和理想！

伍豪之殇

“文革”十年，恩来伯伯为了他深爱的国家和人民，鞠躬尽瘁，死而后已。然而，就在他生命的最后这段日子里，竟然有一把利剑高悬在头上，令他饱受压力和苦痛。这把“悬剑”，就是江青一伙利用红卫兵的无知，人为制造的所谓“伍豪事件”。

我得知“伍豪事件”详情，是在20世纪70年代中期、担任总后勤部党委办公室负责人（正式职务是总后司令部后勤工作研究处处长）期间。此时的总后勤部党委书记、部长张宗逊，是奉中央任命来总后履职的一位功勋卓著、德高望重的老革命家、著名军事家。这位外观威武高大的开国上将，为人刚正不阿、疾恶如仇，对同志对部下则谦逊和蔼、关怀亲切，没有一点架子。宗逊同志的夫人杜芳，也是早年参加革命的党内少有的大学生，是张爱萍同志的表妹，同样具有过人的才华和丰富的革命经历。他俩对我这个年轻后辈视同家人，信任有加，是我至为敬重、终生怀念的两位老前辈。当时，宗逊同志是军委三人领导小组成员，列席中央常委会议，主持总后全面工作。由于总后是“文革”中的重灾区，总后机关长期陷于瘫痪状态，部分工作由总后党委办公室承办。出于实际情况和工作需要，宗逊同志常常找我直接商讨某些问题，非常重视我的意见。例如，为适应军队现代化的需要，我军后勤供应体制由原来的军兵种分别领导管理，改为实行三军联勤（海、陆、空军，后又增加火箭军）、划区供应、统一保障的重大改革措施，就是宗逊同志责成我起草的方案，报经小平同志审定后，经1975年军委扩大会议审议后做出的决定。

为了工作需要，宗逊同志有时把中央政治局、中央军委的重要文件交我阅看、保管，其中就有“伍豪事件”的全部材料，包括恩来伯伯1967年5月19日深夜写给毛主席的亲笔信和多个附件：恩来伯伯有关此事亲自撰写的《大事记》；所谓的“伍豪启事”；陈云、汪东兴、邓颖超的旁证发言；叛徒顾顺章的“紧要启事”、叛徒王世德的“紧急声明”；等等。

宗逊同志说：“这个材料交你保存，你可以仔细看看。”他接着深深叹了一口气说：“看来总理又遇到麻烦了！总理对中国革命的贡献多么大啊！我们这些过来人都清楚。江青就是放不过他！”

在 1955 年我军首批授予上将军衔仪式上
（左起：张宗逊、李达、萧克与周恩来）

宗逊同志在长期的革命战争中同七伯、七妈建立了深厚的感情。长征中，宗逊同志兼任中央直属纵队妇女连连长，七妈就编在这个连，他们曾一起爬雪山、过草地，艰难跋涉二万五千里。解放战争初期，在保卫延安这场关系中国命运的战争中，宗逊同志作为我西北野战军主力、第 358 旅旅长，在恩来伯伯的直接指挥下英勇作战，为保卫党中央、夺取全国胜利立了大功。每当谈起“四人帮”迫害周总理，总理受到不公正的对待，宗逊同志或摇头叹息，或怒不可遏，当着我的面道出老英雄的内心愤慨：“怎么能这样对待总理！没有总理，何来中国革命的胜利！哪有中国的今天！”

我从看到的“材料”中得知，“伍豪事件”的起因，是“文革”前期红卫兵从旧报纸堆里找到一页所谓“伍豪脱党启事”，把它作为“特大敌情”送到江青手里。正在千方百计要“打掉旧政府”、除掉周恩来的江青如获至宝，于 1967 年 5 月 18 日批送林彪、康生、周恩来，杀气腾腾地说，“他们查到一个反共启事，为首的是伍豪（周 ××），要求同我面谈”。

面对江青一伙的发难，恩来伯伯丝毫没有掉以轻心。正在通宵达旦处理内蒙古、四川武斗事件的他，在极度疲劳的情况下，断然放下手头工作，同七妈一起，亲自组织秘书、卫士、司机和厨师，调阅当年相关资料。从图书馆借来的报纸堆起来有两人高。经过逐张翻阅，终于找到了这则《伍豪等脱离共党启事》和其后两天（1932 年 2 月 22 日）《申报》另一则启事：“伍豪先生鉴：承于本月十八日送来广告启事一则，因福昌床公司否认担保，手续不合，致未刊出。”伯伯判断，这是当时地下党用以间接否定前一则伪造启事所采取的措施。事涉紧急，伯伯连夜写信，把有关此事的经过说明、两则“启事”，以及《申报》1932 年 1 月、2 月合订本两册，直接送报毛泽东和林彪、康生、江青。

稍加考量和查证，这则所谓的“伍豪启事”明显是敌人用拙劣手法炮制的：

首先，上海各报刊登启事的时间是 1932 年 2 月 16 日至 21 日，此时伯伯早已离开上海、身在苏区指挥红军作战了。

其次，“启事”称“伍豪等二百四十三人”，但无一人具名，此后也无一人露面“脱党”。

再次，如上所述，我党当时就针对性地做过辟谣工作。时在上海的临时党中央成员陈云、康生对此做了旁证。特别是 1932 年 2 月下旬，毛泽东曾以中华苏维埃共和国临时中央政府主席的名义郑重声明：“伍豪启事是国民党党徒的造谣诬蔑。”

最后，1968 年 1 月 16 日，毛泽东在北京大学一封再提“伍豪事件”的信上批示：“此事早已弄清，是国民党造谣诬蔑。”

尽管如此，恩来伯伯深知江青一伙不会就此罢手，“还会利用这个伪造的启事制造事端”。在那个人妖颠倒的年代，“叛徒”的罪名，是他们排除异己最简便有效的手段；好不容易到手的这点所谓“线索”，怎能轻易放弃？果然，本来按照毛泽东和党中央的决定，由恩来伯伯在中央会议上就此事件作一专题报告，将报告录音、记录稿和文献资料，由伯伯签字保存在中央档案处，并下发各省、市党委存档。但事过三年，这一重要措施并未能落实。江青、张春桥等还居心叵测地指使上海档案馆“继续收集伍豪的材料”。

1975 年 8 月，毛泽东在评价《水浒传》时说：“这个书好就好在投降，作反面教材，使人民都知道投降派。”江青一伙如获至宝，借此掀起一场大批“现代投降派”的运动，不加掩饰地影射恩来伯伯就是“投降派”的总代表，《水浒》的要害是“架空晁盖”。

恩来伯伯深知江青等人“亡我之心不死”，“伍豪事件”并没有完。1975 年 9 月 15 日，他在一次谈话中指出：“最近评《水浒》，批投降派，矛头所指，是很清楚的。”

9 月 20 日，在七伯进行第四次大手术前，发生了本章开头时出现的这一幕：“我是忠于党，忠于人民的！我不是投降派！”这声痛彻心扉的呐喊，竟然发自为党为人民鞠躬尽瘁奋斗一生、在生命即将终结时的七伯！

“1975. 9. 20”，历史将永远记住这一天，这一幕。

拨开历史迷雾　还原历史真相

对于伪造的“伍豪启事”，党中央已有定论，报刊、资料中也多有记述。根据我所了解的情况，在这里，再补充几个重要的史实：

其一，“伍豪启事”出笼前，七伯早已离开上海抵达苏区。

时间是最有力的证明。“伍豪启事”刊登于 1932 年 2 月 16 日至 21 日，而七伯已于 1931 年 12 月上旬离开上海前往苏区，行前曾在上海北四川路永安里 44 号我家中暂住。有我父亲恩霆证明。

1932 年 11 月 16 日我在上海家中出生，此时七伯抵达中央苏区已十个多月。这些天，他正以苏区中央局书记兼红一方面军代总政治委员的重要身份，指挥中央红军与蒋军浴血奋战，攻克福建省光泽县，江西省资溪县和金溪县，建立了闽赣省，使闽北和闽西革命根据地连成了一片。

其二，来自敌人方面的重要反证。

现有的证明来自临时党中央陈云、康生等少数负责人。对于这个反动启事是怎样炮制出笼的，为何“伍豪等二百四十三人”中无一人署名，“启事”刊登后为何没有丝毫下文等重要情况，没有来得及做进一步查究。

在七伯去世二十一年、伯母去世五年后的1997年，我和在军由于摄制《百年恩来》电视片的机遇，幸运地结识了当年炮制“伍豪事件”者、国民党中统特务负责人张冲的女儿张雪梅和女婿邱清华。他俩都是抗战初期参加革命的共产党员，也是立有卓越功绩的游击队长和队员。

我们见面时，张雪梅任《浙江日报》副总编辑，邱清华任浙江省政协副主席。（邱清华的堂兄邱清泉，是淮海战役中被我军击毙的国民党兵团司令。这说明，人生道路的不同选择，也是构成我们这个多彩世界的一部分。）我们之间相见恨晚，交谈甚洽，后来又一直保持着书信往来，成为音信相通的好友。

他俩详细地向我们介绍了张冲炮制“伍豪启事”的前因后果：

> 1931年顾顺章叛变时，张冲任中统调查科总干事。当年4月27日，他陪同中统头子徐恩曾赶赴上海，连续三天三夜缉拿周恩来和中共首脑机关，结果大多扑空。随后，我地下党严惩叛徒，特务分子王斌、陆元虎等相继被惩杀，刚刚成立的中统工作团，几乎成了“治丧委员会”。懊恼之余，张冲与他的重要部属黄凯密谋，认为目前共产党内可能有党员因处境困难思想动摇。张冲提出，“可以试用周恩来的化名伍豪，冒充刊登脱党启事”，以此吸引共产党人自首。他连夜亲自起草了这份《伍豪等脱离共党启事》，由黄凯派人送到上海几家主要报馆刊登。开始，《申报》律师说，这个启事只提“二百四十三人脱党”却仅具伍豪一人姓名，明显有漏洞，不同意发表。但《时报》却在1932年2月16、17

日的号外版上首先刊登了这个“启事”。2月18、19日,《新闻报》接着刊登。张冲指令国民党新闻检查处出面对《申报》施加压力，最终，这个最大的报纸《申报》不得不在广告版的醒目位置连续刊登。

与张雪梅、邱清华在周恩来与蒋介石当年谈判所在地烟霞洞（第一排右起：邓在军、周尔均、张雪梅、邱清华、周秉德，1996年）

为了炮制这个“启事”，张冲在词意分寸上花费了不少心思。但他并不知道，周恩来早在两个多月前就离开了上海。事后黄凯失望地说：“启事登出后，哪知毫无反响，好久也没有一人来机关秘密自首。”他们策划的阴谋彻底破产。

“文革”初期，原国民党中统特务中“伍豪事件”的知情者应该还有人在。张冲后裔张雪梅和儿子张炎也都身在浙江。1972年，伯伯还曾亲自过问并帮助解决了张炎女儿的工作问题。如果从这条线索入手进行深入调查，是有可能弄清楚这件事的。曾长期领导地下党对敌斗争的伯伯，不会想不到这一点，想必是由于时间紧迫，又处在“文革”时期特殊情况，没能这样做，这是一件憾事。

其三，未能突出李一氓等同志以“周少山”名义，在《申报》上刊登的否认“伍豪同志脱党启事”重要声明。

处在国民党强力镇压的情况下，我临时党中央当时不得不高度分散活动。领导骨干中的潘汉年、李一氓等，通过著名教育家陶行知做进步人士、《申报》董事长史量才（后被戴笠暗杀）的工作，代请法国大律师巴和，在1932年3月4日的《申报》上，用醒目的大字标题刊登了《巴和律师代表周少山紧要启事》，全文是：

> 兹据周少山君来所声称：渠撰投文稿曾用别名伍豪二字。近日报载伍豪等二百四十三人脱离共党启事一则，辱劳国内外亲戚友好函电存问；惟渠伍豪之名除撰述文字外，绝未用作对外活动，是该伍豪君定系另有其人；所谓二百四十三人同时脱离共党之事，实与渠无关；事关个人名誉，易滋误会，更恐有不肖之徒，颠倒是非，藉端生事，用特委请贵律师代为声明，并答谢戚友之函电存问者云云前来。据此，合行代为登报如左。
>
> 事务所法大马路
>
> （今金陵东路）41号6楼5号

“周少山”是恩来伯父常用的别名，周家家人和亲友大都知道，党内有些同志也知道“周少山”就是伍豪。这个启事等于是伍豪的正式辟谣。启事以巴和律师的名义，代表当事人澄清事实，等同于公开辟了谣。所述内容直接针

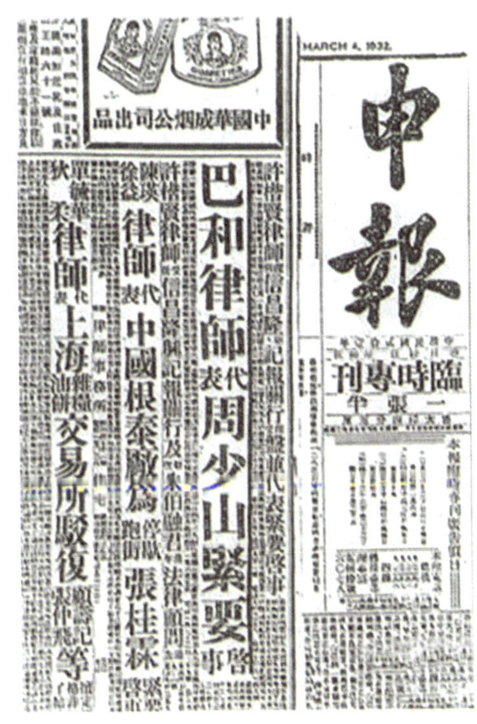
MARCH 4, 1932
申報
臨時專刊
中國華成烟公司出品
巴和律師代表周少山緊要啓事

1932年3月4日，《申报》用大字标题刊登了《巴和律师代表周少山紧要启事》

对所谓的“脱党启事”，回击十分有力。巴和是上海享有盛誉的大律师，由他代言声明，不仅权威性强，而且他是法国人，国民党政府也奈何他不得。

因此，李一氓同志在他的回忆录中遗憾地说：江青借“伍豪事件”发难后，周总理“不得不去找一些旁证，为自己做了辩护，写成一个送中央的大事记。那个大事记从 1931 年 1 月中央开六届四中全会算起，分月分日，记到 1932 年 2 月”。“可惜那些红卫兵只知道周恩来化名叫伍豪，并不知道还有一个名字叫周少山的人，笔名也叫伍豪；更可惜当时周恩来不知道我们已经替他登了一个有力的否定的启事；加之‘红卫兵’告状之后，没有人找潘汉年向我查问一下，那样的话，凭这个启事就可以解决问题。”

七伯在 1967 年 5 月 19 日致毛主席的亲笔信中提道：“我在记忆中，有通过申报馆设法否认的处置，但结果不明。”由于他的公务极其繁忙，时间十分紧迫，在查到当年 2 月 22 日致伍豪的拒登启事后，以为就是临时党中央采取的处置办法，没有再往下查 3 月以后的《申报》。七伯在随信所附的材料中有“《申报》一九三二年一月、二月合订本两册”，恰恰漏掉了 1932 年 3 月 4 日《申报》刊登的这个重要旁证材料。这是历史留下的憾事！

同样遗憾的是，解放战争期间，李一氓是我父亲恩霔在苏皖边区工作时的直接上级（一氓同志在回忆录中曾提到我父亲）。由于事隔多年，又处在战斗频繁的环境中，一氓同志在和父亲交谈中，并未提过这段经历，父亲自然也无从把这个重要信息转达给伯伯、伯母。

还有一个巧合。解放战争期间，父亲因患肺病报经七伯、七妈同意，从苏皖边区回上海治病，很长时间没有正式工作，原有的家中住房早已处理掉了，生活很拮据。七妈从在上海东海舰队工作的在军处得知后非常关心，亲笔给上海市委统战部原副部长周而复写了一封信，嘱咐在军面交。信中说明父亲的革命经历，请组织上按照党的政策给予适当关照。而复同志对此十分重视，报经陈毅同志和上海市委批准，任命父亲为上海市人民政府参事，并解决了家中住房。巧的是，这所我父母和祖母一直生活到去世的住房，竟然与当年巴和大律师事务所位于同一幢公寓——上海金陵东路41号！巴和事务所在6楼5号，我家住41号。

周尔均、邓在军在旧居上海金陵东路41号门前（2016年）

20世纪50年代后期，七妈曾到金陵东路看望祖母和父母，亲自为祖母照相，在家中待了很长时间。七妈何曾想到，在这茫茫的上海滩上，就在她当时所处位置的隔壁，二十年前，曾经住着仗义执言冒着风险在《申报》为伍豪刊登辟谣启事的法国大律师巴和。

故事写到这里还没有完。尤其出人意料的是，炮制“伍豪事件”的始作俑者、曾用八万大洋买周恩来人头的国民党特务头子张冲，后来竟成为恩来伯伯的莫逆之交。

张冲是国民党的青年才俊，深得蒋介石的赏识，三十二岁时成为国民党最年轻的中央执委。在第二次国共谈判期间又被任命为蒋方谈判代表，再次成为恩来伯伯的对手。通过多次亲身接触与交往，他为伯伯的过人才智和人格魅力所折服，对共产党人进而有所了解。尽管他坚持自身的政治立场，还是给了我们党不少力所能及的帮助。比如抗战期间，中央委派伯伯去皖南新四军军部传达中共六届六中全会精神，确定新四军的发展方向，同时指导解决军长叶挺与副军长项英之间的矛盾，但身为军事委员会政治部副主任的伯伯，此行不可能得到蒋介石的批准。七伯听从张冲的献策：“蒋先生最重孝情，您可以借回绍兴为祖先扫墓的名义向委员长请假，我再从中周旋。”果然得以如愿，由此有了伯伯的绍兴与皖南之行。1938 年，七伯、七妈从重庆返回延安，在机场受到宪兵拦阻，张冲正巧在机场送客，他为此特地赶回市内侍从室要来蒋介石手令，给予放行。

1939 年 6 月，张冲与周恩来、邓颖超在重庆机场留影

对张冲的作为，国民党内部多有责难，他胸怀郁闷，心力交瘁，三十八岁英年早逝。在张冲追悼会上，毛泽东、蒋介石都送了评价很高的挽联。毛泽东在挽联中赞扬张冲：“大计赖支持，内联共，外联苏，奔走不辞劳，七载辛勤如一日。”蒋介石的挽联：“赴义至勇，秉节有方；斯人不永，干将沉光。”恩来伯伯亲自参加张冲的追悼会，在讲话时流下痛惜的泪水。他还为张冲写下了“安危谁与共？风雨忆同舟！”的深情悼词，刊登在重庆《新华日报》上。“患难与共，风雨同舟”这八个字，至今仍是我们党统战工作的指针。

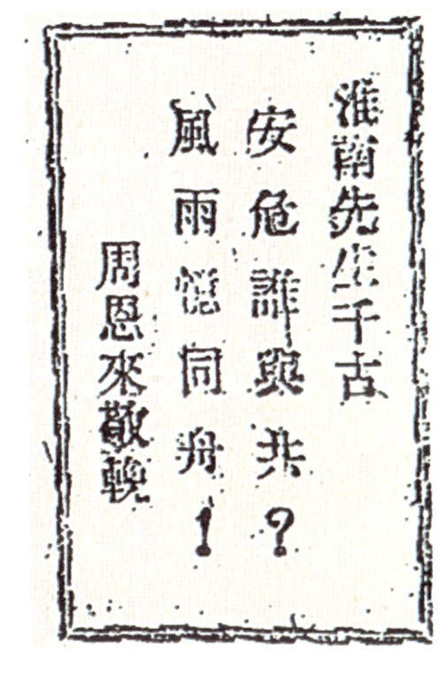
淮南先生千古
安危誰與共？
風雨憶同舟！
周恩來敬輓

周恩来在《新华日报》上发表对张冲（别号淮南）的真切悼词（1941年11月9日）

通过对“伍豪事件”的了解，已进入暮年的我，有了更多的人生感悟。

历史总是有太多的遗憾和无奈：党内如果不出现顾顺章这个大叛徒，就不会有“伍豪事件”的发生；如果没有十年“文革”，伪造的“伍豪启事”一直躺在废报纸堆里，就不会给恩来伯伯带来纯然无辜的深重灾难。

历史又是一面多棱镜：谁能想到，国民党大特务张冲后来能与共产党“患难与共，风雨同舟”。对照历史上的三国时期，诸葛亮与周瑜曾因政治利益结成暂时同盟，从而有了历史上著名的“赤壁之战”和吴蜀结盟的佳话，却因双方立场迥异和“既生瑜，何生亮”的狭隘情结，最终分道扬镳，置对方于死地。当代的周恩来和张冲却能各为其党，但人格上“互敬互重”，敌人变成兄弟，渡尽劫波兄弟在，相逢一笑泯恩仇。而谁又能想到，当年“文革”中在党内炙手可热，把恩来伯伯诬为“叛徒”“投降派”的人，其实自己才是“叛徒”“投降派”，最终没逃脱应有的可悲下场。

归根到底，历史又是公平、公正的。陈毅元帅的诗何等的好：“大雪压青松，青松挺且直。要知松高洁，待到雪化时。”水落之际终究石出，谎言只能蒙骗一时。真理的光辉不会被片时的云翳所遮掩，它将永远照亮人间。

“伍豪同志”——周恩来的英名永存！

第二十六章　泪咽无声

箴言犹在耳　泪咽却无声

1976 年 1 月 8 日下午，家里的电话铃声响起，我犹豫着，没有马上去接。不知怎的，这些天对七伯的病情心中总怀有隐隐的不安。

前些日子，在军下放河南淮阳五七干校劳动前夕，因为这次锻炼没有“时间表”，她打电话到西花厅，请示可否去看望七伯、七妈。赵茂峰秘书接的电话。他回话说：“在军，说实在的，七伯现在不方便。你还是过一阵，回来时再见吧！”

我俩猜测，七伯的病情是否加重了？究竟病到了什么程度？心里很不踏实。当时我们并不知道，他老人家的病情已经危重，多数情况下处在昏迷状态，除了七妈，能去病房探视的只限于中央极少数领导人。

我终于拿起电话，听到赵炜大姐的抽泣声，心一下子沉到了深渊：果然是事关七伯！

赵炜哽咽着说：“大姐让我通知你，七伯今天上午 9 时 57 分不幸逝世了！七妈嘱咐你们节哀保重，向伯伯遗体告别和参加治丧活动事宜等待通知。七妈还嘱咐：外地亲友一律就地悼念，不要来京。”

听完电话，不由得两腿一软，跌坐在椅子上。突如其来的噩耗，给了我无比沉重的打击，抑制不住的泪水滚滚而下。亲爱的七伯，曾几何时，我还见到你精神矍铄地在台上讲话，得知你对我的亲切关询和谆谆嘱咐，怎么会在这样短的时间里，在党和国家最需要你的时刻，竟永远地离开了我们，离开了热爱你的人民，离开了你热爱的这个国家和世界呢！

此刻，七妈的嘱咐言犹在耳。我只能按捺住万分悲痛的心情，从西郊万寿路赶到东单电话局，给上海的父亲和河南淮阳的在军分别发了一封内容相同的电报。总理逝世的消息还没有发布，这封电报只有短短几十个字：“七伯于今日上午不幸逝世，万分悲痛。七妈嘱外地亲属勿来京吊唁，特告。望节哀。”

1月9日凌晨，在沉痛的哀乐声中，中央人民广播电台播出了总理逝世的讣告，整个总后大院顿时变得一片肃穆，人人感到无比震惊与哀痛。许多人流着热泪，就地脱帽，立正默哀。

还没到上班时间，总后张令彬副部长就把一夜未眠的我找去，责怪我没有在第一时间把总理逝世的消息告诉他。我向张老解释，自己也是昨天下午才知道，并随即按七妈嘱咐通知外地亲属，办完事回家，已经后半夜了。张老拭着泪水，向我深情地回忆他从红军时期直到抗美援朝战争中，多次在七伯直接领导下战斗、工作的历历往事。这位1925年就参加革命，1926年加入中国共产党，被余秋里同志赞誉为“党内忠厚长者”，也备受七妈尊敬的老领导的一片深情，代表了全国党政军各界和广大群众对恩来伯伯骤然逝去的无比哀悼和怀念。

从办公室回来，意外见到刚由广播事业局同志护送回家的爱妻在军，我俩一见面就抱头痛哭，什么话也顾不上说。

原来，1月7日下午，在干校劳动的在军突然胃绞痛发作，病情严重，被紧急送到当地县医院抢救。干校同学、中央人民广播电台著名播音员王欢陪护，在病床床头坐了整整一夜。正在在军治疗的过程中，1月9日凌晨，干校领导同时收听到电台广播和看到我发给在军的电报，当即研究决定，护送在军回北京治病。这个决定非常正确、及时，既不致耽误在军的病情，又给了她一个回北京向七伯告别的机会。

但是，七伯、七妈的指示我们从来都是无条件执行，丝毫不打折扣。我不敢马虎，立即给赵炜大姐打电话，请她把情况报告七妈。她很快回话说，七妈同意在军留在北京治病，参加七伯所有的悼念活动，嘱咐在军抓紧把病治好。

感谢七妈！她老人家从来给在军以特殊的关爱。

那天下午，又发生一起难得遇到的事。

我俩的好友、中联部部长朱良和夫人谭雅修来家探望，悼念七伯逝世。那时，知道我俩是总理亲属的只有很少的人，七伯逝世的消息公布后，他们先后打电话、发电报、写信向我俩唁慰，通过不同的方式表达最深切的悼念。

朱良和夫人告别时，我送他俩到楼下门外。我们住的是筒子楼，我家住楼上，往回走时要通过一楼走廊。走着走着，突然眼前一黑，什么也不知道了。不知道过了多久，终于清醒过来，四周一片漆黑，摸了摸身旁像是一块水泥地，湿漉漉的。静下心来仔细想，走廊中间有一个下水道的出入口，好像正在维修，井盖掀了开来，肯定是经过时没有注意脚下，不小心掉进了下水道。那时天色已黑，周围没有人救应，幸好摔倒的地方离地面只有一人多高，双手够得着，自己仔细摸索着，终于找到下水道的出口，爬了出来。

在军是同我一起送朱良夫妇后先上楼的，忙着做晚饭，不知道身后的我掉进了陷阱，见我进屋，吓了一跳："怎么你才回来？怎么满头是血！"原来，我跌进下水道时头被磕破，水泥地上湿漉漉的其实都是我流的血。她赶紧陪我去门诊部作了处理。按在军推算，我昏倒地下至少有半个小时。

有人说，亲人间有时会发生某种心灵感应。七伯逝世前一晚在军患了急病，逝世后我又猝摔昏迷，或者也是一种心灵感应吧。不过，那天自己始终心情沉重、精神恍惚，一时失足摔伤居然不觉疼痛。

最终的诀别

1976 年 1 月 11 日，我俩同在京亲属一起在西花厅集合，乘车同去北京医院向七伯告别。

北京医院门前挤满了人。听说总理的遗体移放到了这里，人们无不希望同心中热爱的人民好总理见最后一面。可是北京医院这个小小的太平间，显然无法容纳多少人来吊唁。尽管知道这一点，大家仍然流着热泪默默伫立在凛冽的寒风里。他们在想：敬爱的周总理，我们知道，您就在离我们身边不远的地方。

我们是幸运的。按照安排的程序，最先由亲属告别，随后是领导人，再后是群众代表。可是留给我们瞻仰、告别七伯的时间只有二十多分钟。

七伯的遗体安放在医院太平间旁一个不大的房间里。陈设很简单，可以说是室徒四壁，实在是太简单了！

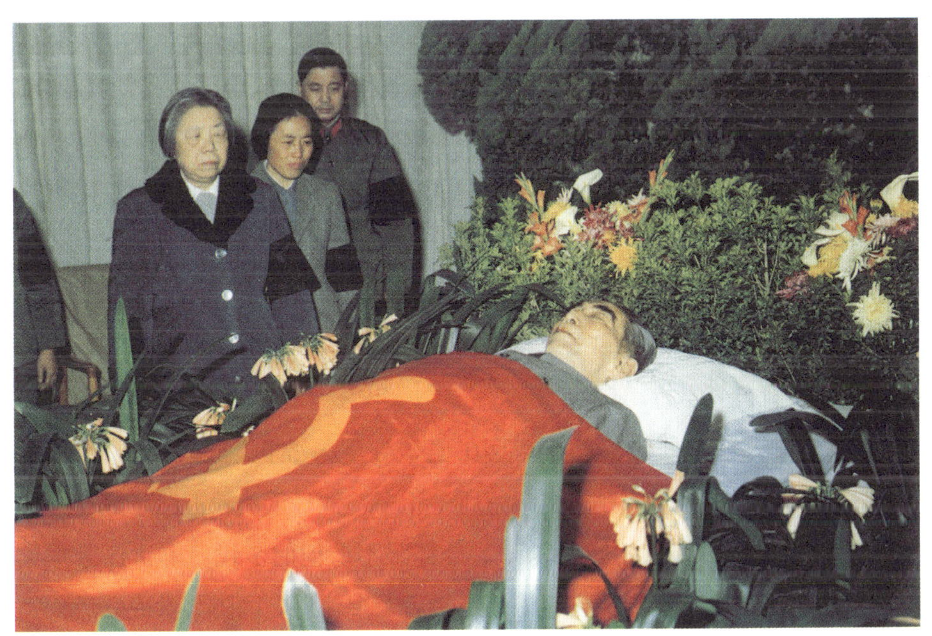

邓颖超向一生最亲爱的战友最后告别（1976 年 1 月 11 日）

这是一个让我们心中滴血的时刻。

亲爱的七伯，您静静地躺着，双目紧闭，双颊凹陷，不再向我们绽露您那无比亲切的笑容，不再能听到您深挚恺切的谆谆教诲。万万没有想到，您英俊的面颊此刻变得如此的凹陷，您挺拔的身躯此刻竟是如此瘦削，一套穿旧了的灰色中山服，不合体地搭在您形销骨立的身上。亲爱的七伯，在我们的心目中，永远充满着无穷无尽精力的您，永远魅力四射光彩照人的您，怎么会在短短十年时间里，憔悴成如今的模样呢？

七伯此生中留给我难忘印象的是：他看上去始终比实际年龄要年轻得多。1946 年我初见七伯，那年他四十八岁，看起来不过三十左右。1955 年再见七伯，那年他五十七岁，也只像四十出头。七伯为何总是显得那样年轻，那样神采奕奕、风度翩翩？这不仅缘于他坚强的革命意志和革命乐观主义精神，缘于他对传统礼节和仪表的高度重视，缘于他是人们公认的“美男子”，更缘于他经受了艰苦卓绝的血与火的淬炼。

实践证明，人的寿命长短，不仅与实际年龄，而且与生理、心理状况和人生阅历密切相关。孟子说过：“故天将降大任于斯人也，必先苦其心志，劳其筋骨，饿其体肤，空乏其身，行拂乱其所为，所以动心忍性，曾益其所不能。”孟夫子的这番话，换个角度解释，就是阐明人生阅历与生存能力之间的辩证关系。

以我熟悉的若干位开国将领来说，他们都是戎马一生，出生入死，经历了残酷战争的考验和十年“文革”的磨难，但进入晚年时仍然精神矍铄，思维敏捷，腰背挺直，行动自如。

比如中央军委副主席张震。我在他领导下筹建国防大学时，他年已七十一岁，我们同住国防科工委招待所半年多，他每天凌晨五时半起床，快步行走一个半小时，从不间断，警卫员都跟不上他的步伐。筹建任务很繁重，几乎每天都要加班到深夜，他都是最后一个休息。国防大学成立后，担任校长的他很长时间住在校里，照样坚持凌晨走步，同全校干部一起出早操。工作事无巨细，无不亲自过问。他升任中央军委领导时已经七十八岁高龄。在他九十多岁生日时，我最后一次登门祝寿，那天在座有军委、总部、军区、军兵种多位在职的领导同志。集体照相时，警卫员为张震和夫人马龄松摆放了两张座椅，因来宾众多，统一安排站在他俩身后。就座时，张震同志环顾左右后嘱咐秘书："今天给七十岁以上的同志摆上椅子。"显然，张震同志指的是我一人。这件小事说明他虽届高龄，但思维敏捷，考虑周详。张震终年一百零一岁，是最后一位离世的开国中将。

又如，军事学院原院长萧克上将，曾担任红二方面军副总指挥，战争年代立下赫赫功勋。国防大学成立时，他从军事学院院长的岗位上离职休息，因此，我与他来往密切，深感他才识过人，具有大将风度。1998 年他已九十一岁，是唯一在世的参加过南昌起义的领导人。他向我谈起起义当晚的惊险经过，还记得部队位于匡庐中学，原定夜间三点起义，由于跑了一个人，战斗提前打响，凌晨胜利结束等生动细节。他还为我写下"首义战旗红，功在第一枪"这首赞颂恩来伯伯的内涵丰富的题词。萧克将军辞世时，同样是一百零一岁。

恩来伯伯的一生波澜壮阔，风起云涌，几乎无人可及。他无数次经历出生入死的考验，都能一个个地闯了过来，最终化险为夷。他连任 26 年共和国总理，在世界上也是独一无二的。恩来伯伯理应健康长寿，超越常人。

可是，一个如此伟大的生命，却在"文化大革命"中过早地离开了人世。

我曾经有一个疑问：根据现有资料，七伯在 1972 年 5 月就已经发现尿里有癌细胞，1973 年 3 月检查确认为膀胱癌，1974 年 6 月做了第一次膀胱部分切除手术。也就是说，从发现癌细胞、确认膀胱癌到进行第一次手术，历经了两年时间。为什么手术做得这样晚呢？

我和在军都得过癌症。在军做了两次癌切除手术，一次是结肠癌，一次是肺癌。我做过肾癌切除手术，还做过两次前列腺手术。我俩获得的知识是，治疗癌症的最好办法是早发现，早切除。曾为我俩主刀的不同专家也谈过他们的看法：总理的膀胱癌如果及早切除，是有可能治愈的。

带着这个问题，1997 年，我向曾担任七伯保健工作的卞志强大夫请教，他的回答是："小平同志告诉我们：'请求了，保守治疗。'这时我们都哭了。"

实际情况是不是这样，我不清楚。当时也可能还有许多复杂的因素招致最终不治的后果。不管怎样，七伯健康遭受严重损害、得了癌症并因此承受巨大的病痛，与"文革"的政治因素是分不开的。在这场"史无前例"的民族浩劫中，他备受磨难，心力交瘁，带着重病的身躯，以"我不入地狱，谁入地狱"的殉难者的心情，奋斗到生命的最后一息。他在病重时说："既然把我推上了历史舞台，我就得完成历史任务。"七伯用他全部心血与生命，实践了自己的崇高誓言。我坚信，如果不是"四人帮"的倒行逆施与迫害，恩来伯伯定能像萧克、张震这些老将军一样活过百岁！

七伯逝世后我才得知，他在一年半的时间里做了大小 13 次手术，几乎平均 40 天就要动一次手术。在这期间，他除了批阅、处理文件，还同他人谈话 216 次，会见外宾 63 批，在医院召开会议 20 次，出院开会 20 次，外出看望或找人谈话 7 次。他仿佛是一台为人民工作永不停歇的"永动机"。

但是，世界上并没有"永动机"。七伯在生命的最后时刻所面临的痛苦是常人无法想象的。保健医生张佐良回忆："总理叫我进去，说实在太痛了，我能不能哼一哼。听到这里，我的眼泪都掉出来了。我说，总理，你想怎么样就怎么样。说完了，他还是没哼哼。"用坚强意志对抗病魔的伯伯，最终把自己的体重耗到了只剩下 30.5 公斤。

这就是我们在最终告别时见到的七伯！

人生之美在于永恒

七伯逝世，最痛苦的莫过于他一生的挚爱和最亲密的战友、我们亲爱的七妈。但是，七妈一直高度克制着自己的悲伤，按照党中央的决定和全国人民的期望，妥善地安排七伯的丧事。直到向七伯遗体告别的最后时刻，她终

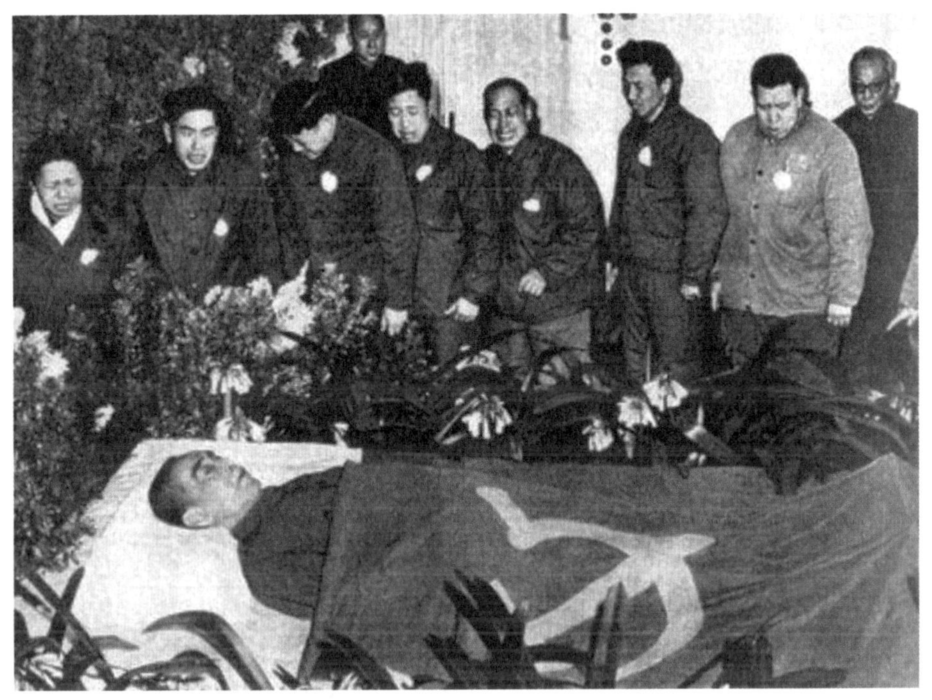

首都人民群众向周恩来告别（1976 年 1 月 11 日）

于忍不住抚棺痛哭，诉说出憋在心里的话："恩来同志，我再也看不到你了，让小超好好看看你，让我痛痛快快地哭一场！让孩子们好好看看你吧！"在场者无不为之动容。

火化时，八宝山的工人不肯按电钮，还是七妈劝说后，焚化工才用颤抖的手，把此刻已变得有千钧重的电钮按了下去……

十里长街送总理，实际上这条路长达二十多里，百万民众自发地涌上街头，簇拥在长安街两侧，哭别总理。车队行进到北京饭店门口时，有几位外国友人跳着脚哭泣。到了闹市口，多位老人截车要求不要火化总理。邓朴方同志告诉我，他同 301 医院的病友专门备了酒，冒着寒风到医院门口洒地酹祭，哭别总理。

这是中国人民用自己的心和泪，在中国现代史上写下的最动人心弦的故事。

邓在军同志：

我们怀着极其深切地悲痛，向你并通过你向你的亲人表达我们五七战士、文艺战士、广播电视宣传战线上的文艺战士对敬爱的周总理的逝世，表示内心深处的哀悼。

我们九日清晨由场院出操归来，非常震惊地从广播里获悉总理逝世的消息。全校五七战士顿时沉默在一片肃穆的悲痛中。收音机一遍一遍播送中共中央、人大常委会、国务院讣告。我们在寂静中，脱帽致哀，怀念我们伟大的无产阶级革命家、杰出的共产主义战士、我们敬爱的周恩来同志。万古流芳，永垂不朽。

十二日晚，夜幕降临，寒气刺骨。我们在沧桐树下集合，聚集在电视机前，宛身临其境一样，参加和观看了中央首长及首都各界群众代表向总理遗体告别。我们目不转睛地盯着银屏，一会儿模糊了，一会儿清晰了，一会儿又模糊了。不是画面不稳，而是泪水挡住了视线。北京传来的声音，字字句句，声声音音都直入我们的心房。我们连续看了两遍，然后，默默散去。大家回班座谈，读了一遍讣告，无人发言，只有抽泣的泪声，不得已，又读了一遍。烘烤闷热，灼烧着我们的皮肉。中央各台同步地联播节目的时间到了，大家不约而同地又聚集到收音机旁。

自此，我们连日收听来自北京各台的唁电，一遍一遍学习中央的讣告，一步一步更加加深对总理的爱戴和尊敬。我们在过去的岁月里，都在不同程度、不同次数、不同场合亲自接触过总理。我们对总理的无产阶级感情是深切的，是永世不能[illegible]磨灭的。总理是我党的优秀党员，是我们伟大的无产阶级革命家，是我国人民的忠诚的革命战士，是我党、我国久经考验的卓越领导人，是我们最敬爱的领导人之一。总理永远活在我们心里。

中央广播事业局

周恩来逝世后，五七干校同志写给时在北京的邓在军的一封信，足以表达全国人民当时的心情（此为信第一页，1976年1月15日）

灵车经过天安门，道路两旁站满送别的群众

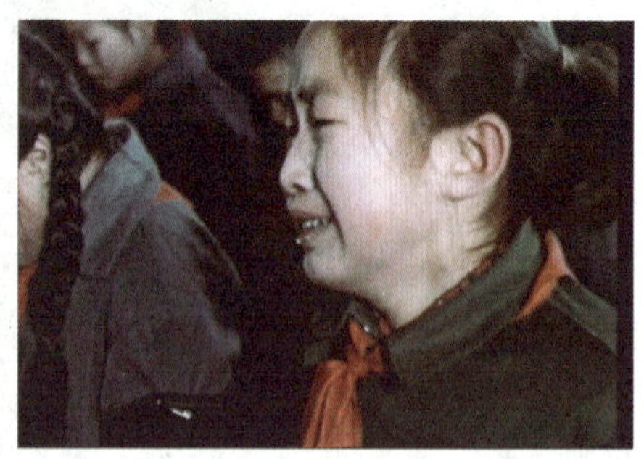

人民群众哭别敬爱的周总理

1976 年 1 月 15 日，我和在军参加在人民大会堂召开的七伯的追悼会。在军的胃病不断发作，疼得直不起腰来，会议主持方专门照顾，安排一个小椅子让她坐着参加，这是难得的特例。为了等待毛主席能否参加追悼会的信息，会议推迟了十五分钟。会场上自始至终充满了悲痛的气氛，小平同志致悼词时一度哽咽、说不出话，人们跟着哭泣，会场一片悲声。

1976 年 1 月 15 日，周恩来同志追悼会在人民大会堂隆重举行

追悼会结束后，七妈在台湾厅会见我们亲属和七伯的医务人员，做了一次长时间的谈话。多年来我亲身体会到七妈的政治智慧超群，思想水平、文化水平远高于常人，她的讲话记录下来就是一篇精彩的文章。那天，七妈处在万分悲痛的时刻和当时特殊的政治环境下，她的谈话经过缜密的思考，所谈内容充分显示了一位伟大政治家的革命情怀，使我又一次受到极其深刻的教育。

对七妈的讲话，我在现场做了认真记录。后来看到这次谈话有正式发表的文稿。此刻，为了表达我对七妈的缅怀之情和保存历史原貌，引用的是我自己的部分原始记录。

七妈说：

癌症终于夺去了你们伯伯的生命。我自己是共产党员，我用无产阶级的坚韧性，高度地克制我内心的痛苦，在他病中还要用愉快的精神和他一起同疾病作斗争。当他知道自己的病不能挽救时，曾抬起身来叮嘱

1976年1月15日

七妈在台湾厅接见了我们，给了重要指示（4.00—4.30）。

七妈说："在参加了你们伯伯的追悼会后，在这里和大家见面。

我们要响应党中央的号召，化悲痛为力量。痛哭、眼泪、悲伤都不能使死者复活。我们要用马列主义、毛

叮嘱我，这是我和你伯伯在十几年前共同约定的，死后骨灰不保留。中国在对死人的葬礼方面，从古代到中华人民共和国成立，都是土葬。五十年代，党中央在毛主席的倡议下，每人签名，决定实行火葬。从土葬到火葬，这是革命，是对中国几千年

旧习俗的革命。现在中华人民共和国已成立二十六年了。在中央作出这个决议后不久，我们两人共同商量，相互保证，把我们的骨灰撒到大地的山河水土里去。由火葬保留骨灰到不保留骨灰，这也是一场革命。这符合于彻底唯物主义者的思想。从

感情上你们难过，用唯物主义的观点来看，伯伯虽然肉体不存在了，他的骨灰在祖国大地河流里作为肥料，为人民服务，物质不灭，生生不已。你们要支持伯伯的这个行动。伯伯的遗言，我向中央政治局报告，得到毛主席的批准，这

邓颖超在人民大会堂台湾厅同亲属的谈话（1976年1月15日，周尔均部分现场记录稿）

我，这是我和伯伯在十几年前共同约定的，死后骨灰不保留。中国在对死人的葬礼方面，从古代到中华人民共和国成立，都是土葬。五十年代，党中央在毛主席的倡议下，每人签名，决定实行火葬。从土葬到火葬，这是革命，是对中国几千年旧习俗的革命。1958年，你们伯伯首先把他逝去的父亲，我把自己逝去的母亲以及八路军重庆办事处的一些死去的同志的坟墓平掉，进行深埋。还把淮安几代亲人的坟墓，也托人平掉，改为深埋，把土地交公使用。在中央作出这个决议后不久，我们两人共同商量，相互保证，把我们的骨灰撒到大好的山河水土里去。由火葬保留骨灰到不保留骨灰，这是思想观念上的重大变化，是移风易俗的重要改革。这符合于彻底唯物主义者的思想。他自己就曾经讲过：人死后为什么要保留骨灰？把它撒在地里可以做肥料，撒到水里可以喂鱼。

从感情上你们难过，用唯物主义的观点来看，伯伯虽然肉体不存在了，他的骨灰在祖国大地河流里作为肥料，为人民服务，物质不灭，生生不已。在他弥留之际，想到的是死后还要如何为人民服务。你们要支持伯伯的这个行动。伯伯的遗言，我向中央政治局报告，得到毛主席的批准，这使我得到最大的安慰——他的心愿已经了却了。

七伯为中国人民的幸福奉献了自己的一生。他临终前所思所想，仍然是继续为人民服务。人的一生无论多久，较之天地永恒，只是须臾瞬间。但是，死后把骨灰撒向江河大地，无边无垠，永存世间，时时为人民服务，这才是把自己有限的生命化作永恒，才是真正的人生之美，人性之美！

七妈在讲话中又说：

虽然我理解你们的心情，但为了打破旧的习俗，我事先打电话通知，不在北京的亲属不要来。这个通知发出后，有几个表现很好，尊重了我的意见，向我表示了慰问，没有来。但也有的从外地赶来了，不但大人来了，还带了孩子。你们大概都会感到我和伯伯对你们要求是严格的，既然来了，也是他们的心意，前天让他们参加了吊唁，今天我不得不把他们除外，因为追悼会有名额限制。伯伯对他的后事，曾经对我说过，葬仪要从简，规格不要超过中央的任何人。这件事，我也向党中央做了报告。中央给了他很高的荣誉。他还向我说过，一定不要特殊化。我个人是坚决执行的。对于丧事，我是严格按照三大纪律八项注意的第一条，一切行动听指挥，没有提任何要求，一切都由治丧委员会决定。伯伯的遗体是在西花厅党支部保护下火化的，并由西花厅党支部成员将他的骨灰盒放在吊唁的地方。因为他是西花厅党支部的党员，在具体执行吊唁他的仪式时，有些事情应该放在支部里去做，由支部的同志来承担。我想这也是符合他生前愿望的。

你们伯伯生前是党和国家的一位领导人，但他总是按照一个普通共产党员的标准严格要求自己。他把自己看作是党的人，是一个人民的勤务员。

在几十年的革命生涯中，你们伯伯始终如一地遵守着共产党人的重要准则，永远保持和群众的最密切的联系，从不搞特殊化。他一生为党和人民虽然建立了许多功勋，但他从不居功自傲，而是经常检讨自己。他地位越高，越是感到肩上的责任重大，兢兢业业。特别是我们党处在执政党的地位以后，他更是时时刻刻注意这个问题，严于律己，把搞好我们的党风放在一个十分重要的战略地位。作为他的亲属，又有什么理由把自己放在特殊的地位呢？我们千万记住，不要以为自己在革命的征途上有什么特殊。

谈话结束后离开大会堂前，我和在军向七妈问候，请她节哀保重。她老人家同我俩亲切地握手告别，还特意拉着在军的手谆谆嘱咐："赶紧把病治好，保护好身体，早点回干校。在心里头纪念伯伯就行，不要戴黑纱。"

七妈的嘱咐富有政治远见。果然，追悼会不久，就发生了所谓的追查"总理遗言"一事。在军回干校后，北京还有人专程去找她核查所谓"总理遗言"和七妈讲话，被她愤怒地顶了回去。

七伯去世后，著名的文学家、诗人为悼念他写下许多感人的诗篇。其中，有两首诗给我的印象尤为深刻。

其一，赵朴初先生的挽诗：

大星落中天，四海波澒洞。
终断一线望，永成千载痛。
艰难尽瘁身，忧勤损龄梦。
相业史谁俦？丹心日许共。
无私功自高，不矜威益重。
云鹏自风抟，蓬雀徒目送。
我惭驽骀姿，期效铅刀用。
长思教诲恩，恒居唯自讼。
非敢哭其私，直为天下恸。

赵朴老的诗，深刻而生动地赞颂了七伯的伟大功绩和崇高品格，充满了深厚的革命情感。

此前，萧克将军为怀念七伯，曾应我们所请题词：“首义战旗红，功在第一枪”，与赵朴老这首诗中的“无私功自高，不矜威益重”这句，浑然天成，内涵深重。我与在军商议后，特地请作曲家臧云飞谱成一首歌曲：

首义战旗红，
功在第一枪。

周尔均、邓在军与萧克将军（1997年）

无私功自高，

不矜威益重。

经在军编导设计，请海、陆、空三军官兵和解放军仪仗队会同演唱这首歌曲，在纪念七伯的电视艺术片和文艺晚会中多次出现，观众反响强烈，获得广泛好评。

其二，郭沫若先生的《七律·悼念周总理》：

革命前驱辅弼才，巨星隐翳五洲哀。

奔腾泪浪滔滔涌，吊唁人涛滚滚来。

盛德在民长不没，丰功垂世久弥恢。

忠诚与日同辉耀，天不能死地难埋。

郭老诗中“天不能死地难埋”这一句，以深邃的内涵，形象的语言，抒发了七伯、七妈身后把骨灰撒向山河大地的伟大情怀。他俩的生命从此与天地共存，人间的真理也与他们同在。这使我联想起诗人屈原在《离骚》中寓意深远的诗句：“路漫漫其修远兮，吾将上下而求索。”

人生之伟岸莫过于此！

第二十七章　志洁行芳

七妈邓颖超

七妈邓颖超，原籍河南光山，出生在广西南宁。七妈的父亲在清末遭恶人陷害英年早逝，母亲杨振德是家中独女，读书明理，性格坚强，带着六岁的独女（七妈）离开南宁，颠沛流离，教书行医，抚养女儿长大成人投身革命。七伯赞扬她老人家“抚女入学，教女有方，追随革命，不畏风霜”。七妈曾经说过：“我是地地道道的南宁女儿，是喝邕江水长大的。”

2005年，南宁市文化局长受广西壮族自治区、南宁市领导委托来家，约我为建立邓颖超同志出生地纪念石刻题词。这是义不容辞的光荣任务，我当即应允。我回顾七妈无私奉献、艰苦奋斗、淳朴善良、高风亮节的一生和品格，经过反复思考，写下了这四个字：“志洁行芳”。

按照区、市设计方案，石刻位于七妈的出生地：南宁市民族大道与江北大道交叉路口，一处环境优雅的城市绿地。选用广西奇水河一块奇石做材料。在巨石正面镌刻概括七妈光辉一生的“志洁行芳”四个大字，供后人瞻仰。

2005 年 12 月 31 日，南宁市隆重举行石刻落成仪式，我和在军应邀参加。广西壮族自治区党委副书记（后任中宣部部长）的刘奇葆同志，南宁市委书记（后任全国政协副主席）的马飚同志，与我们共同为石刻揭幕并致辞。数千名热情洋溢的南宁市民踊跃参加开幕式，怀着深深的敬意，瞻仰位于市中心的这座寓意深远、雕工精美的纪念石刻。他们为自己家乡诞生了这位伟大的女性感到无比骄傲。人们纷纷围住我俩，争先恐后地表达对颖超伯母和恩来伯伯的深深敬仰和怀念之情。

周尔均、邓在军与刘奇葆在“志洁行芳”石碑前合影（2005 年 12 月 31 日）

其间，有位老人动情地对我说：“‘志洁行芳’这四个字好。它对邓大姐崇高一生是最好的写照！”

俏也不争春　自有香如故

在西花厅客厅里，悬挂着一幅革命老人何香凝先生赠送七伯、七妈的国画《梅花》。七妈很喜欢这幅画。她同我和在军见面交谈稍事休息时，会让我们陪她在客厅里走走。到了这幅画前，七妈常常驻足欣赏。七妈说：“何香凝老人的画功底深厚，清新脱俗，同她的做人一样，高风峻节，风骨独特。”有一次，她还特意让人在这幅画下，照了一张她和我俩亲密交谈的合影。

邓颖超关怀与教诲周尔均、邓在军（1987 年）

这幅画的中间绘着两朵盛开的腊梅。一朵绽苞怒放，冷香扑面；另一朵半掩花蕊，被虬枝老干稍稍遮挡。细观何老这幅画，我们能体会她以梅喻人的深邃寓意。两朵腊梅都是世间珍品：迎面绽放的这朵，象征恩来伯伯为世人敬仰的崇高品格；被枝干稍稍遮挡的另一朵，则意喻七妈严格自律，自甘旁衬、芬芳自在的高洁人品。

香凝老人的画好，韵味深长。正如画中所喻，七妈与七伯同为伟大的无产阶级革命家，同为党和人民的事业奋斗终生，做出卓越贡献。但是，作为早期我党的一位重要政治活动家、中国妇女运动的先驱，在恩来伯伯 20 世纪 20 年代后期成为中国共产党主要领导人之后，七妈便自觉地把自己放在辅佐伯伯从事党的事业的位置，严格地自我约束、淡泊名利地位，不仅没有讲求丝毫特殊，反而牺牲了很多个人的地位待遇。她和七伯一样，从来都是把党和人民的利益放在首位。

我这一生有幸受过七妈的多次教诲，对我启迪最深的，是她老人家同我们晚辈谈话，有三个方面的内容从不涉及：一是从来不谈她和七伯当年艰苦卓绝的斗争历史和赫赫功绩；二是从来不谈涉及党和国家的秘密；三是从来不谈他人的是非，即使谈话中必须涉及的，她也只谈他人的贡献和优点。

这里举个例子：许多人都知道烈士周文雍和陈铁军就义前在刑场上举行婚礼的动人故事，有位作家朋友就此写了个名为《刑场上的婚礼》的剧本，托我和在军转请七妈审阅。按照家规，这件事本来不能办，但事关英烈事迹的宣传，我俩还是向七妈报告了。她老人家答应了，不但亲自审看了剧本，还特邀作者到西花厅面谈。那天我俩也在场。七妈动情地回顾了大革命时期她与这两位亲密战友共同战斗，周、陈两位烈士为革命事业英勇奋斗、壮烈牺牲、可歌可泣的往事，还谈到四一二反革命政变发生后，陈铁军冒着生命危险通知正在住院的她，并亲手交给她七伯的电报。七妈还提到周文雍在狱中写下的那首“头可断，肢可折，革命精神不可灭。壮士头颅为党落，好汉身躯为群裂”的誓言。我们都受到深深的感染和教育。但当这位作家请七妈谈谈她在这期间的相关事迹时，七妈摇了摇头，笑着说：“今天只谈我的战友周文雍、陈铁军。”

有关七妈和七伯严守党的纪律事例，更是数不胜数。那年，我和在军没有按照七伯的谆谆嘱咐，在参加第一届全国工人体育运动会开幕式时没有坚持到底，因而没能见到毛主席。七妈为我俩解围说明时，说她也不知道那天的开幕式毛主席和伯伯中途才能出席。七妈还同我俩说过，伯伯离开武汉前往南昌领导武装起义前，什么也没有同她说，她是从国民党报纸上才得知这件大事的。

曾有无中生有的“爆料”说，七妈在“文革”中向他人“透露”所谓“党内斗争的高层机密”，这种事情绝无可能。试想，有正式资料称，七伯在临终前对七妈说：“我心里有许多话没有同你说。”七妈说：“我也有许多话没有同你说。”七伯和七妈是严格保守党的秘密的典范，他俩之间从来不说党的纪律不允许说的事，怎么可能把“高层机密”随随便便地透露给其他人呢？

有关七妈在我党历史上特别是对我党早期斗争的重大功勋，我曾接触到一些鲜为人知的重要史实。这里摘录几则，用以佐证七妈虚怀若谷、智者自讷的宽阔胸怀，作为史料的补充：

1996 年，我在仅向亲属提供的俄罗斯珍藏的共产国际档案中，发现一件 1928 年共产国际邀请邓颖超列席共产国际六大的邀请函，原件系德文书写。

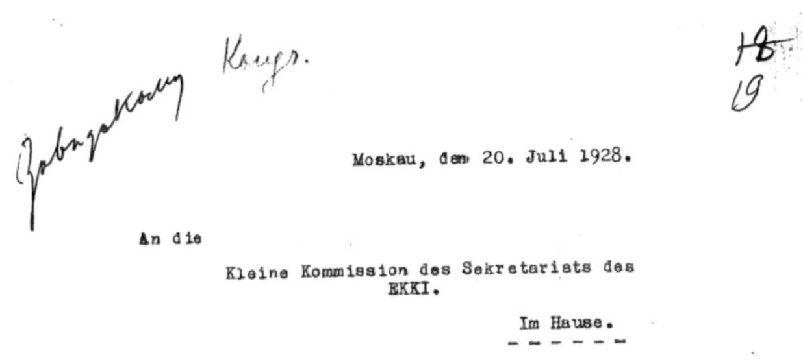

Moskau, den 20. Juli 1928.

An die

Kleine Kommission des Sekretariats des EKKI.

Im Hause.

Betr. Kongressteilnahme von Genossin Den Yen Tschau (China).

W.G.!

Wir beantragen, dass Genossin Den Yen Tschau für die Dauer des 6. Kongresses Verpflegung bezw. Unterhaltsgelder wie die Kongressdelegierten erhält.

Genossin Den Yen Tschau ist zusammen mit der chinesischen Delegation nach Moskau gekommen, hat jedoch kein Mandat, sondern nur eine Gastkarte zum Weltkongress.

Da sie aber bis zum letzten Parteitag der K.P. Chinas Leiterin der Frauenabteilung beim Z.K. war, ist die F.A. EKKI. interessiert daran, dass sie am Kongress und den dabei stattfindenden Besprechungen über die Arbeit unter den Frauen teilnehmen kann.

Mit kommunistischem Gruss

Hertha Sturm

共产国际邀请邓颖超列席共产国际六大的邀请函（1928 年）

在广东省汕头市，保存着两栋历史文物：同一式样紧挨着的两栋小楼。据汕头市党史办介绍，这是当年国民革命军东征时领导人的住所。其中的一栋住着蒋介石和陈洁如夫妇，另一栋住着七伯和七妈。七伯时任黄埔军校政治部主任兼东征军总政治部主任，七妈受我党派遣，担任国民党中央党部妇女部副部长、国民党中央候补执行委员。由于两栋楼挨在一起，七伯和七妈经常与蒋介石和陈洁如一起用餐，商讨工作。后来，蒋介石叛变革命，七伯、七妈义无反顾地与蒋介石彻底决裂，分道扬镳。这一事实证明，大革命时期，七妈与七伯同为中国共产党的重要代表人物。

20世纪20年代后期，七妈同七伯一起在上海进行严酷的地下斗争。她除了担任中共中央直属支部书记，还以自己的特殊身份，多次掩护七伯躲过敌人的追捕。她还参与七伯亲自创建的党的机要保密工作。罗青长说：“我党的第一个译电员就是邓颖超。”戴镜元说：与中共苏区联系的密电，如周恩来同志不在，就由邓颖超同志翻译。

七妈与七伯还曾有共识，不在同一政府机构任职，并自觉地压低自己的职务级别。建国后定级时，蔡畅同志定为三级，七妈定为五级，已经很低了，但仍被七伯最后划为六级。四届人大召开前，毛主席提名邓颖超出任人大副委员长，七伯见到传阅件，把七妈的名字又划掉了。对此，七妈完全赞同。七伯去世后，七妈应西哈努克亲王邀请去柬埔寨访问。临出发前，我和在军去看望她老人家。七妈说：“多年前西哈努克就几次邀请我去访问，但你伯伯在世，我按照同他的约定，不和他一起出访。现在我要还国王的愿。”

对七妈自谦自让的高风亮节，赵朴初同志曾向我俩深情赞扬：“邓大姐很像周总理。他们两个人很像很像，都是那样严格，那样简朴，那样认真。”“周总理大我九

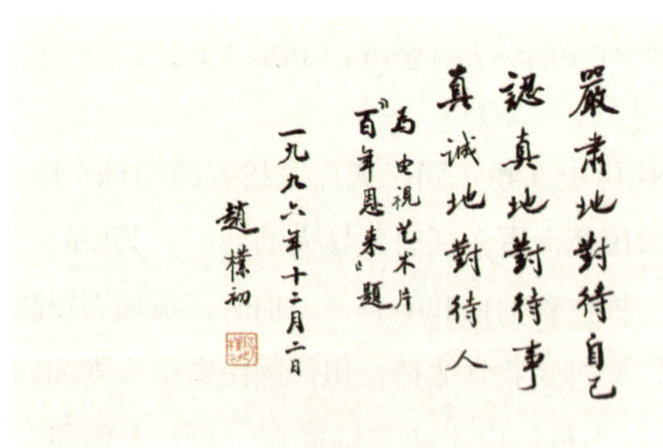

赵朴初为《百年恩来》电视艺术片题词（1996年）

岁，邓大姐大我三岁，我都是把他们当作长辈，当作良师。”赵朴老还应约为《百年恩来》电视片作了宝贵题词：“严肃地对待自己，认真地对待事，真诚地对待人。”他说：“这三句话是我对总理和邓大姐的共同感受。”

圣洁的爱情　世人的楷模

七伯、七妈既是做人的楷模，也是恋爱和婚姻的典范。

抗战期间，他们在“红岩”南方局青年夫妇的婚礼上，多次应大家要求，介绍他俩恩爱夫妻多年的宝贵经验，作为赠送新婚夫妇的礼物。谈话内容最终归纳成“八互”：“互爱、互敬、互勉、互慰、互让、互谅、互助、互学”。这“八互”，是事关恋爱和婚姻大事的一份珍贵教材。

在这方面，七妈为我们做出了最好的榜样。

长征过草地时，七伯患了重病，随休养连行动、身在远处的七妈，急忙赶来照顾，途中陷入了沼泽，半个身子埋在泥里，幸好被后面来人救出。她精心照顾昏迷中的伯伯，把他身着背心里的虱子一个个拣出来，一共挤死了一百七十多个虱子，双手指甲都被染红了。伯伯醒来才发现七妈在身旁，一下子安心多了，病也慢慢好了。

建国后她老人家不仅在工作上全力支持、在生活上悉心照顾七伯，确保他集中全力操劳国家大事，而且把所有的家庭和生活保障事务全都管了起来。他俩没有亲生子女，但是，七妈对七伯的所有侄儿、侄女，无一例外地给予亲切周到的关怀和照料。20 世纪 50 年代末，七妈两次亲自打电话到办公室找我，让我协助接待从青岛来京探望的侄儿、我的堂弟周保章。她亲自为侄儿尔辉操办婚礼，还破例喝了喜酒，又把患有胃病的侄媳孙桂云从淮安接来北京，长时间住在国务院招待所治病，所有费用全从七妈工资中支出。对其他有困难的周家亲属和身边工作人员，同样用她和七伯的工资予以补贴。侄女周秉建同乌兰牧骑的歌唱演员拉苏荣谈恋爱，她嘱咐熟悉文艺界的在军，了解拉苏荣的情况向她汇报；在军告诉七妈，拉苏荣很优秀，七妈高兴地点了头，说：“好！”总而言之，周家的事，七妈全都包了，一分一毫也不让七伯操心。

七妈与七伯情深意笃，爱意深沉。回想 1946 年在上海他俩到东照里住处看我，从汽车里下来，走过一条长长的弄堂，两人手牵着手，一个英俊潇洒，一个清秀端庄，引起过往人们注目。我心里暗暗骄傲，七伯、七妈就像是一对神仙伴侣。

在西花厅，有次七妈当着七伯的面对我俩说：“你伯伯每天要工作到凌晨。我身体不好，只能按正常时间作息。常常我起床时，你伯伯刚要休息。匆匆见上一面，说上三两句话，互相间也是一种安慰。”七伯回应说：“是啊！你七妈体弱多病，为了照顾我的习惯，常常影响她休息。”他俩说话时充满了爱意，洋溢着幸福的感受。何谦秘书还告诉我，在重庆曾家岩，七伯和七妈住在几平方米的阁楼里，七伯外出工作回来得晚，怕吵醒七妈，每次上楼前都要把皮鞋脱下拎在手里，光着脚走进房间。在西花厅还是这样，七

周恩来、邓颖超在西花厅（1952 年）

伯从正门进卧室要经过七妈住的房间，他晚间办完公事回房，都从后门绕着走，久而久之，这条路被大家称为“周恩来小道”。

不过我回忆，我俩在西花厅就餐一般是在午间，七伯、七妈大多同时在座。想来，他俩一定主动调整自身的作息时间，争取两人既能在一起，又能与晚辈一道吃顿饭。这也可以看出，他俩心心相印，难舍难离。

七伯、七妈之间的深情爱意，还常常表现在日常生活中的笑谈打趣，亲密无间。记得七伯当年送我刮胡刀时，七妈在一旁说：“怪不得，昨天你琢磨送多年未见的尔均什么礼物，最后还是选了这把你爱用的刮胡刀。看来，刮胡子是你最上心的事。”七伯哈哈一笑，算是默认。

1997 年，徐向前元帅夫人黄杰阿姨，同我俩也讲了一件与七伯胡子有关的趣事：“1937 年，我在长江局碰到总理。邓大姐说：‘你看伍豪现在没有胡子了，他就是怕有些姑娘不爱他了。’总理说：‘你不爱我还有谁爱我？’他俩很幽默，很亲密。”

七伯和七妈之间的爱情，有如他俩喜爱的西花厅年年盛开的海棠花，岁月轮回，依然美得让人落泪。在这世界上，没有比他俩信仰更坚定的生命的种籽，也没有比他俩的深爱更强大的力量。

海棠花，爱之花。生相随，死相依。

此爱绵绵，永无绝期！

终生难忘的挚爱

1959 年我和在军调来北京之后，始终得到七妈无微不至的关爱和照应。

20 世纪 60 年代初，一天上午，七妈冒着纷飞的大雪来西郊总后大院看望我们。当时我们住的是筒子楼，总共三层，全家挤在楼下的一间半房子里，生活条件很简朴。七妈来了，连个能让她老人家坐的像样的椅子也没有。七妈哪在乎这个，看到我们同其他干部生活上打成一片，没有任何特殊的地方，十分满意。她一边高兴地抱着女儿萌萌逗弄，一边关切地同帮我们带孩子的保姆交谈，询问她老家在哪里，生活情况怎么样，同我们相处得可好。这位保姆当时还是个十七八岁的大姑娘，家在京郊。时光匆匆，前些年突然接到她打来的电话，告诉我们她已经当了祖母了。她说七妈的亲切谈话，给她留下终生难忘的印象。

那天，七妈详细地询问我俩的生活开支情况。七妈说："你俩的工资不多，有了孩子，请了保姆，怕是不够用，有困难告诉我，不要向公家伸手。"我俩在兄弟姐妹中是参加工作早的，每月有基本工资，平时又注意节俭，只是到了每年9月给孩子办医疗包干时差点钱，手头紧一紧就过去了。如实汇报给七妈，请她千万放心。七妈点点头，鼓励我们说：勤俭节约是好习惯，应该保持。

这天，七妈坐着小板凳，在我们这里待了将近半天，我们的小家也由于她的到来，其乐融融，充满了温暖。

事过二十多年，到了80年代，七妈还回忆起那年来总后看我们的情形。我插话说，"那时我们住在筒子楼二层，住了十多年"，七妈纠正说："不对，你们住的是楼下。"七妈是对的，是我记错了，当时我们确实住在一层，后来才搬到二层。

七妈对我的工作和身体情况一直很关心。1982年我调到总参谋部工作，家仍住在总后，每天往返于西郊和北海公园旁的旃坛寺。七妈仔细问我：交通工具是怎样解决的，中午吃饭怎么办，有没有休息的地方。我回答说：上下班有公车接送；中午从家中带饭，单位有锅炉可以加热；中午有时到什刹海散散步（北海公园一度不开放），也算是锻炼身体。听我一一回答清楚，她老人家才表示放心。

我到国防大学工作后，看望七妈的机会多了些。国防大学成立之初报请中央、军委领导题词，其中有担任全国政协主席的七妈。我去西花厅时，七妈同我谈起这件事。她说："张震、李德生同志来信让我题词，我写了'十年树木，百年树人'八个字。年纪大了，写毛笔字有困难，是用马克笔写的，你向他俩解释一下。"七妈又说："学校是培养人才的，国防大学又是培养高级军事人才的。教书育人，任务很光荣，你要好好工作啊！”七妈问我担任什么职务，是什么级别。我当时任校政治部副主任、正军职，如实报告了七妈。她说：“也是高级干部了，要严格要求自己，不要骄傲，不要辜负党组织对你的信任。”

临别时我向七妈敬礼，七妈笑着说：“我不能给你还军礼了”，又说：“你穿军装很神气啊！不过你也是年过半百的人了，要爱护身体，注意不要发胖。”

1987 年，我在 301 医院做了前列腺切除手术。七妈得知后，关切地向在军询问手术的情况，并让在军把她自己常用的一个白色小闹钟带给我，关切地嘱咐说：“尔均生病，吃药应该很准时，这个闹钟很好使，你带给他。”这个闹钟至今仍能发出嘀嗒声，每听到它，七妈的音容笑貌如在眼前。

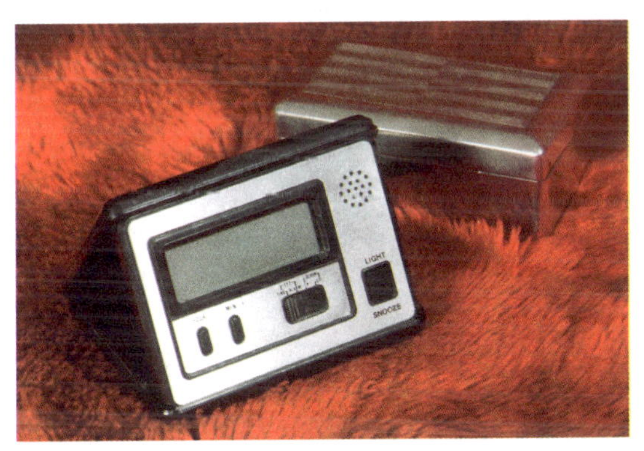

邓颖超在周尔均病中送给他的闹钟（1987 年）

七妈对在军尤其关心。从初次见面时起，她不止一次地对在军说：“你姓邓，我也姓邓；你是独女，我也是独女。”想必见到在军，七妈就会想起自己缺少父爱又没有兄弟姐妹的苦难童年，想起杨振德奶奶、她自己和在军都是独女。在军初进中央电视台的前身北京电视台时，报告给七妈。那时电视处在初创时期，只北京有电视，电视机很少，我们总后勤部总共只有两台，并不为人重视。七妈却一开始就做了切中要害、让在军一辈子牢记的重要指示：“电视工作很重要，今后会有很多人看电视。你们的责任很大啊。”

她不时嘱咐在军把编导的录像带送她看。

对在军首创并多次执导的中央电视台春节晚会，七妈尤其重视，给予亲切鼓励和支持。1988 年央视“春晚”，在军任总导演。在龙年除夕钟声敲响之际，晚会播出了七妈热情洋溢的新年祝词，向全国各族人民祝贺新春。

她还向在军谈了对央视节目的中肯意见。七妈说：“战争年代以至建国初期，我们可没有这样的宣传工具。现在有条件了，电视工作者也作了很大努力，但有些节目仍然平淡无味，甚至格调低下，这里面有个对观众的责任感问题，对人民负责的问题。五六十年代，我们拍了一些好电影，像《英雄儿女》《冰上姐妹》《女篮 5 号》《鸿雁》等，思想内容好，故事性也强，观众爱看，电视台还可以再播映嘛。音乐效果，是电视艺术的组成部分，现在播出节目的音乐声太强，有时听不清讲话内容，影响了节目效果。特别是诗词朗诵节目要注意。播音员的口齿也要十分清晰。”七妈的指示，在军在征得她老人家同意后向台领导作了汇报，他们十分重视，及时采取了改进措施。七妈得知后非常高兴。

七妈十分关心在军的入党问题。在军由于

通过电视向全国各族人民祝贺新春

邓颖超发表新年祝辞

新华社北京2月17日零时十分讯 龙年钟声敲响之际，全国政协主席邓颖超通过中央电视台发表了热情的新年祝辞，向全国各族人民祝贺新春。

邓颖超说，今天是新春佳节，我以一个中国老年人的身份，向全国各族人民拜个年，向台湾同胞、港澳同胞、海外侨胞拜个年！

她说，龙年是象征吉祥的。我祝你们阖家快乐、身体健康、生活幸福，祝你们在学习和工作上取得新进步、新的更大成绩。

邓在军出任“龙年”春节晚会总导演

1988年中央电视台春节联欢会将由邓在军出任总导演，这位中年女导演曾在首届电视文艺“星光奖”评选中获“最佳编导奖”。

邓在军１３岁参军，先后在部队担任过独唱、舞蹈演员，演过话剧，这些为她以后从事电视文艺工作打下了基础。她从事电视文艺工作２８个春秋，编导、录制、转播的电视专题文艺节目和晚会已近千台。

邓在军勤奋、好学，勇于探索，敢于拚搏。早在我国电视草创时期，她就编导了《东方红》、《宝莲灯》、《天鹅湖》、《货郎与小姐》等一批质量高、有影响的电视节目。以后，她专心把艺术创作的重点放在主办专题文艺节目和重要节目的大型综合文艺晚会上。最初出现在观众面前，并引起强烈反响的春节联欢会——１９８２年春节文艺晚会，就是通过这位总导演和电视界前辈王维超等同志辛勤劳动录制的。

邓在军编导的节目富有浓郁的生活气息和深深的感染力。日本同行曾称赞她的《祝您健康》“把文艺、生活、卫生、教育融为一体，内容和形式新颖，很受启发。”

我们深信，龙年的春节晚会，邓在军和晚会剧组的同志们一定会向观众奉献一束更加光彩夺目的艺术之花。

中央报刊的相关报道（1988 年）

年幼不懂事，参军时受人误导，错填了家庭成分（工人家庭错报地主出身），由此她的入党申请被压下多年，直到 1984 年组织上正式调查改正，终于光荣地被批准入党。七妈高兴地向她祝贺，把刚刚出版的《周恩来选集》等五本珍贵书籍亲手送给在军，特地交代：“这是我用工资买的。其中有两本是专门给你的，别人没有。”

为祝贺邓在军入党，邓颖超送她《周恩来选集》等珍贵书籍（1985 年）

七妈还特地鼓励她：“在军是一个自强的孩子。”在侄儿女辈中，唯有在军得到七妈的这一评价，这是在军终生的荣耀。

对在军的身体状况，七妈也很关心。在军长期患关节结节红斑病症，遵照医嘱注射激素，有一段时间体重增加了不少，人也有些变形。七妈叮嘱她：“可不能再胖了。切记生命在于运动！”她还亲切关注我们几个孩子的成长，逐个询问：“萌萌（大女儿）结婚了吗，孩子多大了？”“萌萌和蕾蕾（二女儿）小时我都见过，很可爱。”听在军说，三女儿苓苓曾在北京人民艺术剧院进修，七妈说：“这好嘛，‘人艺’的戏过去我和伯伯常看。苓苓可以接你的班。”问起儿子周强，七妈同我们开玩笑：“好了，有了儿子，可以传宗接代了”，又说：“周强、周强，好大的名字，要坚强成长啊！”

80 年代后期，七妈有次通知我俩去西花厅见她。我特地带了两台照相机，其中一台是一次性成像的“拍立得”，我们想和七妈多留下几张合影。七妈很高兴，连说“好！好！”又说：“我喜欢意大利摄影家拍的七伯这张照片，就在这下面照。”那天七妈的兴致很高，同我俩谈了有一个多小时，秘书几次过来打招呼，说时间长了，让七妈早点休息。她老人家却说：“我喜欢同在军、尔均多说些话，你不要赶他们走！”早已年过八旬的老人，又同我们谈了好一阵。可惜我们那时经济条件不宽裕，照相机质量差，胶卷又是过期的，虽然照了不少张，洗印出来效果都不

邓颖超与邓在军（1982 年）

好。带来的那台“拍立得”却引起七妈的兴趣，她老人家还是初次见到这种简易相机，亲自试拍了一张。当然，用“拍立得”照出的相片质量更差，过一段时间就褪色了。尽管那次我准备了两台相机，留下来的却是太多的遗憾！

与七伯一样，七妈也记忆力惊人。她在这次谈话中回顾了1946年她同七伯和我三次谈话的详细过程，连她亲手给我脸上抹“如意膏”、治好疥疮的细节都记得清清楚楚。七妈说：“40多年前，我们向你提出了‘自强自立，走好自己的人生之路’的要求。后来，在你入党时，又向你提出过党员应具备的标准和要求。这些年来，你俩是按照我们的嘱咐做的，对自己要求是严格的。今天我要表扬你们：从没有拿我们名义做过任何事情，你俩取得的成绩是通过自己的努力得到的。”七妈还提道：“有人不是这样，他们要见我，我不见。”

七伯逝世后，七妈在精神上受到很大打击。她曾对我俩说：“每晚要吃安眠药，否则睡不着觉。”再加上七妈毕生忠诚于党的事业，晚年仍以高龄从事繁忙的工作，每次我见她后，自己都忧心忡忡，她老人家的身体日见衰弱。这里，我俩要感谢七妈秘书赵炜、高振普同志，他们不但尽最大努力精心照顾七妈，保护她的身体健康，而且及时把七妈的情况告诉我们，尽可能地安排我们去看望她老人家。还要感谢尽心照顾七妈的其他工作人员。

1992年3月，中央电视台召开“邓在军电视艺术研讨会”，在军报告七妈，七妈很高兴，特地派高振普秘书代表她到会祝贺。振普转达了七妈的关怀：“告诉在军，我现在写字手抖，就不题什么字了。祝贺她取得的成功。”

想不到仅仅三个月后，七妈就病重转危。接到赵炜大姐的紧急通知，我俩从外地赶回北京探望，她老人家已经卧床昏迷，不能讲话了。

1992年7月11日6时55分，七妈走完人生的最后旅程，一代伟人与世长辞！

七妈逝世后，按照她老人家的遗愿，在中央领导同志带领下，我和赵炜、振普以及其他亲属代表，把她的骨灰和花瓣撒进天津海河。那天，天津市万人空巷，迎接这位伟大女性重回她早年曾经读书、工作、战斗的城市。

当年，七伯的骨灰有一部分撒进了海河。十六年后，七妈的骨灰也撒进了海河。他俩在海河再次相聚了。七妈对我们说过：生老病死的规律谁都无法抗拒。但两位老人家的先后去世，无法不让我们悲痛欲绝。

七伯和七妈将携手进入大海，走向永恒，这一归宿原本就彰显了两个伟大生命的人性之美。

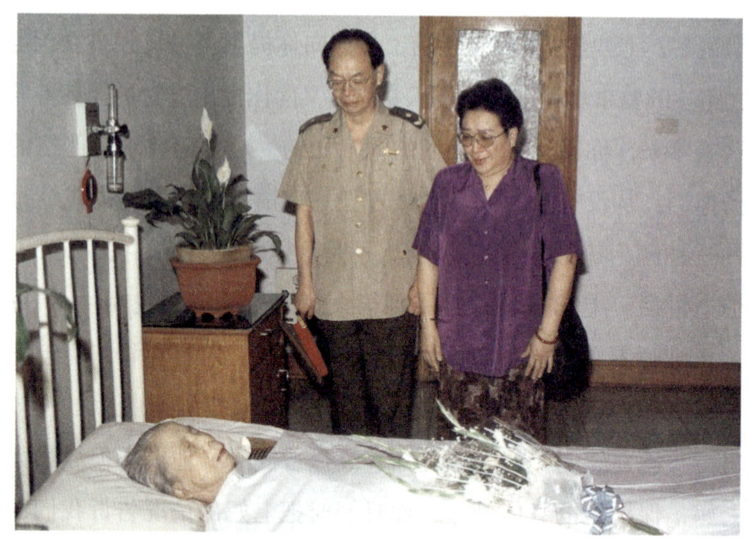

在北京医院向邓颖超告别（1992 年 7 月 11 日）

在军在八宝山灵堂向邓颖超告别。摄影师把邓颖超遗体火化前最后这张照片送给了周尔均和邓在军（1992 年 7 月 17 日）

周尔均和亲属、邓颖超身边工作人员一起，把邓颖超的骨灰撒往天津海河，这是仪式完成后的合影（1992 年 7 月）

第二十八章　信仰密码

“密档”问世

在追踪寻觅恩来伯伯的历史足迹时，我们意外获得了一项重要的成果：发现了珍藏在共产国际档案中的周恩来早期革命活动的原始资料。这真是让我们喜出望外，堪称百年难得的机遇。这些资料是一个有力的佐证：伯伯不但对中国革命事业，而且对国际共产主义运动做出了不可磨灭的杰出贡献。

所有这些资料都属首次面世，绝大部分是七伯当年用中俄两国文字亲笔书写，在“国际”档案中也仅存一份，具有极其珍贵的传世价值。

这一发现看似偶然，对我们来说却是一次冥冥中天赐的历史机遇。为拍摄《百年恩来》电视片，我和夫人邓在军在俄罗斯驻华使馆采访了大使罗高寿。使馆是一座宏大的建筑，毛泽东、周恩来都来过这里。罗高寿大使是一位高大而和善、风度翩翩的外交官。他是中国人民的老朋友，在新中国成立初期就来华，曾任苏联首任驻华大使尤金的翻译，还参与过周恩来与柯西金著名的“机场谈判”。大使熟悉中国情况，多次见过恩来伯伯，又是一个著名的中国通，“罗高寿”就是他为自己起的中文名字。

同大使畅叙时，我无意中听他说，在俄罗斯可能保存有周恩来的档案。说者无心，听者有意，这个出乎意料的信息，使我兴奋得从沙发上蹦了起来，立马向他请教，愿闻其详。

对历史档案研究，我怀有浓厚的兴趣，不外乎两个原因。其一，在我的军事职业生涯中，较长时间从事文秘档案工作。参军初期，在第二野战军

罗高寿大使亲切会见周尔均（1996年）

后勤部管理干部档案一年多，后来又担任解放军总参谋部保密档案工作负责人。管理研究档案，是我的职业专长。其二，通过长期工作实践，我深切地感悟到，看似沉睡在档案中的文字记载，其实是无言的生命，从某种意义上，它是一部“物化”的历史。每一件档案，都刻有时代的烙印，背后有着一个个或喜或悲的故事。每当我阅看档案时，许许多多鲜活的人和事就会跃然纸上，它们帮助我了解到许多平时学不到的知识，以及囿于自身生活无从接触到的事理。

我听说，国外竟保存有周恩来的原始资料，而且是在20世纪二三十年代这一国际风云跌宕起伏、国内斗争激烈残酷的时代，处于国际共运中心的共产国际保存的档案；对这段历史，国内虽有一些记载，但大都不够完整，也没有原始依据。现在好了，有了一个揭开历史迷雾的千载难逢的机会，万万不能错过。

应我的恳切请求，罗高寿大使介绍了他所知道的情况：苏联解体后，共产国际档案完整无缺地由俄罗斯国家档案馆保存。周恩来同志从20世纪20年代起就参加共产国际的工作，他作为中共中央重要负责人，也是共产国际负责人之一，“国际”档案中应该保存有他的资料。不过，这些档案都是绝密等级，原则上不对外公开。

大使是个热心人，我同他虽是初次见面，但一见如故，便坦率地提出不情之请，请他务必帮忙，让我们能接触、最好能获得这批珍贵资料。大使爽快地允诺了我的请求。他说：“我对周恩来总理十分尊敬，他是一个学识渊博、富有治国才干的人。你们的想法，是一件具有历史意义的事情，作为中俄友好交流的使者，我义不容辞，但需要向国内请示后才能答复。”

事情的进展还算顺利。过后不久，就接到罗高寿大使的正式答复：俄方同意我们派人前往莫斯科调阅有关档案，并将积极给予协助。不过有三个前提条件：一是，需要经过双方政府部门正式沟通、商定；二是，所有档案仅供周恩来亲属查阅，不向其他单位开放；三是，一切费用由中方承担，用美元支付。

说实在的，当时《百年恩来》剧组刚刚成立，摄制经费相当拮据，但我还是咬了咬牙：先把这件重要的事情办好再说。幸好，此事得到两国外交部的大力支持，护照、签证很快就办了下来。我国驻俄使馆不但一路为我们“开绿灯”，还腾出使馆招待所的房间，免费供我们一行住宿。我和担任总导演的在军只带了翻译和摄像师，组成一个精干的小组出国执行这趟任务。

当我们抵达莫斯科后才体会到，俄方提出经费问题是可以理解的。当时他们正处于苏联解体后最困难的时期，各类供应十分短缺。偌大的莫斯科市区，我们乘车转了一个小时竟找不到一家饭馆。俄罗斯外交部副部长热情地会见我们，还举行了欢迎宴会，可宴请场所竟是莫斯科唯一的一家麦当劳餐馆。俄罗斯现代史文献保管和研究中心及国家档案馆的同志协同我们工作，他们顿顿吃的是黑面包，夹着很少一点蔬菜。闻名的俄式红菜汤却不见油水，漂着一两片菜叶。好在我们从国内带有榨菜和肉松，同他们在国家档案馆餐厅一起就餐，共享中国的土特产，俄罗斯朋友们吃得津津有味。条件虽然艰苦，但工作中不断获得的意想不到的丰收喜悦，使我们忘掉生活的一切不便。

苍天不负有心人。在连续奋战五天五夜后，我们取得的丰硕成果使大家喜出望外，远远超出了预期！

第一，发现的资料全都是关于周恩来同志的，几乎全部出自他本人的手笔。

第二，这是唯一在国外保存的周恩来档案资料。

第三，这是俄方首次公开和向我们提供这部分档案资料，也是国内首次见到原件和伯伯手迹，包括他书写的外文真迹。

第四，这批材料，真实地反映了当时共产国际与中国革命的紧密联系与相互影响，佐证了恩来伯伯在这个重大历史时期和转折关头所起的重要作用、历史功勋与崇高思想品德。

在这五天五夜里，我们沉浸于一批批厚重的档案，徜徉于威武雄壮的历史舞台，好像重新置身于波澜壮阔的国际共运风浪中。一页页档案告诉我们，中国革命的初期是多么艰难，中国共产党人为此付出了多么重大的牺牲，七伯和他的战友们在极端艰难困苦的条件下，是经过何等的艰辛努力，以无比坚定的革命意志和巨大的政治智慧，运筹帷幄，制订战略，说服共产国际，联络战友，发展自己，消灭敌人。这批档案资料是烈士用鲜血换来的中国革命经验总结，是中国革命历史征程中难得的宝贵资料。

档案中的每一页，我们都难以割舍，但受时间、经费和俄方有关规定的限制，不得不从中精选再精选。

回溯历史，恩来伯伯直接在苏联工作的时间，主要是在 1928 年、1930 年、1939 年至 1940 年。我们按照这个时序反复筛选，经双方共同商定，最后取得 157 件共产国际档案的原件复制件。

无比珍贵的人生履历

档案保存有恩来伯伯在 1928 年、1939 年不同年代为共产国际填写的履历表，其中，1939 年的履历表，是恩来伯伯以流利的俄文书写，最为详细。

周恩来用俄文为共产国际填写的履历表摘译：

1920—1921 年，中国上海《新闻（晚）报》和北平《晨报》驻法

АНКЕТНЫЙ ЛИСТ

ВОПРОСЫ: | ОТВЕТЫ:

БЕЗ ПРАВА ПУБЛИКАЦИИ

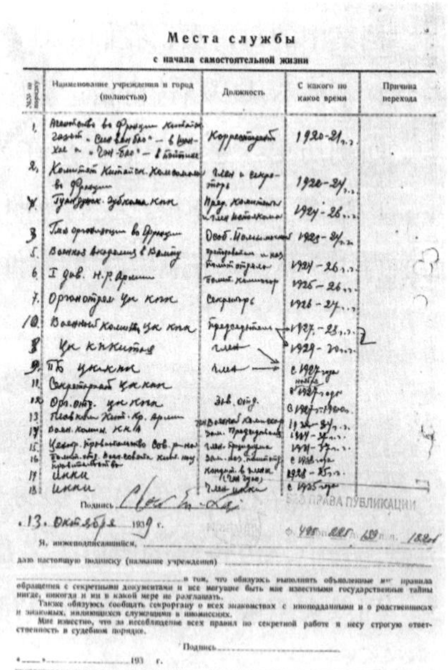

Места службы

с начала самостоятельной жизни

№ по порядку	Наименование учреждения и город (полностью)	Должность	С какого по какое время	Причина перехода

БЕЗ ПРАВА ПУБЛИКАЦИИ

13. Октября 1939 г.

周恩来为共产国际填写的履历表，共计四页（1939 年 10 月 13 日）

通讯社记者

1922—1924 年，旅法（旅欧）中国共青团委员会委员、书记

1923—1924 年，中国国民党旅法（旅欧）支部特别全权代表

1924—1926 年，中共两广区委员会委员长、执委会委员、黄埔军校教员、政治部主任

1925—1926 年，国民革命军第一军政治部主任

1926—1927 年，中共中央组织部秘书

1927 年—，中共中央委员、中共中央政治局委员

1927—1928，1929—1930，中共中央军事委员会主席

1927 年 11 月—，中共中央书记处书记

1927—1930 年，中共中央组织部部长

1932—1934 年，中国红军总司令部总军事委员

1934 年，中国人民军事委员会（中央革命军事委员会）副主席

1931—1937 年，苏区中央政治主席团成员

1938—，中国国民政府军事委员会政治部副部长

1928—1935 年，共产国际执委会候补委员（“陈光”即为周恩来）

1935 年—，共产国际执委会委员

签名：周恩来

日期：1939 年 10 月 13 日

共产国际先后两次专为周恩来建立了秘密档案。

在 1933 年 2 月的档案中注明：

周恩来，中国共产党积极分子。笔名少山。1921 年入党。受过高等教育。现任中共中央政治局委员、中共苏区中央局书记。

1935 年，共产国际为周恩来第二次建立秘密档案，对他作了更高的评价：

共产国际建立的周恩来秘密档案（1933 年 2 月 10 日）

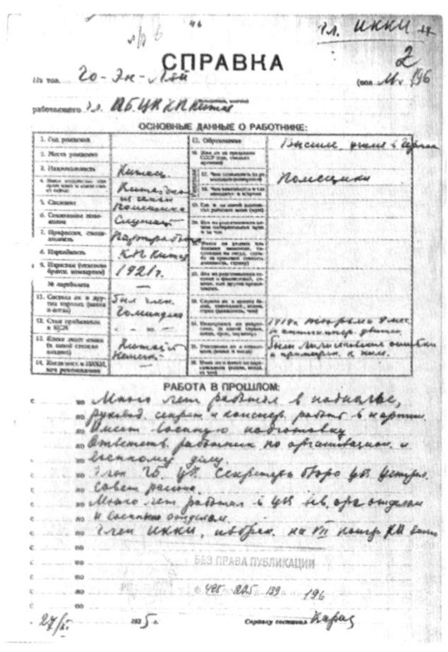
СПРАВКА

ОСНОВНЫЕ ДАННЫЕ О РАБОТНИКЕ:

РАБОТА В ПРОШЛОМ:

БЕЗ ПРАВА ПУБЛИКАЦИИ

共产国际第二次建立的周恩来秘密档案（1935 年 11 月 27 日）

多年从事党的工作，在党内担任过领导、书记和机密工作；有良好的军事素养；担任过组织和军事方面领导人；中共中央政治局委员，中共苏区中央局书记；在中央组织部、军事部工作多年；共产国际第七次代表大会缺席选为共产国际执委会委员。

共产国际建立和保存的秘密档案，是对各国共产党重要成员的全面考核和鉴定，据以认定其在政治上的可信度，属于最高机密。

我做过干部档案工作，深知早期党内在“左”的思想影响下，干部的档案资料往往不能全面反映本人的思想政治面貌，一般情况下，记载的缺点、问题或疑问常常超过成绩和优点。记得我们第二野战军解放西南初期，我军一位高级干部、川北军区司令员（胡耀邦同志曾任川北军区政委）病故，他是一位战功赫赫的将领。在撰写悼词、查阅档案时，发现大部分内容都是缺点和不足，而所立功绩却语焉不详。这件事被贺龙司令员知道了，大怒，责令全军区政治机关对所有干部的档案进行普查，撤销不实之词，补充优点功绩。在二野后勤部，这件事是由我经办的。我据此推测，在国际政治斗争极度激烈复杂的情况下，共产国际恐怕也难免有这个通病。而且“国际”保存的资料均属“绝密”中的“绝密”，绝对不可能同本人见面。

但我感到意外的是，无论是共产国际 20 世纪 30 年代两度为周恩来建立的秘密档案，还是中共早期领导人、中共中央妇委书记蔡畅同志应共产国际要求，于 1938 年 2 月 5 日所写的周恩来旁证材料（这种材料过去我们常称为“背靠背”，即在本人不知道的情况下由第三方写的证明材料），其中竟然没有一个字提到恩来伯伯的缺点和不足，全部内容都是表述他的重大功绩和优点。

蔡畅同志在长达八页的充满革命情感的旁证材料中，详细介绍了周恩来同志在建党建军和领导地下工作、武装斗争的重大功绩，赞扬他“人是非常聪明能干精细，并有煽动组织军事才能，他能艰苦耐劳肯干的精神”。

但是，七伯自己填写的履历表，却体现出他一贯谦虚谨慎的品德。例如，在“入党时间”一栏中，他两次填写的都是“1922 年”，不过 1928 年填写的表格，在“1922”的右上侧打了个问号。实际上，七伯是在 1921 年经张申府、刘清扬同志介绍入党，由于当时客观条件所限，没有履行书面手续。据我推测，当初他是按照 1922 年 6 月在欧洲成立旅欧中国少年共产党（赵士炎任书记，后由周恩来任书记）的时间填写的入党时间。

这件事，党中央已有决定：1921 年在巴黎成立的共产主义小组有张申府、刘清扬、周恩来、赵世炎、陈公培。巴黎小组是准备建立中国共产党的

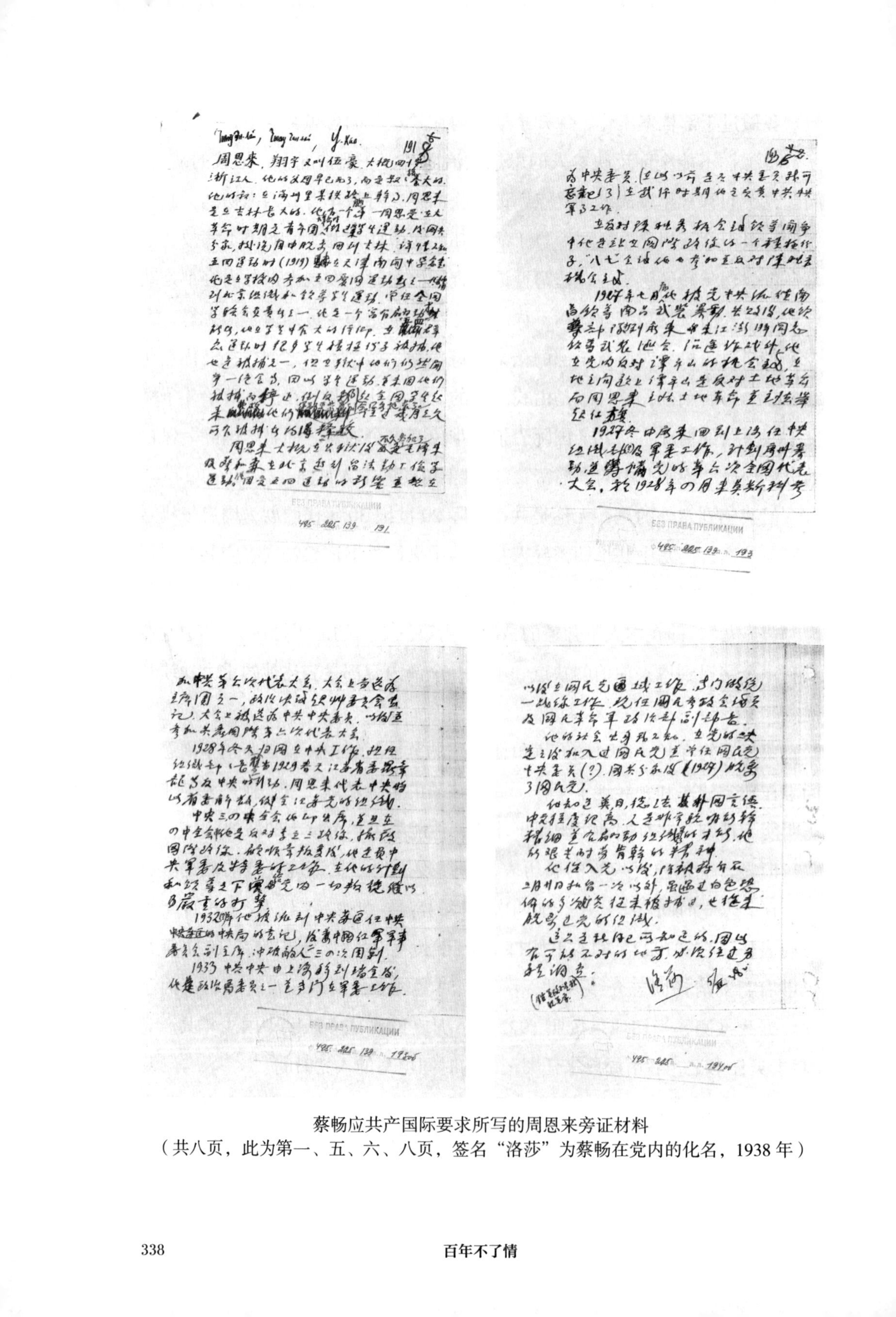

蔡畅应共产国际要求所写的周恩来旁证材料

（共八页，此为第一、五、六、八页，签名“洛莎”为蔡畅在党内的化名，1938 年）

八个共产主义小组之一。中国共产党成立后，八个小组的成员当然都是中国共产党党员，同属于1921年入党的第一批中国共产党党员。因此，七伯的入党时间中央定为1921年。

与此相关，共产国际为周恩来建立的秘密档案，无论是1933年还是1935年的档案中，都明确地注明周恩来的入党时间为“1921年”。可见，共产国际的情报工作还是相当严密和准确的。

又如，七伯在自己填写的履历表中，对“掌握何种语言、熟练程度如何”的回答是：“中文为母语，英语较差，日、法、德语很差。”而蔡畅同志在旁证材料中写的却是：“他知道英、日、德、法等外国语言，中文程度很高。”

人们大都知道，七伯的英文水平很好。他会见外宾时恪守国格，从来不讲外语，但却经常发现并温和地纠正翻译的纰漏。记得20世纪50年代，他有次在会见外宾后曾对我说：“我们的英语翻译对生产知识太缺乏了。今天我对外宾讲‘轴承’的作用，翻译居然不知道什么是‘轴承’，还是我给他帮了忙。”这时正处于“大跃进”期间，国家领导人参加劳动、使用推车，因此涉及这个专业术语，确实比较生僻，但伯伯却了然于胸。

这些事例，也说明恩来伯伯虚怀若谷、严以律己的崇高品格。

中共六大和共产国际六大期间

1928年6月至9月，中共六大和共产国际六大在莫斯科先后召开。大革命失败后，为避开国内白色恐怖的干扰破坏，中央决定党的六大在国外举行。中共六大的会议主题与共产国际六大商讨的内容紧密相关。为了出席这两个关系中国革命前途的重要会议，七伯、七妈冒着国民党反动派严密缉拿、追杀的巨大风险，化装成一对古董商人夫妇，几经辗转、波折，途中还曾机智地应对了日本特务的盘问与跟踪，于1928年5月上旬抵达莫斯科。这一年，业已担任中国共产党重要领导人的伯伯刚满三十岁，七妈二十四岁。

档案的内容表明，在这两个会议上，周恩来都起着关键的作用。

周恩来参加了 1928 年 6 月 19 日，即中共六大开幕前夕，斯大林就中国革命形势与中共负责人的谈话（参加谈话的另有瞿秋白、苏兆征、李立三和向忠发），亲笔作了记录。

同年 6 月，布哈林代表共产国际同周恩来等谈话。前后两次谈话都存有周恩来的亲笔记录及俄文译稿。

斯大林在谈话中指出中国革命当前处于低潮，他的这一判断是正确的。但他和布哈林对中国革命应由工人而不是知识分子领导的论断，不符合中国实际，是片面与错误的。

周恩来在中共六大上担任主席团成员和大会秘书长，并在会上作了组织问题和军事问题报告。会议结束后的六届一中全会上，他当选中央政治局常

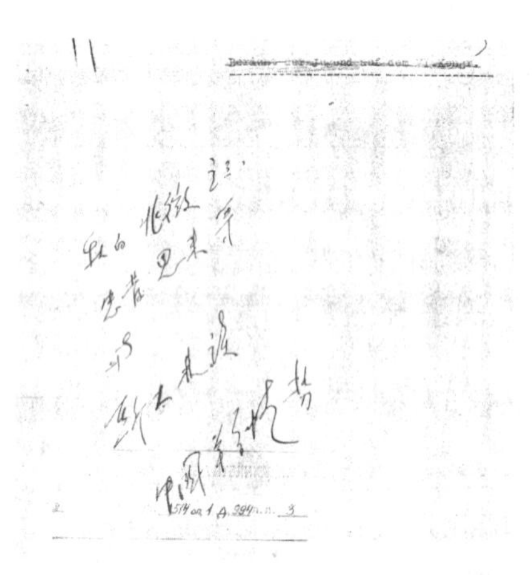

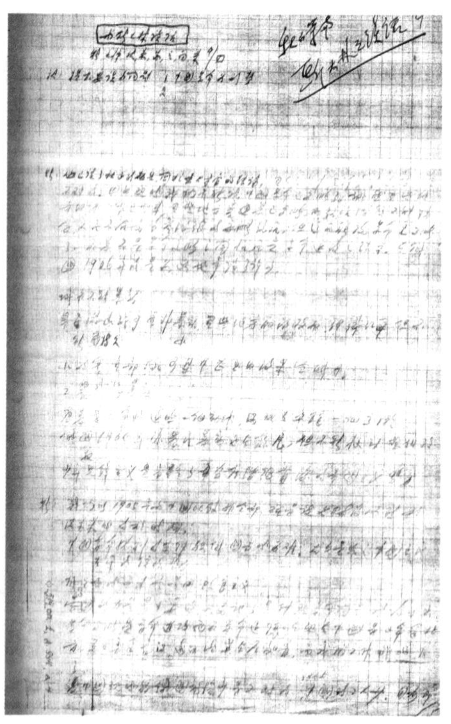

周恩来亲笔记录与斯大林谈话全文中的两页（1928 年 6 月）

5

- 5 -

тину различных политических оттенков, которые есть. Для нас, для работников Исполкома, важно иметь сейчас эту картину не с точки зрения непосредственной борьбы на этом самом собрании и т.д., а с точки зрения действительного освещения внутрипартийного положения и через него и общего положения в стране.

Еще одно я хотел сказать. Я просил бы в рубрику вопросов, которые касаются оценки положения, включить, если у кого-нибудь из товарищей есть в этом потребность, и критику Коминтерна, т.е. прямо говорить, если есть какие-нибудь несогласия с постановлениями и решениями Коминтерна, если тот или другой товарищ считает тот или другой шаг со стороны Коминтерна неправильным, но при этом не запутываться в мелочах, что Бородин сказал то-то, Ломинадзе сказал то-то. Это тоже важно, но здесь надо выдвигать главные вопросы, что я считаю неправильным такую ту резолюцию Коминтерна, такую-то линию или такую-то оценку и пр., чтобы вы нас тоже пощипали на этом собрании, если считаете, что есть за что пощипать.

СТРАХОВ:

Пускай товарищи высказывают свои мнения. Товарищ Бухарин уже говорил, в каком порядке товарищи должны высказывать свои мнения. Надо соблюдать только время, чтобы не повторяться.

БУХАРИН:

Мы, может быть, введем регламент?

СТРАХОВ:

Боюсь, что это стеснит товарищей.

МОСКВИН:

Я хочу сделать краткую информацию по поводу мнения тов. Чен-Ду-Сю. ИККИ уже давно телеграфировал о том, чтобы пригласить Чен-Ду-Сю и некоторых других товарищей принять участие на с"езде. После прибытия тов.Орлова в Шанхай, он имел беседу с Чен-Ду-Сю о том, что ИККИ очень желательно пригласить тов.Чен-

布哈林有关中国问题的谈话（1928 年中共六大召开前后）

委，并担任组织部长和秘书长，以后又兼任军委书记。

1928 年 7 月至 9 月，周恩来出席了共产国际六大。共产国际档案中有关周恩来的这部分资料相当丰富，是国内从未见过的。

（一）共产国际六大中国共产党代表名单。中共代表总共 29 人，第一名代表“陈光”，即周恩来。附有他本人填写的代表登记表原件。

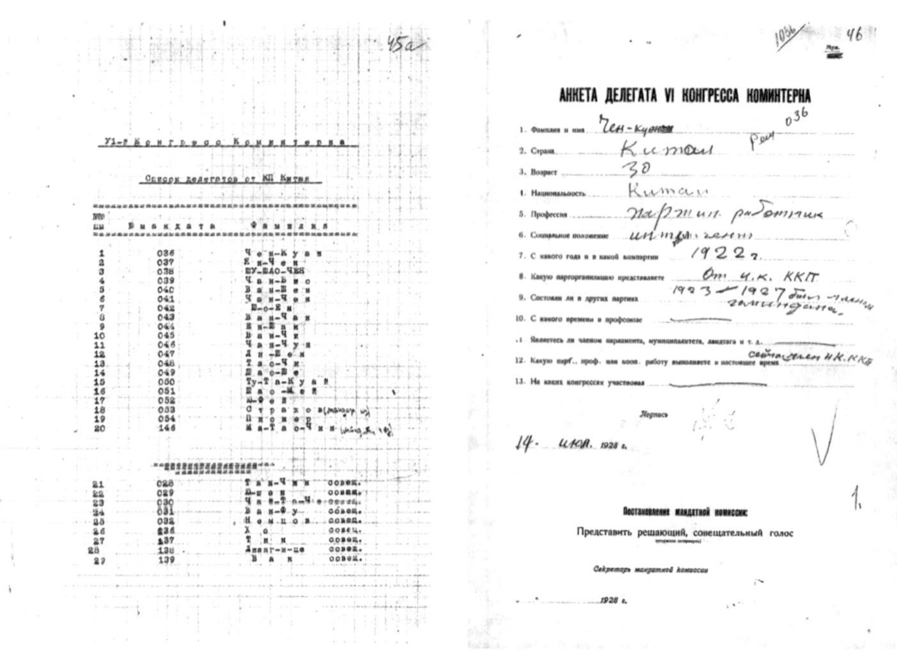

VI-й Конгресс Коминтерна

Список делегатов от КП Китая

№№ пп	Мандата	Фамилия	
1	036	Чен-Куан	
2	037	Ян-Чен	
3	038	ШУ-ШАО-ЧЕН	
4	039	Чан-Био	
5	040	Ван-Шен	
6	041	Чан-Чен	
7	042	Ш-о-Ен	
8	043	Ван-Чан	
9	044	Ен-Шан	
10	045	Ван-Чи	
11	046	Чан-Чун	
12	047	Ли-Шен	
13	048	Тао-Чи	
14	049	Шао-Ше	
15	050	Ту-Та-Куай	
16	051	Шао-Жей	
17	052	Ю-Фей	
18	053	Страхов	
19	054	Пионер	
20	146	Ма-Тао-Чин	
21	028	Тан-Чин	совещ.
22	029	Ю-ион	совещ.
23	030	Чан-Тан-Че	совещ.
24	031	Ван-Фу	совещ.
25	032	Немцов	совещ.
26	136	Хо	совещ.
27	137	Тин	совещ.
28	138	Днанг-и-це	совещ.
29	139	Ван	совещ.

АНКЕТА ДЕЛЕГАТА VI КОНГРЕССА КОМИНТЕРНА

1. Фамилия и имя Чен-куан
2. Страна Китай
3. Возраст 30
4. Национальность Китаец
5. Профессия партийн. работник
6. Социальное положение интеллигент
7. С какого года и в какой компартии 1922 г.
8. Какую парторганизацию представляете От Ц.К. ККП
9. Состоял ли в других партиях 1923–1927 был членом гоминдана.
10. С какого времени в профсоюзе
11. Являетесь ли членом парламента, муниципалитета, ландтага и т. д.
12. Какую парт., проф. или кооп. работу выполняете в настоящее время сейчас член ЦК ККП
13. На каких конгрессах участвовал

Подпись

14 июля 1928 г.

Постановление мандатной комиссии:

Представить решающий, совещательный голос

Секретарь мандатной комиссии

1928 г.

共产国际六大中共代表名单及周恩来填写的登记表（1928 年 7 月 14 日）

（二）共产国际六大筹备委员会、资格审查委员会、章程起草委员会、军事委员会四个主要委员会的名单。周恩来均为委员会委员。

（三）周恩来在共产国际六大军事委员会上的专题发言。

俄方同志特意告诉我们，这个发言很重要，在苏联和俄罗斯也是首次发现，他们已作为重要研究资料。

七伯就中国革命问题的这个发言，以及同一时期在共产国际六大东方部所作军事问题报告，时间在南昌起义后仅仅一年。在以他为主要领导人的党中央领导下，全国各地举行了此起彼伏、风起云涌的武装起义。它应是第一篇全面阐述以武装的革命反对武装的反革命已成为中国革命主要形式的光辉历史文献，具有划时代的重要意义。因此，俄罗斯方面对它高度重视，绝非偶然。

（四）周恩来在共产国际六大东方部所作军事问题报告。档案中有他亲自起草的报告稿，署名“佐治”。

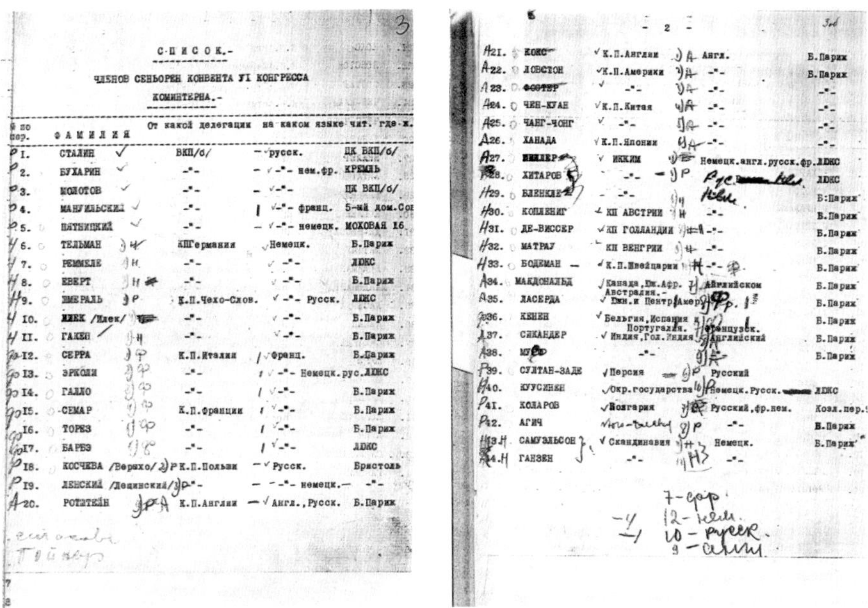

СПИСОК.-

ЧЛЕНОВ СЕНЬОРЕН КОНВЕНТА VI КОНГРЕССА КОМИНТЕРНА.-

№ по пор.	ФАМИЛИЯ	От какой делегации	на каком языке чит.	где ж.
1.	СТАЛИН	ВКП/б/	русск.	ЦК ВКП/б/
2.	БУХАРИН	-"-	-"- нем.фр.	КРЕМЛЬ
3.	МОЛОТОВ	-"-	-"-	ЦК ВКП/б/
4.	МАНУИЛЬСКИЙ	-"-	-"- франц.	5-ый дом.Сов
5.	ПЯТНИЦКИЙ	-"-	-"- немецк.	МОХОВАЯ 16
6.	ТЕЛЬМАН	КП Германии	Немецк.	Б.Париж
7.	РЕММЕЛЕ	-"-	-"-	ЛЮКС
8.	ЕВЕРТ	-"-	-"-	Б.Париж
9.	ШМЕРАЛЬ	К.П.Чехо-Слов.	-"- Русск.	ЛЮКС
10.	ИЛЕК /Илек/	-"-	-"-	Б.Париж
11.	ГАКЕН	-"-	-"-	Б.Париж
12.	СЕРРА	К.П.Италии	Франц.	Б.Париж
13.	ЭРКОЛИ	-"-	-"- Немецк.рус.	ЛЮКС
14.	ГАЛЛО	-"-	-"-	Б.Париж
15.	СЕМАР	К.П.Франции	-"-	Б.Париж
16.	ТОРЕЗ	-"-	-"-	Б.Париж
17.	БАРБЭ	-"-	-"-	ЛЮКС
18.	КОСЧЕВА /Верихо/	К.П.Польши	Русск.	Бристоль
19.	ЛЕНСКИЙ /Лещинский/	-"-	-"- немецк.	-"-
20.	РОТШТЕЙН	К.П.Англии	Англ.,Русск.	Б.Париж

- 2 -

№	ФАМИЛИЯ	От какой делегации	на каком языке чит.	где ж.
21.	КОКС	К.П.Англии	Англ.	Б.Париж
22.	ЛОВСТОН	К.П.Америки	-"-	Б.Париж
23.	ФОСТЕР	-"-	-"-	-"-
24.	ЧЕН-КУАН	К.П.Китая	-"-	-"-
25.	ЧАНГ-ЧОНГ	-"-	-"-	-"-
26.	ХАНАДА	К.П.Японии	-"-	-"-
27.	[illegible]	ИККИМ	Немецк.англ.русск.фр.	ЛЮКС
28.	ХИТАРОВ	-"-		ЛЮКС
29.	БЛЕНКЛЕ	-"-		Б.Париж
30.	КОПЛЕНИГ	КП АВСТРИИ	-"-	Б.Париж
31.	ДЕ-ВИССЕР	КП ГОЛЛАНДИИ	-"-	Б.Париж
32.	МАТРАУ	КП ВЕНГРИИ	-"-	Б.Париж
33.	БОДЕМАН	К.П.Швейцарии	-"-	Б.Париж
34.	МАКДОНАЛЬД	Канада,Юж.Афр. Австралия.-	Английском	Б.Париж
35.	ЛАСЕРДА	Южн.и Центр.Амер.		Б.Париж
36.	КЕНЕН	Бельгия,Испания и Португалия.	Французск.	Б.Париж
37.	СИКАНДЕР	Индия,Гол.Индия	Английский	Б.Париж
38.	[illegible]	-"-		Б.Париж
39.	СУЛТАН-ЗАДЕ	Персия	Русский	
40.	КУУСИНЕН	Окр.государства	Немецк.Русск.	ЛЮКС
41.	КОЛАРОВ	Болгария	Русский,фр.нем.	Козл.пер.
42.	АГИЧ		-"-	Б.Париж
43.	САМУЭЛЬСОН	Скандинавия	Немецк.	Б.Париж
44.	ГАНЗЕН	-"-	-"-	

共产国际六大筹备委员会名单（第二十四人为周恩来，1928 年）

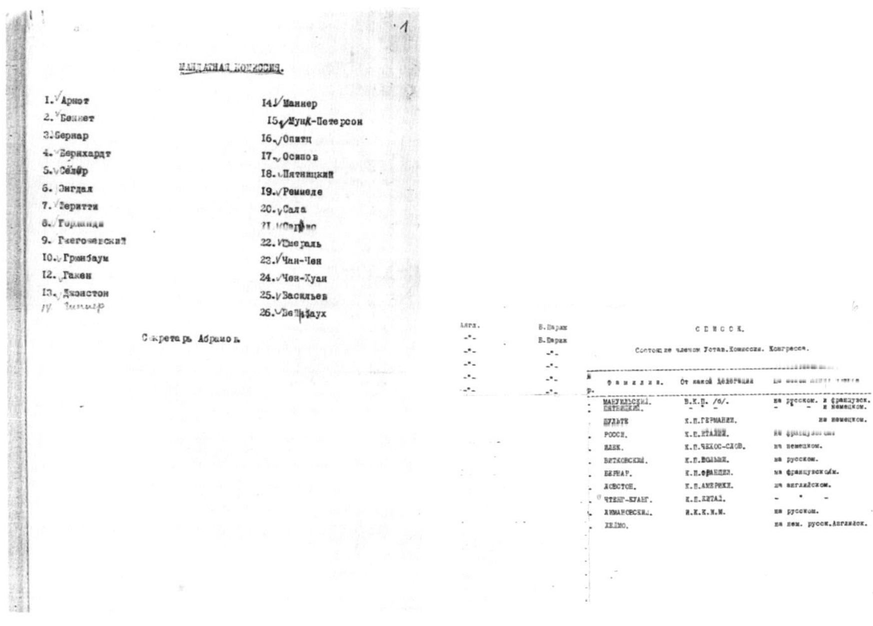

МАНДАТНАЯ КОМИССИЯ.

1. Арнот
2. Беннет
3. Бернар
4. Бернхардт
5. Сейлер
6. Энгдал
7. Гериттн
8. Горкинда
9. Гжегожевский
10. Грюнбаум
12. Гакен
13. Джонстон
14. Маннер
15. Мунк-Петерсон
16. Опитц
17. Осипов
18. Пятницкий
19. Реммеле
20. Сала
21. Серрано
22. Шмераль
23. Чан-Чен
24. Чен-Хуан
25. Васильев
26. Вейнфаух

Секретарь Абрамов

СПИСОК.

Состоящие членом Устав.Комиссии. Конгресса.

Фамилия.	От какой делегации	на каком языке читает
МАНУИЛЬСКИЙ.	В.К.П. /б/.	на русском. и французск.
ПЯТНИЦКИЙ.	- " -	- " - и немецком.
ШУЛЬТЕ	К.П.ГЕРМАНИИ.	на немецком.
РОССИ.	К.П.ИТАЛИИ.	на французском.
ИЛЕК.	К.П.ЧЕХОС-СЛОВ.	на немецком.
ВИТКОВСКИЙ.	К.П.ПОЛЬШИ.	на русском.
БЕРНАР.	К.П.ФРАНЦИИ.	на французском.
ЛОВСТОН.	К.П.АМЕРИКИ.	на английском.
ЧТЕНГ-КУАНГ.	К.П.КИТАЯ.	- " -
ЛИМАНОВСКИЙ.	И.К.К.И.М.	на русском.
ХЕЙМО.		на нем. русск.Английск.

共产国际六大资格审查委员会名单（第二十四人为周恩来，1928 年）

共产国际六大章程起草委员会名单（第八人为周恩来，1928 年）

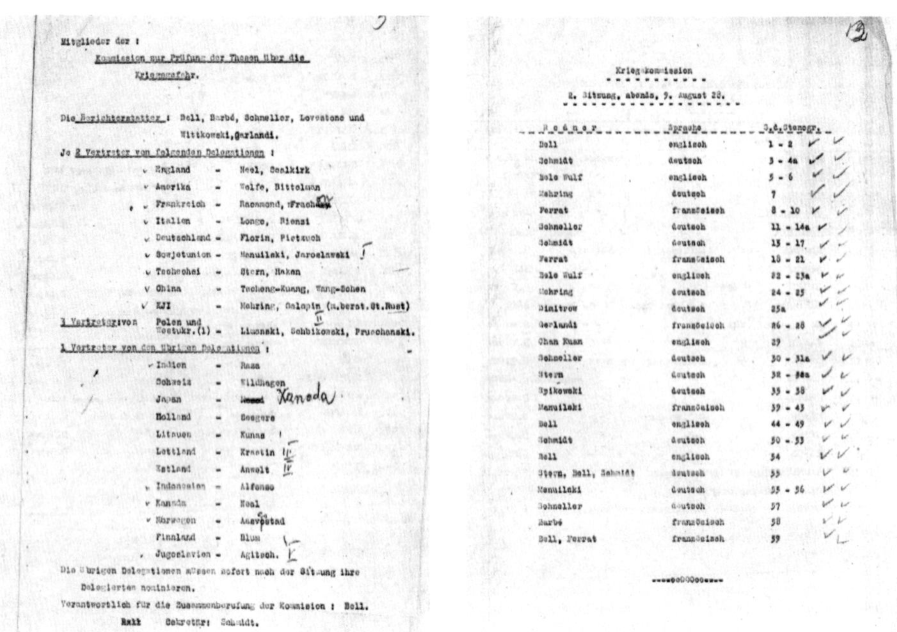

Mitglieder der :

Kommission zur Prüfung der Thesen über die Kriegsgefahr.

Die Berichterstatter : Bell, Barbé, Schneller, Lovestone und Wittkowski, Garlandi.

Je 2 Vertreter von folgenden Delegationen :

England	-	Neel, Scalkirk
Amerika	-	Wolfe, Bittelman
Frankreich	-	Racamond, Frachon
Italien	-	Longo, Rienzi
Deutschland	-	Florin, Pietzuch
Sowjetunion	-	Manuilski, Jaroslawski
Tschechei	-	Stern, Haken
China	-	Tscheng-Kuang, Wang-Schen
KJI	-	Mehring, Galopin (m.berat.St.Rust)

3 Vertreter von Polen und Westukr.(1) - Lisonski, Schbikowski, Pruschanski.

1 Vertreter von den übrigen Delegationen :

Indien	-	Rasa
Schweiz	-	Wildhagen
Japan	-	Kanoda
Holland	-	Seegers
Litauen	-	Kunas
Lettland	-	Krastin
Estland	-	Anwelt
Indonesien	-	Alfonso
Kanada	-	Neal
Norwegen	-	Aasvestad
Finnland	-	Blum
Jugoslavien	-	Agitsch.

Die übrigen Delegationen müssen sofort nach der Sitzung ihre Delegierten nominieren.

Verantwortlich für die Zusammenberufung der Kommision : Bell.

Sekretär: Schmidt.

Kriegskommission

2. Sitzung, abends, 9. August 28.

Redner	Sprache	S.d.Stenogr.
Bell	englisch	1 - 2
Schmidt	deutsch	3 - 4a
Bole Wulf	englisch	5 - 6
Mehring	deutsch	7
Ferrat	französisch	8 - 10
Schneller	deutsch	11 - 14a
Schmidt	deutsch	15 - 17
Ferrat	französisch	18 - 21
Bole Wulf	englisch	22 - 23a
Mehring	deutsch	24 - 25
Dimitrow	deutsch	25a
Garlandi	französisch	26 - 28
Chan Kuan	englisch	29
Schneller	deutsch	30 - 31a
Stern	deutsch	32 - 34a
Spikowski	deutsch	35 - 38
Manuilski	französisch	39 - 43
Bell	englisch	44 - 49
Schmidt	deutsch	50 - 53
Bell	englisch	54
Stern, Bell, Schmidt	deutsch	55
Manuilski	deutsch	55 - 56
Schneller	deutsch	57
Barbé	französisch	58
Bell, Ferrat	französisch	59

----oOOOOo----

共产国际六大军事委员会名单（名单中的第八人 Tscheng–Kuang“陈光”即周恩来，1928 年）

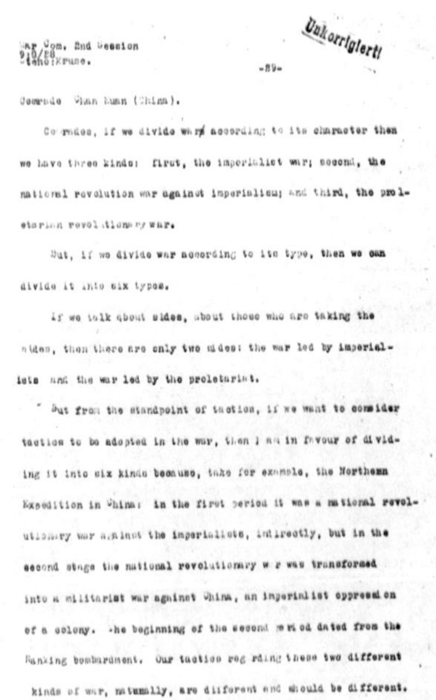

War Com. 2nd Session
9/8/28
Steno: Kruse.

Unkorrigiert!

-29-

Comrade Chan Kuan (China).

Comrades, if we divide war according to its character then we have three kinds: first, the imperialist war; second, the national revolution war against imperialism; and third, the proletarian revolutionary war.

But, if we divide war according to its type, then we can divide it into six types.

If we talk about sides, about those who are taking the sides, then there are only two sides: the war led by imperialists and the war led by the proletariat.

But from the standpoint of tactics, if we want to consider tactics to be adopted in the war, then I am in favour of dividing it into six kinds because, take for example, the Northern Expedition in China: in the first period it was a national revolutionary war against the imperialists, indirectly, but in the second stage the national revolutionary war was transformed into a militarist war against China, an imperialist oppression of a colony. The beginning of the second period dated from the Nanking bombardment. Our tactics regarding these two different kinds of war, naturally, are different and should be different.

周恩来在共产国际六大军事委员会上的发言（1928 年）

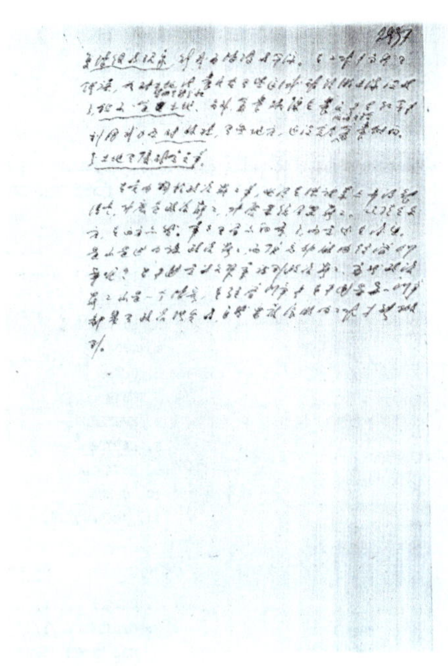

周恩来在共产国际六大东方部会议上的报告（1928 年）

（五）周恩来关于共产国际出版社事宜的批示。

他在共产国际出版社拟订的出版计划报告中，亲笔批示：下列同志任共产国际出版部成员，并用红笔添加了二十名中共党员参加该社出版工作事宜，笔迹秀丽、流畅。从这个批件可以看出，周恩来直接参与了共产国际的领导工作。

这次大会，选举周恩来为共产国际执委会候补委员。1935 年，又缺席补选周恩来为共产国际执委会委员。

共产国际（1930 年）

1929 年，由于共产国际远东局对中共提出多方指责，共产国际和中共中央内部对中国国内革命形势的发展和战略也存在诸多分歧，周恩来于 1930 年秘密前往莫斯科，同共产国际负责人讨论中国革命问题，作了《中国革命

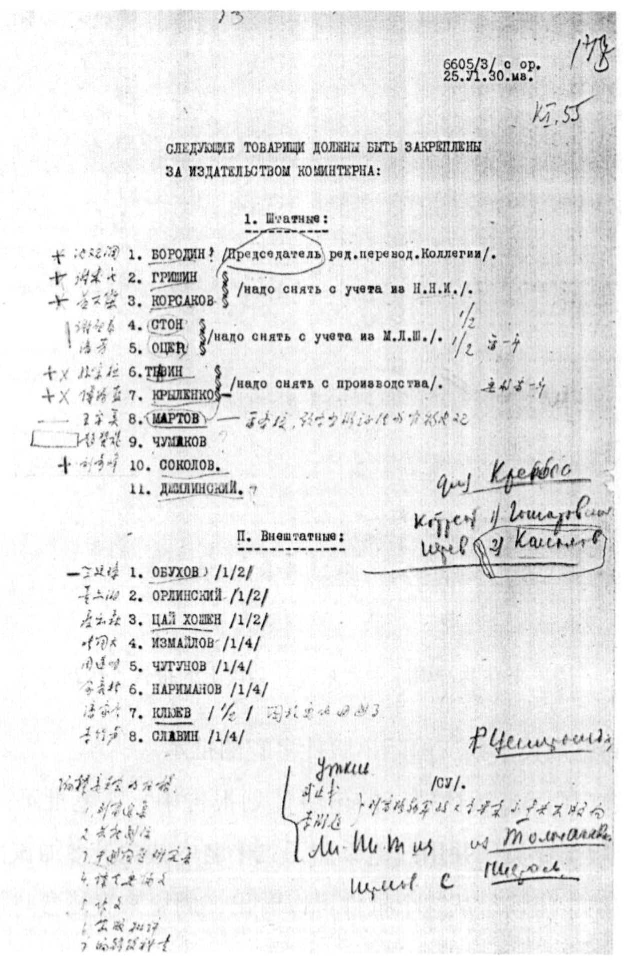

6605/3/ с ор.
25.VI.30.мв.

СЛЕДУЮЩИЕ ТОВАРИЩИ ДОЛЖНЫ БЫТЬ ЗАКРЕПЛЕНЫ
ЗА ИЗДАТЕЛЬСТВОМ КОМИНТЕРНА:

1. Штатные:

1. БОРОДИН /Председатель ред.перевод.Коллегии/.
2. ГРИШИН
3. КОРСАКОВ /надо снять с учета из Н.Н.И./.
4. СТОН
5. ОЦЕР /надо снять с учета из М.Л.Ш./.
6. ТЕВИН
7. КРЫЛЕНКО /надо снять с производства/.
8. МАРТОВ
9. ЧУМАКОВ
10. СОКОЛОВ.
11. ДЖИЛИНСКИЙ.

П. Внештатные:

1. ОБУХОВ /1/2/
2. ОРЛИНСКИЙ /1/2/
3. ЦАЙ ХОШЕН /1/2/
4. ИЗМАЙЛОВ /1/4/
5. ЧУГУНОВ /1/4/
6. НАРИМАНОВ /1/4/
7. КЛЮЕВ /1/2/
8. СЛАВИН /1/4/

/СУ/.

周恩来关于共产国际出版社事宜的批示：所列同志任共产国际出版部成员（1928—1930 年）

新高潮的特点与目前党的中心任务》的发言。他实事求是地指出：“目前中国革命新高潮是在成熟过程中，还没有形成全国直接革命的形势。”同一期间，他在联共另一次大会发言中鲜明地提出：“工人运动的新高潮是在农民战争的背景上兴起的。此时中国更加发展的还是农民土地革命的深入。”

在这期间，周恩来会见了斯大林，通过大量实例解释和说服，斯大林的认识有所改变，接受了一年多来中国红军有重大发展的事实，认为应该把红军问题放在中国革命的第一位。

расшир.засед. Колл.
Вост. Секрет.
30 апреля 1930г.
/кит.вопрос/.

Секретно 4 83

Председательствует тов.Миф.

МИФ: Расширенное заседание Коллегии Восточного Секретариата об"являю открытым. В порядке дня у нас стоит один доклад – ЦК Кит.Компартии. Я думаю, что мы не будем ограничивать время докладчика? Слово имеет тов. Сун.

СУН: /Перевод/ Товарищи, мой доклад сегодня будет довольно подробным, потому что этот доклад делается перед Коминтерном. Основное содержание моего доклада заключается в об"яснении основных политических и экономических моментов в Китае, особенно после VI с"езда китайской компартии, а также он будет касаться внутренней работы партии за истекший период, ее достижений и недостатков. Основные материалы я взял за последние полгода, так как из этих материалов, главным образом, и вытекают нынешние основные задачи китайской компартии. Поэтому мой доклад не является докладом историческим, а докладом, касающимся нынешних основных задач нашей компартии. Я хочу получить после моего доклада полные указания со стороны Коминтерна. Основное содержание моего доклада поэтому и заключается в указании на основные факты в работе киткомпартии, на ее достижения и ошибки.

Что касается теоретического анализа, то я не буду подробно на нем останавливаться, так как товарищам это совершенно ясно.

Мой доклад разделяется на 5 частей: 1/ Национальный кризис за последнее время; 2/ Основные группировки в лагере контр-революции; 3/ Основная работа компартии за период после 6-го с"езда; 4/ Основные задачи киткомпартии; 5/ Помощь и руководство со стороны Коминтерна.

Я начну с первого пункта. Всем ясно, что Китай переживает сейчас период национального кризиса, на что было уже указано в письме Коминтерна. Поэтому, когда мы говорим о национальном кризисе в Китае, мы не можем отделять этот национальный кризис от кризиса мирового капитализма. Этот кризис мирового капитализма заключается не только в противоречиях между капиталистическими странами, но и в противоречиях между империалистическими и колониальными странами, выражение чего мы и видим в Китае.

185

- 23 -

МИФ: Желающих получить слово нет. Тов.Мадьяр предлагает перенести обсуждение доклада тов.СУ в комиссию и обсуждение устроить после того, как вопрос будет проработан в комиссии.

С У: Если у товарищей имеются дополнения к докладу, я предлагаю, чтобы они в письменной форме передали в комиссии, чтобы комиссии могли учесть их мнение и обсудить в комиссии.

МИФ: Предложение тов.Мадьяра с добавлением с тов.Су принимается.

Заседание закрывается.

周恩来同共产国际东方部谈话的俄文会议记录（1930 年 6 月 18 日）

周恩来回国后，通过传达共产国际精神和进行艰苦的思想工作，纠正了李立三计划发动全国武装暴动的“左”倾冒险错误。

此次，我们取得的资料包括：周恩来 1930 年 6 月 18 日和 7 月 27 日，在莫斯科同共产国际领导人的两次谈话，以及同斯大林谈话的原始记录。

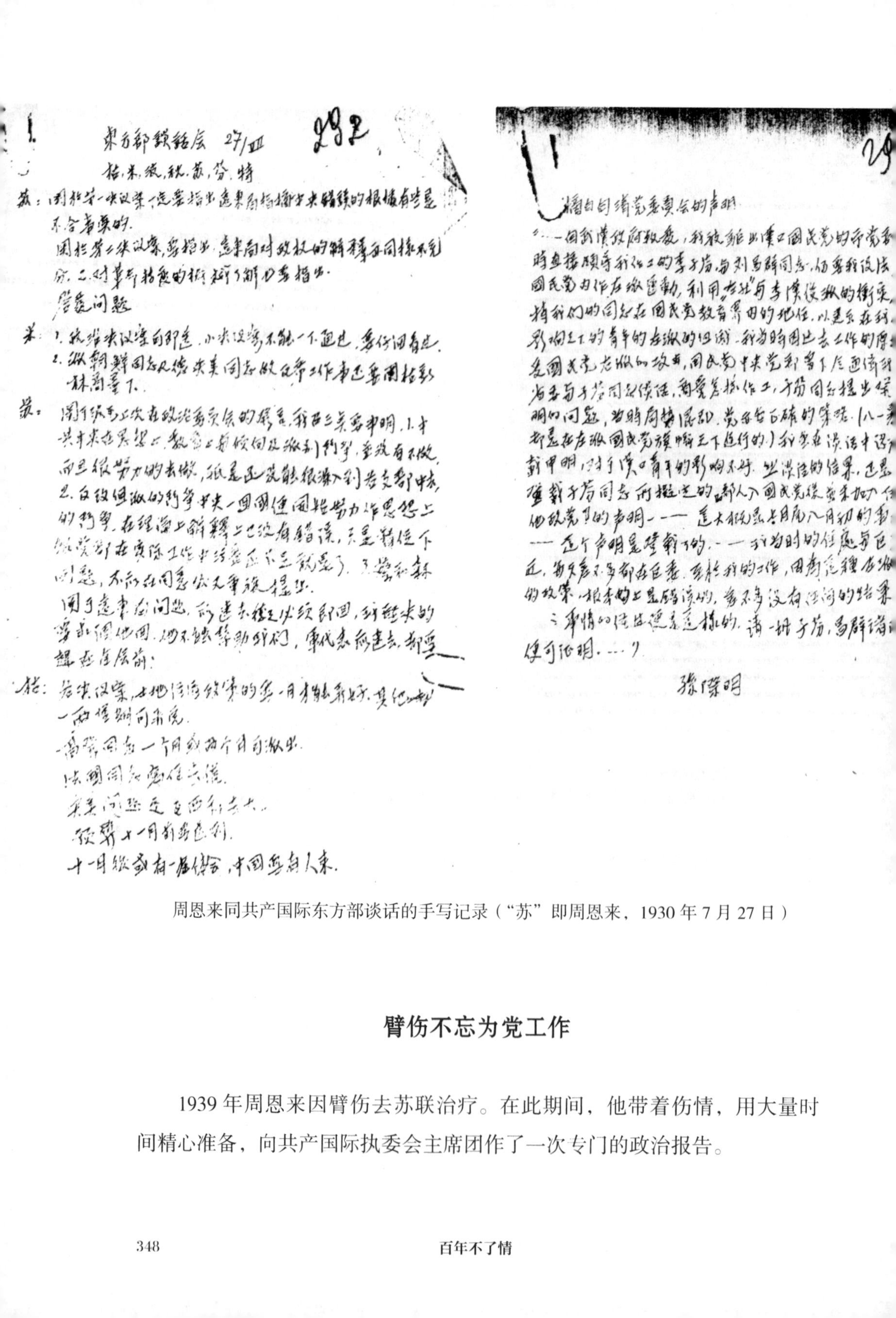

周恩来同共产国际东方部谈话的手写记录（“苏”即周恩来，1930 年 7 月 27 日）

臂伤不忘为党工作

1939 年周恩来因臂伤去苏联治疗。在此期间，他带着伤情，用大量时间精心准备，向共产国际执委会主席团作了一次专门的政治报告。

由于共产国际对当时中国抗日战争的形势有模糊认识，恩来伯伯对这个报告十分重视。在报告之前（1939 年 12 月 19 日前后），亲自撰写了 5.5 万多字、82 页的《关于中国问题备忘录》（以下简称《备忘录》），分送共产国际主席团各成员。

在此《备忘录》经共产国际各执委传阅后，1940 年 1 月 17—19 日，周恩来代表中共中央，用三天时间向共产国际主席团作了《中国抗战的严重时期和目前任务》的报告。这个报告全文长达 116 页，不仅全系他亲自起草，而且另写有 34 页的口头报告文字大纲，也同时分送给主席团成员。

由于七伯对保密工作高度重视，他带伤手写的《备忘录》全文和口头报告大纲等，均只有一份，于 1940 年 3 月 4 日亲自交给共产国际存档。他在《备忘录》首页特地注明："中文稿只此一份，存国际。另有口头大纲。""绝对机密。"

通过这个报告，恩来伯伯对当时国际上普遍存在的担心中日双方实力悬殊，中国抗战能不能坚持下去，中国人民能不能最终战胜日本帝国主义，以及中国共产党在以农村为根据地、远离大城市的条件下，能不能坚持以工人阶级领导等疑问，运用大量实际事例，作了全面深入而具体的剖析，得到共产国际全体执委会成员，包括季米特洛夫、歌德瓦尔特、库西宁、曼努伊尔斯基、拉科西、皮克、马尔蒂、伊巴露丽等一致赞同，并以共产国际主席团的名义作出同意中共中央报告的正式决议。这对动员世界各国人民支持中国人民的正义斗争具有重大意义。我们取得的有关资料中，也包括这个决议。

共同理想与爱情的见证

在调阅档案的过程中，有一摞文件引起了我们的注意，不同于其他文件，是三个厚厚的笔记本。打开一看，在充满惊喜的同时又受到深深的震

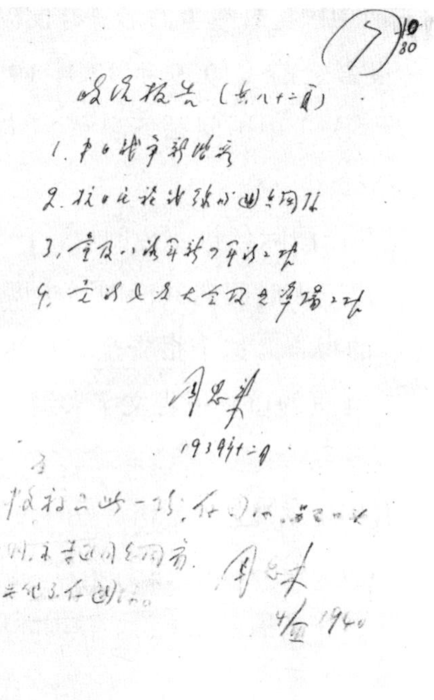

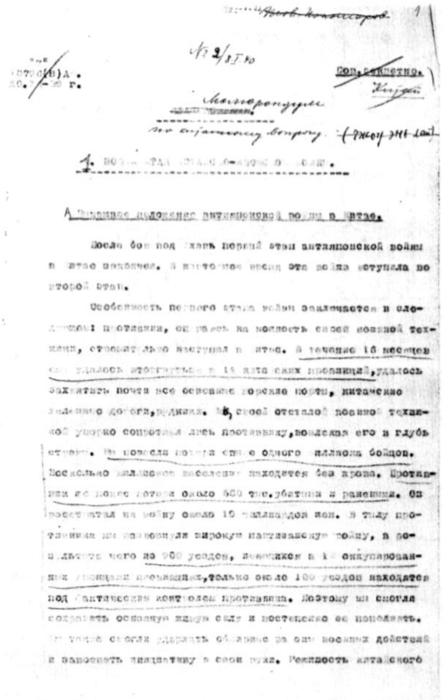

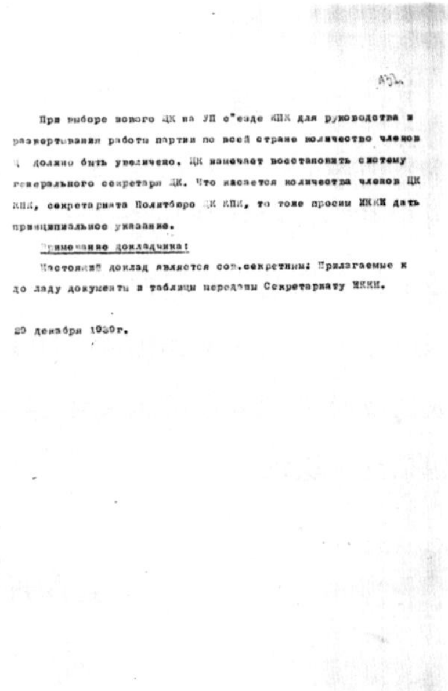

При выборе нового ЦК на УП с"езде КПК для руководства и развертывании работы партии по всей стране количество членов Ц должно быть увеличено. ЦК намечает восстановить систему генерального секретаря ЦК. Что касается количества членов ЦК КПК, секретариата Политбюро ЦК КПК, то тоже просим ИККИ дать принципиальное указание.

Примечание докладчика:

Настоящий доклад является сов.секретным: Прилагаемые к докладу документы и таблицы переданы Секретариату ИККИ.

29 декабря 1939г.

周恩来为共产国际撰写的《关于中国问题备忘录》中文稿及外文稿（1939 年 12 月）

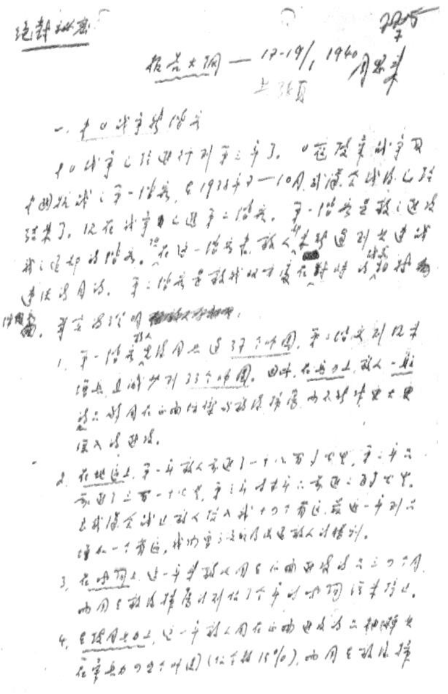

周恩来为共产国际手写的口头报告大纲首页（1940年1月17—19日）

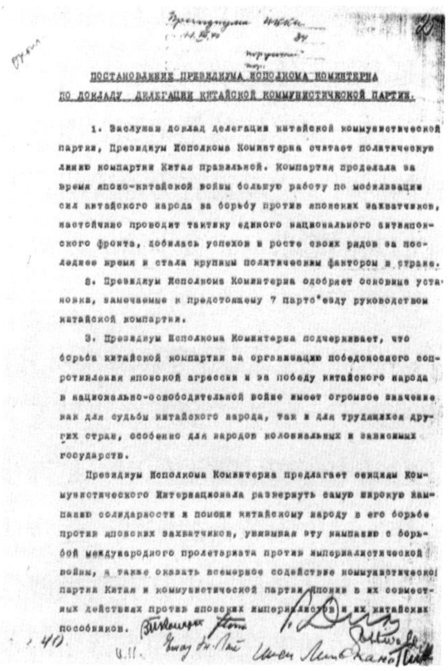

ПОСТАНОВЛЕНИЕ ПРЕЗИДИУМА ИСПОЛКОМА КОМИНТЕРНА
ПО ДОКЛАДУ ДЕЛЕГАЦИИ КИТАЙСКОЙ КОММУНИСТИЧЕСКОЙ ПАРТИИ.

1. Заслушав доклад делегации китайской коммунистической партии, Президиум Исполкома Коминтерна считает политическую линию компартии Китая правильной. Компартия проделала за время японо-китайской войны большую работу по мобилизации сил китайского народа на борьбу против японских захватчиков, настойчиво проводит тактику единого национального антияпонского фронта, добилась успехов в росте своих рядов за последнее время и стала крупным политическим фактором в стране.

2. Президиум Исполкома Коминтерна одобряет основные установки, намечаемые к предстоящему 7 партсъезду руководством китайской компартии.

3. Президиум Исполкома Коминтерна подчеркивает, что борьба китайской компартии за организацию победоносного сопротивления японской агрессии и за победу китайского народа в национально-освободительной войне имеет огромное значение как для судьбы китайского народа, так и для трудящихся других стран, особенно для народов колониальных и зависимых государств.

Президиум Исполкома Коминтерна предлагает секциям Коммунистического Интернационала развернуть самую широкую кампанию солидарности и помощи китайскому народу в его борьбе против японских захватчиков, увязывая эту кампанию с борьбой международного пролетариата против империалистической войны, а также оказать всемерное содействие коммунистической партии Китая и коммунистической партии Японии в их совместных действиях против японских империалистов и их китайских пособников.

共产国际主席团作出同意中共中央报告的决议（1940年）

撼：它们是恩来伯伯1940年1月向共产国际作报告时，七妈邓颖超的亲笔记录。七妈的文笔我熟悉，底蕴深厚，流畅秀丽。在报告的首页上端清楚地写着：“中国问题的报告——周恩来，记录邓颖超。——一九四〇．．．一七卜午二时，于莫斯科共产国际土席团。”

联想当年（1923年），七伯从法国寄给七妈的第一封求爱信，是印有法国共产党领导人李卜克内西和卢森堡头像的明信片，上面写着：“希望我们两个人将来，也像他们两

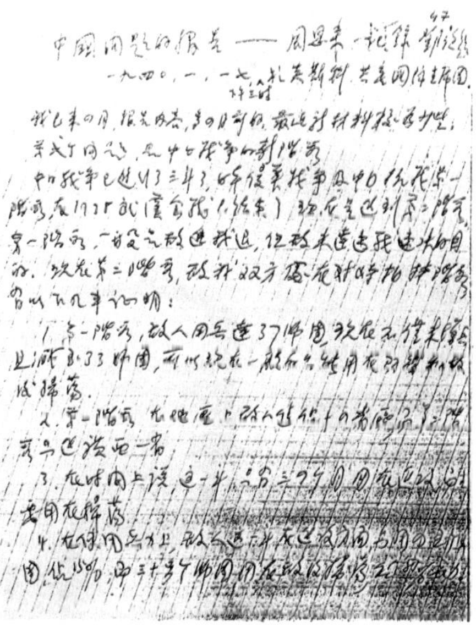

邓颖超记录的周恩来向共产国际作报告的首页（1940年）

个人一样，一同上断头台。”将近二十年后，七伯向共产国际所作重要报告，竟是七妈亲笔记录。

这三本厚厚的笔记和上面的这段文字，在见证中国革命一段重要历史进程的同时，生动而有力地说明，七伯、七妈终其一生，以他俩对共产主义事业的共同追求与忠贞不渝的爱情，完美地实践了最初的理想与誓言。

细细想来，七伯连续作了三天报告，七妈就记录了整整三天。

从对共产国际档案阅读研究的过程中，我体会到，共产国际（当然首先是以斯大林为首的苏联领导人）对中国共产党的不断发展壮大和周恩来同志在其中所起的重大作用，是逐步加深认识并调整政策和策略的；恩来伯伯同样通过中国革命的实践，逐步认识共产国际在指导中国革命中的作用与偏差。他在共产国际中具有巨大威信，在消除这方面的矛盾和阻力、使国际共产主义运动站在同情和支持中国革命方面，起到了不可替代的历史作用。这是七伯的一个巨大历史功绩。

这次查阅资料还有其他一些重要收获，例如我们现场拍摄了中共六大会址原貌的影视资料。中共六大的原址是一所俄式别墅，长期失修，损坏严重，但外观和框架还大致保存着原来的模样。2010 年，习近平同志在访俄期间参观了中共六大会址并高度评价中共六大的重大历史意义，向俄方提出修复六大会址，得到普京总理的热情支持。俄罗斯方面在正式启动修复工

起草报告时的周恩来和邓颖超（共产国际存档，1940 年）

作以前，对它做过一些简单的修缮。因此，我们在 1996 年拍摄的影视资料，是最为真实的会址原貌，它为我党留下了一个宝贵的历史图像记录。

位于莫斯科的中共六大会议旧址（1996 年）

中共六大会议遗址现貌

对这次档案查阅工作，俄罗斯政府外交部、俄罗斯现代史文献保管和研究中心及国家档案馆十分重视，把关也很严格。我们取回的文件，逐页盖有各方印章以资证明。在全部工作完成后，由俄罗斯现代史文献保管和研究中心主任、国家档案馆馆长和我正式签署，交换档案移交的证明文件。

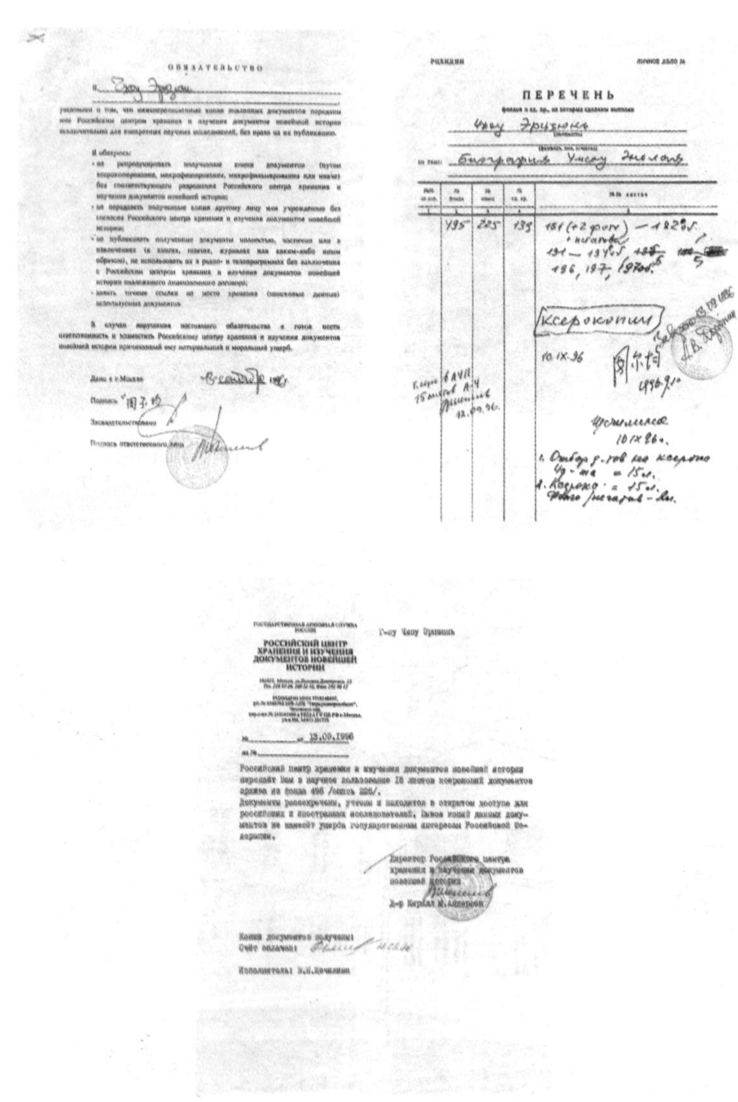

ОБЯЗАТЕЛЬСТВО

Я, Чжоу Эрцзюнь

уведомлен о том, что нижеперечисленные копии подлинных документов переданы мне Российским центром хранения и изучения документов новейшей истории исключительно для конкретных научных исследований, без права на их публикацию.

Я обязуюсь:

- не репродуцировать полученные копии документов (путем ксерокопирования, микрофиширования, микрофильмирования или иначе) без соответствующего разрешения Российского центра хранения и изучения документов новейшей истории;
- не передавать полученные копии другому лицу или учреждению без согласия Российского центра хранения и изучения документов новейшей истории;
- не публиковать полученные документы полностью, частично или в извлечениях (в книгах, газетах, журналах или каким-либо иным образом), не использовать их в радио- и телепрограммах без заключения с Российским центром хранения и изучения документов новейшей истории надлежащего лицензионного договора;
- давать точные ссылки на место хранения (поисковые данные) используемых документов.

В случае нарушения настоящего обязательства я готов нести ответственность и возместить Российскому центру хранения и изучения документов новейшей истории причиненный ему материальный и моральный ущерб.

Дано в г.Москве 13 сентября 1996 г.

Подпись 周尔均

Засвидетельствовано

Подпись ответственного лица

РЦХИДНИ

ЛИЧНОЕ ДЕЛО №

ПЕРЕЧЕНЬ

фондов и ед. хр., из которых сделаны выписки

Чжоу Эрцзюнь

Биография Чжоу Эньлая

№ фонда	№ описи	№ ед. хр.	№№ листов
495	225	135	181 (+2 фото) — 182 об. + негатив; 191 — 194 об., 196, 197, 197 об.

Ксерокопии

10.IX.96

周尔均 1996.9.10

ГОСУДАРСТВЕННАЯ АРХИВНАЯ СЛУЖБА РОССИИ

РОССИЙСКИЙ ЦЕНТР ХРАНЕНИЯ И ИЗУЧЕНИЯ ДОКУМЕНТОВ НОВЕЙШЕЙ ИСТОРИИ

Г-ну Чжоу Эрцзюнь

№ ______ от 13.09.1996

на № ______

Российский центр хранения и изучения документов новейшей истории передаёт Вам в научное пользование 15 листов ксерокопий документов архива из фонда 495 /опись 225/.

Документы рассекречены, учтены и находятся в открытом доступе для российских и иностранных исследователей. Вывоз копий данных документов не наносит ущерба государственным интересам Российской Федерации.

Директор Российского центра хранения и изучения документов новейшей истории

Д-р Кирилл М. Андерсон

Копии документов получены:

Счёт оплачен:

Исполнитель: В.Н.Кочелкина

俄罗斯国家档案馆为向周恩来亲属提供上述珍贵资料出具的证明信（1996 年 9 月）

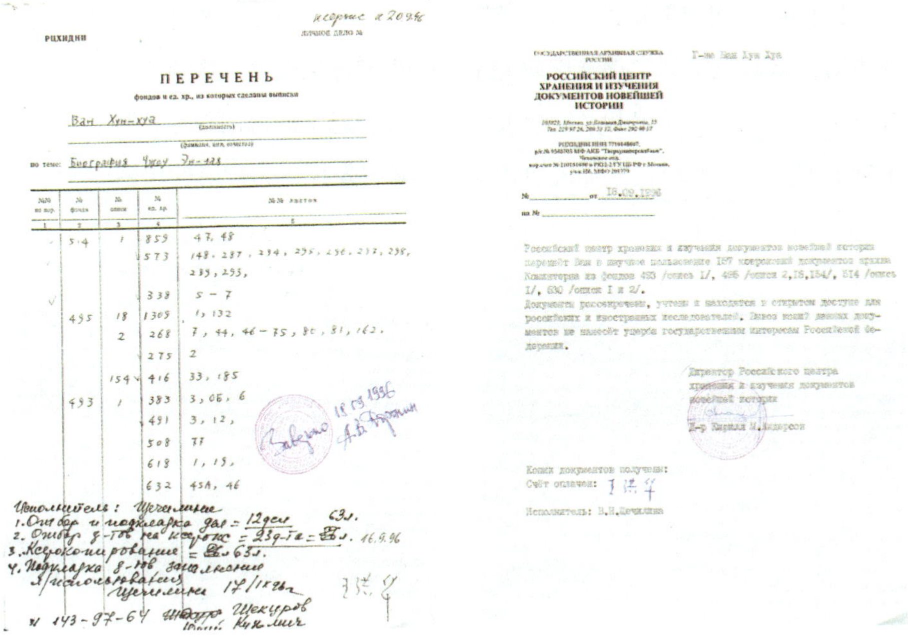

РЦХИДНИ

ЛИЧНОЕ ДЕЛО №

ПЕРЕЧЕНЬ

фондов и ед. хр., из которых сделаны выписки

Ван Хун-хуа

(должность)

(фамилия, имя, отчество)

по теме: Биография Чжоу Энь-лая

№№ по пор.	№ фонда	№ описи	№ ед. хр.	№№ листов
1	2	3	4	5
	5·4	1	859	47, 48
			573	148, 287, 294, 295, 296, 297, 298, 289, 293,
			338	5 – 7
	495	18	1309	1, 132
		2	268	7, 44, 46 – 75, 80, 81, 162.
			275	2
		154	416	33, 185
	493	1	383	3, 06, 6
			491	3, 12,
			508	77
			618	1, 19,
			632	45А, 46

Исполнитель: Щечилина

ГОСУДАРСТВЕННАЯ АРХИВНАЯ СЛУЖБА РОССИИ

РОССИЙСКИЙ ЦЕНТР ХРАНЕНИЯ И ИЗУЧЕНИЯ ДОКУМЕНТОВ НОВЕЙШЕЙ ИСТОРИИ

Г-же Ван Хун Хуа

№ ______ от 16.09.1996

на № ______

Российский центр хранения и изучения документов новейшей истории передаёт Вам в научное пользование 187 ксерокопий документов архива Коминтерна из фондов 493 /опись 1/, 495 /описи 2,18,154/, 514 /опись 1/, 530 /опись I и 2/.

Документы рассекречены, учтены и находятся в открытом доступе для российских и иностранных исследователей. Вывоз копий данных документов не наносит ущерба государственным интересам Российской Федерации.

Директор Российского центра хранения и изучения документов новейшей истории

Д-р Кирилл М.Андерсон

Копии документов получены:

Счёт оплачен: 王鸿华

Исполнитель: В.Н.Щечилина

俄罗斯现代史文献保管和研究中心出具的证明书（1996 年 9 月）

与俄罗斯国家档案馆负责人签署文件后合影（1996 年 9 月）

回国后，我把取得的全部资料复印呈送中央文献研究室（2018 年机构改革时，该研究室同中央党史研究室、中央编译局合并为中央党史和文献研究院）领导。中央党史和文献研究院是研究周恩来同志的权威机构，由他们掌握、使用这些资料，对宣传周恩来精神必将发挥更为重要的作用。

第二十九章　百年恩来

海棠花前的倾情忆述

在七伯、七妈生前，我们按照他俩的严格要求和“周家家规”，从不向他人说起与总理的亲属关系，即使有人问起，也都托词应对，答称不知。所以，素以信息灵通著称的中央电视台著名主持人、我俩好友赵忠祥，也曾不止一次地在公开场合说：“我与邓在军大姐共事了六十多年，居然很长时间都不知道她是总理的侄媳。邓姐，你的口风把得可真严啊！”

尽管如此，通过正式的组织渠道，还是有极少数人知道了这层关系。1992年7月，七妈逝世后，《人民日报》直接联系国防大学，约我写一篇悼念邓颖超同志的文章，我答应了。

1992年7月19日，《人民日报》在醒目位置刊登了这篇题为《看似“无情”实有情》的纪念文章，并在文末注明了我的亲属身份和职务。这应该是以周总理和邓颖超同志亲属身份第一次公开发表的纪念文章。

这篇文章发表后，在军也有了想法：她在中央电视台担任导演四十多年，拍摄了很多片子，包括颂扬领袖题材的专题片。为纪念毛泽东诞辰一百周年，她担任总导演，摄制了二十一集大型电视艺术片《毛泽东诗词》，获得1993年唯一的电视文艺大奖。却从没有机会为自己的伯伯做点什么，她始终心有不甘。在恩来伯伯诞辰一百周年之际，她想用最虔诚、最朴素也最能直接表达自身情感的方式，拍摄一部电视作品，纪念周总理伟大光辉的一生。这既是对七伯、七妈关怀之恩的回报，也是她作为电视工作者义不容辞

文件·报告·回忆录　　人民日报　　1992年7月19日　星期日　第五版

看似“无情”实有情

周尔均

亲爱的七妈邓颖超同志与世长辞了。当我赶到北京医院，看到七妈安详的遗容，不禁神思恍惚，泪如雨泻，悲痛之情难以言状。当晚从电视里听到七妈生前写给党中央的信，更使我百感交集。

这些天来，七妈亲笔写成又几经修改的“遗嘱”中有一段话总在我耳畔回荡：“对周恩来同志的亲属，侄儿女辈，要求党组织和有关单位的领导和同志们，勿以因周恩来同志的关系，或以对周恩来同志的感情出发，而不依据组织原则和组织纪律给予照顾安排。这是周恩来同志生前一贯执行的，我也坚决支持的。此点对端正党风是非常必要的。”在即将撒手人寰之际，逝者最留恋的是自己的亲人，最关切的也是自己的亲人，这是人之常情。七妈也有着普通人所具有的情感，她这段情深意切的话语，包含了她对我们侄儿女辈的挚爱；七妈又是一个把自己一生献给人民的共产党人，她对亲人的情感又远远高于人之常情，达到了博大磊落的境界。

我作为周恩来同志的侄儿，反复体味七妈留给我们的这段话。夜深人静，我展开七妈在我入党后写给我的信，不禁思潮起伏，往事萦绕。

1946年夏末，我第一次见到伯伯周恩来和伯母邓颖超。当时我不满14岁，因家境贫寒，无钱继续升学，于是与哥哥一起到上海思南路我党代表团驻沪办事处，投奔伯父母。按照上一辈的排行，我们习惯地称恩来伯伯为七伯，称颖超伯母为七妈。七伯七妈拉住我和哥哥的手，嘘寒问暖，问家里的情况和今后的打算。直至前几年，七妈还清晰地记得我们第一次相见时的情景，她说：“那时你俩穿得破破烂烂，脸上还长了疮，我给你们擦了‘如意膏’，那个药可灵哩。”

见到七伯七妈后，我和哥哥说：“我们想参加革命队伍。”七妈听了会心地一笑：“你们先休息一两天，我和伯伯商量一下。”两天后，七伯七妈对我们说：“现在形势非常紧张，国民党没有谈判诚意，国共和谈估计要破裂，我们随时可能离开。原想送你们去延安，但中共代表团的许多同志可能要被迫紧急撤退，带上你们很困难。你们还是暂时就地留下，我们今后再设法取得联系。这里特务很多，你们要十分小心。”七妈还跟我们讲了摆脱特务盯梢的办法。尽管我们很想去延安，但还是听从了七伯七妈的安排。七妈给了几件衣服和一些钱，看到我们穿上衣服还算合身，她露出了欣慰的微笑，但我仍然察觉到，七伯七妈对不能把我们两个孩子带走，心情是不安的。

解放后，我曾同长期受到七伯七妈关怀照料的孙维世大姐谈起这件往事，她感慨地说：“周伯伯、邓妈妈把能够找到的烈士子女大都送到延安或苏联学习，有的烈士子女还是他们派人从敌占区找来送去的，他们对烈士子女的照料，比对你们周到得多呀！”

1949年6月，我参加第二野战军，进军西南，随后在西南军区后勤部工作。这时，我又与七伯七妈取得了联系。我写信告诉他们，我正在争取入党。七妈回信勉励我要努力改造思想，不仅要争取早日在组织上入党，还要从思想上入党，并嘱咐我有了好消息随时告诉他们。1953年12月31日，我光荣地加入了中国共产党，当即用航空信把这个喜讯报告给七伯七妈。没想到，七妈收到我的信后立即在病中亲笔回了信。这封信是这样写的：

尔均同志侄，尔流同志侄同此不另（注1）

航快信已收到，知道你已加入共产党，至为兴奋！今后，你必须加强党性的锻炼，克服非无产阶级的思想，不断的为着党员的八条标准而奋斗，不要辜负了光荣的共产党员的称号，争取如期的转为正式的党员。你必须注意密切的联系群众，关心群众，向群众学习，从而你才能更好的为人民群众服务。你自知应不骄不馁，但必须从思想上行动上加以不断的实践为要。

兹就你的同宇伯父（七伯之弟）因公赴渝之便，特函介绍他来看你（注2），我们的情况可由他告诉你。你的情况亦望告他转我们。我的病已较前大好了，每日已能工作二三小时，你可勿念。匆草，即祝进步，健康！

邓颖超

一九五四，一，廿四。

这封信给了我巨大的鼓舞和鞭策，成为我几十年来实践自己入党誓言的座右铭。

几年后，我和我爱人邓在军先后调到北京工作，见到七伯七妈的机会多了。每次去看望他们，七妈都关切地询问我们的工作和学习情况，勉励我们加倍工作。一次维世大姐和金山同志在西花厅，七妈语重心长地对我们说：“你们四个人走过的革命道路不同，但都要有经受曲折磨难的精神准备，万不可以认为今后的道路会一帆风顺，共产党员一定要经得起各种各样的考验。你们都是党员，我作为你们的伯母，首先要用党员的标准要求你们。”

七妈还经常对我说，不要对别人夸耀自己是总理的侄儿，不要因为自己是总理的亲属就企求得到特殊的照顾。按照七妈的嘱咐，这些年来我从不对别人说我是总理的侄儿。有一次我对七妈说：“我们有时在公开场合见到你们，也没有主动上前打招呼，不知这样做对不对？”七妈听后反倒很高兴：“这样做很好，完全应该。”“文革”中，七妈曾给亲属们“约法三章”，大意是：一、不论是公事私事，不能托他们办；二、要学会自己游泳，自己对自己负责；三、不要参加这个派那个派。

七伯逝世时，七妈又同我们进行了一次认真的谈话。她以巨大的毅力，克制自己的哀痛，殷切地教导我们：伯伯生前是党和国家的一位领导人，但他总是按照一个普通的共产党员标准严格要求自己。作为他的亲属，又有什么理由把自己放在一个特殊的地位呢？千万记住，不要以为自己在革命的征途上有什么特殊，不要夸耀，不要吹嘘，一定要谦虚谨慎，要多向革命的老前辈学习。

七妈既是一位严格的长者，又是一位慈祥的伯母。60年代初，我在总后工作。在大雪纷飞的一天，七妈突然来到我和在军住的筒子楼。我们家当时连个软椅子都没有给她老人家坐的，但她老人家在这个小家里同我们和孩子一起度过了一个愉快的上午。近年来，七妈年过八旬，多种疾病缠身，体质衰弱，但她始终关怀着我们晚辈。国防大学成立后，我去看望七妈，她对我说，“你们学校让我题词，我写了‘十年树木，百年树人’八个字。学校是培养人才的，国防大学又是培养高级军事人才的，任务很光荣。你要好好工作。”前不久，我在301医院动手术，七妈听说我住院了，拿出一个白色的小闹钟，托在军带给我，并嘱咐说：“尔均生病，吃药应该很准时，把这个闹钟带给他。”现在，这个小闹钟成为七妈留给我的珍贵遗物。

注1：哥哥周尔流，当时同在西南工作。

注2：伯父周同宇，系解放后初次见面。

（周尔均，系国防大学政治部副主任，少将军衔）

《人民日报》刊登《看似“无情”实有情》一文

的责任。

我完全赞同她的想法。

说来也巧，我俩的意图，竟然与中央文献研究室的领导和同志们不谋而合。1995年春天，中央文献研究室顾问、周总理办公室原副主任李琦叔叔，先后来信、来家，亲自敦请在军出台，担任总导演，摄制一部纪念周总理诞辰一百周年的电视片。他说，中央文献研究室的同志集体看了《毛泽东诗词》，认为在军能够胜任这个重要任务。这是对在军的极大信任。我表示，定当全力支持她挑起这副重担，完成这个光荣使命。

这件事经过反复商讨，最终确定，由我们亲属出面，请七伯身边工作人员大力协助，在中央文献研究室的指导下，摄制一部十二集电视专题艺术片，取名《百年恩来》。

1995年秋天，我已年届六十三岁，中央军委批准我离休，授予胜利功

《百年恩来》电视片首次策划会议
（前排左起：石泓、邓在军、程思远、李琦、周尔均；后排左起：刘武生、廖心文、力平、黄秀高、杨卫、周苓，1995 年）

勋荣誉章。在工作交接完成后，我便摆脱其他一切事务，全力协助在军进行《百年恩来》的摄制工作。

其间，还有一个小插曲：中央军委副主席张震邀我主持军委批准出版的《张震回忆录》的编撰工作。我原想兼顾这两项任务，张震同志得知后当即表态："万万不可！用文艺表现周总理的辉煌业绩太重要了，我这点事根本无法相比。你和在军同志千万要集中全力完成这项任务，这也是我的愿望，有什么困难告诉我。"张震同志这番斩钉截铁的回答，代表了人民群众的心愿和期望，对我和在军是极大的鼓励和推动。

海棠树下，西花厅里，我们又一次与七伯、七妈相聚了。不过这一次，我们不只是重温他俩的教诲，还要通过摄像镜头和一切艺术手段，倾情记述这两位老人家的音容笑貌，记叙和弘扬恩来伯伯的精神风范。

为了拍好《百年恩来》，我们对这部专题片的主题思想、表现方法进行了深入探讨，经过热烈的，有时是激烈的讨论，最终取得了两点共识。

一是，把表现周总理的人格魅力作为《百年恩来》的主题和切入点。周总理作为伟大的无产阶级革命家、政治家、军事家和外交家，为中华民族的解放、中国人民的幸福奋斗终生，建立了不朽功勋。但是，如果拿周总理的人格力量与他的历史功绩相提并论，这二者固然彼此相通，但前者折射出的光辉更加灿烂夺目。恩来伯伯的身上，集中体现了共产党人革命精神与中华民族传统美德以及东西方古代和现代文明的完美结合。我国传统文化，常用四个字的成语作为形容词组合，其中有许多词组，极其妥切地表述了总理的伟大人格：光明磊落，大公无私；顾全大局，不徇私情；清正廉洁，一尘不染；实事求是，平等待人；严于律己，宽以待人；坚持真理，多谋善断；鞠躬尽瘁，死而后已。这数不尽的美德集中在一个人身上，古今中外少有。这是历史赐予中国人民的极其宝贵的精神财富，理应在电视片中予以强化和艺术地再现。

《百年恩来》在江苏淮安开机，淮安数万市民倾城出动（1996 年）

二是，在表现手法上，要突出以情动人，以情叙事。周总理是一位最务实的领导人，又是一位充满情感的领导人。同志情、战友情、夫妻情、亲属情、长幼情，都集中和充分地体现在他的身上。他的这种热烈、圣洁、超越常人的情感，应贯穿于《百年恩来》的全片，以“情”展示周恩来的人格风范，以“情”展示周恩来的人格魅力，以“情”展示周恩来的人格精神。同时，要深入探求这种“情”的本质，升华为泽被千秋的“周恩来精神”。

《百年恩来》电视艺术片海报

从这两点出发，我们把《百年恩来》定位为一部电视专题艺术片，有别于重点展示恩来伯伯伟大历史功绩的专题纪录片。

紧紧围绕展现周恩来崇高思想品德和人格魅力这一中心，我们把实地拍摄、人物采访、影视资料、图片文字等多种艺术手段有机地结合起来，使之融为一体。在近三年艰苦拍摄的时间里，我们采访了近四百位各界人士，走遍恩来伯伯当年战斗、工作、生活过的地方，积累了大量珍贵的素材，在此基础上经过精心的编辑加工，《百年恩来》这部艺术精品终于诞生了！

周尔均、邓在军为摄制《百年恩来》瞻仰周恩来在法国巴黎的故居（1997 年）

《百年恩来》获中国电视艺术金鹰奖

《百年恩来》主题歌《你是这样的人》获中宣部“五个一工程”奖

在1998年恩来伯伯诞辰一百周年之际，《百年恩来》在全国播映，引发广大观众的强烈反响。首都报刊在头版顶端用大字刊登通栏标题：《百年恩来　感动人民》。各报刊发表的观后感中，国家经委国防局原局长赖坚的发言很有代表性，他说：

《百年恩来》的片名好，内容好。我建议片名再加上四个字：万世师表。历史上孔子被尊为“万世师表”，周总理的人格、思想、品德和对中国人民的贡献，才真正堪称“万世师表”。孔子留下一部《论语》，是他弟子编撰的；《百年恩来》则是由后人记述的一部当代“论语”，值得所有的人好好看一看。

这年的电视金鹰奖评选，全国各电视台上报的专题纪录片有几百部，角逐很激烈。评选结果，《百年恩来》和《邓小平》、《香港沧桑》一起，同获一等奖。它还获得北京市“十个一工程”奖，主题歌获得中宣部“五个一工程”奖。

“生死千秋业”

七伯逝世后，有一位驻京外国记者撰文说：“在中国，几乎每一个人都能说出一个周恩来的故事。”仅就我们在拍摄《百年恩来》期间的亲身见闻，就有着说不尽、道不完的撼人心弦的真情实事，而这样的故事又何止成千上万！

《百年恩来》中有专门的一集，表述恩来伯伯在晚年病重时，尽力争取一切可能，把党和国家的重担交到邓小平同志手里，而不至于被“四人帮”篡夺和毁灭。这一集的内容主要是邓朴方同志的访谈。

对我们的这次采访，朴方同志极其慎重，十分认真。他告诉我，在接受采访前，小平同志夫人卓琳阿姨专门召开家庭会议做准备。他还就采访内容事先同我个别交谈了三次。

朴方所谈，再现了我们国家这段沉重的历史。情感的波澜、历史的波澜、时代的波澜，在恩来伯伯与小平同志之间，汹涌起一种生死与共的世纪波澜：

1975年9月7日，周总理最后一次见外宾，他就讲了：“马克思的请帖我已经收到了，今后的工作由小平同志担任，小平同志将接替我主持国务院的工作，我相信他完全能够胜任，完全能够继续贯彻党的方针路线。”这时我父亲在场。周总理这次见外宾的时候，脚已经肿得很大，鞋都穿不上。

12月底，周总理心脏突然停止跳动了。我父亲、王洪文、张春桥、汪东兴都来了。这次又抢救过来了。大家来看周总理，张春桥走过来的时候，周总理说：“春桥同志，你和洪文要多帮助小平同志工作。”这是他死而复生后的再次奋力一搏。他知道，形势很坏了，但就是在这种形势之下，他还要尽他生前最后的一点力量，希望起点作用。实际上，大

周恩来和邓小平在北京出席招待会（1963 年）

家知道根本不可能说动张春桥这些人。他是在用最后的唯一的可能的方式，表明自己的态度，希望能够影响他们。总理真是用尽了苦心，他一生就是这样苦啊！这种事情想起来真是让人非常非常地难过。这种事情也是很残酷的。

要说我父亲和总理的关系，从中国现代史上找，有多少人能够这样密切？延续这么长的时间？他们的性格、作风都不同，但又那么心心相印几十年，半个世纪多，生死与共，风雨同舟。都说人生难得有知己，父亲和总理才真正是知己。这也是他们的幸福！

在朴方讲述的过程中，我与在军同他一再流下了热泪。

朴方说得好：最终，七伯在天之灵是欣慰的。他终于把革命的接力棒，交到他真正的知己小平同志手里。这是他们的幸福，更是中国人民的幸福！

中共通知（草案）

各省、市、自治区党委，各大军区、省军区、野战军党委，军委各总部、各军兵种党委，中央、国务院各部委、各领导小组或党的核心小组：

遵照毛主席的提议，中央决定：邓小平同志为中央政治局委员，参加中央领导工作，待十届二中全会开会时请予追认；邓小平同志为中央军事委员会委员，参加军委领导工作。特此通知。

中共中央

一九七三年十二月二十二日

（此通知可下达到党内外群众）

周恩来在重病期间亲自起草的中共中央关于邓小平参加中共中央和中央军委领导工作的通知（1973 年 12 月）

《沉思中的周恩来》

在我们很多人家的客厅里，都挂有一幅恩来伯伯晚年的照片。他身着灰色中山装，胸前佩戴着“为人民服务”徽章，侧身坐在沙发里，深邃的目光里有一丝深沉的忧思。这张著名的照片《沉思中的周恩来》，出自意大利著名摄影家焦尔乔·洛迪之手。

洛迪先生得知我们拍摄《百年恩来》，特地从意大利米兰赶到法国巴黎，向我们讲述了拍摄这张照片的经过：1973 年 1 月，周总理在人民大会堂会见意大利代表团，他不顾不能携带照相机的规定，悄悄地带着相机进了大会堂，并且特意从被接见队伍的中间移到最后，以便有时间同总理说几句话。在总理同他握手时，他请求为总理拍张照片。伯伯满足了他的要求，并诙

《沉思中的周恩来》意大利著名摄影家焦尔乔·洛迪拍摄于北京人民大会堂（1973 年 1 月）
右上方为洛迪题词：“百年恩来——一位世纪伟人”

焦尔乔·洛迪将《沉思中的周恩来》原版照片赠送给周尔均和邓在军

谐地说："白头发的人也会撒谎吗？不过，对白头发人的请求，我是不会拒绝的。"洛迪说，"周恩来的微笑，他的高雅气质，他的沉着稳重和高大形象深深打动了我"，"他的姿势是那么高贵，他的手和胳膊肘是那么完美地搁在沙发扶手上，根本无需作任何提示。他的目光移向远方，朝向我们的未来"。就这样，一幅旷世名作完成了。这张照片也成了七妈最欣赏最珍爱的七伯的遗照。

采访结束时，洛迪先生以"百年恩来——一位世纪伟人"的题词，把这幅原版照片赠送给我和在军，并在照片的后面贴上专用的印花以示真迹。这张照片，在全世界发行了上千万张。我国现存的原版照片，这是唯一的一张。

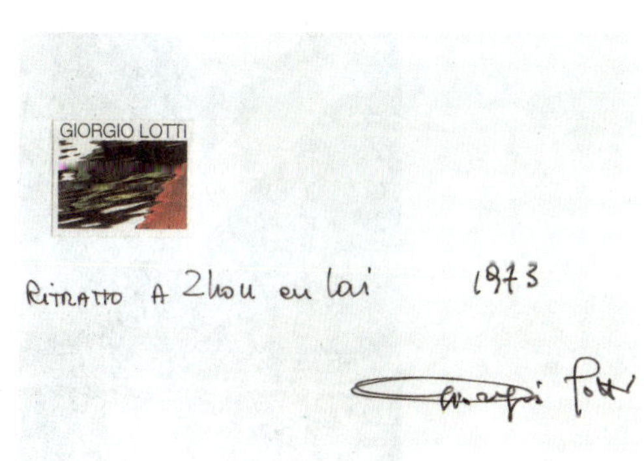

焦尔乔·洛迪为此照片提供附有本人签名和印花的证明件

照片中的七伯蕴含深思，目光朝向未来。现在我们终于理解，此时此刻，他正在为处于多事之秋的祖国命运殚精竭虑，正在苦思如何为邓小平同志的复出创造条件。

人格力量可以超越时空，超越国界

通过对许多国际友人的采访，我们深深体会到，周恩来人格力量的伟大不仅是中华民族的共识、中国历史的共识，也是世界的共识。许多外国朋友告诉我们，周恩来的道德情操为全世界所敬仰。他们十分羡慕中国有周恩来总理，他们没有这样的领导人。

柬埔寨西哈努克国王是中国人民的老朋友，也是周总理的至交。我们原打算趁国王在京治病期间采访他。国王高兴地接受了我们的请求，但表示一定要在金边王宫接受采访。他说："只有在周恩来总理生前两次到过的柬埔寨土地上，在王宫金銮殿接受周恩来亲属的采访，才能表达我对周总理和邓颖超夫人的感遇之恩。"当我们应邀抵达柬埔寨时，无论是在机场还是在王宫前，柬方都像当年接待总理那样，铺上长长的红地毯。所有的活动，都仿照当年伯伯访柬时的内容安排。比如，派出专机，由国王卫队护送去吴哥窟参观。

周恩来在北京接受柬埔寨首相西哈努克亲王代表苏拉玛里特国王授予柬最高勋章——大十字勋章（1956 年 2 月）

在柬埔寨王宫采访西哈努克国王（1996 年）

对西哈努克的采访，是在王宫进行的。金銮殿是圣洁之地，只有国家盛大庆典才在这里举行。这里不能安装空调，只有靠电扇降温。身患重病的西哈努克国王不顾高温，在这里深情地向我们回顾了和总理的交往，整整谈了三个小时。他说："周恩来总理是我的师长，我的兄长。他从没有教过我要怎么做，但他的行为本身就是我最好的榜样。周恩来和邓颖超都是世界上最好的人。"在这三个小时的访谈中，我注意到国王身后一直有三个医生、护士在看护，而这期间他居然没有喝一口水。

我国驻柬大使谢月娥告诉我俩："柬埔寨难得用这样的规格接待外国客人。国王这样做，就是为了表达他迎接思念中的周总理再一次访柬的心情。据我在柬工作多年的体会，国王事事处处都以周总理为榜样，学周总理怎样做人。"

同样，也是中国的老朋友、对中美建交作出重要贡献的美国基辛格博士在接受我们采访时，表达了对恩来伯伯的衷心敬仰。他说："周恩来是一个极富智慧的人，非常有魅力，极其了解人类。我见过许多国家领导人，没有人像周恩来那样给我留下如此深刻的印象。"他还强调："我给你们亲属最优先的权利，把这些事情记录下来作为对周恩来的纪念。这是我的荣幸。”

基辛格转述了尼克松总统的话：“那次访问给我留下的鲜明印象是周恩来无与伦比的品格。他知识的渊博是惊人的。他是本世纪罕见的伟人。”

周恩来会见秘密访华的美国国家安全事务助理基辛格，
就尼克松总统访华事宜达成协议（1971 年 7 月）

“当代的圣人”

日本是我国一衣带水的重要邻邦。当年日本军国主义发动的侵华战争，曾给中国人民带来深重的灾难，但日本的普通群众也是战争的受害者。着眼于国际的全局、胸襟的广阔有如海洋的七伯，对改善中日关系十分重视，他精心擘画、亲力亲为，从开启民间交流到两国正式建交都付出了大量心血。采访期间，我们深深感受到日本各界对周总理的深切怀念之情，一次又一次难忘的交谈，成为共同缅怀周总理的感人肺腑的美好记忆。

中日友协前会长孙平化生前曾一再嘱咐我们：如有机会去日本，一定要采访全日本航空公司总裁冈崎嘉平太，他对周总理有很深厚的感情。很遗憾，冈崎先生已经去世，我们见到的是他的夫人和儿子冈崎彬。冈崎彬告诉我们：

> 父亲一生中最敬仰的是周恩来，他始终把周总理的照片藏在怀中。父亲到中国时，特意把我从美国叫到中国，就是为了让我结识周恩来这位世界伟人。父亲认为世界上有四大圣人：耶稣、释迦牟尼、穆罕默德、孔子，但都是古代的。他一生寻求当代的圣人，终于找到了，这就是周恩来。父亲风趣地说，圣人中国不能占两个呀，那就只好委屈孔子了。

冈崎夫人说："冈崎先生去世时，我并不过分难过，儿子奇怪地问我为什么。我告诉他，你父亲一生敬仰周恩来，他最终的愿望是到天国会见周恩来，这个愿望实现了，这是值得高兴的事。我丈夫生前一直怀揣周恩来的照片，我把这张照片随同冈崎先生的遗体一起火化了。"

日本前首相，被公认为"最国际化的政治领导人"的中曾根康弘，在日本国内外威望很高，据说，在他之后上任的日本历届首相，都要拜见他征询指示。中曾根回忆："当年周总理在西花厅会见我，自己只是日本的通商产业相，虽然职位悬殊，但周总理十分重视我的意见，当天交谈了整整八个小时，中间就餐时还边吃边谈。更让我惊讶的是，临别时周总理走下台阶，亲自送我上车。"七伯逝世后，他再度访华已出任首相，七妈会见时，告诉他一件事："恩来接见外宾属于国务活动，从不同我谈这方面的事。那天见你之后，难得兴奋地对我说：'今天我见的这位日本外宾，年轻能干，视野开阔，他今后会成为日本首相。'看来恩来的眼光不错。"中曾根十分感动。他在接受我们采访时，赞扬"周总理不仅是不可忽略的中国建国之父，也是战后世界伟大的政治家，是他第一个在全世界显示了中国的尊严"。他还特地把珍藏的一幅日本富士山油画赠给我们。

中曾根康弘面赠周尔均、邓在军富士山油画于日本东京（1997 年 6 月）

2015 年我们在东京举办“缅怀敬爱的周总理珍品展”，得到日本各界的高度重视，各党派主要领导人都出席了开幕式。中曾根先生当时已九十七岁，常年坐轮椅，不能到会，特以他的名义送来贺词和花篮，并约我们见面晤谈。上次会见后，已过了近二十年，他热情如故，从轮椅上站起来同我们握手致意。为表谢意，我们送他一尊七伯出席日内瓦会议的铜质雕像。他高兴地说：“太好了！这就是当年的周恩来总理！”合影时，他拒绝身旁工作人员和我们的劝阻，坚持从轮椅上站起，怀抱沉甸甸的铜像，以此表达对恩来伯伯的敬意。年迈多病的中曾根先生这时已很少见人，由于威望高，许多日本记者和有关人士乘此机会来到现场，纷纷要求同他照相，他尽可能地满足了大家的要求，而且始终坚持怀抱周总理铜像，情景十分感人。

日本的一位朋友告诉我：日本政界派别众多，政见分歧很深，这次能够聚集一堂参加纪念周恩来总理的活动，有着共同的话题，极其少见，可见周总理人格魅力的强大感召力。中曾根首相对周总理如此深厚的感情，也是我们万万没有想到的。

中曾根先生已于 2019 年 11 月逝世。他以这样的规格和方式接待我们，是他生前的最后一次。

中曾根康弘怀抱周总理铜像合影
（右起：邓在军、周尔均、中曾根康弘、赵炜、高振普、周苓，前座为廖心文，2015 年）

永远的思念

周恩来给人民的爱最多，得到的爱也最多。周恩来对人民的爱是永恒的，人民对他的爱也是永恒的。在《百年恩来》采访过程中，我们亲自见证了这种爱的力量、爱的奇迹。

著名诗人臧克家，那时已九十高龄，长期卧病在床。周恩来的名字，点燃起诗人特有的思维火花。臧老不但能一字不落地背出周总理 1949 年在第一次全国文代会上的讲话，而且在采访时，亢奋地从病榻上坐了起来，放开洪亮、悲怆的嗓音，激情澎湃地当场朗诵他为悼念周总理所写的《泪》诗篇：

八亿赤子，哀伤袭击！
千言万语，声声啜泣。
英姿笑貌，已成遗容，
伟词宏声，犹在耳中。
半旗悠悠，悲风漫吹，
人的汪洋，泪如潮水。
泪是丰碑，泪是誓言，
泪是动力，泪是火焰！
昂起头来，揩干眼泪，
红旗指向，无坚不摧！

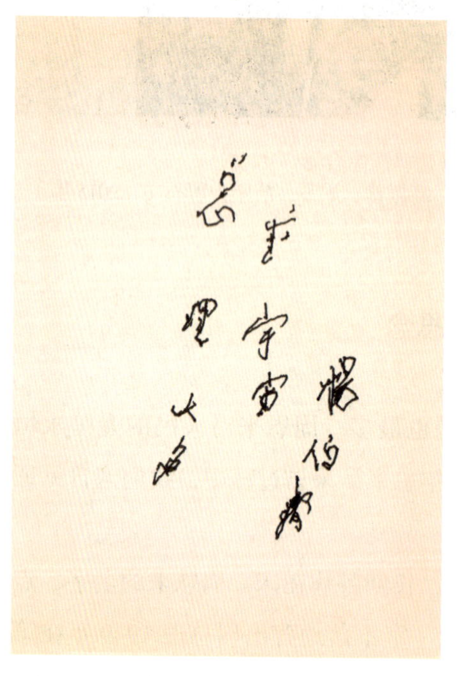
“总理大名垂宇宙”——杨伯涛题于病危时

臧老流着热泪朗诵《泪》，我们跟着流下滚滚泪水。

黄埔军校七期学员、在淮海战役中被俘的国民党十八军军长杨伯涛，解放后被特赦。他在生命垂危的时刻，恳求护士拿来纸笔，用颤抖的手写下他最后的心声：“总理大名垂宇宙。”

百岁老人管易文，是周恩来、邓颖超的老战友，天津觉悟社最后一位成员。采访他时，老人的记忆力已经完全丧失，连新四军时期的夫人也认不出了。但是，当把周总理的照片放在他面前时，管老的眼睛顿时一亮，眼神里流露出记忆的光彩。他用颤抖的手一再抚摸照片。而当在军把墙上悬挂的横幅（管老在周总理逝世当天亲手写下的“音容宛在永别难忘”八个字）指给他看，这时奇迹出现了，管老竟然十分清晰地连呼三声：“音容宛在，永别难忘！音容宛在，永别难忘！音容宛在，永别难忘啊！”在呼唤最后一声时用尽了全身的力量。泪水湿润了他的眼眶，也引发我们所有在场的人精神上的极大震撼。每个人都忘了这是在拍摄，幸好固定架设的摄像机留下了珍贵的镜头。

这次采访后五十多天，管老带着他对周恩来永远的思念，离开了这个世界。

在这个医学发达的物质世界里，我们还很难找出一个人精神世界的终点究竟在哪里。但我目睹，恩来伯伯以他的伟大人格力量，深深印刻在丧失人世间一切记忆的百岁老人脑海里。管易文老人一生中最后三声高呼，道出了我们共同的心声：音容宛在，永别难忘！

音容宛在永别难忘

管易文在周恩来逝世当天写下的悼词

采访管易文老人时摄像机留下的奇迹（1996 年）

《你是这样的人》

《百年恩来》总共十二集，虽然每集都有了一首以上的歌曲，但我们仍然觉得不够。在制作后期，在军坚持创作一首涵盖整部作品、表现周总理人格力量的主题歌。她把这个任务交给词作家宋小明和曲作家三宝，要求小明在歌词里不必出现周恩来的名字，但是让人一听，谁都能知道这就是周恩来而不是其他任何一个人。小明整整憋了两个多月，经过反复酝酿，这首歌的歌词终于创作出来了：

把所有的心装进你心里，
在你的胸前写下，你是这样的人。

把所有的爱握在你手中，
用你的眼睛诉说，你是这样的人。

把所有的伤痛藏在你身上，
用你的微笑回答，你是这样的人。

把所有的生命归还世界，
人们在心里呼唤，你是这样的人。

不用多想，不用多问。
你就是这样的人。

不能不想，不能不问，
真心有多重，爱有多深！

由于小明写词的时间太久，而三宝谱写的交响乐包括主题曲已经提前完成了。迫不得已，小明、金兆钧约同三宝把写好的词曲合一下，看看行不行。结果出乎意料，词与曲完全合辙合拍，一点都不用修改。从事多年歌词创作的小明、兆钧，从未遇到这样的事。他俩兴奋地告诉在军和我，大家高兴得跳了起来。我们说，这是总理在天之灵的护佑。其实回过神来深思，这也并不奇怪，因为在军早已把这次音乐创作怎样表现影片主题、怎样表现周总理的人格力量，事先向三宝和小明做了充分交代，也多次磨合过了。所以，这又一个奇迹的出现，正是周总理伟大人格力量感染了所有人的结果。

《你是这样的人》由刘欢演唱。这个珠联璧合的艺术组合，共同创作出一首反映人民心声的优秀作品。当它第一次在大型晚会上公开演出后，所有观众都激动得站了起来，一次又一次地热烈鼓掌，流下热泪。晚会结束后很久，许多人仍然留在座椅上频频挥泪，久久不愿离开。

《你是这样的人》，少有的长时间地被北京广播电台列为歌曲排行榜第一名。有一段时间，在许多公共场合，甚至在出租车里，都能听到广播电台播放这首歌曲。国家级的大型晚会上也多次演唱，曲作者三宝和演唱者刘欢，也都把它作为个人音乐会的重头节目。《你是这样的人》也被中宣部评选为“五个一工程”奖。

我们足以欣慰的是，当初组织创作这首歌曲的初衷圆满地实现了：每当《你是这样的人》的乐曲声和歌声响起，人们无疑都想起了周总理。“真情有多重，爱有多深”——对歌中的这句提问，每个中国人也都会做出深情的回答。

终极使命

《百年恩来》电视片的摄制，开启了我和在军别样的晚年生涯，我们承担了应有的历史使命。继《百年恩来》之后，我们全家和承办具体工作的北京金蔷薇广告有限公司，致力于宣传周恩来精神的脚步从未有过停息。

2008 年 3 月 28 日，为纪念恩来伯伯诞辰 110 周年，在北京人民大会堂主

郭兰英动人心弦地演唱《绣金匾》（2008 年）

办《你是这样的人》大型情景音乐会。晚会上，年近八旬的郭兰英老师，为了唱好《绣金匾》中的“三绣周总理”，演出前苦练了几个月。这是晚会的压轴节目，她在泣不成声之中，强忍泪水高声唱出最后一句“我们热爱您”时，深深拨动了全场万余名观众的心弦。自此，这场晚会的曲目尤其是郭兰英老师的这段演唱，成为网络上反复热播的内容。《你是这样的人》晚会在中央电视台连续播映了八次，又在中国教育电视台播映了两次，这也是少有的。

2013 年，在伯伯诞辰 115 周年之际，主办《你是这样的人——缅怀敬爱的周恩来总理珍品巡回展》。这个展览的主体内容，是在拍摄《百年恩来》

大型情景音乐会《你是这样的人》舞台全景（2008 年）

期间，记录珍藏的国际知名人士、老一辈革命家和多位当代艺术大师的题词、书画和摄影作品，以及从国内外收集的珍贵史料。绝大多数是真品原件，首次面世，堪称无价之宝。著名书法家欧阳中石，为了写好《你是这样的人》这幅题名展品，他郑重地建议，把题词中的“你”字改为“您”字，以显示对周总理的高度尊敬。因家中不够宽敞，年迈患病的他冒着大雨，连续三个晚间到首都师范大学办公室，写下一幅高达两米多的《您是这样的人》巨幅题字，这是中石先生晚年留下的最后也是最大的一幅珍品。

欧阳中石敬题：“您是这样的人，把所有的人都装进您的心中”（2013 年）

缅怀周总理珍品展先后在北京、上海、广州、重庆、淮安、绍兴、澳门以及日本的东京、长野、京都等多地展出，观众多达十余万人次，得到中央领导同志和国内外群众的广泛好评。

同一期间，人民出版社出版了邓在军主编的《你是这样的人——回忆周恩来口述实录》和文学体裁自传《海棠花前·绽放的记忆》。这两本新书也受到社会舆论热情赞扬，多次再版，先后发行十多万册。

为纪念恩来伯伯诞辰 120 周年，我们又与天津南开中学合作，在伯伯青年时代求学的校园，举办了一场《相会中华腾飞时·传世经典颂恩来》的诗歌咏诵汇。这台节目，以周总理青年立志、终生奋斗的事迹和中华经典诗词为核心内容，在演出现场南开中学广场安排一堂大课，采取课堂授课、师生问答与诗歌咏诵相结合的形式，成为恩来伯伯与当代青年一次跨时代的相约，让周恩来精神在广大青年的心中回响。参加演出的有多位著名老演员，此外，特地约请在青年朋友中有影响力的青年演员韩雪、平安、吴京、王源和黑鸭子组合等。由于这台节目形式新颖，内涵丰富，表演精彩，事后各个

《你是这样的人》一书封面

邓在军著《海棠花前》封面

网络平台都争相播出。

二十多年来，我们所做的各项纪念周恩来的活动，得到中共中央文献研究室、中国国际文化交流中心等单位和社会各界的指导帮助及大力支持。通过这些活动，自身也受到了深刻的思想政治教育。每一次人物采访，每一次身临现场，每一次查阅资料，每一次进行创作，都会经受一次次道德情操的净化、灵魂深处的洗礼。

对弘扬周恩来精神，党中央历届领导人江泽民、胡锦涛、习近平同志，先后作过重要指示。2018 年，在纪念周恩来同志诞辰 120 周年座谈会上，习近平总书记在讲话中指出："周恩来同志是近代以来中华民族的一颗璀璨巨星，是中国共产党人的一面不朽旗帜。"要求全党"追思和学习他作为中国共产党人杰出楷模的崇高精神"。

周恩来精神的传承，最重要的在于青年一代。这也是我们举办纪念恩来伯伯活动最大的心愿。我们做得怎么样？是否达到了目的呢？

全国政协主席俞正声等出席周恩来铜像捐赠仪式暨珍品展开幕式（铜像右侧依次为：俞正声、杜青林、张庆黎；左侧依次为：周尔均、邓在军、林丽韫、冷溶，2014 年）

《相会中华腾飞时·传世经典颂恩来》诗歌咏诵汇，南开中学现场（2018 年）

何其有幸，让我这一平凡的女孩，经过大量的书籍，透过历史的长河去遇见你，对于你，我有太多的敬仰，即使在有你的年代不曾有我，但庆幸的是在有我的年代依然有你，感谢这土地上曾经有你。

-2014.1.5

一位“90后”女孩在观看纪念周恩来珍品展后的留言

《百年恩来》播出后，一位青年女教师在座谈会上说：“石碑可以倒塌，木雕可以腐朽，唯有镌刻在人民心中的丰碑是永存的。这就是周恩来的精神。”

同样，2013年底2014年初，在广州举办《你是这样的人——纪念周恩来诞辰115周年珍品展》时，一位“90后”女孩的留言，给了我极大的信心和鼓舞。

她在留言簿上写下这样一段深情的话：

何其有幸，让我这一平凡的女孩，经过大量的书籍，透过历史的长河去遇见你。对于你，我有太多的敬仰。即使在

在广东东莞，数以千计的孩子观看展览后纷纷在手制的花朵上留下心里的感受（2021年7月）

有你的年代不曾有我，但庆幸的是在有我的年代依然有你。感谢这土地上曾经有你。

这就是年青一代的心灵和信念！她告诉我们一个真理：时间可以流逝，大地可以荒老，只要人类在生生不息延续，我们就将永远拥有这笔无价的财富：普照人间的周恩来精神！

《百年恩来》电视艺术片部分采访人物

下列照片，记录了国内外多位知名人士对周恩来的深情回忆和深切怀念，具有珍贵价值。

抗战胜利后曾担任蒋经国副手的贾亦斌讲述国民党元老于右任与周恩来通信时以“濂溪先生”代称他，侧面证实周恩来是周敦颐后人

原周总理办公室副主任、原中央调查部部长罗青长讲述周恩来在隐蔽战线的卓越贡献

原周总理办公室主任、中央统战部副部长童小鹏讲述周恩来建立的机要制度具有很强的安全性

我党技侦情报工作创始人之一、总参三部原部长戴镜元讲述周恩来领导的机要工作是科学的和正义的

任弼时夫人陈琮英讲述周恩来对机要人员生活上的照顾

徐向前夫人黄杰讲述她为周恩来送密信给刘伯承的趣事

中央电视台原副台长于广华讲述周恩来进行涉外工作时对仪容、仪表要求严格

病重中的巴金怀念周恩来对文艺界和文艺工作者的关心和爱护

第六届全国政协副主席、张学良原副官吕正操回忆当年张学良不听周恩来劝告的往事，仍然感叹不已

张学良讲述对周恩来的钦佩之情

周恩来的医疗组组长吴阶平含泪倾诉周恩来弥留之际还在关心他人

溥仪七妹金志坚动情地回忆周恩来无微不至地关心他们全家

原国家经委主任袁宝华忆述周恩来关心孩子眼睛时流下热泪

曹禺在生命的最后时刻深情回忆周恩来对新剧的喜爱

秦怡热泪滚滚追忆周恩来对她女儿的关心

周家鼎忆述周恩来在“文革”中悉心保护老干部

卫士长张树迎动情地回忆周恩来的高风亮节

保健医生卞志强沉痛回忆周恩来患癌后的治疗过程

保健医生张佐良含泪忆述周恩来用坚强意志对抗病魔

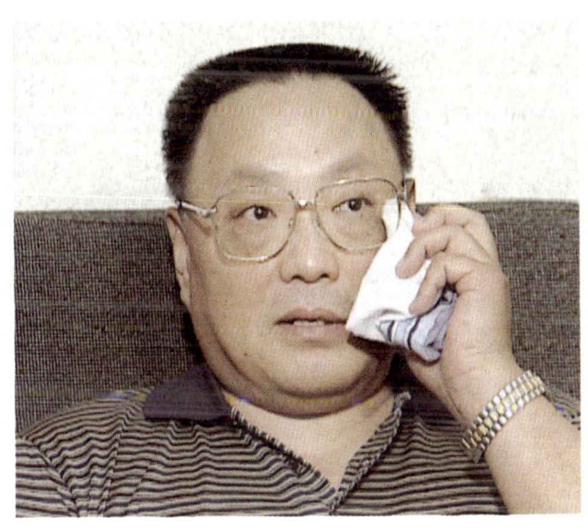

邓朴方含泪忆述周恩来病重时不忘支持邓小平复出工作

冈崎彬讲述他的父亲、全日本航空公司原总裁冈崎嘉平太对周恩来的敬仰之情

臧克家深情朗诵他为悼念周恩来所写的诗——《泪》

后　记

用了近一年半时间，我逐字逐句、一笔一画（我不会用电脑打字）地把这本书写完，今天，终于可以把它奉献给广大读者。

已是耄耋之年、健康状况欠佳的我，当初以为做成这件事的可能性不大。但是，共产党员的责任感，亲人和友人的鼓励与支持，更重要的是对敬爱的恩来伯伯和颖超伯母的感恩之情，促使我拿起笔来，在过去的五百多个日日夜夜里，几乎一天也没有放下。

在本书付梓之时，我要特别感谢的是：

我的爱妻邓在军。我戏称她是这本书的“督编”。如果不是她的“指令”和几乎是逐日的督导、关切和帮助，就不会有今天的成果。

原中央文献研究室室务委员、中共文献研究会周恩来思想生平研究分会名誉会长廖心文。她尽心尽力地通读了全书初稿，给予首肯、鼓励，并对书中史实逐一修订与改正，亲自动笔、具体指点，给了我极大的信心、勇气和期待。

中信集团原董事长、中信改革发展研究基金会理事长、中国国际文化交流中心副理事长孔丹。他同样在百忙之中通读全书，给予肯定、鼓励和重要支持。

中信出版社总编洪勇刚、原副总编季红。他们作为这个负有盛名的出版社的领导，以高度的责任心和高超的专业水平、敬业精神，反复审阅把关，精心策划，确保本书的内容质量，以及装帧的完美。同样，本书责任编辑、美术编辑等多位同志所做贡献和他们严密认真的工作精神，我深表感谢和敬佩。

还要感谢我的孩子们，他们每个人都以不同方式，为本书的完成，尽了自己的一份心力。

最后，还要感谢原北京军区空军政治部文艺创作室主任郭兵艺同志和北京金蔷薇广告有限公司，特别是公司的都娟（我天书般的草稿，只有她能识别）、陈然女士。他们有的对初稿的创作提供了宝贵意见，有的担负了本书绝大部分的录入和配图工作，付出了艰辛的劳动。

对于所有鼓励我、帮助我、支持我完成本书的人，除了心怀感激，我想不出还有其他更好的方式表达自己的心意，只有在这里再说一声：谢谢！

2021 年 10 月 1 日